本专著受数字战略管理研究团队项目（2023TSTD－01）、省社科基金（24JYB005，HNSK（YB）24－11）和省博士后基金（LBH－Z17195）等项目资助

区块链技术、私募股权投资与企业价值

李九斤　著

中国财经出版传媒集团
中国财政经济出版社
·北京·

图书在版编目（CIP）数据

区块链技术、私募股权投资与企业价值 / 李九斤著
. -- 北京：中国财政经济出版社，2024.9
ISBN 978-7-5223-3189-8

Ⅰ. ①区… Ⅱ. ①李… Ⅲ. ①股权－投资基金－研究
－中国 Ⅳ. ①F832.51

中国国家版本馆 CIP 数据核字（2024）第 103021 号

责任编辑：樊 闽 谢承辰　　责任校对：徐艳丽
封面设计：卜建辰　　责任印制：张 健

区块链技术、私募股权投资与企业价值
QUKUAILIAN JISHU、SIMU GUQUAN TOUZI YU QIYE JIAZHI

中国财政经济出版社 出版

URL：http：//www.cfeph.cn
E-mail：cfeph@cfeph.cn

社址：北京市海淀区阜成路甲 28 号 邮政编码：100142
营销中心电话：010-88191522
天猫网店：中国财政经济出版社旗舰店
网址：https：//zgczjjcbs.tmall.com
北京厚诚则铭印刷科技有限公司印刷 各地新华书店经销
成品尺寸：170mm×240mm 16 开 28 印张 430 000 字
2024 年 9 月第 1 版 2024 年 9 月北京第 1 次印刷
定价：98.00 元
ISBN 978-7-5223-3189-8
（图书出现印装问题，本社负责调换，电话：010-88190548）
本社图书质量投诉电话：010-88190744
打击盗版举报热线：010-88191661 QQ：2242791300

前 言

随着数字化时代的飞速发展，区块链技术以其去中心化、安全性高、透明度高等特性，在金融、供应链、教育、医疗等多个领域产生了广泛的影响。同时，私募股权投资作为现代资本市场的重要组成部分，对企业的融资和发展起到了重要的推动作用。在此背景下，探究区块链技术与私募股权投资如何作用于企业价值，具有重要的理论意义和实践价值。

本书以区块链技术、私募股权投资与企业价值为研究对象，通过对区块链技术原理和应用的深入剖析，结合私募股权投资的运作机制和增值策略，详细剖析两者对企业价值的影响路径，进而揭示它们提升企业价值的作用机理。

本书共分为四篇。第一篇首先介绍了区块链技术的概念、特征和应用效果，私募股权投资的基本概念和运作机制，以及区块链技术和私募股权影响被投资企业价值的理论依据及三者之间的相互关系。第二篇和第三篇通过建立实证模型，分别从不同视角深入探讨区块链技术和私募股权投资对被投资企业价值的影响，分析区块链技术对不同地区、不同规模、不同行业企业的影响差异，探索不同私募股权投资特征对企业价值的内在影响逻辑，研究结论对于提升企业价值起到很好的推动作用。第四篇着重研究区块链技术驱动区域股权市场多要素融合，进行路径分析和框架构建，探索多要素融合框架实施的保障措施。

本书的目标读者主要包括企业家、投资者、学者以及对区块链技术和私募股权投资感兴趣的读者。通过阅读本书，企业家可以了解如何利用区块链技术和私募股权投资提升企业价值；投资者可以深入了解区块链技术和私募股权投资的内在联系和风险收益特征；学者则可以获得丰富的案例和研究资料，为未来的研究提供有益的参考。

在撰写本书的过程中，我们力求参考最新的研究成果和案例，以保证内容的时效性和准确性。同时，我们也注重内容的可读性和深入性，希望为读者带来既有理论深度，又有实际应用价值的阅读体验。

总之，本书系统探讨了区块链技术、私募股权投资与企业价值的内在联系和作用机制，旨在为企业的发展提供有益的启示和指导。希望通过阅读本书，读者能够深入了解区块链技术和私募股权投资在企业发展中的应用逻辑和作用机理，为企业的发展提供有益的参考和借鉴。

笔者

2024 年 9 月

目　录

第一篇 基础理论与机理分析

第1章 概 述

1.1 区块链技术的概念与内涵

区块链技术的学术研究最早可追溯至2008年中本聪发布的《比特币白皮书》。中本聪在书中论及：区块链技术是记录比特币交易账目历史底层数据的结构性技术。随着比特币系统的快速发展，越来越多的学者涉足区块链技术研究，使其逐渐成为互联网时代最炙热的创新利器。区块链技术为比特币解决了重复消费的问题，使其成为首个解决这一问题的数字货币。区块链作为比特币系统中底层技术的应用，受到了高度重视，从而推动了区块链技术的快速发展。Shahabs（2020）、Zhang Y（2019）、Sheela等（2019）认为，利用区块链技术能够对企业间协同共享信息、降低交易成本、助推企业发展和提高企业绩效等起到积极作用，并能够促进实体经济的高速发展。张长贵（2020）进一步指出，区块链因其自身具备数据持久化、防篡改、防伪造、去中心化等优势，在金融、征信、审计等众多重要领域都具有广阔的应用前景。

1.1.1 区块链技术的概念

狭义区块链技术是一种链式数据结构，将数据区块按时间顺序连接在一起，通过密码学手段实现了不可篡改和不可伪造的分布式账本。广义区块链是基于这样的数据结构对数据进行认证与存储，采用分布式的一致性算法进行数据的产生与更新，并采用加密的方法保证数据的传输与存取安全。同时，广义区块链还引入了一种全新的分布式体系结构，通过自动生成的脚本代码，实现对数据的编程与处理。

我国对区块链技术和相关产业的发展一直非常重视，并将其视为数字经济领域竞争的重要技术。经过多年的发展，中国在区块链技术和产业领域已经建立了完善的政策体系和架构。2016 年 12 月，国务院印发《“十三五”国家信息化规划》（国发〔2016〕73 号），区块链技术首次被列入国家信息化规划。2018 年 5 月 28 日，习近平总书记在中国科学院第十九次院士大会、中国工程院第十四次院士大会上的讲话中指出，以人工智能、量子信息、移动通信、物联网、区块链为代表的新一代信息技术加速突破应用，以合成生物学、基因编辑、脑科学、再生医学等为代表的生命科学领域孕育新的变革，融合机器人、数字化、新材料的先进制造技术正在加速推进制造业向智能化、服务化、绿色化转型，以清洁高效可持续为目标的能源技术加速发展将引发全球能源变革，空间和海洋技术正在拓展人类生存发展新疆域。2019 年 10 月 24 日下午中共中央政治局就区块链技术发展现状和趋势进行第十八次集体学习，习近平总书记在主持学习时强调，区块链技术的集成应用在新的技术革新和产业变革中起着重要作用。我们要把区块链作为核心技术自主创新的重要突破口，明确主攻方向，加大投入力度，着力攻克一批关键核心技术，加快推动区块链技术和产业创新发展。2021 年 3 月，《中华人民共和国国民经济和社会发展第十四个五年规划和 2035 年远景目标纲要》提出，要推进基于区块链的智能合约、共识算法、密码算法、分布式系统等区块链技术的创新，并以联盟链为核心区块链服务平台，推动其在金融科技、供应链管理、政府服务等方面的应用。

随着区块链技术政策体系的不断完善，关于区块链概念的表述，不同学者有不同的描述。王元地等（2018）和董慧（2016）从数据角度将区块链定义为一种数据结构或称为分布式数据库。何蒲（2017）从记账角度将区块链定义为一种分布式记账技术。陈龙强（2016）从协议角度认为区块链技术实质上是为促成价值传递的一种新型互联网协议。穆启国（2016）从技术视角认为区块链是融合数学、密码学、计算机科学等学科，利用去中心化和去信任方式，实现对数据库的可靠维护，并指出区块链技术基础主要包括时间戳服务、共识机制、非对称加密技术等。于博（2016）、邵奇峰（2017）和 Decker（2013）从经济学角度认为区块链技术是共享经济时代下的价值互联网。基于对文献的研究总结，本书认为区块链技术是一种分布式数据库，结合市场主体特征，实现交易各方的权益确认，形成共识机制，并编制智能合约来确定交易中的协议内容，保证交易安全。区块链技术还能设计应用模型，形成联盟链等数据网络的底层技术。

1.1.2　区块链技术的特征

区块链是一种基于多个独立节点协同管理分布式数据库的一种新的去中心化协议。该方案可以对多种数据进行安全存储，具有很高的安全性，可以保证比特币系统中的信息不被伪造、篡改，并且可以自动地执行智能合约。基于以上特性，使用区块链可以有效提升交易双方的信任程度，降低企业间的交易风险，从而简化交易流程并减少成本。此外，区块链在促进企业间交易和合作方面非常有吸引力，为产品信息的透明度、溯源和质量保证提供了全新的解决方案。

区块链技术正因为其具有独特的优势而在众多领域获得广泛关注，以下是各领域内学者对区块链技术优势的研究。王发明等（2017）指出区块链技术的主要优势在于：去中心化、集体维护、安全性、可追溯、不可篡改以及开放性等。王发明（2017）、马昂等（2017）研究发现，区块链技术的核心优势为去中心化，即整个网络没有中心核心系统，而采用去中心的分布式架构，从而能在现实运用中极大地减少中介成本；而区块链的非对称性加密和共识算法等技术，可以保证数据的安全性、完整性和可追溯性。对于区块链技术的开放性特点，林小驰等（2016）认为，区块链系统中除去账户和交易方的信息以外，其余数据是开放的，所有人可以通过公开接口查询数据，从而保证数据的公开透明。

综上所述，区块链技术具备一系列独特优势：①去中心化，区块链网络没有中央机构控制网络，不仅避免单点故障，还赋予了网络更高的弹性；②安全性，区块链技术采用先进的加密技术保护交易和数据的安全性，从而增加黑客篡改区块链数据的难度；③透明度，区块链技术通过公共账簿记录所有交易，使任何网络上的人都可以访问和验证，提供了更高的透明度；④效率高，区块链技术减少了对银行或其他中介机构的依赖，并通过某些自动化流程提高了交易效率；⑤信任度，区块链技术通过提供透明和安全的交易方式，无须中介机构，帮助建立各方之间的信任；⑥可追溯性，区块链技术提供了追踪交易历史的方法，从而更容易追踪资产的来源和防止欺诈行为。正是这些优势特性，使其能在未来的更多领域获得青睐，其发展前景以及应用范围将会更为可观。

1.2 私募股权投资的起源与特点

1.2.1 私募股权投资的起源

私募股权投资起源于20世纪40年代，历经80余年的发展，已成长为当今世界重要的金融创新工具。近年来，随着我国中小企业的成长和资本市场的日趋规范，私募股权投资机构活动范围越来越广，管理规模越来越大，管理人员也日益增加。截至2023年12月末，存续私募基金管理人21625家，管理基金数量153079只，管理基金规模20.58万亿元。其中，私募证券投资基金管理人8469家；私募股权、创业投资基金管理人12893家；私募资产配置类基金管理人9家；其他私募投资基金管理人254家。存续私募证券投资基金97258只，存续规模5.72万亿元；存续私募股权投资基金31259只，存续规模11.12万亿元；存续创业投资基金23389只，存续规模3.21万亿元。已登记私募基金管理人数量从注册地分布来看（按36个辖区），集中在上海市、北京市、深圳市、浙江省（除宁波）、广东省（除深圳）和江苏省，总计占比达72.14%。从管理基金规模来看，前6大辖区分别为上海市、北京市、深圳市、广东省（除深圳）、江苏省和浙江省（除宁波），总计占比达74.88%。

自1985年首家投资公司创立以来，私募股权投资行业经历了显著的增长，并伴随着监管措施的不断完善。2013年6月，我国颁布了新的《证券投资基金法》，将私募股权基金纳入法律监管范围，并赋予其法律地位。随后，监管部门出台了一系列监管文件，进一步夯实监管框架，加强了对私募股权投资市场的监管力度。2014年，《私募投资基金管理人登记和基金备案办法（试行）》的实施对中国的私募股权投资行业带来了一定的影响，虽然导致部分小型机构解散，但同时也催生了更多机构的迅速涌现，展现了行业的蓬勃发展和旺盛活力。自 2015 年起，国有企业开始积极涉足私募股权投资基金行业，尤其是政府引导基金方涉足面取得了显著成果。到 2017 年，私募股权投资基金的设立达到了高峰。然而，自 2018 年资管新规出台以来，中国的风险投资和私募股权市场整体呈下滑趋势，加之后续的新冠疫情，使得资本市场出现短暂低迷。到 2021 年，随着疫情得到有效控制和政策不断完善，市场紧张气氛逐渐缓解，VC/PE 市场明显回暖。中国已稳固了全球第二大资产管理市场的地位，其中 PE 占据了重要地位。中国的私募股权投资依然以“投小、投早、投科技”为主要策略，未上市的科技企业是主要投资目标之一。中国私募股权投资规模自成立以来一直稳步增长，这一趋势仍在持续增强。特别是 2021 年，中国私募股权投资市场蓬勃发展，这主要归功于疫情后经济刺激政策的实施。

尽管私募股权投资已有较长的历史，但国内外许多学者对其内涵尚未形成统一的定义。在谷歌词条中，对私募股权投资的定义分为广义和狭义。广义上是指覆盖公司首次公开发行之前的各类权益性投资，而狭义上则专指对已经小有规模、能产生稳定现金流、发展较为成熟的公司的私募股权投资。由于地域和实践的不同，国内外对私募股权投资的定义和范围存在一些差异。例如，Robertson（2009）认为，私募股权投资是指向特定目标公司投入风险资金并获得股权，随后在公司上市后及时退出以获取回报。而国内学者赵俐佳（2021）认为，私募是指通过非公开渠道筹集资金，在发展初期具有核心竞争力的非上市公司中进行投资，并通过公司兼并、IPO 等方式退出以获取收益。这些观点反映了私募股权投资在不同国家和地区的不同实践和发展状况。

1.2.2 私募股权投资的特点

私募股权市场的发展可划分为种子期、初创期、扩张期和成熟期这四个阶段。种子期和初创期属于早期投资阶段，投资对象主要是企业的团队、技术和市场。这个阶段的企业通常没有销售收入或者只有很少的销售收入，因此具有较高的风险性。扩张期和成熟期是企业发展的中期和后期阶段。在这个阶段，企业的商业模式已经得到验证，并开始形成稳定的现金流，投资风险相对较低。

不同阶段的投资风险、成本和收益差异，决定了 PE 管理机构对不同阶段企业的投资决策。例如，PE 管理机构可能会对种子期和初创期的企业提供更多的资本支持和增值服务，以帮助企业快速成长并降低投资风险。而对于扩张期和成熟期的企业，PE 管理机构可能会更注重企业的盈利能力和现金流，以实现更好的投资回报。此外，PE 管理机构的风险承受能力和投资专业水平各不相同，导致其对不同阶段的投资偏好也不同。一些 PE 管理机构可能更愿意投资早期的高风险企业，而另一些则更愿意投资成熟期的低风险企业。因此，PE 管理机构在进行投资决策时会综合考虑企业的发展阶段、自身的风险承受能力和投资回报要求。这种针对不同阶段的投资策略有助于平衡投资风险和回报，并为不同阶段的企业提供更有针对性的资本支持和增值服务。

私募股权投资是一种新型的金融创新方式，与传统的企业融资渠道相比具有以下几个方面的特点。

1. 非公开发行

私募股权投资是通过非公开方式进行募资，不面向社会公众。其主要募资对象是机构投资人和具备高财富及风险承担能力的个人。由于非公开募资的特殊性，申购与赎回往往通过协商达成协议，具体细节不对外公布。非公开发行的优点之一是降低成本，提高效率，从而增加投资回报。

2. 投入周期较长，风险高

私募股权投资的投资期限较长，通常为数年甚至更久，属于中长期投资。它的投资流动性较差，没有现成的公开交易市场可供非上市公司股权的转让和交易。因此，私募股权投资面临较高的不确定性和退出风险，被认为是一种高风险、高回报的领域。

3. 投资对象是有发展潜力的非上市公司

私募股权投资机构在选择投资对象时，不仅看重企业的技术水平，更关注其市场潜力和是否贴合市场需求。相比关注被投资企业当期的资产状况，私募股权投资机构则更关注其未来盈利能力和增长前景。大多数私募股权投资发生在企业未上市阶段，机构通常以低价进入企业，并在公司上市后以较高价格退出，实现投资回报。

4. 积极参与企业管理

大多数科技创新型中小企业虽然技术领先，但缺乏管理经验和能力。在资金方面，私募股权投资机构会为企业提供低成本的资金支持，并参与公司管理，成为公司的重要股东，与企业共同承担风险。在管理方面，私募股权投资机构会运用自身专业的管理知识和丰富的行业经验，帮助企业实现增值目标并推动企业走向上市，同时根据企业发展规划制定战略政策，提高企业价值。

私募股权投资在积极支持企业股权融资、助推企业发展壮大、促进科技成果转化和提升科技创新能力、培育经济增长新动能、加快区域产业、科技与金融良性循环以及服务国家区域战略等方面，发挥了不可替代的基础性作用。

1.3 企业价值的界定与内容

1.3.1 企业价值的界定

企业价值通常指的是某个商业实体的市值，这一概念是从市场价值的角度提出的。现代企业日益重视提高自己的价值，并通过各项生产运作和营销活动持续增加价值，从而使其市场价值最大化。企业价值受利润、负债情况、发展战略以及所处的生命周期等内部因素影响，而外部因素更多受宏观因素影响，比如国家政策、行业环境和国际经济形势等。

企业价值理论发展已久，主要包括成本价值理论、市场价值理论以及收益现值理论。

1. 成本价值理论

成本价值理论是一种以企业的成本费用支出为基础来评估企业价值的方法。其优点在于计算简单，只需将企业全部资产支出的费用成本简单相加求和即可。然而，其缺点是没有考虑到时间价值，因此可能并不准确。此外，简单将各项资产的成本相加可能会受到整合效应的影响，导致得出的价值可能高于或低于企业的实际价值。

2. 市场价值理论

市场价值理论指的是企业的价值是由参与市场交易的双方在市场行情的基础上双方共同协商的结果，也被称为公允价值理论。该理论的优点是企业的价值是基于交易双方统一的意见，具有一定的公平性和合理性。但是，其缺点是交易双方在对企业价值进行协商时可能受不同估算方法的影响，因此在使用时需要谨慎考量其准确性。

3. 收益现值理论

收益现值理论基于企业未来某一时间段内收益的现值之和来计算企业价值。使用该方法进行估算时，需要选择一个合适的折现率。该方法的缺点是在折现率的选择方面存在一定的困难，可能存在主观性。但该方法考虑了时间因素对企业价值的影响，不仅仅是将各项资产简单相加，因此是目前最为接近企业价值定义的理论之一。

私募股权投资在看待企业价值时，更注重企业的投资潜力和市场认可度，而不同于传统公司价值的整体经济活动价值。本书对企业价值的定义为：企业所能创造的价值，重点关注企业未来的盈利水平。后面本书将从财务指标和非财务指标两个方面来评估私募股权投资的目标企业价值。

1.3.2 企业价值的内容

对于企业价值这个概念，经济学界一直存在着较多的争议。马克思的劳动价值论认为，商品的价值是由凝结在其中的无差别人类劳动量决定的。而古典经济学的供求理论则认为，价值是由供求双方共同决定的。效用价值论则认为，价值是人们对所需物品的使用价值的主观心理评价。从企业评估的角度考虑，价值是指拥有某项商品或接受某项服务所具有的价值。对于企业而言，由于其是产品市场上的主体，既扮演着产品生产方、投资方或消费方的角色，同时在交易市场上也被视为一种商品可供交易，如通过兼并、收购或上市等方式进行部分或整体交易时，其企业价值得以体现。

不同学科领域对于企业价值的概念有着不同的定义。在管理学领域，企业价值的定义强调了企业根据价值规律进行管理和实现利益相关方满意回报的能力。这意味着企业价值不仅是财务指标的体现，更涉及企业的经营战略、组织结构、人力资源、企业文化等多个方面。在金融经济学领域，企业价值被定义为将企业未来自由现金流使用加权平均资本成本（WACC）作为贴现率折现的现值。这种定义反映了企业资金的时间价值、风险以及持续发展能力。在财务管理领域，企业价值有多种表现形式：①账面价值是企业资产负债表中列示的值，反映了企业资产的历史成本，但无法体现未来创造收益的能力。②内涵价值是金融学中定义的企业价值，通常用于评估企业债券、股票等有价证券的投资，计算时需要对未来的市场容量、企业发展周期、经济运行情况等进行预测。③市场价值是企业资产或股权出售时的价格，其本质由内涵价值决定，但受到信息、投资者理念等多种因素的影响，通常与内涵价值存在偏差，使得投资者有机会通过低价购买高价出售来获利。④重置价值是指在现行成本下重新建立一个与现有各方面条件一致的企业所需的花费。⑤清算价值是指企业需要终结现存的法律关系时，将资产清算出售以转化为现金的金额。

诺贝尔经济学奖获得者 James Tobin 于 1969 年提出托宾 Q 值，并将其定义为企业市场价值与资产重建成本的比值。对于上市公司，市场价值包括股票市值和债务资本的市场价值。相比于其他财务指标，托宾 Q 值不仅考虑到了企业的账面价值和市场价值，还综合考虑到了权益和负债，能够更全面地反映公司价值。因此，在学术研究中，托宾 Q 值常被用来衡量上市公司价值的指标，能够反映企业使用一定的社会资源所创造的以价值衡量的效益。

企业价值不仅是一个综合性概念，还具有重要的战略意义。企业价值的大小决定了企业在市场中的地位和竞争力。提升企业价值有助于提高企业的知名度和声誉，也有助于增强企业的融资能力和市场地位。在制定企业发展战略时，企业价值不仅是一个核心目标，也是经营管理的重要参考指标。企业价值的定义和内涵是理解企业价值的基础，来源和体现形式决定了企业价值的大小，并与企业绩效息息相关。在实际操作中，评估企业价值的方法需根据具体情况选择和应用。在经营管理方面，提升企业的绩效和市场竞争力是提高企业价值的重要途径之一。因此，无论是企业还是投资者，都有充分的理由了解和评估企业的价值。

第2章　区块链技术、私募股权投资影响被投资企业价值的理论分析

2.1　区块链技术影响被投资企业价值的理论分析

2.1.1　公司治理理论下区块链技术对企业价值的影响

公司治理的起源可以追溯至现代公司体系的建立。根据 Hart（1995）的观点，公司治理问题需要在特定条件下才会产生。一方面，基于代理理论，企业各利益相关方之间的代理冲突问题是主要原因之一；另一方面，基于契约理论，由于交易成本存在，契约存在不完备性，从而导致代理问题无法通过完备的合同得以解决。为了解决公司治理问题，企业必须采取相应的措施。公司治理的起点可以追溯到信息不对称的存在。大多数学者认为公司治理的范畴主要包括董事会治理、经营层治理和监事会治理。公司治理的核心目标在于合理配置三方权力，以实现最佳的公司绩效。由于股权集中，公司治理一旦失效可能会引发控股股东的“掏空行为”，这意味着利用控制权从中获利，而不利于投资者的权益保护。为了解决这些问题，需要采取相应措施来强化公司治理的有效性。

公司治理领域的关键问题为所有权与经营权分离，分离的所有权和经营权会导致代理问题，即管理层与股东之间的利益冲突。有效的公司治理机制包括股权激励和薪酬制度，公司治理中控制权适当配置对于企业管理水平和经营绩效有显著影响。科学设置股权激励和薪酬制度不仅有助于完善企业的管理制度，激发管理层积极性，还能有效降低企业代理成本，从而提升企业价值。Jensen（1986）研究发现，当公司拥有大量自由现金流时，管理层可能将其用于低效的投资，进而加剧代理冲突。江轩宇等

（2015）的实证研究表明，企业的过度投资会显著提高股价，但同时也增加了未来公司崩盘的风险。股东与管理层之间的代理冲突是两者之间正相关关系的主要原因，而这种冲突往往是难以避免的。

根据我国公司治理的实践，区块链技术可以通过公司内部信任制造机制来保护中小股东和公司债权人的权益。一些董事、管理层和大股东利用职位和持股优势侵害中小股东利益的案例时有发生，这些人通过关联交易、短线交易和内幕交易等方式，追求不法利益，对弱势中小股东的权益造成了损害。区块链技术的引入可以有效提升中小股东在公司治理中的地位和权益保护。作为公司区块链网络节点，中小股东可以获得公司股权交易数据、资产交易数据和表决数据等重要信息，这些数据经过区块链技术的加密和验证，保证了其不可篡改性并能及时传递。这将使中小股东能够及时发现涉及特定主体的不法行为，并积累证据。同时，区块链的引入也能形成对潜在不法损害行为的威慑效果。这样一来，中小股东对公司法制度和公司内部人的信任将得到增强，使公司治理更加公正和透明。区块链技术的引入将使公司法中的中小股东保护制度具有实效性，最终提升中小股东对公司法制度和公司内部人的信任。

基于区块链技术的新型公司治理结构，可以提升信息传递和沟通的完整可靠性，并有效遏制企业在信息方面逃避监管的行为。此外，区块链技术的特性也能够提高各个主体对公司经营活动的了解，并在很大程度上降低监督成本。通过私链，公司经营者可以更有效地进行工作，减少工作汇报的流程，从而提高工作效率。借助区块链技术，多个部门可以实时分享信息并进行及时沟通，各监督主体可以通过公链接口了解公司经营活动的始终，从而解决由于信息不对称问题引发的一系列问题。此外，区块链技术也能在一定程度上降低监督成本和非效率投资等对各个主体利益不利的影响，通过建立信息共享的数据库构建新型公司治理结构，让不同利益主体能够在监督方面展开合作，提高工作效率。

2.1.2　技术创新理论下区块链技术对企业价值的影响

Joseph Schumpeter是技术创新理论的奠基人之一，他在20世纪初的著作《企业家精神》中提出创新的概念，并将创新视为经济发展的主要动力。熊彼特认为，企业家通过引入新产品、新生产方法、新市场和新资源来推动创新，从而破坏现有的经济结构，创造新的经济秩序。Hayek 在 20 世纪中期的作品中提出市场中信息分散的理论，强调市场机制对于搜寻、整合和运用分散的知识的能力，为技术创新的理论提供基础，强调市场作为分散信息的机制，能够促进创新的传播和采纳。Freeman 在 20 世纪后半叶提出了创新体系理论，强调技术创新的复杂性和多层次性，认为创新是在各种相互关联的机构和社会环境中发生的。

由于企业的海量数据具有私密性的特点，对区块链技术也提出了更高的加密性要求，促使区块链技术的不断更新与应用。Dunphy 等（2018）提出了将区块链技术作为能源、金融等各行业记录存证的基础，借助时间戳和散列算法，可以对物品的属权进行确认。这种确认可以应用于文字、视频、音频和学历等有价值的东西，确保其存在性、真实性和唯一性，并提供不可篡改的数字化证据。当属权确认后，相关的交易记录或变更记录将被永久地记录在区块链上。此外，借助生物识别等先进技术，我们可以从根本上确保数据的完整性和一致性，以进一步保护属权的独一无二性。通过结合区块链和生物识别技术，我们能够提供高度可信和安全的属权保护机制。另外，运用区块链技术对现存方案的不足之处进行优化，能够有效地简化流程，提高效率，还能及时避免信息不透明和容易被篡改的问题。基于区块链技术的可追溯特性，一旦出现问题，可以及时追溯并解决。许多学者和专家，如 Hallikas（2017）和 Kim（2018），提出了基于区块链技术的权限管控、防伪、追溯以及相应的智能合约，这些研究对相关流程进行了建模和描述，为我们提供了解决问题的方法。传统供应链研究采用设计复杂合约的方式，并以“软件”方式来减轻供应链数据造假与数据泄露的问题。Loshin（2013）和 Meijer（2016）综合性地回顾了数据加密的理论与实践，Hosseinzadeh 等（2016）解释了如何通过混淆与去中心化来防止物联网（Internet of Things，IoT）中的数据与模型被泄露，混淆通过将代码进行重构之后使得破解所花费的时间与算力大增，而去中心化的结构则使得单一攻击模式失效。为了保证数据交易的安全性，Felici 等（2013）指出，无论是数据交易服务商还是云服务提供商，都有义务保证数据不被篡改、泄露以及被挪作他用，他们建立了一个可追责性的概念性模型来实现云服务中的数据治理。Jung 等（2018）定义了数据交易过程中数据买家与数据卖家的义务，通过名为 Account Trade 的协议来对数据交易中的欺诈或者违规行为进行追踪与惩罚。在隐私保护领域，Dwork（2006）针对数据库查询中的隐私泄露问题提出了差分隐私保护，该方法以数据扰动技术为基础，但所加的数据扰动与数据集大小无关，因此能够在数据集较小失真的情况下保护数据隐私。Sasson 等（2014）开发了零知识证明技术来隐去包括用户地址以及交易数量的信息。Feng 等（2019）提出通过群体签名的技术将多笔交易合成为一笔人造（Synthesize）的交易从而隐去交易者的身份。

供应链金融利用核心企业的信用来解决整个供应链上中小企业的融资难题，具有明确的商业逻辑，其出发点并非为核心企业提供直接的信贷支持，而是为整个供应链中大量的上下游节点企业提供节点信用，有效隔离中小企业的经营风险和财务风险。区别于大数据信用分析，金融机构不再以财务报表、网络数据来对企业做信用评价，而是以核心企业的黏性、交易历史、链内地位、市场能力及供应链管理的效率等来评估中小企业信用。供应链金融对于提升中小企业信用水平具有积极的促进作用。但是，虽然供应链金融从最初的 1.0 发展到当前的 4.0，对于实体经济的服务能力有了阶段性的提升，但仍然存在众多制约性问题，由于核心企业在全供应链中的渗透能力不足，难以将信用传递到二级以上的供应商企业，金融机构很难进行有效的信贷放贷。此外，供应链末端企业数量众多，且信息化水平较低，导致监管成本增加。这些问题将导致核心企业参与度不足、中小企业发展缓慢，阻碍了供应链金融的发展。

供应链金融 5.0 提出了区块链技术驱动的框架布局和商业范式，区块链技术以链式存储、共识机制、智能合约、密码学技术的融合起到了有力的技术支撑作用，无论是国外学者侧重于区块链对于供应链金融业务流程的优化研究，还是国内学者注重区块链在供应链金融中促进作用的研究，区块链已被广泛证明在供应链金融场景中具有可行性和有效性。借助区块链平台，中小企业可以通过数据完成实时化的交易确权，有效控制交易风险，并促进中小企业信用自证的实现。此外，区块链技术还可以借助核心企业的优质信用实现全链渗透，从技术层面、机制层面以及应用层面证明了信用分享的理论；通过去中心化管理，实现信息的准确性和透明化，在区块链平台对链上企业做精细化的穿透式监管。可以看出，区块链技术与供应链金融的融合与创新是未来实体经济发展的必然趋势。

2.1.3 信息不对称理论下区块链技术对企业价值的影响

信号传递理论主要用于解释信息不对称情况下的市场参与者之间是如何通过信号传递来减轻信息不对称问题。1970 年，阿克洛夫在《市场中的“不良”货币和商品的市场》中研究了二手车市场上的信息不对称问题，指出由于买卖双方在车辆质量上存在信息不对称，导致市场上优质车辆的交易被抑制，最终市场上存在大量“柠檬”（质量较差的二手车）。Michael Spence 在 1973 年提出了“信号传递”理论，他阐述企业为了区分和吸引高质量雇员而采取的信号策略，表明信息不对称的情况下，雇主和求职者之间存在困境，为了解决这一问题，雇主通过提供信号（如高等教育背景）来传递其雇员的质量。信号传递理论的出发点是信息不对称的市场环境，其中存在着隐藏信息的问题。在这样的环境中，卖方和买方的信息差会导致低质量产品或服务的选择。信号传递理论强调在信息不对称的市场中，通过信号传递信息能够改变市场参与者的行为，从而减轻信息不对称问题，对市场运作和资源分配产生积极影响，提高市场效率。

利用区块链技术的独特特征，可以从信息的共享性、真实性和实时性三个方面缓解公司内部的信息不对称问题，并降低执行公司制度的信息成本。首先，区块链实现了信息的共享性。在传统的中心化账本中，交易记录由一个中心机构垄断控制，而在区块链中，每个节点都拥有完整的交易数据。根据长铗和韩锋（2016）的研究，区块链账本用前后相连的区块形式记录不同类型的交易数据。在公司场域中，这些交易数据可以包括股权交易、公司资产交易以及公司表决数据等。在区块链中，每个节点的地位是平等的，都具有发送、接收和记录信息的能力。一旦一笔交易记录通过验证，它会在短时间内传递给区块链网络中的所有节点，直到每个节点都接收到这个交易记录，这是根据唐文剑和吕雯（2016）的研究得出的结论。其次，区块链账本记录的数据具有不可篡改性。这一特性确保了其中的数据信息的真实可靠性。区块链数据记录的不可篡改性主要基于哈希运算、共识算法、默克尔树和时间戳等技术。华为区块链技术开发团队（2019）指出，篡改区块链中的数据只有两种途径：一种是伪造交易链，另一种是控制超过 50% 的节点。然而，从技术角度来看，这两种途径都非常不现实。默克尔树技术和时间戳技术进一步确保了区块链的不可篡改性，默克尔树技术能够快速验证和校验区块数据的存在性和完整性，从而使得篡改行为容易被发现和监测，而时间戳技术为每个数据区块盖上了生成时间，相当于为其提供了身份证，增加了数据篡改的难度（袁勇和王飞跃，2016）。最后，区块链账本处于实时更新状态，能够将最新的交易信息及时记录在案。一项交易从发生到最终被记入区块链的整个过程耗时并不长。以美国纳斯达克证券交易所采用的区块链技术平台 Linq 为例，Linq 区块链为私人公司提供了记录创始人、早期投资者和员工所持股份转让的服务。标准结算时间不再需要依赖任何第三方来验证和批准这些交易，因此从 3 天缩短到了 10 分钟（Singh 等，2020）。同时，随着区块链技术的不断发展，区块链交易确认时间还在不断缩短，信息的实时获取能够保证对公司的实时监督，从而提升监督的实效性。

信息不对称问题是由于信息产生的不均衡性、信息披露不完整、信息加工技术限制等原因导致的。这使得不同的信息使用者对信息的了解程度不同，甚至信息披露者有意隐藏部分信息，导致信息使用者无法获取完整真实的信息而做出错误的决策。为解决信息不对称问题，区块链技术提出了一种基本思路。该思路是将信息提供者、信息加工者和信息使用者放在一个链条上，使得链条上的每一个参与者都可以看到从业务初始开始时所有原始数据和处理过程，从而切断了不对称信息产生的途径。因此，区块链技术通过让链条上的参与者不需要建立信任关系，而能够达成合作，实现了绝对的信任。通过区块链的分布式账本和智能合约的机制，所有参与者都能够验证和监督交易的真实性和合法性，确保信息的透明和完整性，解决了信息不对称的问题。这种去中心化的特性使得区块链成为一种信任机器，为各方提供了公正和安全的参与平台。

2.2 私募股权投资影响被投资企业价值的理论分析

2.2.1 私募股权投资通过公司治理对被投资企业价值的影响

Kenneth Arrow 在 20 世纪 60 年代的研究中关注了信息不对称的问题，他提出的“不完全信息”的概念为后来的委托代理理论提供了理论基础。在 20 世纪 70 年代初，Jensen 和 Meckling 共同发表了著名的《公司治理、合同与理论》一文，该文章被认为是委托代理理论的奠基之作，文章中探讨公司内部代理关系的问题，提出了代理成本和公司治理的概念。William Baumol 在 20 世纪 60 年代的研究中关注企业内部的代理问题，强调代理者与委托者之间的利益冲突和激励问题。Demsetz 在研究中提出“生产公司”的概念，提出公司可作为一种组织形式的代理关系，为理解公司内部的委托代理关系提供了新的视角。

公司治理和委托代理理论是经济学和组织学中的一个理论框架，用于分析代理关系中的委托者和代理者之间的问题。当代理关系发生在一个个体或组织（委托者）授权另一个个体或组织（代理者）代表其执行某项任务或决策时，但由于信息不对称和利益冲突，会导致代理成本的产生。这一理论强调信息不对称问题如何影响双方的行为，通过激励机制、监督和契约设计等手段，以减轻代理问题，确保代理者更好地履行委托者的利益。委托代理理论在公司治理、组织行为和合同设计中都得到广泛应用，为理解和解决代理关系中的问题提供理论基础。

在公司治理路径下，私募股权投资对企业价值的影响可以被理解为一种管理者（代理人）与投资者（委托人）之间的关系调整，最大程度地对齐双方的利益，减少代理问题，从而提高企业的整体价值。李亚（2007）从私募股权投资机构与被投资企业的委托代理关系出发，研究私募股权投资对公司治理的促进作用，包括产权结构变化和管理层股份方面的影响。私募股权投资在降低企业代理成本方面发挥关键作用，通过降低企业代理成本，促进企业提升价值。

Stromberg（2008）研究指出，私募股权投资的参与显著减少信息不对称，有助于防范管理人行为的私利风险，并降低管理成本，从而推动企业价值的提升。私募股权投资通常涉及专业的投资机构，这些机构在企业经营和管理方面拥有丰富的经验和专业知识，能够提供更有效的监督和指导。通过专业投资者的参与，企业管理层行为更加透明，减少信息不对称引发的代理问题，为企业提供更好的治理结构。投资机构的参与使企业管理层更加透明和负责，有助于建立良好合作关系。Alessandro Cirillo（2019）的研究主要关注私募股权投资对企业的全面影响，强调高质量的投资机构能够运用专业知识引导企业完善规章制度，推动企业实现高质量发展，并提升市场价值。

私募股权投资往往伴随股权激励机制，投资机构持有股权，与企业业绩密切相关，这种共同利益关系激发企业管理层更加努力追求长期价值。股权激励机制能够提高管理层的责任感和积极性，减轻代理问题，推动企业朝着共同利益的方向发展。Autunes（2016）聚焦于私募股权投资中的风险因素和防控措施，研究表明通过建立风险控制沟通反馈机制等手段，可有效防范私募股权投资的风险。私募股权投资会通过明确的契约来规范双方的权责利关系。投资协议通常详细规定各方的权利、责任和利益分配等内容，降低信息不对称带来的合同执行问题。清晰的契约设计有助于建立信任，减少合作过程中的风险，进一步提高企业公司治理的效果。私募股权投资的作用主要体现在通过激励机制、监督治理、战略规划和风险管理等方式，减少代理问题，对企业的管理和经营产生积极影响，有助于实现企业长期稳健发展，同时也推动企业价值的提升。

2.2.2　私募股权投资通过社会网络对被投资企业价值的影响

社会网络理论可以追溯到 20 世纪初的图形理论。Jacob Moreno 在 1934 年提出“社会图谱”概念，使用图形表示法研究人际关系的结构，奠定了社会网络理论的基础。20 世纪 60 年代，Milgram 进行了著名的“六度分隔实验”，揭示社会网络中人与人之间短路径的现象，即“小世界现象”，使社会网络理论引起广泛关注。这一发现表明，社会网络中任意两个人之间平均只需要很短的路径就能建立联系。社会网络理论在 20 世纪 70 年代逐渐形成为一个独立的学科领域。John Barnes 的著作《社会结构》对社会网络进行了系统性的分析。到 20 世纪 80 年代，学者们开始关注网络中节点的中心性和结构洞。Ronald Burt 强调个体在社会网络中的位置对于获取信息和资源的重要性，拓展了社会网络理论的研究方向。Mark Granovetter 在 20 世纪 70 年代末 80 年代初提出“弱关系”的概念，认为弱关系在信息传播和职业机会获取方面起到关键作用，为社会网络引入了弱关系和强关系的概念，成为社会网络研究的重要组成部分。

在社会网络理论的框架下，私募股权投资对企业价值的影响可以被解释为一种社会网络中的关系和资源配置的优化。Chahine（2012）指出，引入多个投资机构对被投资企业具有积极作用。这样的多方投资能够获得多个机构的社会网络资源，提升被投资企业的知名度，缓解信息不对称问题，从而改善企业的市场表现。Hochberg（2007）研究发现，参与多个投资机构联合的项目相比单个机构参与的项目具有更高的投资绩效。私募机构拥有高质量社会网络关系的情况下，其投资绩效明显优于其他机构。私募股权投资往往伴随着投资方和企业管理层之间的密切关系，关系资本的提升有助于企业获取更多的资源、信息和支持，从而提升企业在社会网络中的地位，对企业价值创造产生积极影响。陈湘永等（2000）研究表明，私募股权机构参与企业的经营管理，有助于优化公司的治理结构，进而使私募股权投资对被投资公司的经营绩效产生积极的促进效果。Sandro（2004）研究结果表明，私募股权投资对被投资企业在经营绩效和创新程度上产生积极影响，通过提升企业的绩效水平来提高企业的价值。

私募股权投资引入更多的社会资本，包括投资方的关系网络和经验，有助于企业扩展自身的社会网络，通过与投资方和其他合作伙伴建立更广泛的联系，从而获取更多的机会和资源，提高企业整体价值。Jennifer（2007）研究表明，对中小型企业进行投资存在较大风险，投资机构在项目筛选中受主观因素影响。联合投资可以基于两个或多个投资机构的客观调查和分析共同进行决策与管理，有效降低投资风险。联合投资形成的社会网络规模更大，可流通的信息资源更为丰富。通过私募股权投资，企业可获取更多高质量信息，包括市场趋势、竞争情报等，信息流通的加强有助于企业更准确做出决策，优化经营策略，提高效率，从而对企业价值创造产生积极影响。社会网络理论的视角下，私募股权投资通过优化关系资本、扩展社会资本、建立战略合作伙伴关系、加强信息流通以及培养长期合作关系等，对企业社会网络地位和整体价值创造产生影响。

2.2.3　私募股权投资通过价值创造对被投资企业价值的影响

18 世纪，亚当·斯密在著作《国富论》中提出劳动价值论，认为商品的价值来源于生产过程中投入的劳动时间，劳动价值论被认为是价值创造理论的早期形式，注重劳动对价值的贡献。19 世纪，卡尔·马克思在《资本论》中发展劳动价值论思想，强调社会劳动在商品生产中的决定性作用，并引入剩余价值概念，关注劳动者与资本家之间的阶级关系。19 世纪末，奥地利学派的经济学家如卡尔·门格尔、弗里德里希·哈耶克等提出边际效用理论，强调个体消费者对边际效用的追求，标志着从劳动价值论向边际主义过渡，关注个体主观价值形成。20 世纪初，约瑟夫·熊彼特强调企业家创新和预见力在价值创造中的重要性，并提出创造性破坏的概念，认为企业家通过引入新产品和生产方法，推动了市场的动态演化。弗朗西斯·培根也在管理领域探讨价值创造的概念，强调企业家对创新的推动力。价值创造理论关注在经济活动中如何产生和增加价值，同时强调不同因素对价值生成的贡献，包括劳动、边际效用、企业家创新、货币影响等。

在价值创造理论的框架下，私募股权投资对企业价值影响可以被解释为一种战略性举措，旨在通过优化资源配置、提高管理效率以及促进创新来增加企业整体价值。私募股权投资为企业提供资本注入机会，使其能够扩大生产、改善技术基础设施以及进行市场拓展，这种资本用于优化资源配置，提高生产效率，从而对企业整体价值产生积极影响。Cao 等（2009）通过研究 526 家公司上市 3 ~5 年的股价变化得出结论，有私募股权投资参与的企业股票绩效优于其他上市公司，且企业价值显著提升。私募股权投资常常伴随着对企业技术创新和研发投入的支持，有助于企业提升产品或服务的质量，创造具有竞争力的新产品，从而巩固市场地位，提高企业的价值。沈丽萍（2015）指出，企业在不同阶段引入私募股权投资对技术创新的影响不同。在企业初期和成长期，私募股权投资对技术创新的促进作用较为显著，而随着企业的成熟，后期引入的私募股权投资对技术创新的影响逐渐减弱。吕炜（2002）在分析企业创新机制时指出企业的组织结构对技术创新效率有着重要影响。

私募股权投资通常伴随着专业投资机构的参与，这些机构拥有较为丰富的经验和管理知识，通过专业管理团队提供战略指导，有助于改善企业经营和管理水平，提高管理效率，促进企业价值提升。Thompson（1993）认为，私募股权投资不仅为被投资企业提供资金，还通过提供相关技术指导来确保机构的投资回报，使企业在拥有资金和技术指导的同时能够增加科研方面的投入，从而提升企业的技术水平。私募股权投资机构通过战略调整和业务优化来提高企业市场地位和竞争力，包括改进供应链、扩大产品线、寻找新的业务机会等，有助于企业在市场上创造更多的价值。王广凯等（2017）的研究表明，私募股权的架构在有效解决企业经营中的信息不对称问题方面发挥积极作用。分析了私募股权投资对成长型企业的影响途径，包括提供资金支持、推动技术创新以及实现资本增值等方面。私募股权投资在价值创造理论下通过资本注入、专业管理、股权激励、战略调整等方式，对企业的整体价值产生积极而持久的影响，推动企业实现长期的经济增长和价值创造。

2.3 本章小结

本章主要对区块链技术、私募股权对被投资企业价值的影响进行理论分析。区块链技术对被投资企业价值的影响主要基于公司治理理论、技术创新理论和信息不对称理论。在公司治理理论下，区块链技术可以解决代理冲突问题，通过内部信任制造机制保护中小股东和公司债权人的权益，提高企业绩效；在技术创新理论下，区块链技术可以提升实体经济的服务能力，通过提供供应链节点信用来有效防范企业金融交易风险；在信息不对称理论下，区块链技术可以提高信息透明度，降低信息不对称，提高市场运行效率，以此来提高企业价值。

私募股权投资对被投资企业价值的影响则主要基于委托代理理论、社会网络理论和价值创造理论。委托代理理论认为私募股权投资可以缓解所有者和管理者之间的矛盾，降低代理成本，提高企业绩效；社会网络理论认为私募股权投资可以通过社会网络为企业带来资源和能力，促进私募机构和被投资企业的协同发展，提升企业价值；价值创造理论则认为私募股权投资可以提升企业的创新能力和市场竞争力，通过保持企业持久的竞争优势从而使企业创造更多的价值。

总之，区块链技术和私募股权投资对企业价值的提升作用是多个理论综合作用的结果，具体影响还需进一步研究和实证检验。

第3章 区块链技术的影响逻辑与应用效果分析

3.1 区块链技术在区域股权市场中的应用

区块链技术在区域股权市场融合发展中发挥着关键作用。区块链技术以其去中心化的特性，颠覆了传统股权市场的中心化结构。在传统市场中，中央证券结算机构和交易所等中心化机构扮演着重要角色，而区块链技术通过分布式账本实现点对点的交易和结算，减少了对中心化机构的依赖。去中心化的市场结构有助于简化交易流程、降低交易成本。传统的结算和清算过程通常需要多个中介机构的参与，而区块链技术通过智能合约实现自动化的结算，缩短了交易周期，减少了中介费用，提高了市场效率。通过去中心化，区域股权市场的交易成本得以降低，结算速度大幅提高，为投资者和企业带来更高效、便捷的交易体验。同时，透明度的提升使信息不再被某些机构垄断，各方参与者能够更准确地评估市场风险和机会，进一步促进市场的健康发展。

智能合约是区块链技术的另一重要特征，它是一种能够自动执行合同条款的计算机程序。在区域股权市场中，智能合约的应用让交易过程更加高效、安全。正是因为智能合约是自动执行的，无须中介机构的干预，所以能简化交易流程，降低合约执行成本，并提高效率。此外，智能合约还能通过实现自动化的资产交换，促进跨市场资产流动。区块链技术还有助于改进私募股权交易平台的构建，进而对于完善多层次资本市场中的股权市场，以及国内直接融资体系的完善具有重要意义。郭斌（2018）对新疆及类似水平区域股权市场进行案例分析，发现区块链技术能提高区域股权市场信息共享水平，有助于中小企业良好融资环境的营造。

近年来，中国证监会积极借助金融科技，尤其是区块链技术，致力于在区域性股权市场构建下一代金融基础设施。2020 年 6 月，北京、上海、江苏、浙江、深圳作为首批试点地区，启动了区域股权市场区块链建设试点工作。区块链建设试点工作有效提升了试点地区业务数据的规范性和丰富性。目前，区块链建设试点工作已覆盖全市场，并初步实现了以链治链、监管报表自动生成和穿透核查验证。张云峰（2022）以上海股交所为例，分析发现在强化隐私保护、安全性和自我主权方面，区块链技术已经成为市场监管不可或缺的一部分，市场主体将能够便利地在不同平台或不同业务场景之间无缝切换。同时，刘华等（2022）对江苏这一首个与监管链连通的试点地区的研究也表明，目前试点双层链架构初步建成，各地不断创新政策制定和业务服务，推动区块链技术在股权市场的深入应用。

区块链技术提供了一个分布式的、不可篡改的账本，可以在多个区域股权市场之间建立信任。钟郭成（2019）提出在区域性股权交易市场、机构间市场、券商柜台市场等场外市场应用区块链技术，更有望实现实质性的突破。区块链的透明性可减少欺诈和不当行为，增加投资者信心，从而促进跨市场的合作和融合。区块链可帮助解决跨境交易中的问题，包括汇率、合规性和交易效率，促进不同地区市场之间的交流与合作。

近年来，得益于国家政策的颁布，以及政府交易所的支持，区域性、跨区域性和全国性场外交易市场正在快速发展。目前，国家的多层次资本市场结构也在逐步优化。张亨明等（2020）从宏观和微观角度研究发现，我国区域股权市场存在企业挂牌成本较高、市场交易的流动性差、市场创新能力不足、信息披露不充分、交易风险较高、分散运营、市场割裂等问题，而利用区块链技术能够搭建透明的企业信息展示系统，有效维护市场交易者的信息知情权。并建立信息共享机制，便于监管部门对市场信息的获取，从而提高区域性股权交易市场风险防范和化解能力。张云峰（2020）分析发现，利用区块链技术实现区域性股权市场的融合是解决区域股权市场信息孤岛等问题的首选方案。综合分析发现，区块链技术与区域股权市场融合发展，有助于规范区域股权市场，提高市场运营效率，促进资源共享，进而更好地解决中小微企业融资问题。万国华等（2018）研究指出，利用区块链技术有助于构建区域股权市场联动机制，组成联盟区块链市场，有效打破市场严重割裂局面，改善市场分层和扩大交易规模。

同时，我国场外交易市场在快速发展的过程中，也存在一些值得关注的问题。国内传统场外交易市场一直存在着市场参与者和机构的透明度较低、成交量较少、价差大等局限性和风险。这些限制性因素无不影响着我国场外交易市场功能的发挥，从而影响我国多层次资本市场的优化构建。Zeng Ziling（2018）研究指出，区块链技术能促进场外交易市场发展，完善我国多层次资本市场结构。万国华等（2018）研究发现，区块链技术可提高股权登记与托管效率，增强场外交易市场的活力，对于完善我国多层次资本市场建设发挥着积极作用。裴英剑等（2018）研究发现，区块链技术与场外衍生品市场的融合，有利于场外市场流程的规范和业务的拓展。利用区块链技术建立金融、能源等行业间的共享账本，形成全行业的统一资管台账可以有效解决场外衍生品市场信用风险较高的问题，进而提高信息使用效率，降低交易风险。区块链技术能够有效解决交易询价、协议签署、信息共享等场外市场交易过程中的瓶颈，以促进多层次资本市场的完善和发展。

3.2 区块链技术在私募股权投资中的应用

Joshua（2014）研究发现，在证券系统中，区块链能够将证券的种类、准入的资历条件、转让的限制条件等通过事先编制好的数字程序纳入智能合约中，凭借区块链技术去中心化、去信任化的独特优势，促成买卖双方交易的自动化、智能化。比如，2015 年美国 Overstock 公司在通过美国 SEC 的申请之后，成功利用区块链技术公开发行证券。国内 Onchain 公司，通过自身区块链技术为企业提供服务，公司发布的小蚁共识算法，可以用于股权众筹、数字资产管理、智能合约等领域。此外，区块链在证券业的运用，能够简化证券结算流程。传统证券交易模式，产生的数据信息需要中央结算机构、银行、券商以及交易所的确认和清算，结算流程较为繁杂，且存在时滞，从而影响证券交易效率。利用区块链技术，可以实现在没有第三方清算机构的情况下，单独进行账簿记载和清算结算工作，这也就促使业务流程发生了根本性的变化。同时对消除净额结算制度，降低结算风险也发挥着积极作用。See DTCC（2016）研究发现，相对于传统证券交易模式，区块链技术的介入，使买卖双方交易趋于自动化、智能化，并能简化结算流程，降低结算风险。未来，在区块链技术的推动下，证券市场里的中介机构将不复存在，相对于现行模式下的证券交易流程，区块链技术在优化证券交易流程方面作用巨大。

私募股权投资是企业融资的一种形式，区块链技术作为一项具有去中心化、安全性和透明度特点的创新技术，对私募股权投资领域有着多方面的影响。区块链技术通过建立一个去中心化的分布式账本，确保参与方都能够查看和验证交易记录，提高了私募股权交易和持仓信息的透明度。每一笔交易都被记录在区块链上，参与方都可以查看和验证这些交易，大大降低了信息不对称问题，增强了投资者的信任，吸引更多投资者参与私募股权市场。区块链上的智能合约是一种自动执行合同条款的代码。在私募股权投资中，利用智能合约，可以自动执行合同条款，无须中介机构的参与，并且支持自动化执行股权分配、利润分享和股息支付等，不仅减少了执行合同的成本，还降低了潜在错误和争议的可能性，提高了交易的效率。

传统私募股权市场通常由一些大型金融机构主导，投资者需要通过这些机构参与股权投资。区块链技术通过去中心化的特性，将权力分散到网络中的各个节点，促使私募股权投资更加去中心化，为更多的参与者创造了机会，打破传统金融体系的壁垒，减少对传统金融机构的依赖。通过分布式融资和众筹，小额投资者也能够以数字资产的形式参与私募股权投资，从而降低融资的门槛，增加市场的参与度。

传统私募股权市场通常存在流动性不足的问题，因为传统的私募股权交易通常需要通过繁杂的法律程序和中介机构，股权转让相对烦琐。但区块链技术的引入，让股权以数字形式存在，实现更高程度的可分割性，从而提高了流动性。区块链技术通过数字化股权，将其以代币的形式存在于区块链上，使得股权可以更直接、更快捷地在二级市场进行交易，提高了私募股权的流动性，减少传统股权转让的复杂性，使更多投资者能够灵活参与市场。数字化股权的代币化使投资门槛降低，小额投资者也能够以更小的资金参与私募股权交易。通过区块链，资产可以被编程为符合不同市场规则的标准，使资产能够在不同市场之间无缝转移，并且可以根据需要进行重新配置，从而促进融合和协作。区块链技术提高交易的速度和效率，减少结算时间，进一步促进资产流动和市场融合。区块链能够减少与中介机构、清算和结算等方面的费用，降低交易成本，从而鼓励更多的投资者和发行者参与市场，促进市场融合。更广泛的市场参与不仅有助于企业筹集资金，也为投资者提供了多样化的投资机会。

3.3 区块链技术在企业主体中的应用

3.3.1 区块链技术在提升企业价值中的应用

随着我国经济高质量发展战略的深入实施，供给侧结构性改革逐年深化，金融作为现代经济体系的核心，不仅扮演着引导要素资源配置的重要角色，而且其发展效率直接影响着当前社会经济的整体质量。金融领域的健康发展是实现经济高质量增长的关键途径和有力支持。区块链技术是随比特币出现的一种新技术，该技术不断发展，应用范围不断增大，已成为发行数字货币的重要基础，也被广泛应用于金融、能源等行业，对金融业产生了较大影响。孔涵（2022）认为，在金融领域，区块链技术借助分布式数据存储、点对点传输、共识机制和加密算法等计算机技术，逐渐建立坚实的金融信任网络和价值传输系统，为我国金融领域的高质量发展提供重要的支持。区块链技术的应用，也可为金融机构和投资者提供更安全、透明和高效的理财方案。区块链技术中的智能合约和共识机制等技术能简化交易流程，降低金融风险，推动金融业、能源贸易业以及上市公司高质量发展。胡启磊（2019）研究发现，区块链的智能合约和非对称加密技术使市场交易数字化，实现合同智能执行和自动化，提高交易透明度，有效降低交易成本，进一步促进金融、能源等行业以及上市公司的繁荣发展。

一方面，智能合约能简化金融交易流程，从而实现更加高效和标准的金融服务。智能合约构建在区块链技术的基础之上，而这项技术的应用领域非常广泛。智能合约在金融领域的应用具有显著的去中心化特点，这为金融行业带来了重要的优势。刘谢慈等（2023）提出，区块链智能合约是以区块链技术作为基础，实现合约“自动执行”的一种程序运行模式。周润（2020）认为，智能合约具备自动履行、不可篡改和去中心化等特性，有助于降低证券交易成本、提升效率，从而在证券交易领域具备重要优势。具体而言，智能合约的使用可以降低管理和服务成本，提高业务流程效率，并降低风险。这些特性与金融领域的需求高度契合，因为它们有助于减少不良付款和欺诈行为的风险，并减少金融交易中对中介机构的依赖，从而提供更大的独立性。张利影等（2019）认为，在区块链技术的支持下，智能合约具有改变商业和金融协议的潜力，可以加快证券结算，定制新的保险产品，提出更好的合规解决方案以及实现更高的透明度。

尽管在当前金融领域，手工处理金融交易信息仍然占主导地位，这对金融信息传递的及时性和效率产生了负面影响。何人可（2020）认为，区块链技术的去中心化特性已经颠覆了传统金融信用体系。李瑞雪（2020）提出，随着区块链技术应用的兴起，智能合约引起了广泛关注。其有能力改善信用机制，促进信用价值的流动，与金融场景高度融合。李杰等（2018）认为，智能合约与区块链的融合增强了合约的自动执行能力。将这些创新性技术应用于物联网、金融交易、法律、微网等领域，不仅能简化运营流程，提高效率，还能降低成本。智能合约代表了区块链技术的进一步演进，逐渐改变人类交易模式和规则，代表了区块链 2.0 的发展方向。李源（2018）认为，智能合约是区块链技术的产物之一，其自动化和高效运行特性显著降低了现代金融交易的复杂性。智能合约通过改革信任机制，加速了信用价值的流动，将区块链技术高度整合到金融场景中。

另一方面，区块链技术为降低金融风险提供有力的技术支撑。在采用区块链技术的背景下，供应链金融面临一系列风险，这些风险表现出相互传染、多样化、不断变化、易受影响和可转移等特点。这些主要风险包括政策风险、信用风险、操作风险、信息数据风险和监管风险。区块链技术凭借信息去中心化、高度可追溯性和不可篡改性等固有的特性，展现出应对金融领域风险挑战的巨大潜力。王笑霞（2023）认为，区块链技术可以通过去中心化的方式，实现信息的对等交互，去除中介机构。每个参与方都可以直接与其他参与方进行交互，从而降低交易成本和风险。智能合约和非对称加密技术能够降低金融交易的成本和时间成本，提升金融、新能源等行业和上市公司运作效率。共识机制和分布式记账系统，为降低金融风险和推动金融、新能源行业和上市公司高质量发展提供了强有力的技术支撑。

区块链信息技术能够有效克服传统供应链金融业务中信息孤岛、信息真实性、业务流程效率降低和融资成本高昂等问题。何宏庆（2019）研究发现，区块链的分布式记账和共识机制提高了交易信息的透明度，确保了交易数据的安全和可靠，从而有效降低金融风险。李瑞雪（2020）研究发现，智能合约充分利用区块链去中心化的核心优势和交易数据实时可视化的特点，确保决策一致性，实现信用数据透明化，对金融交易的安全性、金融民主和金融公开等方面产生积极作用。区块链技术中的哈希算法、联盟链、非对称加密算法以及智能合约等要素，能与绿色金融需求有机结合，在自由、安全和秩序三个核心价值层面上凸显绿色金融制度的独特优势。操基平等（2023）通过综合考虑绿色债券资金的现行情况，结合新兴技术的观点，提出在现有体系中引入智能合约以改进绿色债券资金用途管理。通过将资金管理功能嵌入已成熟的区块链技术平台，以优化绿色债券资金用途管理体系。

3.3.2 区块链技术在金融市场监管中的应用

目前，随着我国金融市场的不断融合发展，跨行业交易现象日益增多，监管面临越来越大的挑战。在这一转变背景下，支梦琪等（2022）认为，区块链技术，作为一种基于互联网的新兴技术，发展起步较晚，相关技术体系目前尚不够成熟，监管面临较大难题，网络安全问题也较为严重，操作运行过程中伴随一定的安全风险。区块链技术具备增强金融市场监管的潜力，它是一个不可篡改的分布式分类账，记录了所有交易的详细信息。监管机构可以访问这些数据，以实时监控市场活动，查看各种金融交易和资产的历史记录。这提供了更高的透明性和可追溯性，有助于监测市场违规行为，如操纵市场、洗钱和欺诈。何宏庆（2020）研究发现，借助区块链技术构建金融市场行为监管和审慎监管的综合监管框架可以有效提高对金融领域混业经营的监管效率，促进金融市场有效竞争，提升对上市公司的监管效率。区块链使用加密技术来保护数据的安全性，从而防止未经授权的访问和数据篡改，有助于保护监管数据免受黑客和恶意行为的威胁。监管机构需要积极适应新技术，加强员工培训，并制定适用的法规和政策。

传统金融市场监管常常受到人为错误和操作不当的影响。区块链减少了这种风险，因为数据不可篡改，交易自动执行，减少了人为干预的机会。倪亚晖（2020）认为，区块链技术在市场监管中潜力巨大。有效的市场监管有助于稳定市场经济，防止恶性竞争，促进社会的可持续发展。闻岳春等（2022）认为，信息不对称是证券交易中普遍存在的一个现象，可以通过区块链赋能监管科技来解决，创新监管方式，提高监管效率，维护证券市场的繁荣稳定。将区块链应用于我国债券市场可以提升债券在全生命周期的数字化与智能化水平。文根第等（2023）提出，区块链的技术优势与债券市场运行中安全、透明、高效的需求高度契合。区块链允许监管机构实时监测交易和市场活动，而不必等待传统报告和数据提交，有助于更快地识别潜在风险和问题。王超（2021）认为，区块链技术能够同时完成交易和清算工作，有效降低信息披露成本和中介成本等特点，提高监管工作效率。特别是区块链技术数据固定性和时间准确性的特点，对监管工作更具推动意义。

区块链技术可以帮助监管机构跨越国界监管跨境金融交易，因为其数据在全球范围内可访问，有助于协调国际监管合作，减少监管漏洞。谈嵘等（2019）提出，区块链技术的去中心化网络有望推动金融跨境转账业务向前迈进，实现全球范围内的国际金融结算和货币流通，有助于各行业中心化机构达成共识，形成全球商业生态圈，降低运营成本，并推动普惠金融的发展。智能合同是自动执行的合同，可以根据预定条件自动执行。监管规定可以被编程进智能合同，以确保金融机构遵守法规。如果有违规行为，智能合同会自动触发制裁。胡启磊（2019）研究认为，在金融监管方面，区块链技术的可追溯性和信息透明性能够及时发现那些违反交易规则和交易信用的企业，并采取相应的处罚措施，有助于维护企业的财务安全。

“链式治理”市场监管理论和路径有助于解决“全过程监管”难题，推动市场监管提高质量和效率，实现现代化市场监管治理。吴培钦

（2021）认为，区块链技术应用于市场监管的“链式治理”可以促进区块链技术功能对多元监管主体的“技术赋权”。通过采用区块链技术推动市场监管治理的创新，有助于政府市场监管制度的改进。周乾（2020）指出，随着“新基建”在区块链金融中的推进，对金融行业混业经营现状的监管方法将会随着技术进步而日新月异，监管信息也会实时共享，将会克服传统金融监管信息不对称的问题。从以上学者的研究中可以看出，在数字经济时代，作为“新基建”重要组成部分的区块链技术，以其自身的可追溯性和信息透明性等优势，能够有效精简监管机构的数量，降低监管成本，实现统一监管，填补监管漏洞，从而解决一直困扰我国资本市场的监管难题，为我国上市公司的稳健发展保驾护航。

3.4 区块链技术在其他领域中的应用

3.4.1 区块链技术在供应链金融领域中的应用

供应链金融是商业银行信贷的专业领域，其基础是核心企业与上下游合作伙伴之间的交易关系，旨在促进互利共赢和信息共享，将独立企业风险转化为可管理的整体供应链风险，从而最小化风险。凌润哲等（2021）的研究表明，区块链技术与供应链金融的融合能够优化供应链金融的运营流程，降低交易成本，并进一步完善风险控制系统。尽管供应链金融在市场交易者中得到广泛认可和采用，但其发展过程中仍面临一些问题，如账款流速慢、信用风险和高操作风险。供应链金融的核心在于通过有效控制物流、商流、信息流和资金流，帮助企业激活流动资产，从而解决融资问题。宋华（2018）指出，通过利用核心企业高信用评级提供支持，可以缓解“弱势”成员的资金压力，解决供需失衡问题，为中小企业缓解资金压力。

此外，区块链技术在物流操作方面也发挥着重要作用，它能够永久记录供应链运营过程中的物流活动，确保整个供应链运营过程的透明度和清晰性。宋华等（2016）研究发现，区块链技术对供应链金融活动产生双重影响，涵盖金融和产业两个方面。在产业运营层面，区块链技术的特征之一是其由集体维护，有助于确保产品或货物的所有权明晰可追溯。更深入的研究表明，区块链技术可以支持供应链融资服务平台的构建，通过智能合约实现交易的智能化和自动化，进而提高交易效率并减少成本。Leary（2017）研究发现，区块链技术可以改进传统库存交易监测体系，降低信用成本，从而提高融资条件的效率。Sara（2019）研究也指出，区块链技术的应用有助于消除组织间的信息壁垒，从而优化供应链金融的操作流程，并减少交易成本。

朱兴雄等（2018）研究发现，由于缺乏融资企业的信用记录，银行通常难以准确评估融资企业的风险水平，同时，融资企业的授信额度、已用额度和剩余额度等信息也无法及时更新。借助区块链技术，我们能够将融资企业的每笔交易记录存储在一个可追溯的数据库中，并利用区块链上的历史数据，智能调整融资企业的可用授信额度，为银行提供更准确的授信依据。陈界名（2019）研究发现，通过采用区块链技术的去中心化、一致性和可追溯性特点，能够显著提升信息的可信度和透明度，从而降低因数据篡改引起的风险，并有效降低风险管理的成本。同时，智能合约的应用大幅减少了人为主观因素的影响，增强供应链金融数据信息的客观性和安全性。Gunnar（2019）研究指出，在区块链上，合同履行、支付和法律义务等方面可通过智能合约实现自动化处理。供应链金融通过基于区块链的借贷服务来提供资金支持，用于监测和预防金融欺诈。蔺文虎（2019）研究发现，借助区块链的智能合约等技术，能够自动化处理业务流程数据，不仅有助于减少人为操作可能引发的错误，还能提高工作效率，降低供应链金融风险。区块链技术在供应链金融中的应用能够优化风险控制体系，减少金融风险，并促进供应链金融的健康发展。

3.4.2　区块链技术在消费金融领域中的应用

党的十九大报告指出，要完善促进消费的体制机制，增强消费对经济发展的基础性作用。在此背景下，创新传统消费模式，积极推进消费金融的发展成为一项重要任务。近年来，主要的消费贷款产品主要面向分散的小额贷款市场，采用在线审批，实行市场化的利率政策，主要服务于各类不同信用水平和质量的“长尾用户”。然而，这一类“长尾用户”的信用水平差异较大，风险高，难以进行明确的风险评估。刘洋等（2019）研究发现，借助区块链技术的不可篡改性和可追溯性等特点，有望在借款人和贷款机构之间建立一种互信的交易机制，从而提高交易效率。此外，通过利用区块链的分布式记账特性，增加消费金融领域信贷流程的透明度，降低由于信息不对称带来的风险。区块链的联盟链技术将互联网金融机构等消费金融各方主体纳入链上，实现数据的链上处理和交易的链上执行，从而为监管部门提供实时和统一的监管手段。在消费信托领域，区块链有潜力改变信托公司单一控盘的格局，实现运营、监管以及维护的全员共识，从而有效保障投资者的需求和权益。通过结合区块链的智能合约和共识机制等技术，能够打造一个包括金融机构、商家和消费者在内的消费金融公有链和联盟链，形成一个资本融通的利益共同体，促进消费金融领域的扩展和跨行业发展。

张荣（2017）指出，消费金融并不是特别复杂，简而言之就是短期内的日常支出，包括购物、交通出行、投资理财等。然而，我国的消费金融整体而言仍处于初级阶段，发展潜力巨大。区块链技术在消费金融领域中有许多潜在应用，包括改变传统金融体系，改善金融服务的效率、透明度和安全性等。使用区块链技术创建数字货币，如比特币或以太坊，以改善支付和汇款的效率，消费者可以使用这些数字货币进行跨境支付，从而降低费用和加快交易速度。同时，区块链还能跟踪商品供应链，从而提高透明度，有助于减少欺诈和商品流通中的延误。刘玉（2015）针对互联网消费金融企业管理方面进行了研究，认为在新时代，互联网消费金融的管理需要结合互联网信息技术和传统消费金融管理方案，形成一种全新的适应互联网时代的金融管理模式，相较于传统管理模式会更节省人力物力。消费者使用区块链来投资股票、债券、房地产和其他资产，而无须中介机构，创建和管理如虚拟股票、数字化艺术品和收藏品等数字资产，使资产交易更安全和便捷。

Campbell J Y（2001）的研究显示，一个国家的市场化程度和信贷市场的发展水平与该国居民贷款的难易程度和消费水平呈正相关关系。简言之，市场透明度越高、信贷市场越发达，该国居民越容易获取贷款，从而提高消费水平。Campbell J Y（2006）通过比较传统消费金融机构和新兴互联网消费金融的模式差异，认为传统消费金融公司应积极引入互联网技术，通过互联网技术改变传统金融业务。通过跟踪交易和身份验证信息，帮助金融机构更好地识别潜在的欺诈行为，使众筹和投资环境更加透明，有效管理客户数据和交易记录，同时确保数据的安全和隐私。创建安全的身份验证系统，使消费者能够更安全、更方便地访问他们的金融账户和个人信息。

区块链技术的应用构建了更快速、安全和成本更低的支付和结算系统，通过智能合约，支付过程可以自动执行，减少了中间环节和交易成本。智能合约是自动执行的合约代码，可以在特定条件满足时执行事务。在消费金融中，智能合约可以用于自动化贷款批准、还款和其他金融交易，提高效率并减少欺诈风险。王文君（2021）提出，区块链技术在新技术革新和产业变革中扮演关键角色，特别是区块链技术中的智能合约将成为金融科技创新的重要领域。区块链提供一种更安全、去中心化的身份验证系统，让个人更容易掌控自己的身份信息，并在需要时选择共享，同时也能改进信用评估，个人的信用历史以安全、不可篡改的方式存储在区块链上，为金融机构提供更全面、准确的信用信息。区块链通过追踪商品的流动和交易，提供更多可信数据，从而降低融资风险。区块链技术为去中心化金融提供了基础，通过智能合约，消费者可以在没有传统金融机构的情况下参与借贷、质押和交易，创造更开放和包容的金融生态系统。区块链的透明性和不可篡改性使其成为防范欺诈的有效工具，金融交易的所有参与方都可以访问相同的数据，从而减少信息不对称性和欺诈行为。总的来说，区块链技术在消费金融领域中的应用可以提高效率、降低成本、增加透明度和安全性，为消费金融的发展注入新的活力。

3.5　本章小结

本章通过梳理国内外学者对区块链的研究，总结区块链技术在区域股权市场、私募股权投资、企业主体以及其他领域中的影响逻辑和应用效果。在区域股权市场方面，区块链的去中心化和智能合约等特征有助于降低交易成本，提升透明度，促进区域股权市场融合发展。在私募股权投资方面，区块链技术能够提高交易信息透明度，减少信息不对称，通过数字化股权提升流动性，降低投资门槛，促进市场融合。在提升企业价值方面，智能合约能够简化金融交易流程，而区块链的信息去中心化、可追溯性以及降低金融风险的特性则能提升企业运作效率，推动金融、能源等行业和上市公司高质量发展。在金融市场监管方面，区块链作为一个不可篡改的分布式分类账，能够提高市场活动透明性和追溯性，有助于发现市场不正当行为，维护金融市场繁荣稳定。此外，区块链与供应链金融的融合，能够优化供应链金融运营流程，智能合约能够实现交易自动化和智能化，消除信息壁垒，同时降低供应链金融风险。在消费金融领域，区块链技术能够增加信贷流程透明度，提供更安全、去中心化的身份验证系统，提高安全性，降低融资风险。

第4章　区块链技术、私募股权投资与企业价值影响机理分析

4.1　区块链技术对企业价值的影响

由前文分析可知，区块链技术的主要优势在于：去中心化、集体维护、安全性、可追溯、不可篡改以及开放性等，通过利用区块链技术的独特优势对金融领域各方面产生深厚的影响，在银行业、证券业以及供应链金融中均能发挥其特有的价值。在区块链技术推动银行业、证券业高效创新发展以及变革传统供应链金融模式的过程中，企业必定会成为主要受益者之一，区块链技术将会成为企业实现可持续、高质量发展的关键所在。区块链技术的应用对资源协作能力更强、外部环境不确定性更高的企业价值提升作用更强。张欢等（2023）研究发现，区块链技术应用有助于提升企业价值，且能通过降低企业销售费用率促进企业价值提升。

区块链在企业中有广泛的应用，为企业带来多方面的价值。区块链用于跟踪产品从生产到交付的整个供应链过程，提高可追溯性，减少假冒伪劣产品的风险，提高透明度，并帮助企业更好地管理库存和采购；用于支付和跨境汇款，以降低交易成本和提高速度；用于创建不可篡改的数字权益证明，有助于保护知识产权，包括版权和专利；提供安全的数字身份验证和身份管理解决方案，减少身份盗窃和数据泄露的风险。王飞（2019）提出，区块链系统中具有可追溯性和时间戳的数据，可用于建立一个实时监测体系，用于监督运输服务质量及商品存储，从而减少企业的管理费用。王莉等（2021）研究发现，将区块链技术与企业进行网络融合，促进企业之间的资源互通、信息共享和价值协同，从而有效增强企业的运营效率以及创新能力。

区块链在各行各业都有潜在的应用。区块链用于物联网设备之间的安全通信和交易，支持物联网设备的自主交互和支付；用于医疗记录的区块链可以给患者数据提供安全的存储和分享，同时保护隐私；用于记录房地产交易，可减少欺诈，简化交易流程，并提高透明度；用于电子投票系统，以提高选举的安全性和透明度；用于跟踪食品供应链，以确保食品的来源和质量；用于能源市场，可支持分布式能源生产和交易，以降低能源成本和提高可再生能源的使用。Khan 等（2021）的研究指出，小型和中型企业在采用区块链技术后，能够更有效地管理可持续发展和供应链过程，从而提升企业的运营效率和盈利水平。区块链帮助企业提高效率，降低成本，改善安全性和透明度，创造新的商业机会，使其在全球化的商业环境中获得竞争优势。

区块链可以帮助企业更好地管理风险，通过提供更可靠的数据和合同执行机制来减少不确定性。区块链技术允许去除中介和简化交易流程，降低交易成本，减少欺诈风险，加强合作伙伴之间的信任，从而提高企业的效率和可靠性，特别是在跨境交易和跨部门协作方面。张夏恒等（2020）认为，区块链技术在降低企业运营成本，建立信用体系，减少合作风险，以及提高合作效率和公正性方面发挥关键作用。区块链使用加密技术来保护数据的安全性，一旦数据被存储在区块链上，很难篡改，这对于企业来说非常重要，特别是对于金融、供应链和知识产权等领域，以确保数据的完整性和安全。晓雪（2019）认为，区块链系统中的时间戳技术能够确保输入的信息有时间戳，同时防止了信息被篡改。区块链技术提供一个可追溯的交易记录，任何人都可以查看，有助于消除不正当行为，减少错误和不透明性，从而提高企业的透明度和合规性。

企业如何应用区块链技术实现价值增长，以及区块链技术对企业价值的作用机制及实现路径，是将区块链技术与微观企业联系起来的重要课题。本书在首篇总结了区块链技术在金融领域以及其他各方面的应用现状后，于第二篇着重分析区块链技术对企业价值的影响机制，分别探究区块链技术如何影响公司治理、技术创新以及盈余管理，为企业运用区块链技术实现价值增长提供理论依据。

4.2　私募股权投资对被投资企业价值的影响

私募股权投资是指投资者私下购买公司的股权，而不是通过公开市场进行交易。私募股权投资作为一种企业融资的方式，在近年来逐渐成为企业发展的重要推动力，不仅为企业提供了必要的资金支持，还通过各种形式的投资参与，影响着企业的经营状况和整体价值。私募股权投资会对企业的价值产生积极影响，同时也受到企业价值的影响。私募股权投资为企业提供企业发展和扩张所必需的资本，这些资本可以用于研发新产品、扩大市场份额、进行并购或减少债务，从而增强企业的价值。Givoly 等（2010）研究指出，企业若有私募股权投资的参与，其财务信息更为准确，公司治理水平也更为优越。私募股权投资者不仅提供资本，还提供战略性支持和指导，帮助企业改进业务流程、开发新市场、优化管理团队，这些都能够提高企业的绩效和价值。赵文姝（2016）在研究私募股权投资对企业盈利能力和成长能力产生的影响后发现，私募股权投资对企业这两个指标产生了积极作用，从而得出私募股权投资能够显著提升企业价值的结论。私募股权投资的企业往往能够更灵活地应对市场变化，更好地把握商机，从而取得更为可观的经济收益。

私募股权投资者通常在企业并购后进行重新组织，以提高效率并消除不必要的成本，这种企业重组可改善企业的盈利状况，从而增加其价值。私募股权投资者通常会采取长期战略来提高企业价值，他们的成功与否通常与企业的长期表现和价值增长紧密相关。投资者会通过出售股权、上市或其他方法在一定时间内退出私募股权投资，他们的退出策略通常考虑如何最大化企业的价值，以获取投资回报。投资者还需承担企业的风险，因为他们的投资是与企业绩效和价值紧密相连的，因此投资者会积极参与并致力于提高企业价值，以确保他们的投资获得回报。汤安琪（2017）通过对创业板上市企业的研究，发现私募股权投资有助于提升企业的经营绩效，并且投资机构的参与数量与企业的净利润率呈显著正向关联。私募股权投资机构与企业合作后，会使用各种方式参与被投资企业的经营管理活动，通过完善企业公司治理结构、健全企业薪酬激励制度、拓展企业融资渠道、加大研发投入和加强盈余管理行为监管等措施，提高技术创新能力、会计信息质量和盈余质量，进而提升被投资企业的价值。需要注意的是，私募股权的投资者可能会面临风险和失败。企业与私募股权投资者之间的关系也可能存在冲突，因为私募股权投资者寻求回报最大化，而不一定与企业的长期利益完全一致。

私募股权投资的加入会影响企业内外部管理者、债权人等利益相关者对企业发展的信心，进而导致企业内外部网络关系的变化，通过影响企业的管理运营要素进行信息传导，通过公司治理、技术创新和盈余管理三条路径影响企业的管理制度、产品技术和财务信息质量，分别从企业制度层面、技术层面和信息层面对企业产生影响，改善企业的财务绩效、产品绩效和市场绩效，进而影响被投资企业的企业价值。分析发现，三条路径之间并不孤立，存在相互影响，互相作用的关系，信息是完善制度和提升技术创新的基础，制度是提升技术创新和信息质量的保障，而技术能有效促进制度的完善和信息质量的提高，三者之间互相促进，共同推动企业的成长和企业价值的提升。本书于第三篇重点探究私募股权投资特征对企业价值的直接影响以及私募股权投资特征通过公司治理、技术创新和盈余管理三条路径对企业价值的作用，为融资企业通过私募股权投资提升企业价值提供理论依据。

4.3 区块链技术对私募股权投资的影响

企业筛选与资金投入是私募股权投资机构调查筛选企业和签订合作契约的重要环节，是私募股权投资机构和被投资企业基于双方分析研究之后双向选择的结果，是私募股权投资与企业合作运营的前提和基础。私募股权投资在评价投入对象时需要考虑其成长性以及估值，私募股权要获取超额收益就会要求被投资企业具有良好的成长性，以保证投资项目的升值空间，同时企业成长性也会影响私募股权资本退出的顺利与否，而估值则会影响投入资金的大小及成本。私募股权投资机构在评价被投资企业时在一定程度上会依赖于企业所提供信息的质量，企业披露信息的质量以及完整性是影响企业获取私募股权投资的关键因素之一，中小企业普遍存在管理机制不健全的问题，影响其披露信息的质量和完整性，区块链技术可以有效解决这些问题。区块链技术的共享性和透明性特点可以保证企业间以及企业内各部门间信息的传递效率，保证数据的真实性，防止数据被篡改，解决信息不对称问题，有助于企业信息质量的提升，完善管理机制，进而使企业更好地满足私募股权投资的要求，吸引资金投入。

区块链技术可以通过一系列特性和机制来增强数据的可信性、完整性和透明性，从而改善信息质量。区块链是一个分布式账本，不受单一实体的控制，这意味着信息存储在多个节点上，而不是集中在一个中心服务器上，减少了单点故障的风险，提高了信息的可用性和安全性。一旦信息被添加到区块链上，它将被保存在一个不可篡改的区块中，意味着信息无法被轻易篡改或删除，从而保护数据的完整性。区块链上的所有交易和信息都是公开可见的，任何人都可以查看，这种透明性能够验证信息的准确性，并减少不当行为的风险。区块链记录信息的时间戳，确保数据的时间顺序和准确性，此外，一些区块链网络还提供证明机制，使信息更具可信度。在区块链上，参与方不必相互信任，因为系统的设计本身就建立在信任的基础上，有助于减少信息中的欺诈和错误，使用强大的密码学技术来保护信息的隐私和安全，防止未经授权的访问和数据泄露。区块链为不同的参与方提供不同级别的访问权限，从而确保只有授权用户可以查看和修改特定信息，提升信息质量，使信息更加可信、安全、透明和完整，对于金融领域、供应链管理、医疗健康等需要高度可信信息的领域尤为重要。

智能合约是区块链技术的重要应用之一，第 1 章中提到区块链的智能合约和非对称加密技术，使市场交易数字化，合同执行智能化、自动化，交易过程透明化，能有效地降低交易成本，提高交易效率，推动金融行业高质量发展。智能合约在推动私募股权投资机构与被投资企业合作的过程中也将发挥重要作用，简化合约订立的流程，通过智能合约，实现交易智能化、自动化，提升交易效率，降低交易成本。同时，智能合约的应用，可大大降低人为主观因素的影响，提高数据信息的客观性和安全性，资金双方无须复杂的审批流程即可实现合约的订立，在双向选择的情况下，简化业务流程。区块链技术提供的信息共享平台也能帮助私募股权投资机构获取更加全面的企业融资信息，了解被投资企业以往的融资信息及资金使用情况，降低在被投资对象选择上投入的人力、物力，提升判断能力。

区块链作为引领全球新一轮技术和产业变革的前沿技术已经迈向智能合约时代。智能合约是在区块链上运行的自动化合同，能够自动执行和验证合同条款，降低人为错误和欺诈的可能性，提高信息的可信度。区块链技术有望显著提高私募股权交易领域的透明度和精确性，为交易提供稳定的后台服务。区块链私募股权基金投资平台的出现正是区块链智能合约技术在我国私募股权基金投资领域高度发展的产物。为了兼顾私募股权项目信息的隐私保护，同时实现交易的可追踪性，可以借助区块链技术来构建管理平台，区块链底层采用的加密算法有助于保护股权项目信息的隐私，而智能合约则可以提供自动化交易功能。

运用区块链技术促进市场监管治理创新已成为政府市场监管体制改革的核心议题。充分利用区块链技术的去中心化、不可篡改、开放透明等特点，可降低监管成本并提高监管效率。在不同监管场景下，我们可以积极推动区块链技术的创新应用，以推进金融协同监管的发展，进一步完善地方金融监管框架，从而提高金融监管整体效能，并加强对基于区块链技术的金融监管。区块链技术有利于提升私募股权投资机构对被投资企业经营管理活动的监管效率，使用非对称加密和共识算法等技术记录被投资企业的每笔交易活动，在保证数据的安全性及完整性的同时，提升交易的可追溯性。帮助私募股权投资机构提升对被投资企业的各项交易信息的获取性，保证募集资金的使用效率并降低交易风险，进而提升私募股权投资机构对被投资企业的参与效率，更好帮助企业实现资金的合理调配，提升企业管理水平，促进价值增值。

4.4 区块链技术、私募股权投资与企业价值的影响机理

现代管理学之父 Peter Drucker 在其 1966 年和 1985 年出版的著作《卓

有成效的管理者》和《创新与企业家精神》中提到中小企业是创新的重要力量，而私募股权投资是美国中小企业成长和发展的“助推器”和“发动机”，他们在支持企业开展企业技术创新和组织制度变革等创新活动，实现企业快速成长和全面发展方面，有着不可替代的作用。彭博统计数据显示，自 20 世纪 40 年代以来，美国至少有 50% 以上的中小企业在其成长和发展过程中得到过私募股权投资的帮助。

随着国家和企业的重视，私募股权的重要性日渐凸显，私募股权投资能够缓解企业融资约束，但私募股权投资的获取具有一定的难度。区块链技术的应用能够提升中小企业信息披露质量和企业治理水平，有效解决信息不对称问题，在金融机构实现差别化定价进而提升中小企业资金可获取性的同时，区块链技术也能够在私募股权投资与融资企业之间起到一定的衔接作用，有助于实现私募股权在中小企业间的投入，进一步缓解企业融资约束。在区块链技术和私募股权投资的相互加持下，有助于实现企业资金的合理调配以及经营管理战略的安排，进而提升企业价值。

区块链提供高度透明和可追溯的交易记录，使私募股权投资更容易跟踪和验证，降低欺诈和错误的风险，提高交易的可信度，从而增加投资者对私募股权交易的信心。区块链上的智能合同自动化私募股权交易中的各种条件和流程，减少合同执行的不确定性，降低交易成本，并加快交易的结算速度。区块链用于更安全、可靠的身份验证和身份管理，确保只有合格的投资者才能参与私募股权投资，有助于合规性，并减少未经授权的投资。区块链技术为私募股权市场提供更多的流动性选项，例如通过代币化私募股权，使其更容易转让和交易，从而增加投资者的选择。

由本章之前分析可知，区块链技术和私募股权投资都可以通过三条路径影响企业价值。区块链技术以其“去中心化、集体维护、安全性、可追溯、不可篡改以及开放性”等独特优势可以保证企业信息记录的及时、准确和完整，提升企业管理效率，降低经营风险，改善企业公司治理水平，提高企业技术创新水平以及企业盈余管理质量，进而提升企业价值。私募股权投资则通过向被投资企业注入资金和资源，规范对被投资企业的监督和约束，增强被投资企业对市场和先进技术的把握程度来提升被投资企业公司的治理水平，增强被投资企业技术创新能力并改善盈余质量，进而提升被投资企业价值。在此过程中，企业的资金需求及来源将会影响上述活动的顺利开展，以有效解决中小企业融资渠道单一、融资难等是制约其健康发展的主要问题。

4.5 本章小结

本章对区块链技术与企业价值、私募股权投资与企业价值、区块链技术与私募股权投资以及三者之间影响机理进行分析。区块链技术和私募股权投资被归纳为能够对企业价值产生积极影响的重要因素。区块链技术作为一项创新性技术，在各行各业以及企业各个运营流程中展现出多方面价值。其分布式账本和智能合约特性为企业提供高度透明的交易环境，减少信息不对称。去中心化和不可篡改的特点为企业在市场竞争中赢得优势，并有效减少数据泄露和篡改风险，提高信息安全性。私募股权投资对企业价值产生积极影响，通过注入资金、提供战略指导和扩大业务网络，为企业市场拓展提供有力支持，从而实现企业成长和增值。区块链技术与私募股权投资之间的结合进一步强化了对企业价值的影响，区块链技术通过提高交易透明度、降低交易成本和加强数据安全性，进一步推动私募股权市场的效率和可信度。区块链技术、私募股权投资以及它们之间的相互作用，共同为企业创造了更加有利的发展环境。

本篇小结

随着区块链技术的发展，越来越多的私募股权投资开始关注区块链领域，为该领域企业提供资金和技术支持。同时，区块链技术也可以为私募股权投资提供更加透明、可信的投资环境，降低投资风险。因此，将区块链技术与私募股权投资相结合，有望成为未来投资领域的一种新趋势。企业价值的度量需要考虑多个因素，包括企业的盈利能力、成长性、市场地位等，而区块链技术的应用可以帮助企业更好地实现这些价值要素的数字化管理和运营，提高企业效率和竞争力；私募股权投资作为一种企业融资方式，通过各种形式参与企业投资，调整企业内外部管理方式与治理体系。因此，企业应该积极探索区块链技术与私募股权投资的应用，以提升自身价值和市场地位。

本篇主要进行了四个方面的研究：一是对区块链技术、私募股权投资和企业价值三者进行相关的文献分析研究，界定区块链技术、私募股权投资和企业价值的概念并总结其内涵；二是分析区块链技术、私募股权投资影响被投资企业价值的理论依据，阐述在不同理论之下区块链技术对被投资企业价值以及私募股权投资对被投资企业价值的影响机理；三是分析区块链技术的影响逻辑及其在不同领域的应用效果，展现其在提高交易透明度、降低成本和提高数据安全性方面的积极影响；四是探讨区块链技术、私募股权投资与企业价值的相互作用，揭示其影响机理。旨在提供关于区块链技术和私募股权投资对企业价值影响理论基础和机理分析，为进一步研究和实践提供参考。

具体而言，本篇的主要研究内容及创新点如下。

区块链技术、私募股权投资和企业价值三者的概念和内涵。区块链技术作为新兴信息技术，具有去中心化、安全性高、透明度高、高效可信、可追溯等优点，是结合市场主体特征形成区块链数据网络和应用模型价值互联网底层技术，在金融科技、供应链管理、政府服务等领域具有广阔的应用前景。私募股权投资是一种通过非公开方式向特定投资者募集资金的投资方式，投资覆盖了企业发展的各个阶段，通过私募股权投资的管理运营给被投资企业带来经济利益，具有高风险、高回报的特点。企业作为市场经济的主体，其价值在企业流通之中得以体现，企业价值可以通过企业账面价值、企业市场价值、企业公允价值、企业内在价值和企业清算价值等多个视角来进行界定，并采取不同方法来进行衡量。

区块链技术、私募股权投资影响被投资企业价值的理论依据。区块链技术对被投资企业价值的影响主要基于公司治理理论、技术创新理论和信息不对称理论。区块链技术可以解决公司治理过程中由于代理理论和契约理论所带来的成本问题，强化公司治理的有效性；在技术层面实现企业优质信用全链渗透，促进技术创新；加强信息均衡，实现全链条信息共享，确保信息完整性和透明性，提升企业价值。私募股权投资对被投资企业价值的影响主要基于委托代理理论、社会网络理论和价值创造理论。私募股权投资可以帮助企业降低代理成本，提高企业的管理水平；私募股权投资还可以为企业提供更多的社会资源，扩大企业社会网络，提升企业的社会资本；同时，私募股权能够提升企业创新能力和市场竞争能力，扩大市场份额，提升企业价值。综上所述，区块链技术和私募股权投资都能影响被投资企业价值，但具体影响机制不同。

区块链技术影响逻辑与应用效果分析。区块链技术通过去中心化的特性和智能合约的应用，提高交易透明度和可追溯性，从而增强投资者信任，促进区域股权市场市场健康发展。私募股权投资领域也受益于区块链技术，通过数字化身份验证和智能合约，简化交易流程，降低成本，并提供更安全的投资环境。区块链技术为企业提供可靠的数据存储和共享平台，有助于优化供应链管理，减少信息不对称，提高整体效率。同时，通过将金融交易记录上链，提升融资的可追溯性和透明度，为企业提供更多融资渠道。在消费金融领域，区块链技术可以加强用户身份验证，提高交易安全性，同时通过智能合约简化金融产品的执行流程，提升用户体验。区块链技术在这些领域的应用为传统商业模式注入新的活力，提升效率、透明度和信任度，为各方提供更加安全、高效的交易和金融服务。

区块链技术、私募股权投资与企业价值影响机理分析。区块链技术、私募股权投资与企业价值之间相互交织，共同为企业创造增值机会。区块链技术通过提高交易透明度、降低成本和加强数据安全性，为私募股权投资提供了更可信、高效的市场环境，从而促进了私募股权投资的流动性和效能。私募股权投资通过注入资金、战略指导和业务网络扩展，推动企业的成长和增值。区块链技术在私募股权投资中的应用强化交易可信度，而私募股权投资则为企业提供资本和资源支持，两者共同助力企业实现价值的提升。

区块链技术通过其独特特性，改变传统商业模式，提高交易的安全性和效率，为多个领域的应用带来积极的效果。区块链的去中心化、智能合约和数字身份验证等特性为私募股权交易提供高效、透明的解决方案，简化交易流程，降低成本，提高交易效率。通过深入研究，有助于更好理解区块链如何改变私募股权投资的策略、风险管理和资产估值，进而对企业价值产生影响。为企业提供战略指导，引导企业在数字化时代更有效地运用新兴技术和投资手段，优化企业价值创造，实现更持续、创新的企业发展。

第二篇

区块链技术与企业价值研究

第5章 绪 论

5.1 研究背景与问题提出

5.1.1 研究背景

随着数字化时代的到来，各种创新技术应运而生，其中，区块链技术因其独特的去中心化、不可篡改和高度透明的特性，迅速吸引了全球的关注。区块链技术，最初作为比特币的核心技术被引入，如今已经广泛应用于金融、能源、供应链、医疗、教育等众多行业。这一技术的扩散展示了其在各个领域的巨大应用潜力和独特的价值。企业在追求数字化、智能化的过程中，开始积极探索区块链技术如何帮助它们提高效率、降低成本和增强信任度。因此，对区块链技术与企业价值关系的研究具有重要的理论和实践意义。

区块链技术的核心优势在于其去中心化和不可篡改的特性。传统的数据存储和交易模式往往依赖于中心化的第三方机构来确保信息的真实性和完整性，这不仅导致了效率的下降，还可能引发数据泄露或篡改的风险。区块链技术的引入，让每一个参与者都能够在没有中心机构的情况下，实现数据的存储和验证，大大提高了数据的安全性和交易的透明度。

同时区块链技术的智能合约功能为企业的自动化和智能化带来了新的可能。智能合约是自动执行的、基于特定条件的合约，它可以在满足某些条件时自动执行预定的操作，无须人为干预。这为企业在供应链、贸易融资、版权管理等领域带来了极大的便利，降低了交易成本和风险。

然而，尽管区块链技术展现出强大的应用潜力，但其在真正应用到企业中时所能创造的价值仍是一个待解的问题。不同的企业和行业，其对区块链技术的需求和应用场景都存在显著差异。一些企业可能会因为引入区块链技术而获得显著的效益提升，而另一些企业则可能因为技术不匹配或应用不当而导致投资失败。因此，深入了解区块链技术与企业价值之间的关系，对于企业来说，具有决策指导的重要价值。

此外，区块链技术的广泛应用也给传统的商业模式和经济结构带来了挑战。一方面，企业需要对原有的业务流程和模式进行调整，以适应区块链技术的特性；另一方面，区块链技术也为企业带来了新的商业机会和市场空间。如何在这种背景下为企业创造更大的价值，是每一个企业决策者和研究者都关心的问题。

5.1.2 问题提出

随着区块链技术的日益成熟和广泛应用，越来越多的企业开始探索如何将此技术融入其业务模型中，从而创造更大的商业价值。例如，供应链管理、金融服务、智能合约和资产确权等领域已经出现了许多基于区块链的创新应用。

但与此同时，也存在一些疑虑和问题。区块链技术的引入是否真的为企业带来了实质性的价值提升？这种价值是如何体现的？区块链技术与企业价值之间存在什么样的关系？这些问题不仅对企业决策者至关重要，对学术界和政策制定者来说也具有重要的研究价值。

因此，深入研究区块链技术与企业价值之间的关系，旨在解析区块链技术为企业创造价值的机制，为企业提供策略建议，同时也为相关政策制定提供理论支撑。希望通过此研究，为区块链技术在更广泛领域的应用铺设坚实的基础。

5.2 研究目的与研究意义

5.2.1 研究目的

本书从区块链技术视角提出区块链技术与企业价值研究这一命题，以期对区块链技术影响企业价值的机理和经济效应进行系统研究。本书总体研究目的是探索在转型经济与新兴市场的制度背景下，区块链技术的应用特征对企业价值的影响，研究区块链技术与企业价值间的作用路径，考察不同路径下的区块链技术对企业价值的影响效果及存在的差异，为政府、企业和技术研发机构协同发展提供理论支撑和实践参考，具体可分解为以下三个子目标。

（1）深入探讨区块链技术对企业价值的作用途径与内在原理。在吸取先前研究精华的基础上，本书依托区块链技术的理论体系，搭建了一个区块链技术对企业价值影响的理论框架。我们进一步探寻并验证了区块链技术对企业价值产生影响的具体途径，并对区块链技术如何塑造企业价值进行了深入的剖析。

（2）评估区块链技术在企业价值中的作用效果。基于区块链技术对企业价值的理论框架，本书选取了恰当的分析方法，并构建了一个评估区块链技术对企业价值影响的模型。利用我国资本市场的实证数据，本书对区块链技术如何作用于企业价值进行了实证检验。本书还研究了区块链技术在特定路径下对企业价值的具体影响，并对比了不同的区块链技术在影响企业价值上所表现出的差异性。

（3）推进实际应用，针对实际问题给予答案，为政府、企业以及技术研发机构的进一步发展提供坚实的科学根据和理论指导。本书深入探讨区块链技术在企业价值创造中的核心作用和机制，评估其对企业价值产生的具体影响，并据此提炼关键结论。我们希望本书能助力政府部门更全面地认识到区块链技术在实际应用中的重要性和多样性，进一步优化政策环境，推动经济健康发展，以及更高效地分配社会资源。对于企业而言，本书旨在帮助它们对自身在区块链领域的位置进行准确评估，最大化技术优势，同时找出并解决存在的不足，从而实现企业的价值最大化。此外，本书还将指导企业深入理解区块链技术与企业价值之间的紧密联系，鼓励他们选择与其发展阶段和特点相符的区块链解决方案，进而构建更加合理和高效的技术应用模式，并拟定出能进一步放大区块链增值效应的相关策略，确保政府、技术研究机构和企业三方能够达成更好的合作与共赢。

5.2.2 研究意义

关于区块链技术与企业价值的研究，当前学界的主要关注点在区块链技术的进化、与其相关的法律和法规的完善，以及区块链技术在企业估值中的应用等方面。然而，区块链技术与企业价值之间直接联系的研究却鲜有涉猎，特别是与区块链技术特性相结合的研究。本书以价值创造为核心思路，结合区块链的运作流程，构建了区块链技术及其特性对企业价值影响的理论框架和实证模型。我们通过实地考察、招股说明书审阅、网络及数据库资源，收集了大量的原始数据，从而深入探讨区块链技术特性对企业价值的作用路径，并验证了其对企业价值的影响方向与程度，这对理论和实践都具有极大的价值。

5.2.2.1 理论意义

（1）加深区块链技术特性对企业价值影响机理的理解。本书探讨了区块链技术特性如何影响企业价值，揭示了背后的经济逻辑，并构建了相应的理论框架。这有助于更深入地了解区块链技术特性与企业价值之间的内在联系。

（2）为公司治理理论提供新的视角。区块链作为一个不可篡改、透明的技术，可以影响公司治理的多个方面，如董事会结构和薪酬政策。研究其如何影响公司治理能进一步丰富公司治理的理论体系。

（3）完善企业价值创造的理论体系。本书考虑区块链技术作为企业价值创造的关键要素，探讨了其如何助力企业融资、技术创新、提高管理效率等方面，为企业价值创造提供了新的视角和思路。

（4）丰富信息不对称理论。区块链技术可以提高信息的透明度和可信度，本书探讨了其如何影响企业的会计信息质量和盈余质量，进而影响企业价值，为信息不对称理论提供了新的内容。

5.2.2.2 实践意义

（1）帮助企业更好地利用区块链技术提升价值。通过对区块链技术特性的深入研究，企业可以更有针对性地应用区块链，从而提高其应用价值。

（2）为区块链技术企业提供科学的运营策略。通过对区块链技术特性的研究，这些企业可以更好地发挥其优势，提高自身的价值创造能力。

（3）为政府提供对区块链技术的监管和指导策略。理解区块链技术如何影响企业价值，政府可以更好地制定相关政策，促进其健康发展。

5.3　研究现状与评述

5.3.1　区块链技术影响企业价值的相关研究

目前，学者们对于区块链技术影响企业价值经济效果方面的研究取得了比较丰富的成果。现有的文献主要分为两大类：第一类直接探讨了区块链技术与企业价值之间的关系；第二类则着重于分析区块链技术在不同应用路径下与企业价值之间的联系以及其中的特征差异。已有文献主要可以分为两类：一是直接研究区块链技术与企业价值关系的文献；二是研究不同路径下区块链技术与企业价值的关系及各特征之间存在的差异。同时，现有文献也提供了较为丰富的实证检验方法，为本书研究方法的选择提供了一定的依据。

区块链技术作为一种新兴的数字化工具，已成为企业增强透明度、提升运营效率和改进公司治理结构的关键力量，它通过优化流程、降低交易成本和增强数据可信度，显著提升了企业的核心竞争力和价值。众多学者针对区块链技术对企业价值影响的关系进行了广泛研究，并从多个维度证实了区块链技术的积极效应。

在这一过程中，区块链技术以其独有的特性和优势，为解决传统智能化企业管理中的问题提供了强有力的支持。区块链的去中心化信任机制不仅促进了商业生态中网状结构价值链的可信运作，还显著提高了价值链的效率，进而推动了共享模式在企业产能上的发展，形成了一个完整、高价值且高效率的企业价值体系。这样的体系能够促进企业提质增效，赋予企业更强的竞争力，并实现长期可持续发展。

Catalini 和 Gans（2016）通过研究区块链技术如何降低交易与验证信息的边际成本，发现该技术能显著提高市场效率并促进企业价值的增长。Tapscott 和 Tapscott（2017）在《区块链革命》一书中阐述了区块链技术如何重新定义企业与消费者之间的信任关系，强调了其在提升企业透明度和可信度方面的潜力。这些因素合力作用于企业的长期价值创造。Yermack（2017）在探讨区块链与企业治理时指出，区块链的去中心化和不可篡改特性为改进公司治理提供了创新途径，比如通过智能合约加强股东投票机制和奖励策略。Fanning 和 Centers（2016）的研究则显示，区块链技术通过提高供应链管理的透明度，有助于企业更有效地管理资本，进而增强企业核心竞争力。在技术创新方面，Morkunas 等（2019）研究发现，区块链技术不仅支持现有产品和服务的创新，还能推动新业务模式的发展，这对于企业的长期增长和市场地位至关重要。另外，Gupta（2017）提出，区块链技术能够为企业提供一个更为高效的数据和资产管理平台，进而促进新技术和产品的研发。

这些研究成果共同支持了区块链技术在推动企业价值创造方面的重要作用。它们不仅强调了区块链技术在提升企业内部治理能力和效率方面的潜力，还提出了这项技术对外部资本市场和投资者关系管理带来的积极影响。总体上，区块链技术被视为能够协助企业构建更加健康和可持续发展的商业模式，实现企业价值的长期增长。

5.3.2 公司治理路径下区块链技术影响企业价值的相关研究

在当前企业数字化转型的浪潮中，区块链技术凭借其去中心化、不可篡改和透明性的特点，被认为是提高公司治理质量、促进企业价值提升的重要技术之一。国内外学者针对区块链技术在企业治理中的应用及其对企业价值影响进行了广泛研究。

以公司治理理论为基础，研究人员正积极探讨区块链这一新兴技术工具如何影响公司治理机制，包括但不限于改善透明度、增强管理效率以及优化激励机制。研究指出，区块链技术的引入能够在一定程度上降低信息不对称，减少代理问题（Laurence 等，2019）。此外，通过提供一个去中心化的记录和验证系统，区块链技术在提高股东参与度、确保治理透明化等方面也展现了巨大潜力（Yermack，2017）。在对区块链技术与公司治理之间关系的研究中，有学者发现，区块链技术能通过提供一个不可篡改的交易记录平台，强化公司治理结构，例如防止内部人员控制和增加股东投票的可追溯性（Fisch，2019）。同时，其他研究也指出，区块链技术可以通过智能合约，自动执行合同条款，从而改进董事会的决策过程和提高公司决策的效率和效果（Catalini 和 Gans，2016）。

此外，区块链技术还被认为能够通过提供高效的供应链管理和资产跟踪，促进企业内部资源的优化配置和利用，间接提升企业价值（Saberi 等，2019）。在区块链技术辅助下，公司能够更好地监督高级管理人员的行为，减少管理层滥用资源的情况，从而提高企业运营效率和市场竞争力（Tapscott 和 Tapscott，2017）。

这些研究表明，区块链技术在企业价值链中发挥着多方面作用，不仅能够加强公司治理，还能激励技术创新，同时也有助于企业发展和维护健全的经济生态。随着区块链技术的进一步研究和应用，其在企业价值创造中的角色预计将越发重要。

5.3.3 技术创新路径下区块链技术影响企业价值的相关研究

自 Schumpeter 提出技术创新理论以来，这一理念不断在探究企业价值增长的实践中得到验证。特别是在区块链技术这一新兴技术领域，这一理念获得了新的展现。近年来，随着区块链技术在能源、医疗等多个行业中的应用，学术界关于其对企业价值影响的研究也日益增多。

从宏观层面，研究已经表明区块链技术能够作为技术创新的加速器，不仅提供资金和技术基础，还能促进产业内的创新聚集和创新生态系统的建设，提高整个产业的创新能力和企业的市场表现。Tapscott 和 Tapscott（2016）在他们的著作中指出，区块链作为一种分布式账本，提供了一个全新的数据管理和交易平台，有助于企业创造新的价值来源。具体到微观层面，研究发现企业运用区块链技术能够提高信息透明度、降低交易成本并提高运营效率，这些因素都直接影响企业的市场表现和创新能力。Catalini 和 Gans（2016）的研究显示，区块链能够促进技术创新，其不可篡改的特性为知识产权提供了更强的保护，从而激发了研发投入。

进一步研究发现，区块链技术的应用能够在企业治理中扮演关键角色，通过提升公司治理透明度和效率来推动企业创新。Yermack（2017）认为，区块链技术能够在董事会决策、股东投票以及财务报告等领域提高治理质量，为企业创新提供了坚实的治理基础。特别是对于那些高度依赖知识产权和技术领先优势的企业，区块链技术被证实可以增强其市场竞争力。Iansiti 和 Lakhani（2017）通过一系列案例研究，指出区块链如何通过优化产品追踪、保护知识产权和降低合作风险等方式，支持企业创新。

总之，区块链技术通过改善企业信息流通、增强数据安全性、提高公司治理水平等方面，为企业的技术创新和价值增长提供了坚实支持。随着区块链技术应用的日益广泛和深入，其在促进企业创新和价值增长中的角色预计将更加显著。

5.3.4 盈余管理路径下区块链技术影响企业价值的相关研究

区块链技术对企业盈余管理及价值创造的影响已经成为学术界研究的热点。研究表明，区块链技术的应用可能会对公司的财务透明度和盈余质量产生重要影响，从而间接影响企业价值。

在公司财务领域，区块链技术的引入被认为可以有效增进企业信息披露的质量和透明度，由于其不可篡改的分布式账本特性，可以限制企业在财务报告中的盈余管理行为。例如，Cohen 等（2017）发现，区块链技术能通过提高数据的可追溯性和不可篡改性，减少企业的信息不对称，从而抑制盈余管理行为。在企业经营实践中，通过区块链技术，公司能够在全球范围内实时追踪资产流动和交易执行，这不仅增强了股东及潜在投资者的信任度，也为投资者提供了更准确的业绩评估基础。如 Tapscott 和 Tapscott（2016）所述，区块链可以转变企业如何发布和验证财务信息，从而提升企业盈余质量。具体到企业治理，区块链技术能够帮助改善公司治理，增强董事会的监督能力和有效性。Yermack（2017）提出，区块链可以增进董事会透明度，强化治理结构，从而提升企业的经营绩效。

同时，研究也指出区块链技术能够为企业上市前的财务准备和盈余管理提供新的工具和方法。Laurence 等（2019）指出，区块链技术可作为一种监管工具，帮助企业在上市前优化其财务状况，提升其市场吸引力。

综上所述，区块链技术被视为可以通过优化盈余管理来提升企业价值的潜在工具，尽管它也带来了一些挑战。随着区块链技术的不断成熟和普及，它在企业盈余管理和价值创造中的作用预计将会进一步增强。

5.4 研究内容与结构安排

5.4.1 研究内容

本书在评述现有研究的基础上，旨在针对当前关于区块链技术特征及其在应用企业价值方面研究的局限性进行创新性突破。本书将从区块链技术的特性出发，深度探讨其对企业价值的影响路径、作用机理以及实际效果，具体的研究内容将详细阐述如下。

（1）区块链技术对企业价值的理论影响框架探讨。首先，我们对区块链技术、其特性以及其对企业价值的意义进行明确定义。其次，利用委托代理、社会网络、公司治理、价值创造和信息不对称的理论，我们深入探讨了区块链技术在企业运作中如何通过其独特的特性来影响企业价值的路径。最后，我们对这种影响进行了明确的机理分析，并据此构建了一个理论框架，以阐述区块链技术特性如何作用于企业价值。

（2）区块链技术对企业价值的影响路径研究。区块链技术以其去中心化、安全性和不可篡改的特性，正在深刻地改变金融领域，特别是在银行业、证券业和供应链金融中。此技术助力企业提高财务透明度，优化企业治理，创新业务流程，降低融资约束，并增进技术创新。特别是在解决信息不对称、提高数据信息质量、促进财务诚信、缓解技术创新融资难度等方面表现突出。通过对这些领域的深入研究，我们可以了解区块链技术如何推动企业价值增长，以及其背后的具体机制和路径。简言之，区块链技术不仅优化了金融和业务流程，还为企业创造了实现高质量、可持续发展的新途径。

（3）单一路径下区块链技术对企业价值的影响研究。本书以公司治理、技术创新和信息不对称等理论为核心，构建了一个基于区块链技术特性对企业价值影响的理论分析框架。通过逻辑分析法，我们深入探讨了区块链技术特性与公司治理水平、技术创新能力、盈余管理程度之间的关系及其对企业价值的影响机制。基于这些关系，我们提出了一系列研究假设，并使用实证模型进行检验。进一步，本书分析了公司治理、技术创新和盈余管理在区块链技术特性与企业价值之间的中介作用，旨在深化对公司治理、价值创造理论的理解，并进一步揭示区块链技术特性在企业价值创造路径和作用机制中的关键角色。

5.4.2　结构安排

针对上述研究内容，本篇的结构安排如下。

第5章　绪论　阐述本篇研究背景并引出本篇的研究问题，提出本篇的研究目的及意义，对国内外已有文献进行综述并剖析现有文献存在的不足，确定本篇的主要研究内容、结构安排、研究方法以及技术路线。

第6章　区块链技术影响企业价值的理论分析与实证检验　本章为研究的理论支柱。经由对先前文献的细致梳理、对已有研究局限的深入探索，以及系统的理论推导和逻辑分析，我们为研究中所涉及的关键概念提供了清晰的界定。借助价值创新的视角，本书深度探讨了区块链技术及其独特属性与企业价值之间的关联。基于区块链的独特属性，我们设计了一个理论框架，旨在探讨区块链如何塑造企业价值。此框架不仅展现了区块链如何内在地影响企业价值，同时也为全篇的研究路径及各部分内容提供了清晰的逻辑指引。

第7章　公司治理路径下区块链技术对企业价值的影响研究　以公司治理理论为指引，我们基于区块链技术特性对企业价值的理论构建进行了深入探索。通过实证分析，我们审查了区块链技术特性如何塑造被投资企业的公司治理结构，进一步探索了公司治理如何对企业价值产生影响。此外，我们还详细研究了公司治理在区块链技术特性与被投资企业价值之间的中介效应，从而更加深入地理解区块链技术特性、公司治理和企业价值之间的关系机制。

第8章　技术创新路径下区块链技术对企业价值的影响研究　依据价值创造的理论，并结合区块链技术特性对企业价值的理论架构，我们进行了实证分析。我们研究了区块链技术特性如何加强被投资企业的技术创新潜力，进而考察了技术创新如何对企业的价值产生影响。我们也深入探讨了技术创新在区块链技术特性与被投资企业价值之间的中介角色，旨在进一步深化对区块链技术特性通过技术创新路径对被投资企业价值影响的机制理解。

第9章　盈余管理路径下区块链技术对企业价值的影响研究　以信息不对称的理论为支撑，并结合区块链技术特性对企业价值的理论架构，我们进行实证研究。我们考察了区块链技术特性如何对被投资企业的盈余管理水平产生影响，并进一步分析了盈余管理是如何影响企业价值的。此外，我们也深入研究了盈余管理在区块链技术特性与被投资企业价值间的中介角色，从而更加深入地理解了区块链技术特性通过盈余管理途径对企业价值产生的影响机制。

5.5　研究方法与技术路线

5.5.1　研究方法

本篇所用研究方法主要有。

（1）文献研究和规范研究法。通过文献分析和规范研究方法，深入探讨区块链技术如何影响企业价值。首先，结合国内外的研究现状，系统地归纳和梳理了关于区块链技术与企业价值、公司治理、技术创新和盈余管理路径下的相关研究，对其进行了评价，并指出了现有研究的局限性，从而定义了本书的研究方向和创新点。其次，借助文献分析，我们明确了本书的关键概念和变量衡量方法，确保了研究的严谨性。在研究过程中，我们还结合归纳演绎和逻辑推理方法，引用经典理论，明确了研究思路和论文的逻辑结构，并据此提出了多个研究假设，旨在探讨区块链技术与企业价值之间的内在联系。

（2）比较分析法。首先，根据是否采用区块链技术，将样本公司分为两组。利用 PSM（倾向得分匹配）方法，对比分析了采用与未采用区块链技术的上市公司在企业价值上的异同。其次，针对采用区块链技术的上市公司，根据其区块链应用的深度、技术类型、应用时长以及与其他技术的融合等特征，通过实证检验了不同特征的区块链技术对企业价值的影响差异。最后，从多个不同的路径，如公司治理、技术创新和盈余管理，探讨了区块链技术特征如何影响被投资企业的价值。并且考虑到多重路径的情况，我们使用了中介效应模型来分析区块链技术特征对企业价值总体的中介效应，以及不同路径中的中介效应差异。这一研究方法有助于深入理解区块链技术特征如何影响被投资企业价值的路径和机制。

（3）实证研究法。本书主要利用 Stata 和 AMOS 等软件，采用 OLS 和 SEM 等实证模型进行研究，分析检验结果，揭示经济运行规律，具体实现步骤如下。首先，确定研究目标，探索区块链技术如何作用于企业价值。深入研究区块链技术的不同属性如何具体影响企业价值，同时考虑公司治理、技术创新和盈余管理等方面在区块链技术和企业价值之间的中介效应。当涉及多路径考量时，进一步分析不同路径下区块链对企业价值的不同影响，并据此构建实证研究假设。其次，搭建实证研究框架。先明确关键的解释变量、被解释变量及控制变量，然后建立回归模型来探索区块链技术、公司治理等因素与企业价值的关联。在此基础上，综合考虑多重影响路径并运用结构方程模型，深入探讨区块链技术、公司治理、技术创新和盈余管理与企业价值之间的综合中介效应。再次，选取并整理适当的实证样本。针对研究的主题和相关变量，进行有目的的数据收集、整理和处理，确保所得数据真实地代表了所选样本企业的实际状态，以保障研究结果的可信度。最后，采用统计方法对收集的数据进行分析，包括描述性统计、相关性分析及回归分析等，进而解读实证研究的结果，验证预设假设的合理性，并从中洞悉区块链技术对企业价值影响的深层次机理。

5.5.2 技术路线

本篇的技术路线如图 5－1 所示。

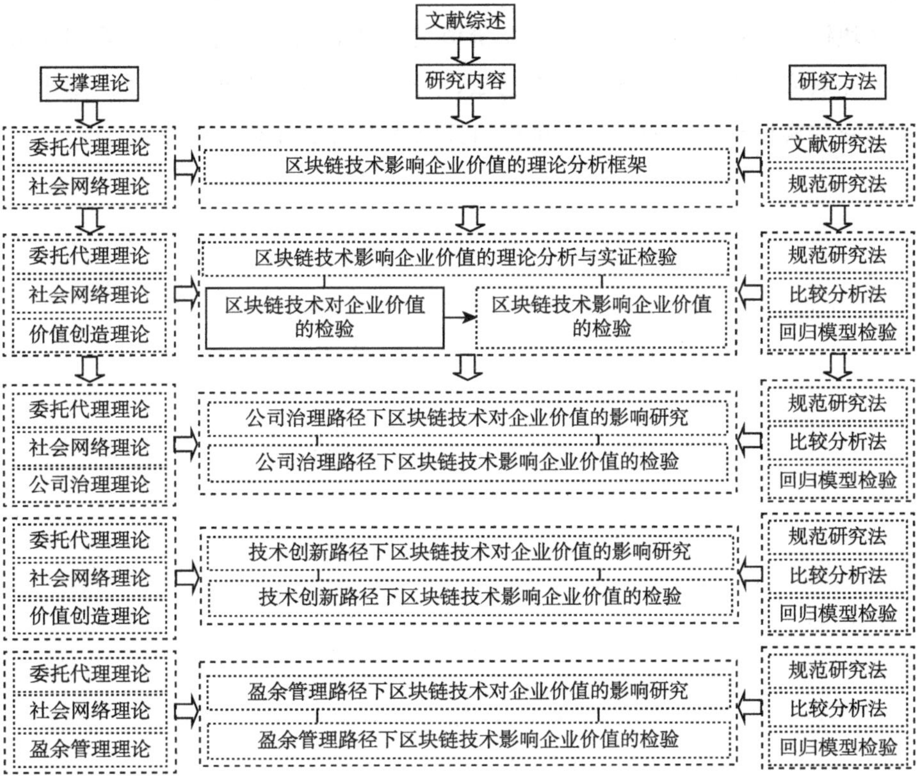

图 5－1 技术路线

本书首先通过综合评述现有文献，指出前人研究在探讨区块链技术对企业价值影响方面的缺陷和不足，并据此明确本书的研究重点与目标。在价值创造和信息不对称等理论的指导下，采用规范研究方法，对区块链技术及其对企业价值的作用进行深入分析和明确界定。基于此理论基础，构建了以区块链视角为核心的企业价值影响分析框架。

其次，以构建的理论框架为依托，运用逻辑分析法深入解读区块链技术与企业价值之间的相互作用，并提出系列研究假设。进一步地，依托这些假设构建出实证分析模型，并通过该模型对区块链技术对企业价值的影响力度及其差异性进行了实证检验，并探索了区块链技术影响企业价值的具体路径。

最后，在确认区块链技术对企业价值具有实际影响后，本书更进一步地通过路径分析，着眼于公司治理、技术创新和盈余管理等不同维度，检验区块链技术在这些路径上对企业价值的具体影响。此过程中，采用了分步中介效应分析法和系数差值检验法，对不同路径所发挥的中介作用进行了细致的实证探究和检验，以确保研究结果的科学性和可靠性。

第6章 区块链技术影响企业价值的理论分析与实证检验

6.1 理论分析与假设提出

6.1.1 理论分析

区块链技术的主要优势体现在去中心化、集体维护、安全性、可追溯、不可篡改以及开放性等方面，通过利用区块链技术的独特优势将会对金融领域各方面产生深厚的影响，在银行业、证券业以及供应链金融中均能发挥其特有的价值。在区块链技术推动银行业、证券业高效创新发展以及变革传统供应链金融模式的过程中，企业必定会成为主要受益者之一，区块链技术正成为企业实现可持续、高质量发展的关键驱动力。

企业利用区块链技术的“去中心化”和“共同信任”优势，可以改善财务质量、提升企业治理和创新水平，进而提升企业价值，如图6-1所示。区块链技术可以降低企业的风险水平，增强信息透明度并提升信息质量，保证各方获得同等的可信信息，从而降低沟通成本，解决信息不对称问题。区块链技术能够提升对管理者的监督效果，为促进企业间信息的互换与沟通并维护企业的声誉，管理者需要对自身进行约束，抑制管理者的寻租行为，同时能够有效提高信息的及时性和可信度，发挥部门间的协同作用从而增强企业治理水平并提升企业的盈余质量。此外，现有研究已经证实，区块链对传统供应链带来的冲击将导致供应链模式发生变革，推动了智能合约的运用。企业间无须复杂的流程即可完成订单的订立与履行，缩减交易周期，降低准备成本，确保随时监督业务的全过程，并实现对货物的溯源，降低合同纠纷成本和违约风险。信息的共享也确保产品质量，有助于实现销售目标。金融领域在区块链技术的加持下有助于实现资金的高效配置，资金双方都能够获得更为精准且有效的信息，不同风险等级的企业都可以通过区块链进入金融机构服务的名单中，金融机构通过对企业在区块链中提供的信息进行判断，更灵活地选取投资对象并进行差异定价，极大地满足企业的资金需求，使企业能够将更多的资金用于技术创新，进而提升企业价值。

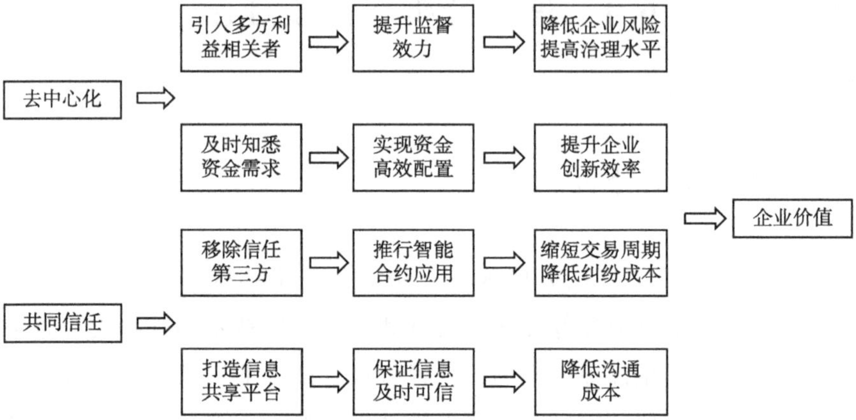

图 6-1　区块链技术影响企业价值的机理分析

区块链技术的应用促进企业技术创新，对企业来说，区块链技术的出现缓解了企业的融资约束。一方面，企业利用区块链加密算法、智能合约、共识模型和分布式账本等技术，可以将生产关系进行重组；另一方面，利用区块链的追溯和数据加工功能，可以打通企业直接融资过程中的“堵点”，从而解决企业内源融资不足和外源融资受限等问题。另外，基于区块链技术构建的智能合约可以帮助企业以低成本的方式精简业务流程，从而保证足够的现金流量用于企业的研发生产，提高企业的研发投入强度，利用区块链打造产业链，解决企业间信息不对称的问题，优化研发投入结构，使企业的研发投入更具针对性。最后，利用区块链技术打造新型科技成果服务平台，能够极大地推动其企业科研成果的转化，帮助企业实现技术创新。Rui W 等（2018）通过对信贷模型的分析发现，金融机构运用区块链技术提高了企业伪造信用信息付出的代价，同时金融机构能够针对不同企业的风险程度进行差异化定价，可以缓解信息不对称和信贷配给问题，缓解了企业进行技术创新的融资难题。Hugo Hoffmann Christian（2021）认为，可扩展的区块链技术，智能合约可以简化流程，从而降低交易、管理成本和降低由人工带来的操作风险，有利于优化企业的研发投入结构。朱兴雄（2018）分析了区块链供应链金融相关的理论，构建了基于区块链的供应链金融系统模型，并分析了其对于企业进行技术创新的重要作用。

从盈余管理的相关理论出发，企业从事盈余管理的主要原因是信息不对称和代理问题。信息不对称指的是企业管理层与外部信息使用者在信息掌握上的差异，这种差异主要源于企业管理层通常拥有企业的一手信息，因而处于有利的信息地位。为了获取更多的利益，企业管理层往往会利用其在信息上的优势地位。信息不对称会导致外部信息使用者不能及时获取到企业的相关会计信息，而只能通过第三方来获取这些信息，这样一来，信息在传递过程中被有意或无意更改的概率就会增加。外部信息使用者因为内外部的信息差距，难以做出最符合自身利益的判断。企业管理层为了提高股票价值、获取融资资格等，可能会采取一些机会主义的行为，如人为操纵会计信息等。代理问题主要涉及代理人（经营者）与委托人（企业所有者）之间利益的不一致。在委托人无法完全监督代理人的情况下，代理人可能为了自身的利益，采取一些不利于委托人的行为。企业所有者无法实时了解企业的经营状况，只能通过财务报表的相关数据来作出评判。为了激励和监督经营者，企业所有者会制定一系列的奖惩制度，从而导致代理成本的产生。此外，企业的经营者与股东、债权人之间也可能存在利益和观念上的分歧，这种分歧可能导致企业管理者为了自身的利益而忽视其他利益相关者，通过操纵会计信息进行盈余管理。

企业进行盈余管理最显著的影响是造成会计信息不具有真实性。区块链拥有独特的去中心化特点，与普通系统不同，不设置中心账本，利用分布模式保存会计信息，安全性高且不容易被攻破，篡改难度极大。区块链独有三大技术特征，即去中心化、分布式记账、不可篡改性特征可以解决会计信息不透明、易篡改和不信任的问题，将有效提高会计信息质量，并有助于财务诚信体系的建设。

研究企业如何利用区块链技术实现价值增长，以及区块链技术是如何影响企业价值的机制和具体影响机理，是将区块链技术与微观企业有效结合的关键问题。在回顾区块链技术在金融领域以及其他领域的应用现状的基础上，本书深入分析了区块链技术对企业价值产生影响的机制，并具体探讨了区块链技术通过优化公司治理、改进盈余管理以及促进技术创新三条主要路径对企业价值的积极作用。

6.1.2 假设提出

企业利用区块链技术的“去中心化”和“共同信任”，通过改善盈余质量、提升企业治理和创新水平，进而实现价值增长。区块链技术有助于降低企业的风险，提升信息的透明度和质量，确保交流双方获取同等可靠的信息，从而降低沟通成本，解决信息不对称问题。对于管理者的监督作用也是显而易见的，为了维护企业的声誉，管理者必须约束自己的行为，避免寻租，同时区块链技术能够及时、可靠地提供信息，发挥协同作用，进一步增强企业的治理水平和盈余质量。另外，已有研究证实区块链对传统供应链带来了冲击并将导致供应链模式发生变革，区块链技术推动了智能合约的运用，企业间无须复杂的流程即可完成订单的订立与履行，可以缩减交易周期，降低准备成本，也可以随时监督业务的全过程，并对货物进行溯源，这也降低了合同纠纷成本和违约风险，信息的共享也将为企业的产品质量提供保障，实现销售目标。区块链在金融领域中也扮演着重要角色，在区块链的加持下，资金双方都能够获得更为精准且有效的信息，不同风险等级的企业都可以通过区块链进入金融机构服务的名单中，金融机构通过企业在区块链中提供的信息进行判断，更灵活地选取投资对象并进行差异定价，这将极大地满足企业的资金需求，进而帮助企业将更多的资金投入技术创新中去，进而提升企业价值。基于以上分析，本书提出如下研究假设 6 - 1。

假设 6 - 1：区块链技术对企业价值具有显著正向影响。

区块链能够从速度和效率、风险和成本等方面提升企业经营水平，随着研究的深入和技术的提升，可能会挖掘出其对企业更多的潜在有利影响。从区块链技术的应用现状来看，多数企业的区块链项目还停留在底层技术阶段，并且我国目前的信息基础设施还有待完善，企业信息化平台建设仍然存在缺口，需要政企双方加大人物力资源的投入，进一步挖掘和利用隐藏在区块链技术下的大量可信数据。从长远发展来看，当区块链深入融合企业的经营管理业务时，有助于进一步解决传统企业构架下无法解决的经营问题，能够为企业的持续经营提供新的手段，促进内外部信息共享，提高业务协同效率，其不仅为经营管理带来了变革，也给企业价值的进一步提升提供了新的机会。为了追求企业的长期收益，股东在区块链技术投资及应用的积极性和针对性可能更高，有助于区块链技术高效实施，进而提高公司的治理效率，提高企业绩效水平。基于以上分析，本书提出如下研究假设。

假设 6－2－1：企业运用区块链的程度越深，企业价值表现越好。

假设 6－2－2：企业运用区块链的时间越长，企业价值表现越好。

6.2　研究设计与模型构建

6.2.1　样本选择与数据来源

本书以 2016—2021 年沪深 A 股上市公司为研究对象。以 2016 年作为起点，主要是考虑到区块链技术的价值在 2016 年真正被世界所认可，世界各地的许多金融、能源等行业也开始投资这项技术，主要的证券交易所正在作出安排，通过区块链透明地交易股权和跟踪股票所有权，央行也认可了数字货币并表示在积极探索发行数字货币。我国开始进入区块链快速发展阶段，区块链产业的发展潜力得到重视。本书剔除了原始数据中 ST 和 *ST 以及金融行业上市公司，并将数据缺失的样本剔除。数据主要来源于国泰安数据库（CSMAR）和企业的年度财务报告。

考虑到区块链与企业价值之间可能存在样本选择性和自选择效应等问题，本书采用倾向得分匹配 PSM 方法，进一步减弱内生性影响。其中 268 家应用区块链的上市企业中包括应用较好的 71 家，占 26.49%；应用一般的 87 家，占 32.46%；处于起步或探索阶段的 102 家，占 38.06%；萌发区块链想法的 8 家，占 2.99%。为了避免极端值对研究结论的影响，本书对所有连续变量进行了 1% 和 99% 水平上的缩尾处理。

6.2.2 变量定义

6.2.2.1 被解释变量

企业价值（Tobin Q）：本书选用 Tobin Q 衡量上市公司企业价值。Tobin Q是资本的市场价值与重置成本的比值，使用较为普遍，是衡量企业长期价值表现的关键指标。Tobin Q 值越高，代表着投资者越看好公司的未来发展，也更愿意进行投资。

6.2.2.2 解释变量

本书选取区块链（BT）、区块链运用程度（BT level）以及区块链运用时长（BT time）等分别作为解释变量。其中 BT 为 0－1 变量，以企业当年是否运用区块链技术作为划分标准；区块链运用水平分别从区块链运用程度和区块链运用时长两个维度衡量。通过对企业披露信息中区块链的运用情况进行汇总并人为分类，将区块链运用程度划分为四个等级，未运用阶段取值 0，起步阶段取值 1，一般阶段取值 2，较好阶段取值 3，用以衡量企业运用区块链的程度；以企业披露信息中运用区块链技术的起始时间为零时点，计算企业区块链技术运用的年份数，用以衡量企业运用区块链的时间。

6.2.2.3 控制变量

本书同时控制了年份和行业固定效应以保证检验结果的准确性，并选取企业规模（Size）、资产负债率（Lev）、现金持有水平（Fcf）、员工人数（Yg）、成长性（Growth）和企业产权性质（Soe）等作为控制变量。

变量详细说明如表 6－1 所示：

表 6－1　　变量定义

变量类型	变量名称	符号	说明
被解释变量	Tobin Q	Tobin Q	市场价值/资产重置成本
解释变量	区块链	BT	企业当年应用区块链技术时为 1，否则为 0
	区块链运用时长	BT time	BT time＝0、1、2、3、4、5、6、7
	区块链运用程度	BT level	未应用＝0，起步＝1，一般＝2，较好＝3
控制变量	企业规模	Size	ln（总资产）
	资产负债率	Lev	期末总负债/期末总资产
	现金持有水平	Fcf	经营现金流量净额/期末资产总额
	员工人数	Yg	ln（员工人数）
	成长性	Growth	营业收入增长率
	股权性质	Soe	国有企业为 1，否则为 0
	年份	Year	年份固定效应
	行业	Ind	行业固定效应

6.2.3　模型建立与模型说明

为了检验假设 6－1：区块链对企业价值的影响，构建如下回归模型（6－1）：

$$Tobin\ Q = \beta_0 + \beta_1 Bct + \beta_2 Size + \beta_3 Lev + \beta_4 Fcf + \beta_5 Yg + \beta_6 Growth + \beta_7 Soe + Year + Ind + \varepsilon \quad (6-1)$$

为了检验假设 6－2－1 和假设 6－2－2：区块链运用程度以及运用时间对企业价值的影响，构建如下回归模型（6－2），其中，X_i表示企业应用区块链的程度和时间等不同特征。

$$Tobin\ Q = \beta_0 + \beta_1 X_i + \beta_2 Size + \beta_3 Lev + \beta_4 Fcf + \beta_5 Yg + \beta_6 Growth + \beta_7 Soe + Year + Ind + \varepsilon \quad (6-2)$$

根据本书理论预期，运用了区块链技术的企业，价值表现更好，则模型（6－1）中 BT 的系数 β_1应显著为正。区块链技术运用程度和运用时间能够正向影响企业价值，则模型（6－2）中 BT 特征变量X_i的系数 β_1应显著为正。

6.3 实证检验结果与分析

6.3.1 PSM 匹配结果分析

6.3.1.1 平衡性检验

PSM 匹配后的平衡性检验结果见表 6 - 2。各变量匹配后的标准化偏差绝对值均有所减小且最大为 6.4%，P 值均较大且不显著，样本选择偏误得到了很好的控制，PSM 有效降低了各变量组间的分布差异，通过了检验。PSM 效果较好。

表 6 - 2　　平衡性检验

	U/M	Treated	Control	% bias	| bias |	t	p > | t |
Size	U	22.452	22.231	16.7		4.76	0.000
	M	22.452	22.433	1.5	91.2	0.29	0.769
Lev	U	0.42457	0.419	2.7		0.75	0.452
	M	0.42457	0.42724	-1.3	51.9	-0.26	0.793
Fcf	U	0.04007	0.04821	-12.2		-3.30	0.001
	M	0.04007	0.03832	2.6	78.6	0.52	0.600
Yg	U	7.8641	7.5815	21.6		6.33	0.000
	M	7.8641	7.8104	4.1	81.0	0.82	0.414
Ind	U	54.049	39.608	83.9		23.02	0.000
	M	54.049	55.112	-6.2	92.6	-1.20	0.231
Growth	U	0.12023	0.18746	-16.3		-4.28	0.000
	M	0.12023	0.13068	-2.5	84.5	-0.58	0.564
Soe	U	0.22422	0.30914	-19.3		-5.22	0.000
	M	0.22422	0.2522	-6.4	67.1	-1.34	0.180

6.3.1.2　共同趋势检验

PSM 匹配前后处理组和对照组的共同趋势检验结果见图 6－2，匹配前处理组和控制组差异较大，核密度函数重叠度较低，共同支撑域较小，匹配后具有较大的共同支撑域。PSM 效果较好。

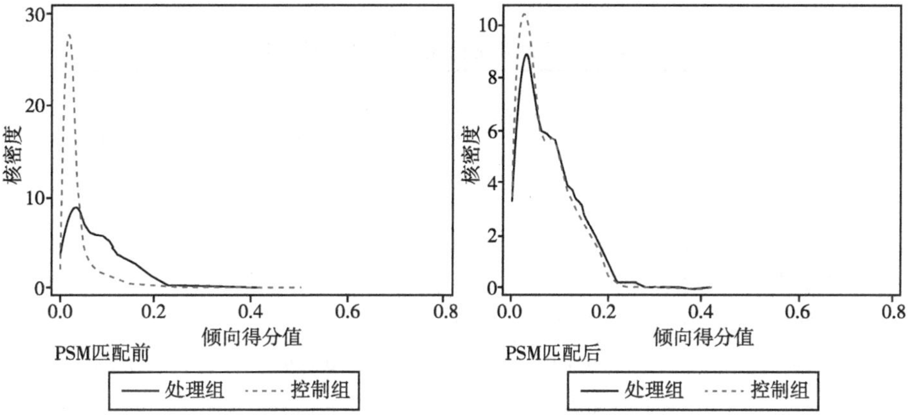

图 6－2　PSM 匹配前后核密度函数图

6.3.1.3　平均处理效应

PSM 匹配后处理组平均处理效应见表 6－2，PSM 匹配后 T 统计量增大且显著性水平提升，说明区块链技术能够显著影响企业价值。PSM 合理可靠。

表 6－3　　平均处理效应

Variable	Sample	Treated	Controls	Difference	S. E.	T－stat
Tobin Q	Unmatched	2. 43787586	2. 24417027	0. 193705592	0. 054951402	3. 53
	ATT	2. 43787586	2. 13893934	0. 298936522	0. 064404596	4. 64

6.3.2　描述性统计

表 6－4 和表 6－5 分别展示了处理组和控制组中各变量的描述性统计，

表 6 - 4 处理组中 Tobin Q 的均值 2. 460，大于表 6 - 5 控制组中 Tobin Q 的均值 2. 160，处理组中 Tobin Q 的中位数 1. 970 大于控制组中 Tobin Q 的中位数 1. 790，说明运用区块链技术的企业价值高于没有运用区块链技术的企业，区块链可能对企业价值具有正向影响，初步验证了假设 6 - 1。各控制变量的均值和中位数在处理组和对照组中均不存在较大差异，同样说明 PSM 合理可靠。

表 6 - 4　　处理组各变量描述性统计（区块链 =1）

Variable	Mean	p50	SD
Tobin Q	2. 460	1. 970	1. 610
BT	1	1	0
BT level	2. 080	2	0. 810
BT time	2. 610	2	1. 400
Size	22. 43	22. 21	1. 320
Lev	0. 420	0. 410	0. 200
Fcf	0. 0400	0. 0400	0. 0600
Yg	7. 890	7. 740	1. 340
Growth	0. 120	0. 0900	0. 370
Soe	0. 220	0	0. 420

表 6 - 5　　对照组各变量描述性统计（区块链 =0）

Variable	Mean	p50	SD
Tobin Q	2. 160	1. 790	1. 360
BT	0	0	0
BT level	0	0	0
BT time	0	0	0
Size	22. 38	22. 19	1. 340
Lev	0. 420	0. 410	0. 200
Fcf	0. 0400	0. 0400	0. 0700
Yg	7. 860	7. 730	1. 290
Growth	0. 150	0. 110	0. 340
Soe	0. 230	0	0. 420

6.3.3 相关性分析

各变量的相关性分析见表 6－6，BT、BT level、BT time 与 Tobin Q 的相关系数分别为 0.022、0.021 和 0.028 在 1% 水平上显著，初步验证了区块链运用以及运用程度和运用时间均对企业价值具有正向作用，即运用区块链技术能够正向影响企业价值。解释变量与控制变量的相关系数均较小，最大不超过 0.048，没有严重的多重共线性问题。

表 6－6　Pearson 相关系数

	Tobin Q	BT	BT level	BT time	Size	Lev	Fcf	Yg	Growth	Soe
Tobin Q	1									
BT	0.022***	1								
BT level	0.021***	0.932***	1							
BT time	0.028***	0.879***	0.799***	1						
Size	－0.366***	0.044***	0.029***	0.042***	1					
Lev	－0.189***	0.00600	0.014**	0.00400	0.446***	1				
Fcf	0.062***	－0.024***	－0.024***	－0.018***	0.039***	－0.189***	1			
Yg	－0.277***	0.045***	0.023***	0.048***	0.746***	0.319***	0.173***	1		
Growth	0.086***	－0.028***	－0.027***	－0.029***	0.027***	0.00800	0.022***	0.00600	1	
Soe	－0.152***	－0.034***	－0.038***	－0.027***	0.378***	0.237***	－0.00400	0.263***	－0.050***	1

注：*、** 和 *** 分别表示变量显著性水平为 10%、5% 和 1%。

6.3.4 模型检验结果与分析

6.3.4.1 主效应检验

主效应回归结果见表 6－7，列（1）中，BT 与 Tobin Q 的回归系数 0.146 在 5% 的水平上显著，说明企业运用区块链技术能够提升价值表现，区块链对企业价值具有显著正向影响，验证了假设6－1。

表6－7　　　　　　　　　　主效应回归结果

变量	Tobin Q
	(1)
BT	0.146** (0.061)
Controls	Yes
Year	Yes
Ind	Yes
N	2605
Adj－R^2	0.244

注：*、** 和 *** 分别表示变量显著性水平为10%、5%和1%。

6.3.4.2　区块链运用时长以及运用程度与企业价值

表6－8展示了区块链运用时长以及运用程度与企业价值的回归结果，列（1）中BT level与Tobin Q的回归系数0.052在5%的水平上显著，说明区块链运用程度对企业价值具有显著正向影响，企业运用区块链的程度越深，企业价值表现越好，验证了假设6－2－1。列（2）中BT time与Tobin Q的回归系数0.056在1%的水平上显著，说明区块链运用时间对企业价值具有显著正向影响，企业运用区块链的时间越长，企业价值表现越好，验证了假设6－2－2。

表6－8　　　　　　区块链运用程度及运用时间的回归结果

变量	Tobin Q	
	(1)	(2)
BT level	0.052** (0.026)	
BT time		0.056*** (0.020)

续表

变量	Tobin Q	
	(1)	(2)
Controls	Yes	Yes
Year	Yes	Yes
Ind	Yes	Yes
N	2605	2605
$Adj-R^2$	0.243	0.245

在异质性分析方面，本书从以下三个方向分析。

第一，基于产权性质的异质性分析。本书在上述研究的基础上进一步从产权异质性的角度分析区块链对企业价值的影响，回归结果见表 6-9，列（1）、列（2）和列（3）展示了区块链对国有企业价值的影响，BT、BT level、BT time 与 Tobin Q 的回归系数均不显著，说明区块链对国有企业价值的影响不显著；列（4）、列（5）和列（6）展示了区块链对非国有企业价值的影响，其中列（4）BT 与 Tobin Q 的回归系数 0.170 在 5% 水平上显著，列（5）BT level 与 Tobin Q 的回归系数 0.058 在 10% 水平上显著，列（6）BT time 与 Tobin Q 的回归系数 0.079 在 1% 水平上显著，说明区块链能够提升非国有企业价值，且区块链技术运用时间越长、运用程度越深，更有利于提升价值表现。

自 2016 年以来企业对区块链技术运用进行了更加深入的探索和尝试，已有研究表明其可以缓解企业融资约束，提升运营效率，降低财务风险。目前运用区块链技术的企业大多数是非国有企业，占比高达七成以上，非国有企业具有更强烈的运用意愿。而国有企业会受到更多的约束，包括政府干预、薪酬管制和预算软约束等。区块链保证了企业提供信息更加完整透明，将会有效遏制国有企业高管的寻租行为。在国有企业还没有强制推行区块链技术时，国有企业应用区块链技术的动力不足，另外，国有企业需要承担较多的社会效益，也会抑制其对区块链技术的开发及应用，而非国有企业在面临激烈的市场竞争时迫切需要技术创新来抢占市场先机，区块链技术逐渐成为非国有企业提升自身价值的关键增长点。

表 6-9　　基于产权性质异质性的回归结果

变量	国有企业			非国有企业		
	(1)	(2)	(3)	(4)	(5)	(6)
BT	0.070 (0.109)			0.170** (0.073)		
BT level		0.031 (0.047)			0.058* (0.031)	
BT time			-0.026 (0.034)			0.079*** (0.023)
Controls	Yes	Yes	Yes	Yes	Yes	Yes
Year	Yes	Yes	Yes	Yes	Yes	Yes
Ind	Yes	Yes	Yes	Yes	Yes	Yes
N	594	594	594	2011	2011	2011
Adj - R^2	0.393	0.393	0.345	0.224	0.223	0.226

注：*、** 和 *** 分别表示变量显著性水平为 10%、5% 和 1%。

第二，基于企业规模的异质性分析。进一步按照各年度行业内总资产的平均数将 PSM 匹配后的样本划分为大小规模两组，分析区块链对企业价值的影响是否会因为企业规模不同而存在差异。回归结果见表 6-10，列（1）、列（2）和列（3）展示了大规模公司应用区块链技术对企业价值的回归结果，BT、BT level、BT time 与 Tobin Q 的回归系数均不显著，说明区块链对大规模企业价值不存在显著影响；列（4）、列（5）和列（6）展示了区块链对小规模企业价值的回归结果，其中列（4）BT 与 Tobin Q 的回归系数 0.383 在 1% 水平上显著，列（5）BT level 与 Tobin Q 的回归系数 0.172 在 1% 水平上显著，列（6）BT time 与 Tobin Q 的回归系数 0.110 在 1% 水平上显著，说明区块链能够提升小规模企业价值，且运用时间越长和运用程度越深，越有利于提升价值表现。

一方面，区块链为缓解小规模企业融资约束贡献了解决方案，金融机构与区块链的融合将会加大小规模企业提供虚假信息的成本，迫使小规模企业改善信息质量，金融机构可以根据不同风险的企业进行差别化定价，使得不同风险类型的企业均能够获得融资，同时区块链赋能供应链金融的融资模式在一定程度上也可以帮助小规模企业缓解融资约束，通过区块链技术提升信息透明度，改善自身资信条件，更加符合融资要求，进而拓宽融资渠道，促进企业价值的提升。另一方面，信息共享有助于健全企业管理体制，改善公司治理，提高小规模企业决策的科学性，并且可以缓解信息不对称问题，使得小规模企业有更多的机会参与到上下游核心企业之间的交易过程中。小规模企业可能会因此获得更大的收益，价值提升更明显。

表 6-10　　基于企业规模异质性的回归结果

变量	大规模企业			小规模企业		
	(1)	(2)	(3)	(4)	(5)	(6)
BT	-0.015 (0.074)			0.383*** (0.105)		
BT level		-0.030 (0.032)			0.172*** (0.043)	
BT time			0.009 (0.023)			0.110*** (0.034)
Controls	Yes	Yes	Yes	Yes	Yes	Yes
Year	Yes	Yes	Yes	Yes	Yes	Yes
Ind	Yes	Yes	Yes	Yes	Yes	Yes
N	1540	1540	1540	1065	1065	1065
Adj - R^2	0.329	0.330	0.315	0.229	0.231	0.228

注：*、** 和 *** 分别表示变量显著性水平为 10%、5% 和 1%。

第三，基于行业的异质性分析。进一步按照根据中国证监会发布的《上市公司行业分类指引》（2012 年修订）及《国民经济行业分类》（GB/T 4754-2017），将样本分为能源企业、重污染企业和制造业企业三类，分析区块链对企业价值的影响是否会因为企业所处行业不同而存在差异。回归结果见表 6-11、表 6-12 和表 6-13。

表 6-11 中，列（1）、列（2）和列（3）展示了能源企业应用区块链技术对企业价值的回归结果，其中列（1）BT 与 Tobin Q 的回归系数 0.078 在 1% 水平上显著，列（2）BT level 与 Tobin Q 的回归系数 0.039 在 1% 水平上显著，列（3）BT time 与 Tobin Q 的回归系数 0.023 在 1% 水平上显著，说明区块链能够提升能源企业价值，且运用时间越长和运用程度越深，越有利于提升价值表现。

表 6 - 11　　　　能源企业的回归结果

变量	(1)	(2)	(3)
BT	0.078 *** (0.287)		
BT level		0.039 *** (0.161)	
BT time			0.023*** (0.080)
Controls	Yes	Yes	Yes
Year	Yes	Yes	Yes
Ind	Yes	Yes	Yes
N	735	735	735
Adj - R^2	0.273	0.273	0.273

注：*、** 和 *** 分别表示变量显著性水平为 10%、5% 和 1%。

表 6 - 12 中，列（1）、列（2）和列（3）展示了重污染企业应用区块链技术对企业价值的回归结果，其中列（1）BT 与 Tobin Q 的回归系数 0.006 在 10% 水平上显著，列（2）BT level 与 Tobin Q 的回归系数 0.023 在 10% 水平上显著，列（3）BT time 与 Tobin Q 的回归系数 0.020 在 10% 水平上显著，说明区块链能够提升小规模企业价值，且运用时间越长，程度越深，越有利于提升价值表现。

表 6 - 12　　　　重污染企业的回归结果

变量	(1)	(2)	(3)
BT	0.006 * (0.209)		
BT level		0.023 * (0.071)	
BT time			0.020 * (0.072)
Controls	Yes	Yes	Yes
Year	Yes	Yes	Yes

续表

变量	(1)	(2)	(3)
Ind	Yes	Yes	Yes
N	919	919	919
Adj - R^2	0.180	0.180	0.180

注：*、** 和 *** 分别表示变量显著性水平为 10%、5% 和 1%。

表 6 - 13 中，列（1）、列（2）和列（3）展示了制造业企业应用区块链技术对企业价值的回归结果，其中列（1）BT 与 Tobin Q 的回归系数 0.001 在 10% 水平上显著，列（2）BT level 与 Tobin Q 的回归系数 0.052 在 10% 水平上显著，列（3）BT time 与 Tobin Q 的回归系数 0.007 在 10% 水平上显著，说明区块链能够提升小规模企业价值，且运用时间越长。程度越深，越有利于提升价值表现。

根据表 6 - 11、表 6 - 12、表 6 - 13 的检验结果，说明应用区块链技术能够显著提升能源企业、重污染企业和制造业企业的企业价值，且对企业价值的提升作用在能源企业中更加显著。原因可能在于能源企业通常拥有更为复杂的供应链和产业链，区块链技术在促进企业技术创新、改善公司治理、提升盈余质量的同时，也为完善能源企业的供应链和产业链提供了更大的帮助。而区块链技术对重污染企业和制造业企业价值的提升主要集中在促进企业技术创新、改善公司治理和提升盈余质量上。

表 6 - 13　　重污染企业的回归结果

变量	(1)	(2)	(3)
BT	0.001* (0.101)		
BT level		0.052* (0.039)	
BT time			0.007* (0.031)
Controls	Yes	Yes	Yes
Year	Yes	Yes	Yes

续表

变量	(1)	(2)	(3)
Ind	Yes	Yes	Yes
N	1024	1024	1024
Adj - R^2	0. 177	0. 178	0. 177

注：*、** 和 *** 分别表示变量显著性水平为 10%、5% 和 1%。

6. 3. 5 稳健性检验

6. 3. 5. 1 IV - 2SLS

根据 Hausman 检验结果，核心解释变量区块链（BT）具有内生性，为进一步降低内生性影响，本书以解释变量区块链（BT）的一阶滞后项作为工具变量（IV），采用 IV - 2SLS 检验结果的稳健性，检验结果见表 6 - 14。表 6 - 14 列（1）中，IV 与 Tobin Q 的回归系数为 0. 121 在 10% 的水平上显著，说明区块链（BT）的一阶滞后项对企业价值（Tobin Q）具有显著正向影响。列（2）中 2SLS 第一阶段回归结果显示 IV 与 Tobin Q 的回归系数 0. 853 在 1% 的水平上显著，说明工具变量与内生解释变量高度相关。列（3）中 2SLS 第二阶段回归结果显示在引入工具变量后 BT 与 Tobin Q 的回归系数 0. 142 在 10% 的水平上显著，与基本回归结果一致。在识别不足检验中 LM 统计量的 P 值均为 0. 000，说明不存在识别不足问题，在弱工具变量检验中 Wald F 统计量大于 Stock - Yogo 10% 水平上的临界值，说明不存在弱工具变量问题，工具变量具有合理性，本书的结论是稳健的。

表 6 - 14　　内生性分析

变量	一阶滞后	2SLS 第一阶段	2SLS 第二阶段
	Tobin Q (1)	BT (2)	Tobin Q (3)
IV	0. 121 * (0. 070)	0. 853 *** (0. 014)	

续表

变量	一阶滞后	2SLS 第一阶段	2SLS 第二阶段
	Tobin Q (1)	BT (2)	Tobin Q (3)
BT			0. 142 * (0. 080)
Controls	Yes	Yes	Yes
Year	Yes	Yes	Yes
Ind	Yes	Yes	Yes
N	2212	2212	2212
Adj - R^2	0. 253	0. 730	0. 264
识别不足检验		0. 000	0. 000
弱工具变量检验		3950. 747	3950. 747

注：*、** 和 *** 分别表示变量显著性水平为 10%、5% 和 1%。

6.3.5.2　卡尺 1∶5 近邻匹配

本书进一步将 PSM 匹配方法更换为卡尺内 1∶5 近邻匹配和核匹配，减少匹配方法造成的差异，解决内生性问题，分别用更换 PSM 匹配方法后的样本进行回归分析，检验上述结论。表 6 - 15、表 6 - 16 展示了卡尺近邻匹配后的回归结果，回归结果与前述基本一致，结论具有稳健性。

表 6 - 15　　　　卡尺近邻匹配后主效应回归结果

变量	Tobin Q
	(1)
BT	0. 122 ** (0. 056)
Controls	Yes
Year	Yes
Ind	Yes
N	3562
Adj - R^2	0. 245

表 6-16 PSM1：5 近邻匹配后区块链应用时间及应用程度的回归结果

变量	Tobin Q	
	(1)	(2)
BT level	0.046* (0.024)	
BT time		0.052*** (0.018)
Controls	Yes	Yes
Year	Yes	Yes
Ind	Yes	Yes
N	3562	3562
Adj - R^2	0.244	0.245

注：*、** 和 *** 分别表示变量显著性水平为 10%、5% 和 1%。

6.3.5.3 核匹配

进一步将 PSM 匹配方法更换为核匹配，默认二次核，扩充样本容量，表 6-17、表 6-18 展示了核匹配后的回归结果，回归结果与前述基本一致，结论具有稳健性。

表 6-17 核匹配后主效应回归结果

变量	Tobin Q
	(1)
BT	0.139*** (0.050)
Controls	Yes
Year	Yes
Ind	Yes
N	18779
Adj - R^2	0.229

表 6-18 核匹配后区块链应用时间及应用程度的回归结果

变量	Tobin Q	
	(1)	(2)
BT level	0.051** (0.022)	
BT time		0.051*** (0.017)
Controls	Yes	Yes
Year	Yes	Yes
Ind	Yes	Yes
N	18779	18779
Adj-R^2	0.229	0.229

注：*、** 和 *** 分别表示变量显著性水平为 10%、5% 和 1%。

6.4 研究结论与贡献

本书以 2016—2021 年沪深 A 股上市公司数据为样本，运用 PSM 方法，探究区块链与企业价值的关系。通过检验得出以下结论：①区块链对企业价值具有显著正向影响；②区块链运用程度对企业价值具有显著正向影响，区块链运用程度越深，价值表现越好；③区块链运用时长对企业价值具有显著正向影响，区块链运用时长越长，价值表现越好；④区块链对企业价值的影响会因为产权性质的不同而存在差异。其中，区块链技术运用，运用程度和运用时间均对非国有企业价值具有更加显著的正向作用，对国有企业价值影响不显著，相对于非国有企业，国有企业运用动力不足；⑤由于上市公司规模存在差异，区块链对企业价值的作用也不同。其中，区块链能够提升小规模企业价值，而对大规模企业影响不显著，在小规模企业中区块链运用程度越深、运用时间越长，越有利于提升价值表现；⑥区块链技术能够提升能源企业、重污染企业和制造业企业价值，并且对能源企业价值的提升作用更加显著。

基于上述分析，提出如下几点建议：①随着国家对区块链产业的重视，企业应当加大对区块链技术的投入，提高技术创新水平，将区块链技术真正与企业运营相融合，挖掘价值增长潜力。②国内运用区块链技术的企业数量较少，不足上市公司的1/10，且运用程度及时间均存在较大差异，企业应尽早开展区块链技术的研发运用，加入或建立区块链平台，提升企业竞争力。③国有企业区块链技术运用动力不足，政府应鼓励其加大对区块链技术运用的投入，加强重视程度，兼顾经济与社会效益，进而增强竞争力。④为增强国内企业运用区块链的整体水平，企业主体应当视自身发展水平而做出不同选择，大规模企业应继续加大对区块链的开发及利用程度，积极探索区块链技术新的运用方向，以技术创新提升企业竞争力。小规模企业应积极探索或加入区块链技术平台，谋求企业间的合作，加深运用程度，利用区块链带来的优势优化企业财务管理，完善自身管理体制，优化管理模式，丰富融资来源。银行等金融机构应加强区块链与供应链金融的融合深度，拓展信贷范围，进一步缓解中小企业融资约束，提升资金配置效率。⑤能源企业应继续提升区块链技术的应用效率，充分发挥区块链技术对供应链和产业链的完善作用。重污染企业和制造业企业应进一步挖掘区块链技术的应用潜力，提升企业经营管理水平。

6.5 本章小结

本章深入探讨了区块链技术对企业价值的影响。研究利用了2016—2021年沪深A股上市公司的数据，并采用倾向得分匹配（PSM）方法。研究结果显示，区块链技术对企业价值具有显著的正面影响。更重要的是，随着区块链技术进一步应用和使用时间的增加，这种正面影响变得更为明显。此外，研究还发现，区块链影响企业价值的效果因产权性质、企业规模和行业类别不同而有所差异，非国有企业、小规模企业和能源企业受益更显著。最后，章节提出了针对企业和政府如何利用区块链潜力以创造价值和提高财务效率的策略建议。

第7章　公司治理路径下区块链技术对企业价值的影响研究

委托代理理论是公司治理理论基础之一，代理问题很可能通过应用区块链技术得以解决。代理问题的产生源于信息不对称，即信息不对称情况的存在导致委托人很难对代理人的日常行为进行监督。因此，代理人很可能以自身利益最大化为目标进行活动，而忽视委托人利益最大化（曼昆，2015）。公司法设置了诸多机制，包括董事会、股东投票和行使话语权、高管薪酬、公司融资等应对代理成本问题（罗伯塔·罗曼诺，2013）。这些管理方法将通过激励机制的建立与完善减少企业内部的代理成本。这一过程的最大困难就是在激励层面的建立与再完善，一旦机制无法有效实施，法律规范也仍然只是具文。在针对企业代理的方面，区块链技术选择的是一个技术理性的途径。这个思路的焦点从法律建立延伸至法律实施，关注公司法制定的执行有效性。利用其独特的共享性、真实性和实时性三种新特性，区块链技术可以解决企业中的信息不对称问题。

7.1　理论分析与假设提出

7.1.1　提升信息质量

为了解决企业中存在的信息不对称问题，我们需要通过提升信息的共享性、真实性和实时性三个方面来提高信息质量。信息的共享性是指在区块链网络中，每一个节点都处于平等的地位，都有发送、接收和记录信息的能力。在一笔交易得到验证后，相关的交易记录会在短时间内传送到网络中的每个节点，直到所有节点都收到该交易记录（龚强、班铭媛、张一林，2016）。信息的真实性体现在区块链账本的不可篡改性，它保证了记录在账本中的数据信息是真实可靠的。信息的实时性是指区块链账本数据的及时更新。新的交易信息能够迅速记录并录入系统中。整个从交易发生到被区块链网络的各个节点记录的过程耗时较短。同时，随着区块链技术的不断更新，交易确认的时间也在缩短。这种及时的信息获取对公司的监督产生积极影响，对公司的监督有正向作用。

与此同时，公司区块链数据的真实性和实时性通过区块链技术的使用得到保障，公司股东和债权人能够通过区块链技术即时了解企业的相关动态并积累证据信息，在相关权益受到侵害时能够及时维护自身权益。这不仅增强了公司法在保护相关责任人权益方面的实际效果，制度参与者对公司法的信任也会得到显著的提升。由于公司法受信程度不断提高，公司中小股东和债权人也能够在信任的基础上将资金交由专业经理人进行管理，进而提升公司治理水平。

因此，区块链技术能够有效缓解信息不对称问题，并在公司内部建立起信任从而提升公司治理水平。基于此，本书提出以下假设。

假设 7 -1：与未采用区块链技术的企业相比，运用区块链技术的企业能够更有效地提升公司的治理效果。

7.1.2 提升管理与决策效率

区块链技术的数据共享特性允许各利益相关方加入私有链，在这一环境下，监管机构和外部审计单位在执行其职责时不会受到信息不对称的干扰，从而提升决策信息的准确性。此外，区块链的去中心化结构能够减少中间环节，提高决策的效率。对于上市公司而言，区块链技术可以用于股东大会投票，中小股东可通过成为区块链节点的方式参与投票，通过支付“投票币”来表达自己的需求和意愿，这有助于增加股东在公司治理决策中的参与度，从而在一定程度上解决股东集体决策的难题。区块链技术还可以用于记录客户的消费和服务信息，这些信息因为技术的原因是真实、连贯、完整且可追溯的，方便数据的使用者进行验证，有利于企业准确预测消费者的行为，进而推出更具针对性的业务模式以吸引更多的消费者。

7.1.3　提升监督与激励效率

区块链系统的透明性特征能够清晰公开公司管理层的权益数据，同时也可以把其他公司的股份分布情况清晰显示。因此，区块链技术可以加强对公司管理层的监管，使管理者实施自利或低价值计划的余地较小。此外，引入区块链技术数据资料的存储和读取是开放的，每个人都有权限进行读取，监管部门及外审单位都能够实时获取相关信息，加强对企业的监督。证券区块链网络可以使会计账簿实现即时更新且篡改无效化，投资者据此可以通过公开数据判断财务报表，从而摆脱对于中介机构的依赖，能够降低道德风险和代理成本，使得管理层、股东、债权人以及其他利益相关者之间的权责更加平衡，提高公司治理水平。

区块链技术应能够使股东信任公司数据的完整性和真实性。有助于分析师和投资者等信息使用者实时掌握公司的经营状况，进而对公司进行合理评价，能够提供更及时完整的信息方便投资者及时调整投资策略。

区块链技术使员工所做的工作和自身业绩以智能合约的形式订立，让公司员工能够及时了解自身业绩与绩效评价，从而有效解决了信息不对称问题，也帮助了企业评估机制变得更加公正客观，从而真正证明其合法性，通过这个动态认证流程可以极大提升企业考评准确性，从而对员工产生激励作用，进而提高公司绩效。基于此，本书提出以下假设：与未采用区块链技术的企业相比，运用区块链技术的企业能够更有效地提升公司的治理效果。

假设 7-1-1：与未采用区块链技术的企业相比，运用区块链技术的企业能够对公司治理的决策机制有正向积极影响。

假设 7-1-2：与未采用区块链技术的企业相比，运用区块链技术的企业对能够对公司治理的监督机制有正向积极影响。

假设 7-1-3：与未采用区块链技术的企业相比，运用区块链技术的企业能够对公司治理的激励机制有正向积极影响。

Fama、Jensen（1983）研究发现，公司治理问题主要是所有权与经营权分离导致企业各利益相关者之间存在的利益博弈。公司控制权的适当配置，不仅可以提高企业的管理水平，也能有效改善企业的经营绩效。股权激励和薪酬制度的科学设定，不仅可以完善企业管理制度，调动企业管理层的积极性，也能很好地降低企业代理成本。而引入区块链技术会导致公司治理结构发生一定程度的变化，董事会、监事会和经理层之间权力在传统公司治理结构下相互制衡，而区块链技术的应用能够改善公司所有权与经营权分离的状况，并且董事会代表股东的利益对管理层有直接任免权，监事会直接监督董事会，间接对管理层的经营管理活动进行监督。与此同时，应用区块链技术程度深的企业，其区块链技术相对更加成熟，应用范围更广，其技术涉及公司的投资经验、管理团队和监管水平等治理内容也会相对较多，这会相应提升这些治理内容的效果，将直接或间接影响被管理的公司治理水平。基于此，本书提出以下假设。

假设 7 -2：在应用区块链技术进行公司治理的企业中，应用区块链技术程度深的企业公司治理效果更好。

吴维锭（2021）提出，区块链的长期应用将为公司带来更清晰的股权、更好的流动性、影响机构投资者行为、对管理层影响、革新股东大会投票制度、更加及时完整透明的财务信息等影响。而清晰的股权、影响机构投资者和激进投资者行为、对管理层影响、革新股东大会投票制度、更加及时完整透明的财务信息等将直接或间接影响被管理的公司治理水平。与此同时，徐瑞遥、王菊仙、王玉涛（2022）表示区块链技术的应用可以提高注册会计师进行外审的独立性与公正性，审计质量以及效率能够有所提高，而外审功能的增强也可以强化公司治理水平，解决现有大股东掏空、关联交易和管理层道德风险等问题，现有公司治理存在有效性问题在很大程度上可能会得到解决。因此，可以看出区块链技术应用的时间越长，对公司治理的效果越好。基于此，本书提出以下假设。

假设 7 -3：在应用区块链技术进行公司治理的企业中，应用区块链技术时间较长的企业公司治理效果更好。

7.2 研究设计与模型构建

7.2.1 样本选择与数据来源

本书的样本选择、数据来源与数据的处理同第 6 章保持一致，以 2016—2021 年上市企业为样本进行研究。本书剔除了原始数据中 ST 和 *ST 以及金融行业上市公司，并将数据缺失的样本剔除。数据主要来源于国泰安数据库（CSMAR）和企业的年度财务报告。

考虑到区块链与企业价值之间可能存在样本选择性和自选择效应等问题，本书采用倾向得分匹配 PSM 方法，进一步减弱内生性影响。其中 268 家应用区块链的上市企业中又包括应用较好的 71 家，占 26.49%；应用一般的 87 家，占 32.46%；处于起步或探索阶段的 102 家，占 38.06%；萌发区块链想法的 8 家，占 2.99%。为了避免极端值对研究结论的影响，本书对所有连续变量进行了 1% 和 99% 水平上的缩尾处理。

7.2.2 变量定义

7.2.2.1 被解释变量

公司治理水平的衡量，即公司治理综合评价指数（CGI）的构建，国内外学术界拥有很多种设计以及构建方法。Gompers、Ishii 和 Metrick 在归纳出 24 个针对股东权利和接管防御的治理机制因素的基础上同时建立了一个反映治理的负向指标 G 指数。标准普尔构建了公司治理的评价指标体系，其内容包括公司所有权结构、财务利害相关者之间相互作用的关系、财务透明度和信息披露情况、公司董事会的结构与决策程序、董事会与管理层之间协调等五个方面。Campos、Newell 和 Wilson 在研究新生市场公司治理水平发展的时候，曾经提出 15 种要素，如所有权结构、透明度、董事会规模、独立审计等，并从广义角度给出公司治理的衡量指标。Bai 等学者将公司治理机制分为内部和外部两个层面，根据信息的可得性以及重要性进行权衡，再对每一项因素进行赋值评分，然后加总得出公司治理综合评价指数。同时也有一套由南开大学的公司治理研究中心推出的公司治理评价指标体系，该体系涵盖的内容非常广泛，其内容包括了股东权利和控股股东、董事与董事会、经理层、监事与监事会、信息披露、利益相关者六个方面，同时考察的内容也较细致，每一个分指标下包括了数个二级指标和 80 余个三级指标。

本书借鉴李维安和李滨（2008）的做法，依据公司治理的系统性和整体性，构建了一个相对比较全面、严密的公司治理综合评价指数，该指数在尽量涵盖多种不同的治理机制的同时，摒弃了部分琐碎的、难以量化的指标，而且所选的 9 个分指标都是针对我国上市公司实际问题，可直接从上市企业年报中获得，具体指标设计见表 7－1。

表 7－1　　　　主成分分析所用变量

变量	变量名称	变量说明
TOP	第一大股东持股比例	第一大股东持股量/总股本
TOP10	前十大股东持股比例	前十大股东持股量/总股本
H10	前十大股东股权集中度	前十大股东持股占比的平方和
DIR	董事会规模	董事会人数
VIS	监事会规模	监事会人数
IND	独立董事比例	独立董事人数/董事会总人数
SOUR	董事长或副董事长报酬来源	董事长或副董事长的报酬从公司取得 1，从他方获取 0
MANA	高管人员持股比例	高管持股总数/总股本
REM	高管薪酬	高管薪酬总额

与此同时，本书采取主成分分析的一般方法，降维之后取若干主成分构建综合评价函数，尽可能多地保留指标所包含的信息。按照累计贡献率大于 85% 的原则，取前 4 个主成分 Z_1、Z_2、Z_3、Z_4 代替原有的 9 个变量，然后对每个主成分的贡献率进行加权平均，得到综合评价函数 F，如式（7－1）所示，结果见表 7－2。

$$F=\frac{34.669\%\times Z_1+26.698\%\times Z_2+12.929\%\times Z_3+12.276\%\times Z_4}{34.669\%+26.698\%+12.929\%+12.276\%} \tag{7-1}$$

表 7－2　　主成分分析结果

成分	初始特征值			提取平方和载入		
	合计	方差百分比（%）	累计百分比（%）	合计	方差百分比（%）	累计百分比（%）
1	2.774	34.669	34.669	2.774	34.669	34.669
2	2.136	26.698	61.367	2.136	26.698	61.367
3	1.034	12.929	74.296	1.034	12.929	74.296
4	0.982	12.276	86.572	0.982	12.276	86.572
5	0.585	7.317	93.889			
6	0.258	3.221	97.110			
7	0.196	2.454	99.564			
8	0.035	0.436	100.000			

由于解出的 F 值正负号都存在，为确保最终 CGI 值在比较过程里更为直观，再将 F 值进行百分制的处理，公司治理指数 CGI 计算公式见式（7－2）：

$$CGI=\frac{F_i-F_{\min}}{F_{\max}-F_{\min}}\times 100 \tag{7-2}$$

7.2.2.2　解释变量

区块链技术（Block chain Technology，BT），具体包括是否应用区块链技术（BT）、区块链技术的应用程度（BT level）、区块链运用时长（BT time）。

7.2.2.3　控制变量

参照罗进辉等（2017）的研究，本书在实证检验中控制了如下变量：公司规模（Size）、负债水平（Lev）、成长能力（Growth）、盈利能力（ROA）、公司年龄（Age）。此外，本书还控制了年份虚拟变量（Year）和行业虚拟变量（IND），确保结果的真实可靠。

变量总结见表 7－3。

表 7-3　　　　变量总结

类型	变量	变量名称	变量说明	影响的公司治理机制
被解释变量（CGI）	TOP	第一大股东持股比例	第一大股东持股量/总股本	决策机制（JUD）
	TOP10	前十大股东持股比例	前十大股东持股量/总股本	
	H10	前十大股东股权集中度	前十大股东持股占比的平方和	
	DIR	董事会规模	董事会人数	
	VIS	监事会规模	监事会人数	
	IND	独立董事比例	独立董事人数/董事会总人数	监督机制（SVM）
	DUAL	董事长与 CEO 两职合一	两职合一取 1，两职不合一或其他情况取 0	
	MANA	高管人员持股比例	高管持股总数/总股本	激励机制（STIM）
	REM	高管薪酬	高管薪酬总额	
解释变量	BT	区块链技术	应用区块链技术取 1，未应用区块链技术取 0	—
	BT level	区块链的应用程度	企业区块链技术应用程度从高到低依次为 4、3、2、1 四档	—
	BT time	区块链运用时长	企业使用区块链至今的年数	—
控制变量	Size	公司规模	企业年末总资产的自然对数	—
	Lev	负债水平（资产负债率）	负债总额/资产总额	—
	Growth	成长能力（主营业务收入增长率）	（当期主营业收入 - 上期主营业收入）/上期主营业收入 ×100%	—
	ROA	盈利能力（净资产收益率）	净利润/净资产	—
	Age	公司年龄	企业从成立到上市的发展时间	—
	Year	年份	年份虚拟变量	—
	IND	行业	行业虚拟变量	

7.2.3 模型建立与模型说明

根据前文理论的分析和假设，本书以区块链（BT）作为解释变量，公司治理水平作为被解释变量来构建多元回归模型。其中被解释变量公司治理水平用 *CGI* 衡量。参考王会娟、张然（2012）的做法，根据假设 7-1 建立多元线性回归模型（7-3）为：

$$CGI = \beta_0 + \beta_1 BT + \beta_2 Size + \beta_3 Lev + \beta_4 Growth + \beta_5 ROA + \beta_6 Age + Year + IND + \varepsilon \quad (7-3)$$

刘建民、刘星（2007）认为，公司所有权结构决定公司内部决策机制，关联交易是公司决策机制下的经营行为。而公司所有权结构受第一大股东持股比例、前十大股东持股比例、前十大股东股权集中度等受股权结构影响。基于此，并参考刘银国、朱龙（2011）的做法，同时为了方便观察和比较，将评分结果进行百分制处理，最终的公司治理的决策机制（*JUD*）计算指数如式（7-4）所示：

$$JUD = \frac{\mathrm{TOP} + \mathrm{TOP10} + \mathrm{H10}}{\text{最高分}} \times 100 \quad (7-4)$$

根据假设 7-1-1 建立多元线性回归模型（7-5）为：

$$JUD = \beta_0 + \beta_1 BT + \beta_2 Size + \beta_3 Lev + \beta_4 Growth + \beta_5 ROA + \beta_6 Age + Year + IND + \varepsilon \quad (7-5)$$

韩钢、李随成（2011）指出，公司监督机制包括独立董事制度与监事会制度，两者在功能上重叠的同时还会出现制度不兼容。引入独立董事制度，理论上必将在多个方面与现有监事会机制发生冲突，严重者甚至能够削弱两者的功效发挥，影响监督机构效能的发挥。与此同时，孙强（2011）提出，我国上市公司独立董事的选拔受董事会、大股东影响很大，独立性也受到了广泛质疑。可见公司治理的监督机制受董事会规模、监事会规模、独立董事比例的影响。董事长与 CEO 两职合一会对公司治理水平造成危害，进而影响公司监督机制，因此也应考虑董事长与 CEO 两职合一问题。基于此，参考刘银国、朱龙（2011）的做法，同时为了方便观察和比较，将评分结果进行百分制处理，最终的公司治理的监督机制（*SVM*）

计算指数如式（7－6）所示：

$$SVM=\frac{DIR+VIS+IND+DUAL}{最高分}\times 100 \tag{7-6}$$

根据假设7－1－2建立多元线性回归模型（7－7）为：

$$SVM=\beta_0+\beta_1 BT+\beta_2 Size+\beta_3 Lev+\beta_4 Growth+\beta_5 ROA+\beta_6 Age+Year+IND+\varepsilon \tag{7-7}$$

李世辉、卿水娟、彭晓（2021）认为，新的员工激励机制优化方案主要包含物质激励、精神激励、工作激励三大模块。田国双、SHA Sha（2019）提出，制定相对应的激励机制，在高管得到物质激励的基础上推动其与股东的利益实现一致化。因此可以通过提高高管持股比例来实现利益一致化。李飞等（2021）研究认为，高管团队的独立性、专业能力、薪酬和持股比例均与公司绩效呈正相关。可见公司治理的激励机制受高管薪酬以及高管人员持股比例的影响。基于此，参考刘银国、朱龙（2011）的做法，同时为了方便观察和比较，将评分结果进行百分制处理，最终的公司治理的激励机制（*STIM*）计算指数如式（7－8）所示：

$$STIM=\frac{MANA+REM}{最高分}\times 100 \tag{7-8}$$

根据假设7－1－3建立多元线性回归模型（7－9）为：

$$STIM=\beta_0+\beta_1 BT+\beta_2 Size+\beta_3 Lev+\beta_4 Growth+\beta_5 ROA+\beta_6 Age+Year+IND+\varepsilon \tag{7-9}$$

为了检验假设7－2及假设7－3，本书在借鉴王会娟等学者做法的基础上，构建如下OLS检验模型（7－10），其中，X_i表示区块链技术的应用程度及使用时长。

$$CGI=\beta_0+\beta_1 X_i+\beta_2 BT+\beta_3 Size+\beta_4 Lev+\beta_5 Growth+\beta_6 ROA+\beta_7 Age+Year+IND+\varepsilon \tag{7-10}$$

模型（7－9）用于检验区块链技术对公司治理水平的影响。根据本书的假设7－1，有区块链技术参与的企业，其公司治理水平表现更好，BT的系数β_1的值应显著为正。模型（7－10）用于验证区块链技术（BT）对公司治理水平的不同影响。根据本书的理论预期，BT的应用程度及运用时长与公司治理水平具有正相关关系。如果上述假设成立，BT特征变量X_i的系数β_1的值应显著为正。

7.3　实证检验结果与分析

7.3.1　描述性统计

如表7－4所示的变量描述性统计分析结果中可以得出如下信息：在主要变量方面，样本企业在公司治理水平（CGI）平均得分分别为134.08，但其最小值为42.391，最大值为238.107，说明在本书赋值条件下，公司治理水平的离散程度较大，表明了我国企业公司治理水平层次存在较大差异；决策机制（JUD）和监督机制（SVM）的评分也存在该种情况，作为公司治理水平的评价因素其最大值和最小值都出现较大差距，表明了我国企业决策机制与监督机制存在较大差异；激励机制（STIM）的平均得分为165.853，其最大值200和最小值133.333差距并未像决策机制与监督机制评分出现较大差异性，表明了我国企业在公司激励方面并未出现较大差异。同时决策机制、监督机制以及激励机制的得分差异也体现出我国企业在公司治理水平的评价当中决策机制以及监督机制的重要性较高。

同时也能够很清楚地看出有区块链应用企业相比较于无区块链应用企业，不管是在公司治理的决策机制（JUD）还是在监督机制（SVM）或是激励机制（STIM）的评价方面，均明显强于无区块链应用企业，因此在公司治理指数的具体评价方面，应用区块链技术进行公司治理的企业表现要强于无区块链应用的企业，而其中最为明显的区别是在激励机制的评价方面，有区块链应用企业的高管薪酬总额961万元远超无区块链应用企业的554万元，展现出较大的差异性；而在上市公司规模、主营业务增长率以及资产负债率方面，有区块链应用的企业表现好于无区块链应用企业；但在公司年龄方面则展现出与以上数据的差异性：应用区块链技术进行公司治理的企业公司平均年龄小于无区块链技术应用的企业。造成这一现象的原因很有可能是因为成立时间较长的企业对于市场新技术的敏感性较低，对于新技术能够带来企业内部提升依然处于谨慎接触阶段，因此在短期内并未进行实际上的应用。

表 7-4 区块链应用企业的描述性统计

	全样本（536 家）				有 BT（268 家）				无 BT（268 家）			
	Mean	Sd.	Min	Max	Mean	Sd.	Min	Max	Mean	Sd.	Min	Max
CGI	134.085	37.006	42.391	238.107	136.283	38.02	42.391	238.107	127.217	33.148	57.303	228.51
JUD	235.574	36.034	166.667	300	241.479	37.439	166.667	300	227.235	32.032	167	300
SVM	282.856	44.015	166.667	400	285.002	44.102	200	400	276.768	43.274	166.667	366.667
STIM	165.833	29.57	133.333	200	170.331	27.825	133.333	200	163.131	30.765	133.333	200
BT	0.74	0.438	0	1	1	0	1	1	0	0	0	0
BT level	2.16	1.442	0	4	2.91	0.783	2	4	0	0	0	0
BT time	2.227	1.6968	0	8	3.01	1.2381	0	8	0	0	0	0
Size	22.629	1.836	19.42	31.138	22.833	1.966	19.420	31.138	22.043	1.223	19.78	25.805
Lev	45.305	20.672	4.38	126.05	46.464	21.777	4.68	126.050	41.989	16.722	4.38	81.6
Growth	44.158	212.067	-43.465	2209.87	52.476	245.723	-43.465	2209.870	20.434	18.048	-25.123	91.47
ROA	2.845	22.511	-383.714	69.472	1.285	24.881	-383.714	69.472	7.292	12.676	-60.059	49.223
Age	9.93	6.61	0	29	9.08	6.483	0	29	12.364	6.372	0	26

7.3.2　相关性分析

从表7-5各变量相关系数大小来看，大多数相关系数的绝对值均小于0.5，表明变量彼此之间并不存在多重共线性问题。可以得出如下信息：在变量关系的初步检测中，公司治理指数（CGI）与区块链技术（BT）之间的相关系数为0.158，并在1%的水平下显著。表明公司治理指数与区块链技术的应用之间显著正相关，也就是说区块链技术的应用会显著提升公司治理指数，初步验证假设7-1。

公司治理的决策机制（JUD）与区块链技术（BT）之间的相关系数为0.217，显著性水平为1%，表明区块链技术的应用能正向提升公司治理的激励机制指数，即公司治理的激励机制与区块链的应用程度以及区块链应用时长之间显著正相关，初步验证假设7-1-1。同时，公司治理的监督机制（SVM）和公司治理的激励机制（STIM）与区块链技术（BT）之间的相关系数分别为0.082和0.085，并通过1%水平下的相关性检测，即区块链技术的应用对于公司治理的监督机制以及激励机制有着正向的调节作用。初步验证假设7-1-2和假设7-1-3。

而在公司治理指数（CGI）与区块链应用程度（BT level）以及区块链运用时长（BT time）之间的相关系数分别为0.119和0.130，两者都通过了1%水平下的显著性检测，说明在应用区块链的公司中，相比于应用程度不深的企业，区块链应用程度越高，表现出的公司治理指数越高；同理，在应用区块链的企业中，相比于区块链应用时间较短的企业，应用区块链技术时间较长的企业公司治理水平较高。初步验证假设7-2和假设7-3。

表7-5　　变量相关性分析

	CGI	JUD	SVM	STIM	BT	BT level	BT time
CGI	1						
JUD	0.374***	1					
SVM	-0.025	0.006	1				
STIM	0.158***	0.057*	0.052*	1			

续表

	CGI	JUD	SVM	STIM	BT	BT level	BT time
BT	0.100***	0.217***	0.082***	0.085***	1		
BT level	0.119***	0.233***	0.091***	0.028	0.884***	1	
BT time	0.130***	0.270***	0.067**	-0.011	0.779***	0.815***	1

注：*、** 和 *** 分别表示变量显著性水平为 10%、5% 和 1%。

7.3.3 模型检验结果与分析

表 7-6 列示了基本回归分析的结果，进一步解释了主要变量之间的关系。并对假设进行了验证。在模型（7-4）的回归分析中，可以看出公司治理指数（CGI）与区块链技术（BT）之间的回归系数为 95.532，并且通过了 1% 水平下的显著性检测，即表明公司治理指数与区块链技术显著正相关，也就是说区块链技术的应用能够显著提升公司的治理效率，保证公司各项区块链数据、管理方式、进行的每笔交易都能透明化。同时提升了外部股东、债权人对于公司的信任度，从而反映出公司治理水平的提升，对于假设 7-1 进行进一步验证。

在模型（7-4）、模型（7-6）、模型（7-8）的回归分析中，可以明显看出公司治理的决策机制（JUD）、监督机制（SVM）以及激励机制（STIM）与区块链技术（BT）之间的回归系数分别为 96.851、93.499 和 67.441，显著为正，同时在 1% 水平上显著为正，表明区块链技术分别与公司治理的决策机制、监督机制以及激励机制呈正向相关，也就是说，区块链技术的引入能显著提升公司内部的决策机制，对假设 7-1-1 进行验证。同理，企业在引入区块链技术进行管理后，对于企业自身的各种交易能够做到透明化，因而会对公司的监督机制产生正向积极影响，从而显著提升公司内部的监督机制，进而验证假设 7-1-2。高管能力与公司绩效呈正相关关系，在引入区块链技术后，能够使股东以及债权人更加了解到企业内部动向，对于企业发展有积极影响，而为了维持股东期望，势必需要加强高管能力培养，因此企业在引入区块链技术后，对于公司激励机制能够产生正向积极影响。从而验证假设 7-1-3。

表 7-6　　区块链技术变量基本回归分析

VARIABLES	CGI	JUD	SVM	STIM
Constant	160.101*** (31.025)	219.894*** (27.124)	324.249*** (35.867)	172.624*** (40.964)
BT	95.332*** (5.293)	96.851*** (4.070)	93.499*** (3.523)	67.441*** (5.333)
Size	6.284*** (9.312)	-4.41*** (-3.754)	-4.669*** (-3.539)	-3.168*** (-4.979)
Lev	9.069 (1.590)	10.490 (1.073)	3.750 (0.344)	-0.752 (-0.139)
Growth	1.441*** (3.10)	-0.018 (-0.014)	-0.211 (-0.148)	0.693 (1.592)
ROA	15.415*** (3.390)	-5.406 (-0.502)	4.779 (0.397)	-12.012*** (-2.787)
Age	0.635*** (4.226)	-0.019 (-0.073)	-0.268 (-0.905)	-0.250* (-1.756)
Year	Yes	Yes	Yes	Yes
IND	Yes	Yes	Yes	Yes

注：*、** 和 *** 分别表示变量显著性水平为 10%、5% 和 1%。

表 7-7、表 7-8 分别验证了假设 7-2 和假设 7-3 的相关结果，数据显示，公司治理指数分别与区块链应用程度以及区块链的应用时间分别呈显著正相关，回归系数分别为 2.769 和 1.531，其中公司治理指数和区块链应用程度在 5% 的水平下显著、公司治理指数和区块链应用时间在 10% 的水平下显著。在应用区块链技术的公司当中，得益于区块链的特性，因此相比于应用区块链程度不深的企业，应用区块链技术程度深的企业治理效果更好，从而验证假设 7-2；同理，对比应用区块链时间较短的企业，应用时间较长的企业能够更好地利用区块链的技术特性来提升企业自身的治理指数，因此应用区块链技术时间较长的企业公司治理效果越好。进一步验证假设 7-3。

表 7-7　　区块链应用程度变量基本回归分析

VARIABLES	CGI	JUD	SVM	STIM
Constant	121.880*** (21.125)	139.404*** (8.018)	213.690*** (9.935)	238.648*** (17.370)
BT level	2.769** (1.794)	3.830** (2.157)	0.605** (0.277)	2.355* (1.678)
Size	1.718*** (4.373)	3.963*** (4.580)	3.029*** (2.832)	2.833*** (4.144)
Lev	37.190*** (6.145)	2.862 (0.368)	5.842 (0.610)	1.850 (0.301)
Growth	1.514*** (3.150)	-0.453 (-0.835)	0.163 (0.245)	0.762 (1.592)
ROA	24.760*** (5.080)	-4.410 (-0.788)	2.991 (0.433)	-9.974** (-2.256)
Age	0.293 (1.585)	-0.456** (-2.225)	-0.121 (-0.481)	-0.133 (-0.822)
Year	Yes	Yes	Yes	Yes
IND	Yes	Yes	Yes	Yes

注：*、** 和 *** 分别表示变量显著性水平为 10%、5% 和 1%。

表 7-8　　区块链应用时长变量基本回归分析

VARIABLES	CGI	JUD	SVM	STIM
Constant	127.875*** (27.569)	144.280*** (7.961)	199.036*** (8.951)	231.060*** (16.173)
BT time	1.531* (1.514)	1.725* (1.430)	3.383** (2.284)	1.838* (1.953)
Size	1.745*** (4.382)	4.038*** (4.425)	4.246*** (3.792)	2.556*** (3.552)
Lev	34.598*** (5.687)	1.391 (0.180)	3.773 (0.399)	0.590 (0.097)
Growth	1.574*** (3.271)	-0.414 (-0.763)	0.142 (0.215)	0.713* (1.665)

续表

VARIABLES	CGI	JUD	SVM	STIM
ROA	24.491*** (5.016)	3.569 (0.636)	3.384 (0.490)	9.957** (2.252)
Age	0.339* (1.823)	0.439** (2.135)	0.150 (0.594)	0.175 (1.078)
Year	Yes	Yes	Yes	Yes
IND	Yes	Yes	Yes	Yes

注：*、** 和 *** 分别表示变量显著性水平为 10%、5% 和 1%。

在异质性分析方面，本研究从三个方向分析。

第一，基于企业性质的异质性分析。相比于民营、外资企业等非国有企业，国有企业由于政府补助、财政干预等各种原因使其公司治理的效率较低。同时，区块链因为其自身所存在的特点可以将企业内部信息透明化，从而抑制企业高管的个人行为促使其与股东以及债权人的利益相一致，间接增强公司治理效率，但国有企业在应用区块链方面的动力不足，在承担经济任务较多的情况下也会抑制其在区块链方面的投入。因此本书基于产权性质将全样本企业分为国有企业和非国有企业进行分析，结果如表 7-9、表 7-10 所示。由表可见区块链相关指标与公司治理指数以及决策、监督、激励机制方面呈正相关关系在国有企业中显著，同时在非国有企业中，区块链的几个指标的相关系数也呈现显著、同时在子假设的决策机制、监督机制、激励机制方面依然呈显著状态。主要的原因可能是：国有企业在应用区块链技术后确实提升了企业自身的治理水平，得到了积极的正向反馈，继而在这方面加大了一定量的投入，从而进一步提升了决策、监督、激励机制的水平，而这方面的投入也同时体现在区块链应用水平以及应用时长方面。对非国有企业的影响也较为显著，以经济效益为主要追求目标的大环境下，区块链技术不仅能显著提升企业公司治理水平，还能够释放更为强大的潜力，帮助企业自身在市场取得更好成绩。进而反映出区块链相关指标与公司治理水平等呈现正相关关系。

表 7－9　　国有企业变量基本回归分析

VARIABLES	CGI	JUD	SVM	STIM	CGI	CGI
Constant	173.669 *** (17.638)	236.023 *** (23.801)	251.715 *** (21.922)	194.832 *** (25.251)	114.147 *** (13.064)	115.129 *** (13.132)
BT	73.791 *** (3.137)	90.669 *** (3.883)	80.977 *** (2.952)	53.349 *** (2.937)		
BT level					2.772 ** (1.083)	
BT time						3.141 * (1.514)
Size	4.467 *** (3.930)	－5.193 *** (－4.615)	－4.263 *** (－3.231)	－3.377 *** (－3.857)	－0.197 (－0.398)	－0.266 (－0.621)
Lev	22.989 ** (1.806)	27.167 ** (2.149)	19.227 (1.307)	－4.580 (－0.466)	73.414 *** (7.881)	68.149 *** (7.451)
Growth	1.551 (1.592)	－1.261 (－1.285)	－0.612 (－0.542)	1.735 ** (2.273)	0.115 (0.132)	0.181 (0.208)
ROA	44.945 *** (3.993)	－9.475 (－0.846)	－8.508 (－0.640)	－23.721 *** (－2.721)	55.609 *** (5.619)	55.030 *** (5.556)
Age	0.176 (0.632)	－0.605 * (－2.160)	－0.501 (－1.550)	0.075 (0.342)	0.049 (0.194)	0.119 * (0.468)
Year	Yes	Yes	Yes	Yes	Yes	Yes
IND	Yes	Yes	Yes	Yes	Yes	Yes

注：*、** 和 *** 分别表示变量显著性水平为 10%、5% 和 1%。

表 7－10　　非国有企业变量基本回归分析

VARIABLES	CGI	JUD	SVM	STIM	CGI	CGI
Constant	157.148 *** (26.777)	224.298 *** (32.775)	269.66 *** (42.241)	169.447 *** (29.496)	149.748 *** (23.904)	149.725 *** (23.924)
BT	100.540 *** (4.100)	82.828 *** (2.896)	60.846 *** (3.149)	76.661 *** (3.193)		
BT level					3.780 ** (1.695)	
BT time						2.578 ** (1.801)

续表

VARIABLES	CGI	JUD	SVM	STIM	CGI	CGI
Size	3.550 *** (2.824)	4.954 *** (3.379)	3.354 *** (3.453)	-3.445 *** (-2.799)	-0.110 (-0.292)	0.060 (0.213)
Lev	20.878 (1.633)	-7.621 (-0.092)	-1.616 (-0.197)	-0.771 (-0.120)	-16.953 ** (-2.317)	-18.337 ** (-2.544)
Growth	1.775 *** (3.291)	-2.350 *** (-3.737)	-0.206 (-0.313)	0.354 (0.670)	-1.944 *** (-3.106)	-1.849 *** (-2.974)
ROA	5.080 (0.997)	-9.875 * (-1.662)	-1.431 (-0.218)	-10.233 ** (-2.051)	22.051 *** (3.002)	21.911 *** (2.983)
Age	0.856 *** (4.473)	-0.789 *** (-3.551)	-0.032 (-0.147)	-0.444 ** (-2.379)	0.564 ** (2.569)	0.547 ** (2.491)
Year	Yes	Yes	Yes	Yes	Yes	Yes
IND	Yes	Yes	Yes	Yes	Yes	Yes

注：*、** 和 *** 分别表示变量显著性水平为 10%、5% 和 1%。

第二，基于地区的异质性分析。随着我国经济的快速发展，由于工业基础、自然资源、政策影响等方面存在较大差异，东部地区各省份在进行工业化进程的过程中逐渐领先于中西部地区，无论是信息化、自动化、网络化、智能化还是在政策配置、制度改革方面均出现较大程度的梯度差距，而这一差距的出现势必会导致新时代数字化智能化在我国企业发展中的融合应用。基于此，本书推测：区块链技术作为新时代数字化技术的一种，在推进公司治理与区块链技术结合的进程中，其对于不同地区企业的公司治理存在异质性影响。依据样本企业公司注册所在地对原始面板数据进行分类，在控制行业效应的基础上对其进行分样本回归，结果如表 7-11、表 7-12 所示。由表可见，区块链技术对于东部地区企业公司治理有着显著的正向促进作用，同时在子假设的决策机制、监督机制、激励机制方面依然呈显著状态；同时区块链的时间效应与应用程度效应也与公司治理指数呈正向相关。而中西部地区在区块链技术的应用与公司治理指数并不相关，可能的原因如下：东部地区较好的经济基础和技术转化为新技术的应用提供了一定程度的帮助，同时由于市场经济发展水平较高，企业内部对于新技术的接受程度相较于中西部企业较高，因此对于区块链技术对公司治理指数的反应更为敏感。

表 7-11　东部地区变量基本回归分析

VARIABLES	CGI	JUD	SVM	STIM	CGI	CGI
Constant	139.050*** (28.916)	230.607*** (40.585)	271.027*** (37.879)	176.351*** (39.321)	248.424*** (13.516)	250.328*** (12.988)
BT	139.368*** (9.876)	76.701*** (4.639)	64.434*** (3.061)	58.993*** (4.521)		
BT level					0.808** (0.419)	
BT time						0.594** (0.454)
Size	5.885*** (8.344)	4.617*** (5.587)	3.540*** (3.369)	-2.791*** (-4.280)	-4.197*** (-4.522)	-4.254*** (0.209)
Lev	15.114** (2.440)	-10.387 (-1.422)	-7.052 (-0.764)	-1.585 (-0.275)	-24.944*** (-2.916)	-24.925*** (-2.936)
Growth	2.118*** (3.755)	-2.183*** (-3.271)	0.345 (0.411)	0.131 (0.248)	-0.853 (-1.269)	-0.844*** (-1.252)
ROA	24.326*** (4.264)	-21.926*** (-3.267)	7.884 (0.923)	-19.131*** (-3.611)	25.199*** (3.444)	24.618*** (3.360)
Age	0.690*** (3.227)	-1.096*** (-5.784)	0.241 (1.012)	-0.249* (-1.665)	0.338 (1.527)	0.340 (1.534)
Year	Yes	Yes	Yes	Yes	Yes	Yes
IND	Yes	Yes	Yes	Yes	Yes	Yes

注：*、** 和 *** 分别表示变量显著性水平为 10%、5% 和 1%。

表 7-12　中西部地区变量基本回归分析

VARIABLES	CGI	JUD	SVM	STIM	CGI	CGI
Constant	167.918*** (12.719)	256.998*** (17.832)	259.136*** (16.029)	170.665*** (15.574)	219.545*** (3.094)	212.544*** (3.005)
BT	138.325 (2.776)	32.427 (0.596)	58.914 (0.972)	57.811 (1.414)		
BT level					-4.280 (-0.800)	

续表

VARIABLES	CGI	JUD	SVM	STIM	CGI	CGI
BT time						-1.001 (-0.278)
Size	5.546** (2.185)	2.059 (0.743)	3.181 (1.030)	-2.453 (-1.178)	-2.889 (-0.907)	-3.148 (-0.975)
Lev	9.763 (0.610)	-48.028*** (-2.750)	32.582* (1.666)	3.850 (0.293)	-4.872 (-0.211)	0.407 (0.018)
Growth	0.080 (0.091)	-1.411*** (-1.479)	-0.205 (-0.193)	1.064 (1.484)	-0.234 (-0.218)	-0.315 (-0.294)
ROA	0.449 (0.056)	-11.760*** (-1.339)	-5.552 (-0.566)	-2.078 (-0.135)	-5.991 (-0.600)	-5.265 (-0.519)
Age	0.439 (0.957)	-1.299*** (-2.593)	-1.274** (-2.263)	-0.026 (-0.079)	-0.794 (-1.203)	-0.770 (-1.123)
Year	Yes	Yes	Yes	Yes	Yes	Yes
IND	Yes	Yes	Yes	Yes	Yes	Yes

注：*、** 和 *** 分别表示变量显著性水平为 10%、5% 和 1%。

第三，基于行业性质的异质性分析。考虑到信息技术在各行各业应用的差异性，因此区块链技术对于不同行业公司治理所能产生的影响也应存在较大不同。基于此，本书分析发现：区块链技术作为新时代数字化技术，在推进公司治理与区块链技术结合的进程中，对于不同行业性质的公司治理存在异质性影响。依据样本企业公司注册所在地对原始面板数据进行分类，在控制行业效应的基础上对其进行分样本回归，结果如表 7-13、表 7-14、表 7-15 所示。由表可见，区块链技术对于能源行业企业的公司治理有着显著的正向促进作用，在子假设的决策机制、监督机制、激励机制方面依然呈显著状态。同时，区块链的时间效应与应用程度效应也与公司治理指数呈正相关。而污染行业和制造行业在区块链技术的应用与公司治理指数之间的相关性并不如能源行业显著，可能原因是：能源行业拥有相对较长也更为复杂的供应链和产业链，区块链技术应用于公司治理后，对于生产方面所产生的影响大于其在重污染行业和制造行业。而对于重污染行业和制造业来说，应用区块链技术所带来的主要效益集中在帮助绿色创新、促进环境治理和减少沟通成本上。

表 7-13 能源行业变量基本回归分析

VARIABLES	CGI	JUD	SVM	STIM	CGI	CGI
Constant	144.732*** (22.633)	188.425*** (17.663)	245.312*** (18.231)	221.647*** (16.812)	211.425*** (2.896)	223.556*** (3.231)
BT	126.872*** (2.426)	36.447*** (1.526)	42.931*** (1.322)	52.457*** (1.328)		
BT level					0.852*** (0.947)	
BT time						0.733*** (0.841)
Size	5.352** (2.321)	3.021* (0.709)	3.252*** (1.423)	-2.466*** (-1.132)	-3.121*** (-0.933)	-5.211** (-0.975)
Lev	9.262*** (0.642)	-46.028*** (-2.221)	32.544* (1.521)	3.744 (0.281)	-4.521* (-0.234)	0.422* (0.018)
Growth	0.121** (0.103)	-1.288*** (-1.433)	-0.473*** (-0.212)	1.322* (1.425)	-0.363* (-0.272)	-0.311** (-0.294)
ROA	0.422*** (0.071)	-12.421*** (-1.309)	-6.787*** (-0.511)	-2.071 (-0.135)	-6.772 (-0.843)	-5.575 (-0.519)
Age	0.411*** (0.931)	-1.281*** (-2.574)	-1.277** (-2.777)	-0.101* (-0.071)	-0.781*** (-1.221)	-0.770*** (-1.123)
Year	Yes	Yes	Yes	Yes	Yes	Yes
IND	Yes	Yes	Yes	Yes	Yes	Yes

注：*、** 和 *** 分别表示变量显著性水平为 10%、5% 和 1%。

表 7-14 重污染行业变量基本回归分析

VARIABLES	CGI	JUD	SVM	STIM	CGI	CGI
Constant	132.701*** (22.042)	178.435*** (12.643)	225.372*** (16.271)	241.117*** (16.272)	217.125*** (2.711)	211.556*** (3.220)
BT	111.833* (2.221)	32.417** (1.224)	37.711* (1.022)	51.402* (1.417)		
BT level					0.802* (0.921)	
BT time						0.710 (0.811)

续表

VARIABLES	CGI	JUD	SVM	STIM	CGI	CGI
Size	5.157 * (2.351)	3.128 * (0.743)	3.081 *** (1.044)	-3.122 *** (-1.079)	-2.899 ** (-0.871)	-4.709 * (-0.815)
Lev	7.421 *** (0.152)	-42.221 *** (-2.051)	30.077 (1.044)	3.539 (0.312)	-4.371 * (-0.210)	0.422 * (0.025)
Growth	0.172 ** (0.143)	-1.261 ** (-1.404)	-0.511 * (-0.209)	1.278 * (1.398)	-0.370 * (-0.201)	-0.337 ** (-0.224)
ROA	0.402 * (0.111)	-12.407 (-1.322)	-6.512 * (-0.461)	-2.268 (-0.207)	-6.571 (-0.853)	-5.671 (-0.524)
Age	0.430 ** (0.701)	-1.233 (-2.511)	-1.038 ** (-2.517)	-0.126 * (-0.122)	-0.741 ** (-1.017)	-0.721 *** (-1.143)
Year	Yes	Yes	Yes	Yes	Yes	Yes
IND	Yes	Yes	Yes	Yes	Yes	Yes

注：*、** 和 *** 分别表示变量显著性水平为 10%、5% 和 1%。

表 7-15　　　　制造业变量基本回归分析

VARIABLES	CGI	JUD	SVM	STIM	CGI	CGI
Constant	122.540 *** (20.043)	184.455 *** (12.733)	217.372 *** (16.511)	235.127 *** (16.052)	228.715 *** (2.041)	208.546 *** (3.180)
BT	107.527 * (2.623)	32.057 * (1.281)	37.071 * (1.242)	48.272 * (1.537)		
BT level					0.732 * (0.451)	
BT time						0.572 (0.739)
Size	6.221 * (2.401)	3.078 * (0.683)	2.841 ** (1.274)	-3.272 *** (-1.149)	-2.739 ** (-0.701)	-4.529 * (-0.773)
Lev	7.571 ** (0.212)	-41.271 ** (-2.321)	30.717 (1.074)	3.411 (0.282)	-4.221 * (-0.189)	0.392 * (0.046)
Growth	0.172 ** (0.133)	-1.471 ** (-1.244)	-0.411 * (-0.079)	1.248 * (1.247)	-0.325 * (-0.241)	-0.317 ** (-0.414)
ROA	0.382 * (0.131)	-12.317 (-1.072)	-6.372 * (-0.321)	-2.335 (-0.251)	-6.417 (-0.821)	-5.531 (-0.407)

续表

VARIABLES	CGI	JUD	SVM	STIM	CGI	CGI
Age	0.417 ** (0.621)	-1.471 (-2.411)	-1.417 ** (-2.428)	-0.171 * (-0.136)	-0.760 ** (-1.127)	-0.693 *** (-1.12)
Year	Yes	Yes	Yes	Yes	Yes	Yes
IND	Yes	Yes	Yes	Yes	Yes	Yes

注：*、** 和 *** 分别表示变量显著性水平为 10%、5% 和 1%。

7.3.4 稳健性检验

为检验本书研究结果的稳健性，本书选择下列两种方式进行了稳健性检验：一是通过替换部分主要解释变量进行稳健性检验，由于上市公司企业在自身财报中不一定会披露区块链相关信息，导致一部分上市企业区块链技术评价为无应用，鉴于区块链技术属于信息技术投入的一方面，因此本书选择将企业在信息技术方面的投入替换区块链技术的应用，结果也基本未发生变化，见表 7-16。

表 7-16　　替换信息技术变量基本回归分析

VARIABLES	CGI	JUD	SVM	STIM	CGI	CGI
Constant	143.148 *** (26.351)	231.793 *** (35.798)	255.843 *** (40.233)	144.897 *** (27.943)	153.277 *** (21.765)	147.675 *** (22.979)
IT	90.371 *** (3.223)	87.761 *** (2.733)	62.794 *** (3.255)	77.721 *** (3.199)		
BT level					4.223 ** (1.877)	
BT time						2.476 * (1.798)
Size	3.298 *** (2.343)	5.271 *** (3.379)	3.331 *** (3.271)	-3.223 *** (-2.643)	-0.108 (-0.276)	0.121 (0.209)
Lev	18.799 (1.721)	-7.011 (-0.055)	-1.464 (-0.188)	-0.682 (-0.118)	-16.563 ** (-2.132)	-17.662 ** (-2.343)
Growth	1.674 *** (3.221)	-2.333 *** (-3.476)	-0.211 (-0.301)	0.331 (0.606)	-1.843 *** (-3.066)	-1.644 *** (-2.673)

续表

VARIABLES	CGI	JUD	SVM	STIM	CGI	CGI
ROA	4.783 (0.911)	-8.991* (-1.393)	-1.433 (-0.211)	-10.132** (-2.032)	23.505*** (3.178)	22.678*** (3.003)
Age	0.696*** (4.372)	-0.711*** (-3.332)	-0.122 (-0.144)	-0.343** (-2.127)	0.453** (2.349)	0.572** (2.663)
Year	Yes	Yes	Yes	Yes	Yes	Yes
IND	control	control	control	control	control	control

注：*、** 和 *** 分别表示变量显著性水平为 10%、5% 和 1%。

二是因为对企业公司治理产生影响的因素有很多，很可能因为变量的遗漏造成估计误差，因此本书借鉴姚乐野等（2022）、贾军等（2022）的研究成果，选择加入固定资产比、内控质量、研发投入作为补充控制变量，其中固定资产比（PPE）为固定资产占总资产的比例，内控质量（ICQ）根据深圳迪博上市公司内部控制评价指数进行衡量，研发投入比（RD）为企业研发投入占企业营业收入比。加入控制变量后的基准回归结果如表 7 - 17 所示，BT、BT level、BT time 的回归系数均呈显著正相关，说明结果是稳健的。

表 7 - 17　补充控制变量基本回归分析

VARIABLES	CGI	JUD	SVM	STIM	CGI	CGI
Constant	138.765*** (15.715)	221.906*** (21.274)	290.253*** (21.776)	188.539*** (22.667)	167.302*** (4.610)	173.624*** (4.737)
BT	91.777*** (3.460)	101.747*** (3.246)	42.555*** (1.062)	74.850*** (2.995)		
BT level					3.432** (1.437)	
BT time						2.223* (1.477)
Size	3.059** (2.241)	5.974*** (3.704)	2.112** (1.025)	-3.286** (-2.555)	0.253 (0.151)	0.103 (0.060)
Lev	6.780 (0.923)	-7.074 (-0.815)	-1.628 (-0.147)	-4.361 (-0.630)	-22.270** (-2.137)	-22.069** (-2.116)

续表

VARIABLES	CGI	JUD	SVM	STIM	CGI	CGI
Growth	3.450*** (4.228)	-3.094*** (-3.208)	-0.359 (-0.292)	-1.247 (-1.622)	-3.202*** (-3.291)	-3.017*** (-3.116)
ROA	2.768 (0.461)	-7.166 (-1.010)	-2.950 (-0.325)	-7.666 (-1.355)	1.077** (0.143)	0.876*** (0.117)
Age	0.933*** (4.620)	-0.757*** (-3.191)	-0.462 (-1.526)	-0.313* (-1.657)	0.739*** (2.591)	0.728** (2.551)
PPE	10.180** (0.932)	24.905* (1.929)	11.016* (0.668)	11.584** (1.125)	7.266* (0.446)	4.896** (0.300)
ICQ	0.024** (2.469)	0.004* (0.341)	0.003 (0.190)	0.020** (2.245)	0.037*** (3.092)	0.036*** (3.034)
RD	0.104* (0.548)	0.003 (0.015)	0.175 (0.607)	0.355** (1.977)	0.109 (0.441)	0.121* (0.488)
Year	Yes	Yes	Yes	Yes	Yes	Yes
IND	control	control	control	control	control	control

注：*、** 和 *** 分别表示变量显著性水平为 10%、5% 和 1%。

7.4 研究结论与贡献

本书利用 2016—2021 年我国部分有区块链概念的上市公司以及无区块链概念的代表性上市公司数据，在数据收集后考察区块链技术应用、区块链应用程度以及区块链应用时长对于公司治理指数的影响。结果发现，区块链技术的应用对于公司治理指数具有明显的正向激励作用，而对于应用区块链技术的企业来讲，区块链的应用程度较深、时长较长的企业更能提升公司治理指数。进一步研究发现，区块链技术对于国有企业公司治理指数的提升也同样适用，同理，应用程度以及应用时长均与公司治理指数呈正相关。但是，区块链技术对于公司治理的应用存在一定的地区差异，相对于中西部企业，经济较发达东部地区企业应用区块链技术对于公司治理水平的影响更为显著。同时，区块链技术能够提升能源企业、重污染企业和制造业公司治理水平，并且相对于一般企业来说，对能源企业公司治理水平的提升作用更加显著。

根据以上研究结论，可以得出下列启示。①要推动区块链技术进一步与经济深度融合，促进更多企业应用区块链技术提升公司治理效率，大力打造“信息 + 技术”融合高地，推动新技术新模式在现代经济体系中的应用，进一步完善现有的现代经济体系；②在推动区块链技术融入企业公司治理时不应流于表面，毕竟在区块链应用程度越深的企业，公司治理的水平就越高，从而更能解放企业自身的市场潜力，进而推动我国企业更快更好地占领市场高地，为长远的可持续发展打下战略基础；③在应用区块链技术的同时也不能忽视企业自身的决策、监督、激励机制的水平，需要密切关注在应用区块链技术后对于企业自身组织结构带来的变革，建立动态调整机制，在透明化大背景下更好地消除公司治理的机会主义行为；④政府应大力推广实施“区块链 +”战略，促进企业治理信息化、透明化，促进区块链技术在更多行业中的应用，进一步提升企业的市场信心。

7.5　本章小结

本章从公司治理的角度探究了区块链技术的应用对于公司治理水平的影响效用及其机制。研究结果表明，由于区块链技术能够提升企业内部交易透明度，所以对于企业公司治理水平的提升有着积极的推动作用。而对于应用区块链技术的企业，区块链技术应用程度越深、时间越长，其公司治理的水平也越高。进一步研究发现，在提高公司治理水平方面，区块链技术的应用对国有企业和非国有企业产生的效果是相似的，这符合市场经济的规律。然而，值得注意的是，区块链对公司治理的影响存在区域性和行业性方面的差异，对东部地区、能源行业影响更为显著。本章揭示了区块链技术对于企业公司治理的影响机理，丰富了区块链技术与公司治理方面的理论研究，也为企业如何更好地利用区块链技术来提升自身公司治理水平提供了有力的实证支持。

第 8 章 技术创新路径下区块链技术对企业价值的影响研究

企业的优势体现在创新水平上，通过技术创新投入形成的具有竞争优势的无形资源是企业价值提升的关键。研发投入能显著促进企业价值的增长，企业加大技术创新投入能够带来声誉效益，向市场传达积极的信号，提升市场关注度，进而吸引更多的投资者，同时能够改善原有的生产方式并提高生产效率，降低生产成本，以实现核心竞争力的增长以及企业价值的提升。不断加大技术创新投入力度，是促进企业价值提升的重要突破口。企业需要具备充足的资金以满足技术创新的需要，由于技术创新本身所具有的风险性特点，投入转化为产出并真正实现收益需要比较长的周期，可能会导致创新失败，许多企业碍于无法取得有效的融资而放弃技术创新。在传统供应链金融中，由于信息记录不全以及审批手续烦琐等情况的存在，使金融机构不能有效界定融资企业的风险水平，降低了企业融资效率，导致资金不足而削弱企业的创新意愿。供应链金融在区块链的加持下能够改善这种情况，提升供应链金融整体效率和质量。龙云安等（2019）认为，通过结合区块链热点而进行技术创新具有很强的必要性。

8.1 理论分析与假设提出

8.1.1 缓解融资约束

对企业来说，区块链技术的出现缓解了企业的融资约束。一方面，企业利用区块链加密算法、智能合约、共识模型和分布式账本等技术，可以将生产关系进行重组；另一方面，利用区块链的追溯和数据加工功能，可以打通企业直接融资过程中的“堵点”，从而解决企业内源融资不足和外源融资受限等问题。Rui W 等（2018）通过对信贷模型的分析发现，金融机构运用区块链技术提高了企业伪造信用信息付出的代价，同时金融机构能够针对不同企业的风险程度进行差异化定价，可以缓解信息不对称和信贷配给问题，并能有效解决企业进行技术创新融资难的问题。朱兴雄（2018）分析了区块链供应链金融相关的理论，构建了基于区块链的供应链金融系统模型，并分析了其对于企业进行技术创新的重要作用。

8.1.2　优化研发投入结构

Hugo Hoffmann Christian（2021）认为，基于区块链技术构建的智能合约可以简化流程，从而降低交易、管理成本和由人工带来的操作风险，有利于优化企业的研发投入结构。智能合约可以帮助企业以低成本的方式精简业务流程，从而保证足够的现金流量用于企业的研发生产，提高企业的研发投入强度，利用区块链打造产业链，解决企业间信息不对称的问题，优化研发投入结构，使企业的研发投入更具针对性。同时，利用区块链技术打造新型科技成果服务平台，能够极大地推动企业科研成果的转化，帮助企业实现技术创新。

鉴于以上分析，本书提出如下假设。

假设 8－1：区块链技术的应用可以使企业在技术创新方面表现得更好。

假设 8－1－1：区块链技术的应用可以使企业在技术创新投入方面的表现更好。

假设 8－1－2：区块链技术的应用可以使企业在技术创新产出方面的表现更好。

区块链技术作为一项新兴技术手段，虽然在国内的众多上市公司中已经得到了应用，但这些公司在区块链技术的应用程度上存在着差异。区块链技术包括加密算法、智能合约、共识模型和分布式账本等多种技术。那些在区块链技术应用上做得更好的企业，能够有效地将区块链技术融入自己的业务中，通过增加研发投入、申请相关专利、加快科研成果的转化等手段，推动企业的技术创新。此外，企业在熟练掌握区块链技术后，还可以将其与大数据、人工智能、云计算等其他技术进行结合，将企业的相关信息集中汇总，通过区块链数据库实现数据的治理。由于区块链数据库具有不可篡改的特性，这保证了数据的真实性和可靠性，因此，应用程度越高的企业，其数据就越可靠，也为企业的技术创新创造了良好的基础。Samaniego（2019）通过评估区块链技术的数据存储功能，认为区块链可以使物联网更有效安全地储存数据。Tsan – Ming Choi（2020）通过对比企业使用区块链的情况，证明区块链在企业中应用程度越高，企业的运营风险越低，同时能够给企业带来更高的预期利润和更低的风险。郭菊娥等（2020）提出了一种基于区块链的新型供应链服务平台结构，结果表明，区块链的应用程度越高，该平台的运作效率越高，大大提高了供应链金融业务的效率，降低了交易成本。鉴于以上分析，本书提出如下假设。

假设 8 – 2：应用程度高的区块链技术可以使企业在技术创新方面表现得更好。

假设 8 – 2 – 1：应用程度高的区块链技术可以使企业在技术创新投入方面的表现更好。

假设 8 – 2 – 2：应用程度高的区块链技术可以使企业在技术创新产出方面的表现更好。

虽然我国在区块链技术的发展上相较于发达国家起步较晚，但随着时间的推进，不少上市公司开始逐步探索并运用区块链技术。其中，一些企业积极抢占市场先机，在区块链技术初兴起时便预见其潜在的巨大价值，因此提前将其引入企业运营之中。由于各企业引入区块链技术的时间不同，导致了他们在区块链技术的应用和掌握程度上存在差异。那些较早应用区块链技术的企业通常能够更有效地利用这项技术整合产业链的上下游资源，从而形成一条完整的产业链。利用区块链技术，企业能够构建起安全、不可篡改的数据库，便于管理者做出更为明智的决策，找到当前利益与未来发展的平衡点，启动与企业现状和发展方向相符的研发项目。此外，区块链技术也有助于企业合理分配资金，集中投入关键领域，不仅确保研发成果的产出，同时也降低了机会成本，使企业能够获得最大的利益。随着企业不断从技术创新中获益，它们又能将这些利益重新投入研发中，形成良性的循环，从而不断推动企业实现技术创新的目标。Fran Casino 等（2019）探讨了在大数据背景下，现代技术手段与企业技术创新之间的关系，发现现代技术的运用对企业技术创新具有显著正向促进作用，即现代技术应用时间越长企业技术创新能力越高。也就是说，企业技术创新会受区块链等现代技术应用时长的影响。Huayu Shen（2020）以 2007—2018 年我国上市公司数据为样本进行研究发现，企业越早应用区块链技术，企业的技术创新能力会越高，即验证了区块链的使用与企业技术创新具有正相关关系。何凌云（2020）以环保类企业为样本，采用半参数模型，研究发现区块链技术对企业技术创新的影响最终是呈线性的。鉴于此，本书提出如下假设。

假设 8-3：应用时间长的区块链技术可以使企业在技术创新方面表现得更好。

假设 8-3-1：应用时间长的区块链技术可以使企业在技术创新投入方面的表现更好。

假设 8-3-2：应用时间长的区块链技术可以使企业在技术创新产出方面的表现更好。

8.2 研究设计与模型构建

8.2.1 样本选择与数据来源

本研究的样本选择与数据来源与数据的处理同第 6 章保持一致，以 2016—2021 年上市企业为样本进行研究。剔除了原始数据中 ST 和 *ST 以及金融行业上市公司，并将数据缺失的样本剔除。数据主要来源于国泰安数据库（CSMAR）和企业的年度财务报告。

考虑到区块链与企业价值之间可能存在样本选择性和自选择效应等问

题，本书采用倾向得分匹配 PSM 方法，进一步减弱内生性影响。其中 268 家应用区块链的上市企业中又包括应用较好的 71 家，占 26.49%；应用一般的 87 家，占 32.46%；处于起步或探索阶段的 102 家，占 38.06%；萌发区块链想法的 8 家，占 2.99%。为了避免极端值对研究结论的影响，本书对所有连续变量进行了 1% 和 99% 水平上的缩尾处理。

8.2.2 变量定义

8.2.2.1 被解释变量

本书把企业技术创新作为被解释变量，从投入、产出两个角度来衡量企业的技术创新能力。在技术创新投入方面以研发投入（R&D）作为衡量指标，在技术创新产出方面以专利产出（P）作为衡量指标。

8.2.2.2 解释变量

分别为区块链技术（BT）、区块链应用程度（BT level）、区块链运用时长（BT time）。区块链技术（BT）是代表企业是否应用区块链技术的虚拟变量，应用了取 1，没有应用取 0。区块链技术的应用程度（BT level）以四个分位点来衡量，分别为 90%、70%、50% 和 30%。区块链运用时长（BT time）表示企业自开始应用区块链技术以来累计的年数。

8.2.2.3 控制变量

分别为公司规模（Size）、公司年限（Age）、净资产收益率（ROE）、资产负债率（LEV）。具体变量定义如表 8-1 所示：

表 8-1　　变量定义

变量类型	变量名称	符号	变量解释
被解释变量	研发投入	R&D	研发投入占营业收入的比例
	专利产出	P	企业现拥有专利权数量

续表

变量类型	变量名称	符号	变量解释
解释变量	区块链技术	BT	企业应用区块链技术时为 1，反之为 0
	区块链应用程度	BT level	企业区块链技术应用程度从高到低依次为 90%、70%、50%、30% 四档
	区块链运用时长	BT time	企业使用区块链至今的年数
控制变量	公司规模	Size	ln（公司的资产总额）
	公司年限	Age	企业从成立到上市的发展时间
	净资产收益率	ROE	企业的净利润/净资产，表示企业的盈利能力
	资产负债率	LEV	企业的总负债/总资产，表示企业的偿债能力

8.2.3　模型建立与模型说明

基于前文的理论分析和研究假设，本书以区块链及其不同特征为解释变量、企业技术创新为被解释变量来构建固定效应模型。其中被解释变量企业技术创新以研发投入（*R&D*）和专利产出（*P*）作为衡量指标，$\sum Ind$ 表示行业固定效应，$\sum Year$ 表示年份固定效应。

根据假设 8－1 建立固定效应模型（8－1）、模型（8－2）为：

$$R\&D = \beta_0 + \beta_1 BT + \beta_2 Size + \beta_3 Age + \beta_4 REO + \beta_5 LEV + \sum Ind + \sum Year + \varepsilon \quad (8-1)$$

$$P = \beta_0 + \beta_1 BT + \beta_2 Size + \beta_3 Age + \beta_4 REO + \beta_5 LEV + \sum Ind + \sum Year + \varepsilon \quad (8-2)$$

根据假设 8－2 和假设 8－3 建立固定效应模型（8－3）、模型（8－4）为：

$$R\&D = \beta_0 + \beta_1\ BT\ level_i / BT\ time_i + \beta_2 Size + \beta_3 Age + \beta_4 REO + \beta_5 LEV + \sum Ind + \sum Year + \varepsilon \quad (8-3)$$

$$P = \beta_0 + \beta_1\ BT\ level_i / BT\ time_i + \beta_2 Size + \beta_3 Age + \beta_4 REO + \beta_5 LEV + \sum Ind + \sum Year + \varepsilon \quad (8-4)$$

8.3 实证检验结果与分析

8.3.1 描述性统计

根据研究需要，本书收集了相关数据，并对其进行描述性统计分析。我们在表 8 - 2 中可以看出：①总体样本的研发投入均值为 6.083，其中无 BT 的企业研发投入均值为 4.185，有 BT 的企业研发投入均值为 7.474，由此可见应用区块链技术的企业研发投入的水平更高；②总体样本的企业专利数均值为 99.29，其中无 BT 的企业专利数均值为 68.34，有 BT 的企业专利数均值为 122.0，可以看出，有 BT 的企业专利数明显更高，也就是说，有 BT 的企业创新的产出水平更高；③变量 BT 的均值为 0.577，说明有 55% 以上的企业应用了区块链技术。变量 BT level 的均值为 0.669，表示在使用区块链技术的企业里有 60% 以上的企业区块链应用程度较高。变量 BT time 最小值是 1.0，最大值是 6.0，均值为 2.884，可见在应用区块链技术的企业中区块链使用时间相差较大，但是大多在 2 年以上；④有 BT 企业的规模小于全样本企业的均值和无 BT 企业的均值，说明应用区块链技术的企业规模较小。有 BT 企业的成立年限大于全样本企业的均值和无 BT 企业的均值，说明应用区块链技术的企业成立年限较长。有 BT 企业的净资产收益率小于无 BT 和全样本的企业均值，说明无 BT 企业的盈利能力更好。有 BT 的企业资产负债率均值小于无 BT 和全样本的均值，说明有 BT 的企业偿债能力更好。

8.3.2 相关性分析

表 8 - 3 表示对 536 家样本企业所作的相关性分析，从表中可以看出被解释变量 R&D 与解释变量 BT、BT level、BT time 的相关系数分别为 0.232、0.248 和 0.223，相关关系显著并呈正相关关系。被解释变量 P 与解释变量 BT、BT level、BT time 的相关系数分别为 0.035、0.054 和

表 8-2　　主要变量的描述性统计

变量	全样本（536 家）				无 BT（268 家）				有 BT（268 家）			
	Min	Max	Mean	Sd.	Min	Max	Mean	Sd.	Min	Max	Mean	Sd.
R&D	0	72.75	6.083	7.015	0	57.49	4.185	4.642	0	72.75	7.474	8.058
P	0	1693	99.29	763.6	0	2745	68.34	215.0	0	16934	122.0	987.7
BT	0	1	0.577	0.494	0	0	0	0	1	1	1	0
BT level	0	0.900	0.386	0.352	0	0	0	0	0.3	0.900	0.669	0.160
BT time	0	6	1.667	1.664	0	0	0	0	1	6	2.888	1.127
Size	0	29.57	20.84	5.946	0	28.64	21.54	4.728	0	29.57	20.33	6.656
Age	0.014	29.01	8.905	6.253	0.014	23.73	7.959	6.259	0.014	29.01	9.599	6.158
ROE	-3.86	1.615	0.0489	0.190	-3.073	0.472	0.056	0.192	-3.859	1.615	0.043	0.189
LEV	0	4.724	0.401	0.272	0	2.729	0.428	0.234	0	4.724	0.381	0.294

0.080，相关关系显著且存在正相关关系。但 BT level 与 BT 的相关系数为 0.939，BT time 与 BT、BT level 的相关系数分别为 0.858 和 0.862，三个相关系数均高于 0.8，说明模型可能存在多重共线性问题。所以本书进一步分析了方差膨胀因子。主要变量的方差膨胀因子（VIF）最大值为 9.51，小于 10，其对应的最大容忍度为 0.105，大于 0.1，可以认为本书各变量不存在严重的多重共线性问题。

表 8-3　　主要变量的相关性分析

	R&D	P	BT	BT level	BT time	Size	Age	ROE	LEV
R&D	1								
P	-0.0160	1							
BT	0.232 ***	0.035 *	1						
BT level	0.248 ***	0.054 ***	0.939 ***	1					
BT time	0.223 ***	0.080 ***	0.858 ***	0.862 ***	1				
Size	-0.054 ***	0.092 ***	-0.100 ***	-0.083 ***	-0.0330	1			
Age	0.112 ***	0.00600	0.130 ***	0.095 ***	0.057 ***	-0.335 ***	1		
ROE	0.00300	0.055 ***	-0.033 *	-0.0190	-0.00700	0.083 ***	0.045 **	1	
LEV	-0.299 ***	0.068 ***	-0.087 ***	-0.101 ***	-0.052 **	0.486 ***	-0.245 ***	-0.106 ***	1

注：*** 、** 和 * 分别代表在 1%、5% 和 10% 的水平上显著，下同。

8.3.3　模型检验结果与分析

在回归分析方面，可以从两个方向进行分析。

第一，选择企业研发投入作为被解释变量来进行回归分析，其结果如下所示：

表 8-4 中的第（1）列显示了区块链的应用对企业技术创新投入影响的回归结果。回归结果显示，因变量 R&D 对应 BT 的回归系数是 0.913，说明两者是正相关关系，且 BT 对于企业研发投入是在 1% 的水平下影响显著，因此初步验证了本书的假设 8-1-1。因此我们可以总结出结论，区块链的应用对企业技术创新投入的影响呈显著正向，即使用区块链的企业其技术创新的投入要比没有使用区块链的企业投入水平更高。原因可能是：区块链技术的应用使得企业加快了内部信息的交流速度，且对于决策的执行更加透明，管理层可以基于各个部门的业务处理数据进行理性分析，使

得企业对于创新投入的方向、数额更为精准，从而提高创新投入水平。

表 8－4 中的第（2）列显示了区块链的使用程度对企业技术创新投入影响的回归结果。回归结果显示，因变量 R&D 对应 BT level 的回归系数是 1.870，表明两者是正相关关系，且 BT level 对于企业研发投入是在 1% 的水平下影响显著，因此初步验证了本书的假设 8－2－1。这说明，区块链的应用程度越高，企业在创新研发方面的表现越好。原因可能是：区块链作为一种新兴的技术，企业掌握得越好，对智能合约、分布式记账等技术运用得越全面，就能使企业研发部门人员的创新效率更高，提高企业创新投入方面的水平。

表 8－4 中的第（3）列显示了区块链的应用时长对企业技术创新投入的影响和显著程度的回归结果。回归结果显示，因变量 R&D 对应 BT time 的回归系数是 0.251，表明两者是正相关关系，且 BT time 对于企业研发投入是在 1% 的水平下影响显著，因此初步验证了本书的假设 8－3－1。原因可能是：企业应用区块链的时间越长，越能将区块链与企业本身的业务相融合，以达到相辅相成、相互促进的效果，从而有助于加速企业的转型，提高企业的科研水平，最终提高企业研发投入的金额。

表 8－4　　不同特征的区块链对企业技术创新投入的影响

VARIABLES	(1) R&D	(2) R&D	(3) R&D
BT	0.913*** (3.07)		
BT level		1.870*** (4.62)	
BT time			0.251*** (3.00)
Size	－0.300** (－2.44)	－0.318*** (－2.59)	－0.324*** (－2.62)
Age	－0.039 (－1.64)	－0.037 (－1.59)	－0.033 (－1.39)
ROE	－0.895 (－1.42)	－0.872 (－1.38)	－0.927 (－1.47)

续表

VARIABLES	(1) R&D	(2) R&D	(3) R&D
LEV	-5.786*** (-10.26)	-5.686*** (-10.10)	-5.743*** (-10.18)
Constant	14.938*** (5.46)	15.069*** (5.52)	15.504*** (5.65)
Obs.	2278	2278	2278
R^2	0.405	0.408	0.405
Ind	YES	YES	YES
Year	YES	YES	YES
R^2_a	0.387	0.390	0.387
F	14.58	15.85	14.54

注：*、** 和 *** 分别表示变量显著性水平为 10%、5% 和 1%。

第二，选择企业的专利产出作为被解释变量来进行回归分析，其结果如下所示：

表 8-5 中的第（1）列显示了区块链的应用对企业技术创新产出影响的回归结果。从回归的结果来看，该模型比较适配。回归结果还显示，因变量 P 对应 BT 的回归系数是 104.998，表明了 P 和 BT 之间是正相关的，并且 BT 的估计系数对于企业专利数在 1% 的水平下影响显著，初步验证了本书的假设 8-1-2。因此我们可以得出应用区块链的企业要比没有应用的企业在技术创新产出水平方面表现要更好。原因可能是：应用区块链技术的企业拥有更完善的研发监督机制，对于企业创新的产出流程把控更为精确，有利于企业产出高质量的专利技术。

表 8-5 中的第（2）列显示了区块链的应用程度对企业技术创新产出的影响和显著程度的回归结果。回归结果显示，因变量 P 对应 BT level 的回归系数是 208.592，表明两者是正相关关系，且 BT level 对于企业专利数的显著水平是 1%，因此初步验证了本书的假设 8-2-2。原因可能是：区块链技术为企业带来了更加先进的技术和更优质的平台，区块链的应用程度越高，企业在进行研发工作时才能有更好的技术作为支撑，为企业的技术创新创造了更有利的环境，使企业技术创新的产出得到进一步提升。

表 8－5 中的第（3）列显示了区块链的运用时长对企业技术创新产出影响的回归结果。回归结果表明，因变量 P 对应 BT time 的回归系数是 47.363，显示出两者是正相关关系，且 BT time 对于企业专利数是在 1% 的水平下影响显著，因此初步验证了本书的假设 8－3－2。原因可能是：区块链应用时间越长的企业研发水平和研发能力越强，使得新专利技术的研发周期大大缩短，从而更有利于企业技术创新的产出。

表 8－5　不同特征的区块链对企业技术创新产出的影响

VARIABLES	(1) P	(2) P	(3) P
BT	104.998*** (2.68)		
BT level		208.592*** (3.91)	
BT time			47.363*** (4.30)
Size	240.314*** (14.82)	238.412*** (14.72)	234.315*** (14.41)
Age	16.707*** (5.38)	16.881*** (5.46)	17.339*** (5.62)
ROE	63.011 (0.76)	65.292 (0.79)	63.268 (0.76)
LEV	－40.893 (－0.55)	－29.678 (－0.40)	－33.355 (－0.45)
Constant	－5417.206*** (－15.03)	－5402.420*** (－15.01)	－5313.417*** (－14.75)
Obs.	2278	2278	2278
R^2	0.168	0.171	0.172
Ind	YES	YES	YES
Year	YES	YES	YES
R^2_a	0.142	0.146	0.147
F	25.55	26.45	26.81

注：*、** 和 *** 分别表示变量显著性水平为 10%、5% 和 1%。

在异质性分析方面，可以从三个方向进行分析。

第一，基于产权性质的异质性分析。基于产权性质将全样本企业分为国有企业和非国有企业进行分析，结果如表8-6、表8-7所示。由表8-6可见区块链相关指标与技术创新投入的正相关关系在非国有企业中仍然显著，然而在国有企业中，区块链三个指标的相关系数皆不显著，且区块链的应用和应用时长的估计为负。由表8-7可见区块链相关指标与技术创新产出的正相关关系在非国有企业中仍然显著，但在国有企业中，三个指标的相关系数不显著，且区块链应用程度和应用时长的估计为负。由以上分析得出，区块链的应用对非国有企业技术创新水平的提升程度大于国有企业。主要的原因可能是：非国有企业面临更为激烈的市场竞争环境，需要将区块链技术应用于实际业务中，迅速转化为企业的创新投入与产出，从而在市场竞争中占据优势地位。且非国有企业的激励机制更为灵活，薪酬管制较少，企业应用智能合约来对员工进行及时的激励，公正透明，更能促进管理层、普通职工的积极性，有利于创新效率的提升。而国有企业受到的政府补贴较多，往往面临预算软约束的问题，这可能会挤压企业技术创新方面的投入，导致企业的创新投入减少。其次应用区块链技术的国有企业集中于制造业、信息技术服务业、金融业等高技术产业，这些类型的企业专注于研发投入和专利产出，不会因为单纯应用了区块链技术就显著地提高技术创新效率。

表8-6　　产权异质性对技术创新投入的影响

VARIABLES	(1) 国有企业			(2) 非国有企业		
BT	-0.195 (-0.41)			1.200*** (3.27)		
BT level		0.274 (0.44)			2.246*** (4.52)	
BT time			-0.025 (-0.18)			0.295*** (2.94)
Size	0.153 (0.86)	0.131 (0.74)	0.148 (0.82)	0.196*** (7.22)	0.195*** (7.21)	0.193*** (7.11)

续表

VARIABLES	(1) 国有企业			(2) 非国有企业		
Age	0.018 (0.46)	0.012 (0.32)	0.015 (0.39)	-0.020 (-0.72)	-0.016 (-0.57)	-0.016 (-0.58)
ROE	-1.900** (-2.10)	-1.967** (-2.17)	-1.915** (-2.12)	-0.744 (-0.95)	-0.705 (-0.91)	-0.809 (-1.04)
LEV	-7.990*** (-7.38)	-7.963*** (-7.35)	-8.006*** (-7.35)	-5.811*** (-8.89)	-5.715*** (-8.77)	-5.809*** (-8.88)
Constant	4.495 (1.11)	4.862 (1.21)	4.603 (1.14)	4.203*** (6.16)	3.959*** (5.85)	4.448*** (6.69)
Obs.	577	577	577	1877	1877	1877
R^2	0.602	0.602	0.602	0.354	0.357	0.353
Ind	YES	YES	YES	YES	YES	YES
Year	YES	YES	YES	YES	YES	YES
R^2_a	0.565	0.565	0.565	0.332	0.336	0.331
F	6.158	6.161	6.143	10.98	12.00	10.76

注：*、** 和 *** 分别表示变量显著性水平为 10%、5% 和 1%。

表 8-7　产权异质性对技术创新产出的影响

VARIABLES	(1) 国有企业			(2) 非国有企业		
BT	99.949 (1.28)			165.714*** (3.54)		
BT level		-16.508 (-0.16)			363.183*** (5.75)	
BT time			-13.639 (-0.63)			86.094*** (6.79)
Size	274.148*** (9.40)	281.083*** (9.68)	284.122*** (9.67)	6.401* (1.85)	6.314* (1.84)	5.747* (1.68)
Age	20.555*** (3.30)	22.297*** (3.60)	22.230*** (3.63)	9.102*** (2.63)	9.728*** (2.82)	10.059*** (2.93)
ROE	-100.549 (-0.68)	-83.919 (-0.57)	-79.031 (-0.54)	279.208*** (2.81)	289.003*** (2.92)	283.765*** (2.88)

续表

VARIABLES	(1) 国有企业			(2) 非国有企业		
LEV	-64.439 (-0.37)	-68.417 (-0.39)	-78.673 (-0.44)	168.290** (2.02)	182.015** (2.20)	157.424* (1.91)
Constant	-6283.027*** (-9.54)	-6403.306*** (-9.75)	-6454.454*** (-9.77)	-316.118*** (-3.64)	-373.843*** (-4.35)	-363.043*** (-4.33)
Obs.	577	577	577	1877	1877	1877
R^2	0.323	0.321	0.321	0.073	0.083	0.090
Ind	YES	YES	YES	YES	YES	YES
Year	YES	YES	YES	YES	YES	YES
R^2_a	0.260	0.257	0.258	0.0417	0.0524	0.0590
F	10.62	10.43	10.47	3.780	5.862	7.180

注：*、** 和 *** 分别表示变量显著性水平为 10%、5% 和 1%。

第二，基于地区的异质性分析。由于不同地区之间技术、资金、人才等资源有较大差异，样本企业在我国不同地区会表现出异质性特征。本书基于我国地区特性将全样本企业划分为东部地区企业组和中西部地区企业组，进行异质性分析。结果如表 8-8、表 8-9 所示。表 8-8 显示，对于被解释变量 R&D，在东部地区组中，三个核心解释变量的系数都在 1% 的水平上显著，而在中西部地区组中，三个核心解释变量的系数都不显著。表 8-9 显示，对于被解释变量 P，东部地区组中三个核心解释变量系数分别为 108.287、221.185 和 47.923，都在 1% 的水平上显著，且都大于中西部地区相应的系数。由以上分析得出，区块链的应用对东部地区企业技术创新水平的提升程度大于中西部地区。主要原因可能是：东部地区拥有较好的资源禀赋，区块链技术的传播范围更广，相关方面的人才也较多在东部地区流动，且东部地区多发达沿海城市，经济集聚程度更高、融资更为便利，所以东部地区比中西部地区能更快地适应区块链技术的应用，将区块链技术与企业管理决策结合，促进企业的技术创新。而中西部地区的企业即使运用了区块链技术，相比东部地区更缺少相关的人才和资金来建立区块链和公司生产经营结合的模式，对于技术创新的提升较弱。

表 8 - 8　　地区异质性对技术创新投入的影响

VARIABLES	(1) 东部地区			(2) 中西部地区		
BT	1. 214 *** (3. 34)			0. 140 (0. 34)		
BT level		2. 381 *** (4. 82)			0. 509 (0. 90)	
BT time			0. 293 *** (2. 97)			-0. 114 (-0. 83)
Size	-0. 362 ** (-2. 43)	-0. 398 *** (-2. 68)	-0. 379 ** (-2. 53)	-0. 602 *** (-3. 24)	-0. 589 *** (-3. 17)	-0. 620 *** (-3. 34)
Age	-0. 053 * (-1. 92)	-0. 050 * (-1. 82)	-0. 045 (-1. 63)	-0. 031 (-0. 72)	-0. 037 (-0. 89)	-0. 017 (-0. 43)
ROE	-0. 416 (-0. 49)	-0. 408 (-0. 48)	-0. 436 (-0. 51)	-1. 988 *** (-3. 36)	-1. 983 *** (-3. 35)	-1. 997 *** (-3. 38)
LEV	-5. 869 *** (-8. 83)	-5. 714 *** (-8. 61)	-5. 828 *** (-8. 76)	-3. 686 *** (-4. 43)	-3. 752 *** (-4. 50)	-3. 607 *** (-4. 35)
Constant	16. 638 *** (5. 04)	17. 107 *** (5. 19)	17. 142 *** (5. 16)	19. 146 *** (4. 63)	18. 839 *** (4. 55)	19. 638 *** (4. 75)
Obs.	1857	1857	1857	417	417	417
R^2	0. 390	0. 394	0. 389	0. 597	0. 598	0. 598
Ind	YES	YES	YES	YES	YES	YES
Year	YES	YES	YES	YES	YES	YES
R^2_a	0. 368	0. 373	0. 368	0. 554	0. 555	0. 555
F	11. 07	12. 34	10. 82	5. 596	5. 676	5. 660

注：*、** 和 *** 分别表示变量显著性水平为 10%、5% 和 1%。

表 8 - 9　　地区异质性对技术创新产出的影响

VARIABLES	(1) 东部地区			(2) 中西部地区		
BT	108. 287 ** (2. 21)			29. 392 *** (3. 00)		
BT level		221. 185 *** (3. 32)			56. 454 *** (4. 27)	

续表

VARIABLES	(1)东部地区			(2)中西部地区		
BT time			47.923 *** (3.62)			10.138 *** (3.10)
Size	287.069 *** (14.33)	283.525 *** (14.15)	280.117 *** (13.91)	50.083 *** (11.36)	50.922 *** (11.67)	49.969 *** (11.36)
Age	18.800 *** (5.02)	19.046 *** (5.10)	19.666 *** (5.27)	0.349 (0.35)	0.101 (0.10)	0.674 (0.70)
ROE	101.832 (0.89)	102.904 (0.90)	105.400 (0.92)	11.734 (0.84)	11.933 (0.86)	11.347 (0.81)
LEV	-58.405 (-0.65)	-44.012 (-0.49)	-51.958 (-0.58)	20.182 (1.02)	15.864 (0.81)	21.897 (1.11)
Constant	-6461.553 *** (-14.53)	-6416.084 *** (-14.44)	-6340.306 *** (-14.23)	-1106.162 *** (-11.27)	-1125.437 *** (-11.59)	-1104.912 *** (-11.28)
Obs.	1857	1857	1857	417	417	417
R^2	0.189	0.192	0.192	0.512	0.523	0.512
Ind	YES	YES	YES	YES	YES	YES
Year	YES	YES	YES	YES	YES	YES
R^2_a	0.160	0.163	0.164	0.460	0.472	0.460
F	23.98	24.68	24.91	18.14	19.47	18.22

注：*、** 和 *** 分别表示变量显著性水平为 10%、5% 和 1%。

第三，基于企业规模的异质性分析。由于企业技术创新投入和产出在不同规模公司之间差异较大，为探究区块链应用对技术创新的影响是否具有企业规模的异质性，本书进一步将样本中公司规模（Size）的中位数作为分位点，低于或等于中位数的样本划分为中小规模企业，大于中位数的样本划分为大规模企业。估计结果如表 8-10、表 8-11 所示。表 8-10 显示，对于被解释变量 R&D，在大规模企业组中，变量 BT level 的系数在 5% 水平上显著，其余两个解释变量系数不显著；而在中小规模企业组中，三个核心解释变量的系数都在 1% 或 5% 的水平上显著。表 8-11 显示，对于被解释变量 P，大规模企业组中三个核心解释变量系数都在 1% 或 5% 的水平上显著；中小规模企业组中，除了变量 BT time 的系数显著以外，其余两个解释变量系数不显著。由以上分析得出，区块链的应用对中小规模企业创新投入水平的提升程度大于大规模企业，而区块链应用对大规模企业创新产出水平的提升程度大于中小规模企业。原因可能在于：大规模企业的技术创新投入金额比中小规模企业大，对公司治理水平的要求比较高，更难以精细化管理，而中小规模企业的创新投入金额相对较少，应用区块链能极大提高这类企业的创新投入资金管理水平，比大规模企业能更好地提升区块链应用对创新投入的作用。但是，中小规模企业本来就缺少创新产出尤其是专利技术产出，而大规模企业具有的专利数量和质量都更高，能够将已有的专利和区块链技术结合，产出更多相关的专利。

表 8-10　　企业规模异质性对技术创新投入的影响

VARIABLES	(1) 大规模企业			(2) 中小规模企业		
BT	0.382 (0.99)			1.210*** (2.70)		
BT level		1.341** (2.55)			1.999*** (3.23)	
BT time			0.145 (1.29)			0.282** (2.26)
Size	0.192 (0.96)	0.145 (0.73)	0.156 (0.77)	0.226*** (7.37)	0.226*** (7.39)	0.223*** (7.26)
Age	-0.019 (-0.65)	-0.020 (-0.69)	-0.017 (-0.59)	-0.046 (-1.29)	-0.044 (-1.22)	-0.040 (-1.11)
ROE	-0.475 (-0.67)	-0.397 (-0.56)	-0.494 (-0.70)	-2.357* (-1.92)	-2.374* (-1.93)	-2.314* (-1.88)
LEV	-7.951*** (-8.09)	-7.706*** (-7.82)	-7.912*** (-8.05)	-5.239*** (-7.11)	-5.210*** (-7.08)	-5.177*** (-7.02)
Constant	3.515 (0.78)	4.211 (0.94)	4.286 (0.94)	4.978*** (6.22)	4.864*** (6.11)	5.226*** (6.67)
Obs.	1227	1277	1277	1227	1227	1227
R^2	0.423	0.426	0.423	0.335	0.337	0.334
Ind	YES	YES	YES	YES	YES	YES
Year	YES	YES	YES	YES	YES	YES

续表

VARIABLES	(1) 大规模企业			(2) 中小规模企业		
R^2_a	0.392	0.395	0.393	0.303	0.305	0.302
F	7.594	8.183	7.667	9.276	9.614	9.043

注：*、** 和 *** 分别表示变量显著性水平为 10%、5% 和 1%。

表 8-11　　企业规模异质性对技术创新产出的影响

VARIABLES	(1) 大规模企业			(2) 中小规模企业		
BT	63.977** (2.26)			1.548 (0.63)		
BT level		145.145*** (3.78)			5.136 (1.51)	
BT time			28.416*** (3.46)			1.727** (2.52)
Size	256.983*** (17.68)	252.849*** (17.38)	249.480*** (16.92)	1.157*** (6.87)	1.160*** (6.89)	1.147*** (6.83)
Age	4.643** (2.17)	4.701** (2.21)	4.899** (2.30)	0.413** (2.08)	0.410** (2.07)	0.419** (2.12)
ROE	-17.588 (-0.34)	-11.864 (-0.23)	-19.938 (-0.39)	15.358** (2.27)	15.416** (2.29)	15.996** (2.37)
LEV	-102.380 (-1.43)	-78.318 (-1.09)	-93.609 (-1.31)	-4.441 (-1.10)	-4.477 (-1.11)	-4.473 (-1.11)
Constant	-5884.552*** (-17.87)	-5818.493*** (-17.70)	-5728.978*** (-17.24)	-8.977** (-2.04)	-10.238** (-2.34)	-11.087*** (-2.59)
Obs.	1227	1227	1227	1227	1227	1227
R^2	0.460	0.465	0.464	0.188	0.189	0.192
Ind	YES	YES	YES	YES	YES	YES
Year	YES	YES	YES	YES	YES	YES
R^2_a	0.432	0.436	0.435	0.149	0.150	0.153
F	36.15	37.35	37.04	12.05	12.26	12.71

注：*、** 和 *** 分别表示变量显著性水平为 10%、5% 和 1%。

为了分析行业性质对于区块链抑制技术创新程度的作用，将全样本企业分为能源行业、重污染行业、制造业，并分别进行回归分析，结果如表8－12、表8－13、表8－14所示，区块链相关指标与技术创新程度指数正相关关系在三种行业类型中均显著，但如表8－13、表8－14所示，在重污染行业和制造行业中区块链对技术创新的促进效果不如在能源行业中显著，区块链相关指标与技术创新间的正相关关系在能源行业中更显著。可能原因是：能源行业拥有着更长也更为复杂的供应链和产业链，应用区块链技术后，所产生的影响大于其在重污染行业和制造行业。而对于重污染行业和制造业来说，应用区块链技术所带来的主要效益集中在帮助绿色创新、促进环境治理和减少沟通成本上。

表8－12　　能源行业中区块链对技术创新的促进效果

VARIABLES	(1)	(2)	(3)	(4)
BT	0.310*** (7.16)			
BT input		0.211*** (2.62)		
BT level			0.130*** (7.13)	
BT time				0.215*** (3.23)
Lev	0.322*** (2.68)	0.226*** (4.47)	0.331* (1.02)	0.282** (2.26)
ROA	0.037 (0.96)	0.029** (2.07)	0.046*** (3.29)	0.223*** (4.26)
Growth	0.091*** (15.62)	0.037* (1.92)	0.002*** (10.24)	0.04 (1.11)
Board	0.003 (0.16)	0.039 (0.11)	－0.002* (－0.23)	－2.73 (－0.88)
Size	－0.002 (－0.07)	－0.007** (－2.08)	－0.006 (－0.8)	－0.077** (－2.02)
Constant	0.172*** (3.40)	0.139*** (4.54)	0.088*** (4.78)	0.043*** (4.69)

续表

VARIABLES	(1)	(2)	(3)	(4)
R^2	0.087	0.105	0.134	0.092
Year	Control	Control	Control	Control
样本数	735	735	735	735

注：*、** 和 *** 分别表示变量显著性水平为 10%、5% 和 1%。

表 8-13　　重污染行业中区块链对技术创新的促进效果

VARIABLES	(1)	(2)	(3)	(4)
BT	0.501** (2.08)			
BT input		0.319** (2.55)		
BT level			0.379*** (3.81)	
BT time				0.125* (1.83)
Lev	0.037*** (7.46)	0.207*** (4.04)	0.129*** (3.83)	0.524** (2.24)
ROA	0.002 (0.32)	-0.254** (-2.56)	0.028*** (3.25)	-1.165*** (-8.22)
Growth	-0.260*** (-15.35)	0.555*** (-2.62)	-0.213*** (-9.22)	0.246 (0.73)
Board	0.113*** (5.13)	1.144*** (4.93)	0.093*** (3.28)	-2.73 (-0.88)
Size	-0.002 (-0.07)	-0.007** (-2.08)	-0.006 (-0.8)	0.919** (2.51)
Constant	0.172*** (3.40)	0.021 (0.18)	0.088*** (4.78)	0.043*** (4.69)
R^2	0.085	0.492	0.825	0.823
Year	Control	Control	Control	Control
样本数	919	919	919	919

注：*、** 和 *** 分别表示变量显著性水平为 10%、5% 和 1%。

表 8-14 制造行业中区块链对技术创新的促进效果

VARIABLES	(1)	(2)	(3)	(4)
BT	0.025* (1.83)			
BT input		5.035** (2.39)		
BT level			0.271 (1.22)	
BT time				0.007** (2.14)
Lev	-0.597*** (-8.72)	0.031*** (7.16)	0.244*** (4.45)	0.011*** (2.62)
ROA	1.441*** (3.10)	-0.254** (-2.56)	-0.685*** (-8.63)	-0.018 (-0.014)
Growth	-0.211 (-0.148)	-0.555*** (-2.62)	0.110*** (6.18)	0.693 (1.592)
Board	0.175 (1.49)	1.144*** (4.93)	0.029** (2.07)	-0.007** (-2.14)
Size	-5.406 (-0.502)	-0.007** (-2.08)	4.779 (0.397)	0.389*** (10.04)
Constant	0.172*** (3.40)	0.021 (0.18)	0.088*** (4.78)	0.043*** (4.69)
R^2	0.974	0.365	0.498	0.356
Year	Control	Control	Control	Control
样本数	1024	1024	1024	1024

注：*、** 和 *** 分别表示变量显著性水平为 10%、5% 和 1%。

8.3.4 稳健性检验

本研究从以下四个方面进行稳健性检验。

8.3.4.1 替换因变量的测度指标

上文衡量企业专利产出（P）的指标是企业现在拥有的专利权数量，

由于企业现拥有的专利权数量是多个年份获得专利数加总后得出的数据，既受到样本区间以前年度的影响，又无法体现不同时期企业不同的专利产出水平，所以在稳健性检验中本书将 ln（企业当年申请的专利数量 +1）替换企业拥有的专利权数量，来衡量专利产出，符号记为 AP。替换后的回归结果如表 8 - 15 所示，BT、BT level、BT time 的回归系数均显著为正，说明本书结论是稳健的。

表 8 - 15　　　　区块链对企业技术创新产出的影响

VARIABLES	(1) AP	(2) AP	(3) AP
BT	35.579 ** (2.31)		
BT level		90.335 *** (4.31)	
BT time			20.180 *** (4.66)
Size	121.821 *** (19.10)	120.779 *** (18.98)	119.063 *** (18.63)
Age	4.274 *** (3.50)	4.276 *** (3.52)	4.476 *** (3.69)
ROE	31.801 (0.97)	33.715 (1.03)	32.768 (1.00)
LEV	-18.918 (-0.65)	-14.152 (-0.49)	-15.790 (-0.54)
Constant	-2693.307 *** (-18.99)	-2687.332 *** (-19.01)	-2649.481 *** (-18.72)
Obs.	2278	2278	2278
R^2	0.363	0.367	0.368
Ind	YES	YES	YES
Year	YES	YES	YES
R^2_a	0.344	0.348	0.349
F	42.21	43.78	44.16

注：*、** 和 *** 分别表示变量显著性水平为 10%、5% 和 1%。

8.3.4.2　补充控制变量

由于影响企业区块链应用和技术创新的因素有很多，有可能带来遗漏变量造成的估计偏误，所以本书借鉴李文静等、钟海燕等的研究成果，加入成长性、管理层持股比例、融资约束、固定资产比作为补充控制变量，其中成长性（Growth）用营业收入增长率来表示，管理层持股比例（Share）用董监高持股数占总股数比例来表示，融资约束（KZ）根据 KZ 指数计算得出，固定资产比（PPE）为固定资产占总资产的比例。以上数据均来自国泰安数据库（CSMAR）。加入控制变量后的基准回归结果如表 8－16 所示，BT、BT level、BT time 的回归系数均在 1% 的水平上呈显著正相关，说明假设 8－1－3 成立的结果是稳健的。

表 8－16　区块链对企业技术创新的影响

VARIABLES	(1) R&D	(2) R&D	(3) R&D	(4) P	(5) P	(6) P
BT	0.868*** (2.87)			112.530*** (2.83)		
BT level		1.836*** (4.48)			215.936*** (4.00)	
BT time			0.243*** (2.87)			47.902*** (4.31)
Size	－0.301** (－2.37)	－0.321** (－2.53)	－0.318** (－2.49)	232.821*** (13.90)	230.910*** (13.81)	227.445*** (13.55)
Age	－0.027 (－1.11)	－0.027 (－1.08)	－0.023 (－0.92)	17.550*** (5.39)	17.730*** (5.47)	18.123*** (5.60)
ROE	－0.549 (－0.85)	－0.520 (－0.80)	－0.572 (－0.88)	38.726 (0.45)	41.110 (0.48)	40.080 (0.47)
LEV	－6.299*** (－10.52)	－6.200*** (－10.37)	－6.280*** (－10.48)	7.188 (0.09)	18.558 (0.24)	12.444 (0.16)

续表

VARIABLES	(1) R&D	(2) R&D	(3) R&D	(4) P	(5) P	(6) P
Growth	-0.002 (-0.43)	-0.003 (-0.57)	-0.002 (-0.36)	0.108 (0.19)	0.038 (0.06)	0.131 (0.22)
Share	-0.008 (-1.03)	-0.007 (-0.99)	-0.007 (-0.89)	-1.312 (-1.35)	-1.267 (-1.30)	-1.141 (-1.17)
KZ	0.159** (2.30)	0.159** (2.31)	0.168** (2.44)	-17.936** (-1.97)	-17.808* (-1.96)	-16.773* (-1.85)
PPE	-0.878 (-0.76)	-0.718 (-0.63)	-1.008 (-0.88)	87.975 (0.58)	100.190 (0.67)	99.789 (0.66)
Constant	15.331*** (5.44)	15.459*** (5.50)	15.752*** (5.58)	-5268.596*** (-14.18)	-5254.769*** (-14.17)	-5178.550*** (-13.95)
Obs.	2278	2278	2278	2278	2278	2278
R^2	0.407	0.410	0.407	0.170	0.173	0.174
Ind	YES	YES	YES	YES	YES	YES
Year	YES	YES	YES	YES	YES	YES
R^2_a	0.388	0.391	0.388	0.143	0.146	0.147
F	10.95	11.86	10.95	18.66	19.30	19.51

注：*、** 和 *** 分别表示变量显著性水平为 10%、5% 和 1%。

8.3.4.3 对离群值进行处理

在上文的描述性统计中，四个连续型随机变量 R&D、Age、ROE、LEV 的最大值远大于均值，且有部分变量标准差大于均值，所以本书认为以上变量存在离群值，对离群值进行处理后再进行回归分析。具体方法是将 R&D、Age、ROE、LEV 四个连续型随机变量进行 1% 和 99% 分位数上的缩尾处理。处理后的回归结果如表 8-17 所示，BT、BT time 的估计数在 5% 的水平上显著，BT level 的估计数在 1% 的水平上显著，与本书结论相符。

表 8 - 17 处理离群值后的回归结果

VARIABLES	(1) R&D	(2) R&D	(3) R&D
BT	0.652 ** (2.56)		
BT level		1.259 *** (3.64)	
BT time			0.142 ** (2.00)
Size	0.266 *** (11.51)	0.265 *** (11.45)	0.265 *** (11.42)
Age	-0.007 (-0.38)	-0.006 (-0.30)	-0.003 (-0.16)
ROE	-2.349 *** (-2.83)	-2.321 *** (-2.80)	-2.431 *** (-2.93)
LEV	-10.058 *** (-15.51)	-9.961 *** (-15.37)	-10.038 *** (-15.47)
Constant	3.997 *** (7.84)	3.864 *** (7.61)	4.128 *** (8.20)
Obs.	2454	2454	2454
R^2	0.449	0.450	0.448
Ind	YES	YES	YES
Year	YES	YES	YES
R^2_a	0.433	0.435	0.433
F	27.12	27.87	26.84

注：*、** 和 *** 分别表示变量显著性水平为 10%、5% 和 1%。

8.3.4.4 内生性控制

考虑到企业技术创新水平有可能影响区块链应用水平，从而可能存在双向因果的内生性问题，并且区块链应用对企业技术创新的影响可能具有时滞性，本书使用区块链相关自变量的滞后一期项和所有控制变量滞后一期对企业技术创新进行实证分析。从表 8 - 18、表 8 - 19 中可见，三个核心解释变量一阶滞后项的回归系数依然显著为正，结论仍然成立。

表 8 - 18 相关变量滞后一期对企业创新投入的影响

VARIABLES	(1) R&D	(2) R&D	(3) R&D
L. BT	0. 844 *** (2. 69)		
L. BT level		1. 724 *** (4. 06)	
L. BT time			0. 234 *** (2. 68)
L. Size	0. 155 *** (6. 20)	0. 154 *** (6. 17)	0. 152 *** (6. 09)
L. Age	-0. 016 (-0. 67)	-0. 014 (-0. 59)	-0. 011 (-0. 45)
L. ROE	-0. 335 (-0. 49)	-0. 338 (-0. 49)	-0. 375 (-0. 55)
L. LEV	-6. 787 *** (-10. 68)	-6. 701 *** (-10. 57)	-6. 771 *** (-10. 66)
Constant	5. 143 *** (8. 62)	4. 934 *** (8. 31)	5. 241 *** (8. 92)
Obs.	2045	2045	2045
R^2	0. 403	0. 406	0. 403
Ind	YES	YES	YES
Year	YES	YES	YES
R^2_a	0. 383	0. 386	0. 383
F	14. 09	15. 18	14. 09

注：*、** 和 *** 分别表示变量显著性水平为 10%、5% 和 1%。

表 8 - 19 相关变量滞后一期对企业创新产出的影响

VARIABLES	(1) P	(2) P	(3) P
L. BT	145. 616 *** (3. 30)		
L. BT level		274. 049 *** (4. 58)	

续表

VARIABLES	(1) P	(2) P	(3) P
L. BT time			66.832*** (5.45)
L. Size	7.889** (2.24)	7.694** (2.19)	7.198** (2.05)
L. Age	6.518* (1.95)	6.891** (2.07)	7.437** (2.24)
L. ROE	197.656** (2.05)	196.892** (2.04)	188.474* (1.96)
L. LEV	234.326*** (2.62)	248.294*** (2.78)	236.580*** (2.65)
Constant	-278.147*** (-3.31)	-305.180*** (-3.65)	-302.288*** (-3.67)
Obs.	2045	2045	2045
R^2	0.387	0.392	0.396
Ind	YES	YES	YES
Year	YES	YES	YES
R^2_a	0.356	0.362	0.365
F	4.217	5.354	6.341

注：*、** 和 *** 分别表示变量显著性水平为 10%、5% 和 1%。

8.4　研究结论与贡献

本书以 536 家上市公司 2016—2021 年的样本数据为基础，来研究区块链对企业技术创新的影响机理。本书验证了区块链的应用会使企业的技术创新能力得到显著的提升，企业的创新投入和产出水平会得到显著提高。研究发现：①应用区块链技术能够增强企业的自主创新能力，为企业的研究与开发提供强有力的技术支持，帮助企业制订更为长期的战略规划并加大科技研发的投入，对于提升企业的技术创新能力具有重要的影响。②企业对区块链技术的应用深度以及应用持续时间都会对其技术创新能力产生积极的影响，即应用的深度越深、时间越长，企业的技术创新能力就越强。这是因为应用的深度和持续时间能反映出企业对区块链技术的掌握程度，以及区块链技术与企业的业务流程相融合的程度。区块链技术能够帮助企业更加深入地参与到技术创新的领域中，同时还能够缩短新专利的研发周期，促进企业在创新方面的投入与产出。③区块链技术的应用效果因企业的特性而异。在产权性质方面，相比于国有企业，区块链对于提升非国有企业的技术创新水平更为显著。在地理位置方面，区块链对于东部地区企业的技术创新水平的提升程度超过中西部地区的企业。在企业规模方面，区块链对中小规模企业的创新投入水平的提升程度更大，而对大规模企业的创新产出水平的提升程度则更为显著。在行业类型方面，区块链对能源企业的创新投入水平的提升程度更大，能源和重污染类企业的创新产出水平的提升程度更为显著。

基于上述研究结论，本书提出以下政策建议：①企业应主动探索和融入区块链技术，将其整合到公司的治理结构中。区块链作为一种新兴技术，其应用有助于提升企业的技术创新能力。为了在市场竞争中保持技术的先进性，企业需要不断吸纳新技术，加大研发投入，从而推动企业乃至整个社会的技术创新进程。②在引入区块链技术的过程中，企业应调整相关部门和人员的配置，确保智能合约技术能够在公司中得到实际运用。通过不断加强区块链技术的深入应用和长期运用，企业能够充分发挥区块链的优势，促进公司的整体发展。③增强区块链技术与国有企业技术创新的融合，针对国有企业的特点建立相应的基础设施，在国有企业推广区块链技术的应用。④积极引导企业，推广与实施“区块链+”国家战略，加快区块链技术在中西部地区的应用，统筹东部地区和中西部地区的投资和产业技术发展的梯度差异，破除要素流动和知识溢出的区域性壁垒，缩小区域间区块链技术发展差距。⑤加强大规模企业区块链与创新投入的结合，更加精准地控制投入的程度和方向。给予中小规模企业更加便利的技术产出渠道，加强区块链与创新产出的结合。⑥能源企业应继续提升区块链技术的应用效率，充分发挥区块链技术对研发投入和专利产出的促进作用，进一步改善能源企业的科技创新能力和绿色转型效果。

8.5　本章小结

本章主要探究区块链技术的应用是否会影响企业技术创新，采用固定效应模型实证检验区块链技术的应用对企业技术创新的影响。结果表明：区块链技术的引入显著增强了企业的技术创新能力；区块链技术的应用程度和运用时长与企业技术创新的水平成正比关系，对技术创新的促进作用更为明显。在区域和企业类型方面，区块链技术对东部地区、非国有和能源类企业的技术创新带来了更为显著的积极影响，同时对中小企业的创新投入以及大企业的创新产出都有明显的提升作用。因此，政府和企业可以积极引进区块链技术，加强区块链技术的开发与应用，在中西部地区和国有企业推广区块链技术，使智能合约等技术与公司治理相结合，促进企业技术创新。

第9章　盈余管理路径下区块链技术对企业价值的影响研究

从理论角度来看，企业采取盈余管理的主要原因有信息不对称和代理问题。信息不对称是指企业管理者和外部信息用户在信息掌握上的差异。由于企业管理者通常掌握第一手的企业信息，因此处于优势地位。为了提升股价和获得融资，企业管理者可能会人为操控会计信息，以实现机会主义行为。这导致外部信息用户不能及时获得相关的会计信息，只能通过第三方来获取，从而增加了信息被篡改的可能性。这种信息差异使得外部信息用户难以做出最符合自己利益的判断。代理问题主要指代理人（管理者）和委托人（股东）之间的利益不完全一致。由于委托人处于信息不足的劣势地位，不能完全监督代理人，这使得代理人有机会采取有损委托人利益的行为。且企业所有者无法实时掌握企业的经营过程，他们通常只能通过财务报表的数据来进行评判。因此，为了激励和监督经营者，企业所有者通常会制定一系列的奖励和惩罚机制，从而产生代理成本。另外，企业经营者和股东、债权人之间也可能存在利益和观念的分歧，这有可能导致管理者为了自己的利益忽视其他利益相关者，操纵会计信息进行盈余管理。

9.1　理论分析与假设提出

企业进行盈余管理最显著的影响是造成会计信息不具有真实性。区块链拥有独特的去中心化特点，与普通系统不同，不设置中心账本，利用分布模式保存会计信息，安全性高且不容易被攻破，篡改难度极大。区块链独有三大技术特征，即去中心化、分布式记账、不可篡改性特征可以解决会计信息不透明、易篡改和不信任的问题，将有效提高会计信息质量，并有助于财务诚信体系的建设。

基于上述理论分析，本书提出假设。

假设9－1－1：相较于没有应用区块链的企业，区块链应用可以有效抑制企业的盈余管理程度。

区块链技术能被企业用于抑制盈余管理行为。其首要原因是运用区块链技术可以实时记录财务信息，并且区块链系统能够按照记录的财务信息及时生成所需财务报告。这种获取财务报告的方式相比传统方式不仅节省了人力、物力和财力，而且利用区块链技术生成的财务报告更具实用价值。其次，区块链技术本身就可以看作是一个去中心化的分布式记账系统，各个节点都可以记账，而且数据不易篡改，记录的数据真实安全并能跟踪溯源。区块链上的各个节点都可以进行会计监督，核实财务信息的真实性，避免错报漏报。再次，区块链技术拥有强大的加密算法，每一条进入系统的信息都会由安全密钥进行加密，并打上时间戳，这两项功能是保证区块链技术安全运行的基石。严谨的公钥私钥加密算法连接、约束每一个区块，实现每一个区块的功能。利用密钥进行加密和解密，利用时间戳记录信息进入系统的时间，确保信息能够按时间顺序排列，并且不遗漏不重复。区块链中记录的会计信息，从经济活动开始到财务报表形成，每一笔数据都有详细的记录，而且这个过程是在多组织共同监督的条件下完成的。区块链应用将有效降低人员操作所潜藏的风险，进一步提高信息处理和反馈的速度，能够使企业所有者和外部会计信息使用者实时监测经营者管理过程的相关信息，从而有效抑制盈余管理。

基于上述理论分析，本书提出递进假设。

假设9－1－2：进一步研究区块链技术和盈余管理的关系，相较于区块链技术投入较少的企业，区块链技术投入较多的企业能够更好地抑制其盈余管理的程度。

区块链记录会计数据的过程是每当发生一笔交易时，区块链会将有关这笔交易的所有会计信息传播到整个区块链系统，获得记账权的区块节点将向整个区块链系统传播本次交易的记录情况，其他节点将对这些记录的真实性和可靠性进行核对；核对无误后，这次交易的全部会计信息将成功在系统中记录并加盖时间戳，按照时间顺序进行记录。这样，一个完整的时间链就完成了，区块链记录的交易信息会被永久保存。区块链能够防止对未经授权的数据更改，并且可以保证在极少人为干预的情况下对会计凭证进行标记化追踪。区块链会为每一个交易创建一个特有的存储机制，几乎杜绝了人为篡改会计信息的可能性。盈余管理的会计手段主要是指企业管理层利用会计政策选择不同的会计方法进行的盈余管理活动，主要手段包括利用会计政策的变更、利用会计估计的变更、利用会计处理的时间差等。而区块链的应用不仅可以消除公司内部各部门的信息壁垒，还能为企业内部的监督机构和外部监督者提供一个实时统一信息获取接口。每一条上传至链上的信息以及其会计处理方式都能被在链上的各方自由查看，这一功能使公司的独立董事制度和审计委员会制度得以完善，使它们能更好地发挥其监督职能，更有效地防范和应对基于会计手段的盈余管理行为。

基于上述理论分析，本书提出假设。

假设 9-2-1：相较于没有应用区块链的企业，区块链技术的应用可以有效抑制企业基于会计手段的盈余管理程度。

我国上市公司在利用盈余管理方面存在着多种问题，根据其进行盈余管理手段的不同可以分为会计手段和非会计手段两种。非会计手段则是企业管理层通过进行实际的交易活动改变企业盈利情况从而达到盈余管理的目的，主要手段包括利用关联方交易、利用对生产经营活动的调节等。不论企业是基于哪种手段的盈余管理，都不利于经济市场的健康发展。企业通常是利用商誉减值的计提进行相关的盈余管理，具体手段则是在计提的金额和时机上进行人为操纵，进而达到自身目的，然而这种行为会大大损害上市公司信息披露和财务报告的公信力、可靠性，会损害包括投资者在内的利益相关者的权益。区块链的应用为抑制企业基于非会计手段的盈余管理程度提供了新的思路。

基于上述理论分析，本书提出假设。

假设 9-2-2：相较于没有应用区块链的企业，区块链技术的应用可以有效抑制企业基于非会计手段的盈余管理程度。

企业内外部之间的信息不对称会对企业的生产运营过程造成影响，从而使得经营者的代理问题愈加严峻。与此同时，经营者基于企业的现状和外部环境对企业的生产经营做出判断，为达到经营者的目的，极有可能做出只顾及短期利益而损害长期发展根基的不明智决策，进而导致企业资本使用效率的降低。而区块链技术能够很好地解决各主体之间在相互不信任条件下的信息共享问题，因此区块链技术特征具备直接影响市场多主体之间信息共享的能力。研究还指出分布式计算在区块链中的应用能够改善企业内部会计信息质量。区块链的应用程度与企业会计信息共享效率的提升幅度成正比，系统通过激励机制使得区块链上的主体积极参与记账和维护整个网络，这有助于缓解企业内部各个主体之间的信息不对称问题，这种信息不对称性的改善与区块链技术的广泛应用密切相关。现有区块链项目共识机制都包含潜在问题且前期的投入成本较高，造成区块链的应用效果难以立马显现，其对盈余管理的抑制作用大小，与应用时长和技术应用所处的阶段有密切的关联，其在前期的效果并不显著，企业内部和其他主体之间需要一定时间适应该系统。

基于上述理论分析，本书提出假设。

假设9-3-1：相较于区块链应用处于初始阶段的企业，区块链应用处于成熟阶段的企业盈余管理程度更低。

在大数据背景下，通过研究现代技术手段与企业盈余管理之间的关系，发现现代技术的运用对企业盈余管理具有显著抑制作用，即现代技术应用时间越长企业盈余管理程度越低。也就是说，企业盈余管理会受区块链等现代技术应用时长的影响。当企业应用区块链技术的时间较早时，企业的盈余管理的程度相对较低，进一步验证了区块链的使用与企业盈余管理存在负相关关系。

基于上述理论分析，本书提出假设。

假设9-3-2：相较于区块链应用时长较短的企业，区块链应用时长较长的企业盈余管理程度更低。

9.2　研究设计与模型构建

9.2.1　样本选择与数据来源

与第6章的样本选择和数据来源类似，本章的样本均为我国2016—2021

年的 A 股上市公司，剔除了金融行业上市公司、ST 公司和存在缺失值的样本，最终得到 536 个样本，数据均来自国泰安数据库（CSMAR）。其中选取了 268 家尚未应用区块链技术的上市企业作为对照，剩余 268 家应用区块链的上市企业中又包括应用较好的 71 家，占 26.49%；应用一般的 87 家，占 32.46%；处于起步或探索阶段的 102 家，占 38.06%；萌发区块链想法的 8 家，占 2.99%。为了避免极端值对研究结论的影响，本书对所有连续变量进行了 1% 和 99% 水平上的缩尾处理。

9.2.2 变量定义

9.2.2.1 被解释变量

本书研究的是区块链应用情况与企业盈余管理程度之间的关系，因而需要度量出盈余管理的具体程度。针对假设 9-2-1 中的企业盈余管理程度的衡量均采用根据修正的截面琼斯模型计算的应计盈余管理总体程度。针对假设 9-2-2 中的企业盈余管理程度的衡量采用基于 Roychowdhury（2006）计算的真实盈余管理总体程度。

真实盈余管理（REM）。采用基于 Roychowdhury（2006）计算的真实盈余管理总体程度，用以衡量本书假设 9-2 提出的基于非会计手段下的盈余管理程度。

真实盈余管理的衡量方法由 Roychowdhury 率先提出的。其研究指出真实活动盈余管理可根据实施操纵的内容不同分类为对销售过程的操纵、对生产成本的操纵和对酌量性费用的操纵。本书采用 Dechow 等所提出的模型对企业经营活动所产生的现金流量、生产成本以及酌量性费用进行计算，并将偏离正常水平的值定义为异常经营活动现金流量、异常生产成本以及异常酌量性费用。本书借鉴此研究方法来表示该变量，并通过计算异常经营现金流、异常生产成本和异常操纵性费用的综合影响，来衡量真实盈余管理。REM 是真实盈余管理的衡量指标，其值越大表示公司真实盈余管理的程度越高。

应计盈余管理（DA）。本书选用修正 Jones 模型来计算公司的盈余管理程度。此外，本书所关注的是盈余管理的绝对程度，盈余管理的正负向并不在本书研究范围内，所以盈余管理程度选用操纵性应计利润的绝对值来表示。

国内外研究表明，基于 Dechow 等修正的横截面 Jones 模型在应计盈余管理的识别和操控性应计利润的估计方面表现更佳。因此，本书采用截面修正 Jones 模型来计算操纵性应计利润，并取其绝对值表示应计盈余管理的程度。

总应计利润与非操纵性应计利润的差额代表的是可操纵性应计利润 DA，它反映公司当年的采用会计手段对利润进行操纵的程度。这个数值越大，说明企业通过应计盈余管理手段调节利润的程度越高。

9.2.2.2　解释变量

（1）区块链（BT）。本书主要研究的是企业在日常经营管理中区块链技术应用情况是否对企业盈余管理产生抑制作用。因此，本书使用哑变量对区块链技术进行定义，即当年在经营管理过程中应用区块链技术的企业为 1，尚未应用的企业为 0。

（2）区块链相关投入（BT input）。企业区块链相关投入采用企业研发投入中区块链技术投入金额衡量。

（3）区块链应用程度（BT level）。本书通过数据挖掘技术获取各大上市公司就区块链应用发布的公告，根据其具体内容人工判断，并将其区块链应用所处的阶段分为需求阶段、研发阶段、应用阶段和成熟阶段这四个阶段。需求阶段：企业具备区块链相应技术和人才储备，正在组建区块链研究团队或与外部机构展开合作进行相关工作，将该类企业分类为需求阶段；研发阶段：企业已有区块链相关的研究机构并且在区块链技术应用上取得初步进展，将该类企业分类为研发阶段；应用阶段：企业已经推出基于区块链的服务平台，或结合企业实际提出了区块链应用的相关方案，将该类企业分类为应用阶段；成熟阶段：企业推出的区块链服务平台或相关方案得到大规模推广使用，将该类企业分类为成熟阶段。

（4）区块链运用时长（BT time）。企业使用区块链至今的年数。

9.2.2.3 控制变量

借鉴舒伟、曹晶等的研究，本书主要控制以下变量：公司规模（Size）、营业增长率（Growth）、资产收益率（ROA）、资产负债率（LEV）、董事会规模（Board）。同时还控制了行业（IND）和年份（Year）。具体的变量定义见表9－1。

表9－1　　　　变量定义

变量类型	变量名	变量定义
被解释变量	真实盈余管理（REM）	基于 Roychowdhury 计算的真实盈余管理总体程度
	应计盈余管理（DA）	根据修正的截面琼斯模型计算的应计盈余管理总体程度
解释变量	区块链应用（BT）	若企业应用区块链则取1，若企业没有应用区块链则取0
	区块链投入（BT input）	各年末企业研发投入中区块链投入金额取自然对数
	区块链应用程度（BT level）	处于需求阶段则取1，处于研发阶段则取2，处于应用阶段则取3，处于成熟阶段则取4
	区块链运用时长（BT time）	企业使用区块链至今的年数
控制变量	公司规模（Size）	企业年末总资产的自然对数
	营业增长率（Growth）	（本期营业收入－上期营业收入）/上期营业收入
	资产收益率（ROA）	期间营业利润/期末总资产
	资产负债率（LEV）	期末总负债/期末总资产
	董事会规模（Board）	董事会成员数量
	行业（IND）	按证监会行业分类标准划分
	年份（Year）	年度虚拟变量

9.2.3 模型建立与模型说明

根据假设9－1涉及的变量及相关影响因素，本书在借鉴王会娟等做法的基础上构建如下 OLS 检验模型（9-1）。

$$DA = \beta_0 + \beta_1 Block\ chain + \beta_2 Size + \beta_3 Growth + \beta_4 ROA + \ + \beta_5 LEV + \beta_6 Board + \beta_7 IND + \beta_8 Year \quad (9-1)$$

为了检验假设 9-2，本书在借鉴王会娟等学者做法的基础上，构建如下 OL 检验模型（9-2）、模型（9-3）。

$$DA = \beta_0 + \beta_1 Block\ chain + \beta_2 Size + \beta_3 Growth + \beta_4 ROA + \ + \beta_5 LEV + \beta_6 Board + \beta_7 IND + \beta_8 Year \quad (9-2)$$

$$REM = \beta_0 + \beta_1 Block\ chain + \beta_2 Size + \beta_3 Growth + \beta_4 ROA + \beta_5 LEV + \beta_6 Board + \beta_7 IND + \beta_8 Year \quad (9-3)$$

为了检验假设 9-3，本书在借鉴王会娟等学者做法的基础上，构建如下 OLS 检验模型（9-4）。

$$DA = \beta_0 + \beta_1 Block\ chain + \beta_2 Phrase + \beta_3 Size + \beta_4 Growth + \beta_5 ROA + \beta_6 LEV + \beta_7 Board + \beta_8 IND + \beta_9 Year \quad (9-4)$$

9.3 实证检验结果与分析

9.3.1 描述性统计

根据研究需要，本书收集了部分上市公司的所有相关数据，并对其进行描述性统计分析。在统计过程中，对应用区块链的企业数据和未应用区块链的企业数据分开进行了统计分析。

表 9-2 报告了本书区块链应用公司主要变量的描述性统计结果。被解释变量 DA、REM 的均值、中位数与最大值、最小值的差异显著。我们在表 9-2 中可以看出：应用区块链的公司可操纵性应计利润 DA 的平均值为 0.001，最小值为 -0.37，最大值为 0.47。真实盈余管理程度 REM 的平均值为 0.002，最小值为 -0.49，最大值为 1.51。表 9-2 还报告了本书非区块链应用公司主要变量的描述性统计结果。被解释变量 DA、REM 的均值与最大值、最小值的差异显著。我们还可以看出：未应用区块链的公司可操纵性应计利润 DA 的平均值为 0.003，最小值为 -0.37，最大值为 0.55。

真实盈余管理程度 REM 的平均值为 0.003，最小值为 -0.45，最大值为 1.82。从表中可以看出应用区块链的公司和未应用区块链的公司相比，其可操纵性应计利润 DA 和真实盈余管理 REM 的均值要低，表明企业在应用区块链的情况下其盈余管理的可操纵空间要更小，证明了假设 9-1-1、假设 9-2-1、假设 9-2-2。

表 9-3 报告了 268 家应用区块链的公司中应用较好的 71 家上市公司的主要变量的描述性统计。被解释变量 DA、REM 的均值、中位数与最大值、最小值的差异显著。我们从表 9-3 中可以看出：区块链应用程度较好的公司的可操纵性应计利润 DA 的平均值为 0.001，最小值为 -0.37，最大值为 0.47。真实盈余管理程度 REM 的平均值为 0.049，最小值为 -0.49，最大值为 1.51。表中还报告了 268 家应用区块链的公司中应用一般的 87 家区块链应用上市公司的主要变量的描述性统计。被解释变量 DA、REM 的均值、中位数与最大值、最小值的差异显著。在表中还可以看出：区块链应用程度一般的公司的可操纵性应计利润 DA 的平均值为 0.009，最小值为 -0.42，最大值为 0.47。真实盈余管理程度 REM 的平均值为 0.050，最小值为 -0.49，最大值为 1.25。

我们可以得出：区块链应用程度较为成熟的公司和区块链应用程度较为一般的公司相比，其可操纵性应计利润 DA 和真实盈余管理 REM 的均值要低，表明企业在应用区块链的情况下其盈余管理的可操纵空间要更小，初步证明了假设 9-3-1。

9.3.2 相关性分析

从表 9-4 可以得出，区块链使用情况 BT 与真实盈余管理 REM、应计盈余管理 DA 之间的相关系数为负，同时表现出较强显著性，表明区块链使用情况 BT 与衡量企业盈余管理的指标之间呈显著负相关，也就是说使用区块链可显著抑制企业盈余管理程度，区块链相关投入 BT input 也表现出同样的负相关，初步验证假设 9-1-1、假设 9-1-2。区块链应用程度 BT level 与真实盈余管理 REM、应计盈余管理 DA 之间的相关系数分别为 -0.079和 -0.054，显著性水平为 5%，呈显著的负相关，表明相较于没

表 9-2　　使用和未使用区块链样本的描述性统计

	全样本（2678 条）				应用区块链（1339 条）				未应用区块链（1339 条）			
	mean	sd	min	max	mean	sd	min	max	mean	sd	min	max
DA	0.002	0.094	-0.37	0.55	0.001	0.091	-0.37	0.47	0.003	0.079	-0.37	0.55
REM	0.003	0.110	-0.49	1.82	0.002	0.108	-0.49	1.51	0.003	0.104	-0.45	1.82
BT input	11.06	1.04	1.442	22.85	15.82	1.263	6.452	22.85	6.93	0.834	1.442	8.49
Lev	0.067	0.072	-0.36	0.47	0.064	0.063	0.001	0.47	0.001	0.069	-0.36	0.25
ROA	-0.001	0.13	-0.46	1.50	-0.01	0.072	-0.36	1.72	0.002	0.110	-0.46	1.50
Growth	0.001	0.131	-0.44	1.73	0.001	0.122	-0.44	1.73	0.001	0.055	-0.16	0.37
Board	0.031	0.072	-0.19	0.54	0.004	0.064	-0.19	0.34	0.054	0.057	0.001	0.54
Size	0.031	0.231	-1.02	1.94	0.001	0.204	-1.02	1.94	0.062	0.083	0.001	1.82

表 9－3　　使用区块链程度不同样本的描述性统计

	应用区块链（1339 条）				区块链应用程度较好（327 条）				区块链应用程度一般（1012 条）			
	mean	sd	min	max	mean	sd	min	max	mean	sd	min	max
DA	0.001	0.091	-0.37	0.47	0.001	0.092	-0.37	0.47	0.009	0.090	-0.42	0.47
REM	0.002	0.108	-0.49	1.51	0.049	0.126	-0.49	1.51	0.050	0.101	-0.49	1.25
BT input	15.82	1.263	6.452	22.85	19.06	1.63	16.37	22.85	7.532	0.834	6.452	8.032
Lev	0.064	0.063	0.001	0.47	0.076	0.082	0.36	0.47	0.642	0.063	0.001	0.37
ROA	-0.01	0.072	-0.36	1.72	-0.21	0.152	-0.36	1.72	-0.076	0.067	-0.32	0.27
Growth	0.001	0.122	-0.44	1.73	0.173	0.076	-0.14	0.33	0.083	0.109	-0.44	1.73
Board	0.004	0.064	-0.19	0.34	0.049	0.126	-0.04	0.34	-0.002	0.059	-0.19	0.28
Size	0.001	0.204	-1.02	1.94	0.702	0.105	-1.02	1.94	0.630	0.079	0.01	1.25

有应用区块链的企业，区块链应用可同时有效抑制企业基于会计和非会计手段的盈余管理程度，初步验证假设 9－2－1、假设 9－2－2。

9.3.3　模型检验结果与分析

将应计盈余管理 DA 作为被解释变量来进行回归分析，其结果如下所示。

表 9－5 中的第（1）列显示了区块链使用情况 BT 对企业应计盈余管理影响的回归结果。回归结果显示，因变量 DA 对应 BT 的回归系数是－0.002，说明两者是负相关关系，且 BT 对于应计盈余管理是在 1% 的水平下影响显著。而第（2）列显示区块链相关投入较高的企业可以更有效抑制企业的盈余管理程度。因此初步验证了本书的假设 9－1－1、假设 9－1－2。

结合第（1）列，可操纵性应计利润 DA 反映企业采用会计手段进行盈余管理的程度。而 BT 与 DA 均呈现显著的负相关，这说明相较于没有应用区块链的企业，区块链应用可以有效抑制企业基于会计手段的盈余管理程度，初步验证假设 9－2－1。

表 9－5 中的第（3）列显示了区块链的使用程度 BT level 对企业应计盈余管理影响的回归结果。回归结果显示，因变量 DA 对应 BT level 的回归系数是－0.025，表明两者是负相关关系，且 BT level 对于应计盈余管理 DA 是在 1% 的水平下影响显著，区块链运用时长 BT time 也表现出了同样程度的负相关，因此初步验证了本书的假设 9－3－1、假设 9－3－2。这说明，相较于区块链应用处于初始阶段的企业，区块链应用处于成熟阶段的企业盈余管理程度更低。相较于区块链应用时长较短的企业，区块链应用时长较长的企业盈余管理程度更低。

原因可能是区块链具有去中心化、分布式记账、不可篡改性特征。基于这些特征，可以解决会计信息不透明、易篡改和不信任的问题。大大提高会计信息质量要求，从而通过应用区块链技术有效抑制企业的盈余管理行为。

表 9 – 4　变量相关性分析

	DA	REM	BT	BT input	BT level	BT time	Size	Lev	ROA	Growth	Board
DA	1										
REM	–0.003	1									
BT	–0.232 **	–0.083 ***	1								
BT input	–0.245 ***	–0.045 **	0.37	1							
BT level	–0.054 **	–0.079 **	0.035 *	0.08 ***	1						
BT time	–0.082 ***	–0.306 **	0.62 ***	0.092 ***	0.73 ***	1					
Size	–0.030	0.046	0.329	0.06	0.33 *	0.087 *	1				
Lev	0.017	0.056 *	0.42	0.055 ***	0.85	0.057 **	0.430 **	1			
ROA	0.004	0.011	0.016	0.068 ***	0.732	0.07	0.021	–0.417 **	1		
Growth	0.112 ***	0.244 **	0.045 **	0.068	0.233	0.052 **	0.028	0.056 *	0.042	1	
Board	0.017	–0.003	0.31	0.04	0.55	0.032	0.340 **	0.232 **	0.024	0.011	1

注：*、** 和 *** 分别表示变量显著性水平为 10%、5% 和 1%。

表 9-5　　区块链应用情况对企业应计盈余管理的影响

VARIABLES	(1) DA	(2) DA	(3) DA	(4) DA
BT	-0.002 *** (-3.13)			
BT input		-1.967 ** (-2.17)		
BT level			-0.025 ** (-2.92)	
BT time				-2.99 *** (-6.57)
Lev	0.035 *** (3.49)	1.639 (0.63)	0.026 * (1.72)	0.62 *** (3.63)
ROA	0.0257 (1.09)	0.12 *** (6.97)	0.067 (1.31)	0.031 (0.72)
Growth	0.009 *** (20.11)	0.230 *** (30.63)	0.021 *** (30.42)	0.028 *** (30.36)
Board	0.003 (1.27)	0.031 (0.54)	0.003 * (1.83)	3.462 *** (4.43)
Size	-0.006 ** (-2.09)	-0.673 (-0.44)	-0.004 (-1.16)	-1.74 (-0.38)
Constant	0.236 *** (7.400)	0.107 *** (7.925)	0.094 *** (8.853)	0.653 *** (7.109)
R^2	0.075	0.082	0.178	0.185
Ind	Control	Control	Control	Control
Year	Control	Control	Control	Control
样本数	2678	2678	2678	2678

注：*、** 和 *** 分别表示变量显著性水平为 10%、5% 和 1%。

选择企业的真实盈余管理 REM 作为被解释变量来进行回归分析，其结果如下所示。

表 9-6 中的第（1）列显示了区块链的应用对企业真实盈余管理影响的回归结果。从回归结果来看，因变量 REM 对应 BT 的回归系数是 -0.029，表明了 REM 和 BT 之间是负相关关系，而且 REM 对于 BT 是在

1%的水平下影响显著，因此再次验证了本书的假设9－1－1。可以得出区块链应用可以有效抑制企业的盈余管理程度。REM与BT input同样是在1%的水平下影响显著，验证了本书的假设9－1－2。

此外，真实盈余管理REM用以衡量本书假设9－2提出的基于非会计手段下的盈余管理程度，结合其与BT和BT level的显著负相关关系，可得出相较于没有应用区块链的企业，区块链应用可以有效抑制企业基于非会计手段的盈余管理程度，验证了假设9－2－2。

表9－6中的第（3）列显示了区块链的应用程度BT level对企业真实盈余管的影响和显著程度的回归结果。回归结果显示，因变量REM对应BT level的回归系数是－0.014，表明两者是负相关关系，且REM对于BT level的显著水平是1%，说明相较于区块链应用处于初始阶段的企业，区块链应用处于成熟阶段的企业盈余管理程度更低，因此再次验证了本书的假设9－3－1。第（4）列显示REM对应BT time的回归系数是－0.072，且显著水平是1%，这说明相较于区块链应用时长较短的企业，区块链应用时长较长的企业盈余管理程度更低，即验证本书假设9－3－2。

表9－6　　区块链应用情况对企业真实盈余管理的影响

VARIABLES	(1) REM	(2) REM	(3) REM	(4) REM
BT	-0.029*** (-3.15)			
BT input		-0.014*** (-4.61)		
BT level			-0.014*** (-3.34)	
BT time				-0.072*** (-4.50)
Lev	0.042*** (3.86)	0.226*** (3.37)	0.031* (3.42)	0.282** (2.26)
ROA	0.037 (0.96)	0.046 (1.29)	0.046*** (3.29)	0.223*** (4.26)

续表

VARIABLES	(1) REM	(2) REM	(3) REM	(4) REM
Growth	0.091 *** (15.62)	0.037 * (1.92)	0.002 *** (10.24)	0.04 (1.11)
Board	0.003 (0.16)	0.039 (0.11)	-0.002 * (-0.23)	-2.73 (-0.88)
Size	-0.002 (-0.07)	-0.007 ** (-2.08)	-0.006 (-0.8)	-0.077 ** (-2.02)
Constant	0.172 *** (3.40)	0.139 *** (4.54)	0.088 *** (4.78)	0.043 *** (4.69)
R^2	0.087	0.105	0.134	0.092
Ind	Control	Control	Control	Control
Year	Control	Control	Control	Control
样本数	2678	2678	2678	2678

注：*、** 和 *** 分别表示变量显著性水平为 10%、5% 和 1%。

为了进一步验证区块链技术的应用对企业盈余管理的抑制作用，本书检验在不同程度的企业盈余质量和不同盈余管理方向下，区块链技术应用对盈余管理的抑制作用是否发生变化，以证实本书的研究结论。

企业的盈余能够较真实地反映运营状况，可以作为未来运营状况的良好预测指标并真实地反映公司的内在价值，则视为盈余质量较高。而盈余质量差的企业其盈余状况无法真实反映企业经营状况，会使得利益相关者利益受损，进而影响企业自身的财务状况。

在经营过程中，企业有较强动机进行正向的盈余管理，粉饰财务业绩，会导致各利益相关方提升对企业的预期，做出不明智的投资决策。而进行负向盈余管理可降低当期盈余后使企业当期业绩下滑，虽利于企业未来业绩的提升，但会导致投资者预期降低，投资不足增加。

本书按照盈余管理水平，即盈余管理绝对值分为盈余质量低和盈余质量高两组进行检验。此外，本书还对不同盈余管理方向的企业分组进行检验。结果如表 9-7 第（1）、第（2）列所示，可以看出相较于盈余质量高的企业，在盈余质量低的公司，区块链对盈余管理的抑制效果更好。可能是因为应用区块链技术可加大信息透明程度，减少利益相关者因为盈余信息不透明带来的决策失误，提升企业与企业之间的信任水平。从表 9 –7 第（3）、第（4）列还可以看出区块链在正向盈余管理企业发挥的抑制效果更加显著。

表 9 –7　盈余质量高低与盈余管理方向对区块链抑制盈余管理效果的影响

VARIABLES	(1) 盈余质量低	(2) 盈余质量高	(3) 正向盈余管理	(4) 负向盈余管理
BT * BT time	-0.065 *** (-4.03)	-0.032 (-0.20)	-0.057 ** (-2.14)	-0.024 (-0.42)
Ind	Control	Control	Control	Control
Year	Control	Control	Control	Control
样本数	963	1715	1632	1046
R^2	0.191	0.226	0.196	0.185

注：*、** 和 *** 分别表示变量显著性水平为 10%、5% 和 1%。

为了分析产权性质对于区块链抑制盈余管理程度的作用，将全样本企业分为国有控股和非国有控股两类并分别进行回归，结果如表 9 –8 所示，区块链相关指标与盈余管理程度指数负相关关系在非国有企业中仍然显著，在国有企业中，区块链应用、投入情况和区块链使用情况的相关系数均不显著。表 9 –9 结果与其相似，相较于国有控股企业，区块链相关指标与盈余管理间的负相关关系在非国有控股企业中更显著。可能原因是，两类企业拥有不同的经营目标。对于国有控股企业来说，应当兼顾利润最大化和国有资产的保值增值。相比之下，非国有控股企业经营目标通常只有自身利益或股东利益的最大化，而委托代理关系会使管理层通过盈余管理为自身谋取利益，但对于国有控股企业来说，类似动机相对较少。

表 9 –8　所有权性质对区块链抑制盈余管理效果的影响

VARIABLES	(1) 国有控股				(2) 非国有控股			
BT	-0.195 (-0.41)				-1.200 *** (-3.27)			
BT input		-0.238 (-0.06)				-2.206 *** (-4.48)		

续表

VARIABLES	(1) 国有控股				(2) 非国有控股			
BT level			-0.274 (-0.44)				-2.246*** (-4.52)	
BT time				-0.191 (-0.22)				-3.560*** (-4.37)
Lev	0.035*** (3.49)	0.301** (2.37)	0.021 (1.46)	-0.321** (-2.53)	0.042*** (3.86)	0.021*** (3.90)	0.08** (2.45)	0.042** (2.10)
ROA	0.32*** (4.86)	0.027 (1.11)	0.13*** (9.74)	-0.027 (-1.08)	-0.96 (-0.72)	0.055*** (7.39)	0.05*** (7.21)	0.065*** (7.42)
Growth	0.012*** (7.59)	0.549 (0.85)	0.057*** (5.02)	-0.520 (-0.80)	0.021*** (5.72)	0.266*** (5.51)	0.016*** (5.82)	0.003 (0.16)
Board	-1.900 (-2.10)	-1.359 (-0.52)	-1.967 (-2.17)	-6.200*** (-10.37)	-0.744** (-2.28)	-0.188 (-0.09)	-0.705 (-0.91)	-0.431*** (-2.93)
Size	-0.04*** (-2.69)	-0.168** (-2.44)	-0.019*** (-2.84)	-0.003 (-0.57)	-0.02*** (-8.89)	-0.61*** (-5.37)	-0.75*** (-2.67)	-0.038*** (-4.47)
Constant	0.21*** (5.99)	0.459*** (5.53)	0.09*** (6.70)	0.56*** (6.18)	0.23*** (4.72)	0.064*** (4.61)	0.07*** (4.84)	0.083*** (5.82)
R^2	0.54	0.58	0.57	0.49	0.42	0.45	0.47	0.45
Ind	Control	Control	Control	Control	Control	Control	Control	Control
Year	Control	Control	Control	Control	Control	Control	Control	Control
样本数	763	763	763	763	1915	1915	1915	1915

注：*、** 和 *** 分别表示变量显著性水平为10%、5%和1%。

表9-9　所有权性质对区块链抑制盈余管理效果的影响

VARIABLES	(1) 国有控股				(2) 非国有控股			
BT	-0.04 (-0.32)				-0.86*** (-5.22)			
BT input		-0.067 (-1.17)				-0.724*** (-4.06)		
BT level			-0.07 (-1.04)				-0.03*** (-6.70)	

续表

VARIABLES	(1) 国有控股				(2) 非国有控股			
BT time				-0.093 (-0.84)				-0.087 *** (-5.68)
Lev	0.69 *** (8.37)	0.32 ** (2.44)	0.714 *** (6.13)	0.424 *** (5.62)	0.46 *** (4.37)	0.63 *** (4.30)	0.07 *** (4.56)	0.86 *** (3.35)
ROA	2.293 *** (4.86)	2.039 (1.64)	2.63 (1.04)	2.33 (1.39)	3.76 (0.46)	2.15 (0.41)	2.97 *** (4.70)	2.15 (0.39)
Growth	2.52 *** (5.83)	2.86 *** (5.26)	2.88 *** (5.37)	1.34 *** (5.65)	0.13 *** (7.37)	0.39 *** (5.94)	0.46 *** (6.65)	0.95 ** (2.12)
Board	-0.54 (-0.34)	-0.78 (-0.26)	-0.03 (-0.67)	-0.43 (-0.18)	-0.58 (-0.28)	-0.68 (-0.76)	-0.01 (-0.91)	-0.46 (-0.35)
Size	-0.84 (-1.38)	-0.87 (-1.28)	-0.94 (-1.24)	-0.37 (-1.47)	-0.02 (-0.35)	-0.55 (-0.45)	-0.01 (-0.67)	0.89 (-1.04)
Constant	0.95 *** (4.04)	0.65 *** (3.45)	0.54 *** (4.38)	0.38 *** (5.46)	0.77 *** (3.85)	0.92 *** (4.54)	0.24 *** (4.03)	0.28 *** (5.85)
R^2	0.39	0.44	0.40	0.42	0.37	0.48	0.44	0.46
Ind	Control	Control	Control	Control	Control	Control	Control	Control
Year	Control	Control	Control	Control	Control	Control	Control	Control
样本数	763	763	763	763	1915	1915	1915	1915

注：*、** 和 *** 分别表示变量显著性水平为 10%、5% 和 1%。

为了分析行业性质对于区块链抑制盈余管理程度的作用，将全样本企业分为能源行业、重污染行业、制造行业，并分别进行回归分析，结果如表 9-10、表 9-11、表 9-12 所示，区块链相关指标与盈余管理程度指数负相关关系在三种行业类型中均显著，但如表 9-11、表 9-12 所示，在重污染行业和制造行业中区块链对盈余管理的抑制效果不如在能源行业中显著，区块链相关指标与盈余管理间的负相关关系在能源中更显著。可能原因是能源行业拥有着更长也更为复杂的供应链和产业链，应用区块链技术后，所产生的影响大于其在重污染行业和制造行业。而对于重污染行业和制造业来说，应用区块链技术所带来的主要效益集中在帮助绿色创新、促进环境治理和减少沟通成本上。

表 9 - 10　　能源行业中区块链对盈余管理的抑制效果

VARIABLES	(1)	(2)	(3)	(4)
BT	-0.031*** (-7.16)			
BT input		-0.011*** (-2.62)		
BT level			-0.030*** (-7.03)	
BT time				-0.015*** (-3.23)
Lev	-0.022*** (-2.68)	0.226*** (3.37)	0.031* (3.42)	0.282** (2.26)
ROA	0.037 (0.96)	0.029** (2.07)	0.046*** (3.29)	0.223*** (4.26)
Growth	0.091*** (15.62)	0.037* (1.92)	0.002*** (10.24)	0.04 (1.11)
Board	0.003 (0.16)	0.039 (0.11)	-0.002* (-0.23)	-2.73 (-0.88)
Size	-0.002 (-0.07)	-0.007** (-2.08)	-0.006 (-0.8)	-0.077** (-2.02)
Constant	0.172*** (3.40)	0.139*** (4.54)	0.088*** (4.78)	0.043*** (4.69)
R^2	0.087	0.105	0.134	0.092
Ind	Control	Control	Control	Control
Year	Control	Control	Control	Control

注：*、** 和 *** 分别表示变量显著性水平为 10%、5% 和 1%。

表 9 - 11　　重污染行业中区块链对盈余管理的抑制效果

VARIABLES	(1)	(2)	(3)	(4)
BT	-0.001** (-2.08)			
BT input		-0.919** (-2.51)		

续表

VARIABLES	(1)	(2)	(3)	(4)
BT level			-0.479*** (-3.93)	
BT time				-0.025* (-1.83)
Lev	0.037*** (7.46)	0.207*** (4.04)	0.029*** (3.83)	0.524** (2.24)
ROA	0.002 (0.32)	-0.254** (-2.56)	0.028*** (3.25)	-1.165*** (-8.22)
Growth	-0.260*** (-15.35)	-0.555*** (-2.62)	-0.213*** (-9.22)	0.246 (0.73)
Board	0.113*** (5.13)	1.144*** (4.93)	0.093*** (3.28)	-2.73 (-0.88)
Size	-0.002 (-0.07)	-0.007** (-2.08)	-0.006 (-0.8)	0.919** (2.51)
Constant	0.172*** (3.40)	0.021 (0.18)	0.088*** (4.78)	0.043*** (4.69)
R^2	0.085	0.492	0.825	0.823
Ind	Control	Control	Control	Control
Year	Control	Control	Control	Control

注：*、** 和 *** 分别表示变量显著性水平为 10%、5% 和 1%。

表 9-12　　制造行业中区块链对盈余管理的抑制效果

VARIABLES	(1)	(2)	(3)	(4)
BT	-0.025* (-1.83)			
BT input		-5.035** (-2.39)		
BT level			-0.271 (-1.22)	

续表

VARIABLES	(1)	(2)	(3)	(4)
BT time				-0.007** (-2.14)
Lev	-0.597*** (-8.72)	0.031*** (7.16)	0.244*** (4.45)	0.011*** (2.62)
ROA	1.441*** (3.10)	-0.254** (-2.56)	-0.685*** (-8.63)	-0.018 (-0.014)
Growth	-0.211 (-0.148)	-0.555*** (-2.62)	0.110*** (6.18)	0.693 (1.592)
Board	0.175 (1.49)	1.144*** (4.93)	0.029** (2.07)	-0.007** (-2.14)
Size	-5.406 (-0.502)	-0.007** (-2.08)	4.779 (0.397)	0.389*** (10.04)
Constant	0.172*** (3.40)	0.021 (0.18)	0.088*** (4.78)	0.043*** (4.69)
R^2	0.974	0.365	0.498	0.356
Ind	Control	Control	Control	Control
Year	Control	Control	Control	Control

注：*、** 和 *** 分别表示变量显著性水平为 10%、5% 和 1%。

9.3.4　稳健性检验

上文验证了区块链技术的应用对企业盈余管理活动的影响，回归结果表明，区块链技术在企业中的应用在一定程度上能够抑制企业的盈余管理程度，并且企业在区块链应用成熟阶段相比于应用初始阶段，对企业的盈余管理活动抑制更为显著。为确保研究结论的稳健性，以下将采取更换真实盈余管理变量的衡量方式进行稳健性检验，命名为 REM2。选取是否使用区块链 BT 和区块链使用程度 BT level 进行回归。结果如表 9 - 13 所示，BT、BT level 在 5% 的水平上显著，可见本书结论是稳健的。

表 9-13 区块链应用情况对企业真实盈余管理的影响

VARIABLES	(1) REM2	(2) REM2
BT	-0.005 ** (-2.27)	
BT level		-0.025 ** (-1.91)
Lev	0.026 *** (5.72)	0.052 ** (2.37)
ROA	0.087 *** (10.32)	0.161 ** (2.07)
Growth	0.021 *** (30.42)	0.022 *** (18.56)
Board	-0.003 (-1.02)	-0.012 *** (-3.40)
Size	-0.063 (-1.27)	-0.002 (-0.57)
Constant	0.088 *** (6.46)	0.285 *** (2.77)
R^2	0.166	0.157
Ind	Control	Control
Year	Control	Control
样本数	2678	2678

注：*、** 和 *** 分别表示变量显著性水平为 10%、5% 和 1%。

高阶梯队理论认为，由于战略决策的复杂性和管理层的有限理性，管理层会根据自身知识和价值观进行决策，因此相关事务往往反映出其个人特征。当企业高管拥有 IT 背景时，能够更有效地识别与企业信息系统相关的各类内控缺陷。因此，预期当高管或董事具有 IT 相关背景时，能够有效识别企业的盈余管理行为并加以抑制。本书引入以下两个变量：高管 IT 背景（IT-mtmt）通过具有 IT 背景的人数占总高管人数的比例，董事 IT 背景（IT-mtb）通过具有 IT 背景的人数占董事会总人数的比例，结果见表 9-14，表明在控制以上两个变量之后，结论依然稳健。

表9-14　　区块链应用情况对企业盈余管理的影响

VARIABLES	(1) DA	(2) DA	(3) REM	(4) REM
BT	-0.02*** (-3.75)		-0.16** (-2.30)	
BT level		-0.04*** (-3.90)		-0.81** (-2.44)
Lev	0.35*** (3.49)	0.26* (1.72)	0.78 (0.67)	1.08 (0.84)
ROA	0.02 (1.09)	0.06 (1.31)	0.49 (0.58)	0.26 (0.80)
Growth	0.97 (0.11)	0.39 (0.42)	1.67 (0.30)	1.41 (0.17)
Board	-0.03 (-1.27)	-0.01* (-1.83)	0.07 (1.08)	0.03 (0.92)
Size	-2.94*** (-2.83)	-2.31*** (-2.80)	-1.61*** (-3.37)	-1.03*** (-3.47)
IT-mtmt	0.87 (0.76)	0.18 (0.63)	1.08 (0.88)	1.54 (0.58)
IT-mtb	0.03 (0.36)	0.18 (0.19)	0.08 (0.06)	0.13 (0.22)
Constant	1.36*** (7.40)	2.04*** (8.83)	1.84*** (7.61)	1.18*** (8.20)
R^2	0.75	0.78	0.38	0.43
Ind	Control	Control	Control	Control
Year	Control	Control	Control	Control
样本数	2678	2678	2678	2678

注：*、** 和 *** 分别表示变量显著性水平为10%、5%和1%。

9.4　研究结论与贡献

本书使用中国A股上市公司2016—2021年的数据研究了企业区块链

技术应用对盈余管理行为的影响，研究结果表明：区块链技术的加入对企业的盈余管理活动有抑制作用，相较于区块链相关投入较低的企业，区块链相关投入较高的企业可以有效抑制企业的盈余管理程度，且将盈余管理程度分为基于会计手段和非会计手段进一步分析，发现区块链的应用均起到较好的抑制效果，即区块链技术的加入可以有效抑制企业基于会计手段和非会计手段的盈余管理活动。本书根据区块链的应用程度对样本进行分类，结果显示，相比区块链应用程度处于初级阶段的企业，区块链技术应用程度处于成熟阶段的企业盈余管理程度更低。相较于区块链应用时长较短的企业，区块链应用时长较长的企业盈余管理程度更低。此外，区块链技术对盈余管理的影响在盈余质量高低、企业产权性质和行业特征方面存在一定的差异，相对于国有企业，非国有企业应用区块链技术对于盈余质量提升效果更为显著，相对于非能源企业，区块链技术对能源企业盈余质量提升的作用更加显著。

企业管理层常常因为某些动机而采取盈余管理手段来美化财务报告，这会向投资者和债权人发送虚假的信息，误导他们的经济决策，导致资源无法得到合理分配。此外，虽然盈余管理行为在短期内能为企业带来一定的经济利益，但从长远的角度来看，它会削弱投资者对企业收益质量的信心，降低企业的市场价值。区块链是一种集数据实时共享、高效运作、不可篡改、透明度高、安全密钥以及智能合同等优势于一体的先进技术，且在企业盈余管理方面发挥着重要作用。将区块链技术运用于规范企业的盈余管理，符合数字化时代的发展要求，为抑制企业的盈余管理提供新的思路和方法，确保会计信息的真实性、可靠性和客观性，帮助高质量的会计信息更好地服务社会经济。

结合本书结论，可以得出相关启示：①区块链应用能够在一定程度上使企业会计信息更加真实、透明、可靠，有条件的企业应大力推进区块链平台建设，引入市场资金和专业运营商整体运营，并重视相关领域人才工作，积极招聘具有相关背景且素质合格的员工，对于现有员工也应当加强相关方面技能培训，提升人才队伍的整体素质，为企业自身各职能部门和除企业外的各个主体创造更多引入区块链技术的机会，构建更加公开、透明的营商环境。②政府也应当重视区块链技术在相关领域所起到的革新性作用，强调企业主体地位和政府的服务职能，主动拓宽区块链应用的领域范围，简政放权帮助区块链系统落地运行。从信息技术服务水平和质量角度入手，进一步完善相关基础设施，制定和完善数字资产保护相关法律法规，为后续实现区块链技术的拓展应用提供坚实基础。

9.5　本章小结

本章探究了企业应用区块链技术与其自身盈余管理的关系，从区块链应用对企业盈余管理的抑制作用入手。研究发现，采用区块链技术的企业在进行盈余管理时表现出更低的程度。区块链技术的运用能够有效遏制企业利用会计手段和非会计手段进行的盈余管理活动，随着企业对区块链技术的应用趋于成熟，其在盈余管理上的程度也相应降低。同时，区块链技术对盈余质量的影响存在产权性质和行业特征方面的差异，对非国有企业和能源行业影响更为显著。该研究结论丰富了区块链技术与企业盈余管理方面的理论，为抑制企业盈余管理行为提供新的思路和方法。

本篇小结

在数字化浪潮中，区块链技术凭借其创新性成为焦点，这项技术最初用于比特币的交易，现已渗透金融、医疗和教育多个领域。其核心特性是去中心化、安全性和透明度，其现已成为提升企业运营效率和信任度的有力工具。随着企业探索数字化转型，区块链技术在提升企业价值方面的潜力和应用成为一个重要的研究领域，这不仅对理论发展具有深远意义，也对实际商业实践产生重要影响。本篇主要进行了三个方面研究：一是基于区块链技术的理论体系，构建了一个框架来探索区块链技术如何影响企业价值，深入分析了区块链技术塑造企业价值的具体途径和内在机理；二是通过建立模型并运用中国资本市场的实际数据，实证检验了区块链技术在企业价值中的作用效果，深入探究了区块链技术在特定路径下对企业价值的具体影响，并比较了不同特征的区块链技术在影响企业价值方面的差异性；三是以区块链技术影响企业价值的理论分析框架为基础，分别研究公司治理、技术创新和盈余管理关键路径下区块链技术对被投资企业价值的影响机理和影响效应。

具体而言，本篇的主要研究结论及创新点如下。

（1）通过区块链技术影响企业价值理论分析框架的构建，揭示了区块链技术影响被投资企业价值的作用路径和影响逻辑。基于区块链技术对企业价值的影响研究，本篇采用了全面的理论视角，它整合了委托代理理论、社会网络理论、公司治理理论、价值创造理论和信息不对称理论。研究以区块链技术在企业运作中的应用为出发点，详细分析了区块链特征对企业价值影响的关键路径。这种方法不仅深化了对区块链特征与企业价值关系的理解，而且在理论上实现了创新，为进一步研究区块链技术在企业中应用的复杂机制提供了坚实的理论基础。

（2）验证了区块链技术对被投资企业价值影响的存在性。本篇以区块链技术对被投资企业价值影响的存在性为主题，进行了全面的研究。研究集中探讨了区块链技术如何通过其特有的去中心化、透明度和不可篡改性，对企业内部管理、融资环境和核心竞争能力产生积极影响。本篇构建了一个基于区块链技术特征影响企业价值的实证模型，并采用实证方法验证了区块链技术在应用企业中的价值增值效应。进一步分析了不同区块链应用特征在企业价值增长上的差异性，探索了区块链技术对不同产权、规模和行业企业影响上的差别，发现其对非国有、小规模和能源企业影响更为显著，揭示了区块链技术对企业价值显著的正向影响作用。

（3）从区块链技术视角揭示了区块链技术通过公司治理、技术创新和盈余管理等单一路径对被投资企业价值的影响机制。本篇从区块链技术的视角，探讨了其通过公司治理、技术创新和盈余管理这三个关键路径对企业价值的影响机制。通过结合理论分析和实证研究，研究发现区块链技术能够通过提升公司治理水平、增强技术创新能力和改善盈余管理效果，进而正向影响企业价值。区块链技术的应用促进了企业治理透明度和效率，同时也提高了技术创新的动力和效率，有助于企业在竞争激烈的市场环境中保持优势。此外，区块链技术在盈余管理方面的应用能够减少企业操纵会计信息的可能性，从而增强了企业财务报告的可靠性和信任度。研究结果表明，区块链技术特征对于企业价值的提升具有显著影响，并且对不同地区、产权和行业企业的影响存在差异，对东部地区公司治理水平、非国有企业研发投入、国有企业专利产出、能源企业技术创新和盈余质量提升等影响更为显著，这为企业如何有效运用区块链技术提供了有价值的指导和见解。

从理论上看，本书对区块链技术影响企业价值的探究提供了新的视角和理论基础，有助于深化对区块链技术在不同业务领域影响企业价值的机制理解。它丰富了企业价值创造、公司治理和信息不对称等理论领域。从实践角度来看，这项研究有助于企业更有效地应用区块链技术，提升其业务价值和竞争力。同时，也为区块链技术服务提供商提供了有价值的运营和优化方向。对政府而言，这一研究可作为制定相关政策和监管框架的参考，促进技术的健康发展和行业的稳定增长。

第三篇

私募股权投资特征与被投资企业价值研究

- 第 10 章　绪　论
- 第 11 章　私募股权投资特征对被投资企业价值影响的理论分析
- 第 12 章　私募股权投资特征影响被投资企业价值的模型检验
- 第 13 章　公司治理路径下私募股权投资特征对被投资企业价值的影响研究
- 第 14 章　技术创新路径下私募股权投资特征对被投资企业价值的影响研究
- 第 15 章　盈余管理路径下私募股权投资特征对被投资企业价值的影响研究
- 第 16 章　多重路径下私募股权投资特征对被投资企业价值的影响研究

第10章 绪 论

10.1 研究背景与问题提出

10.1.1 研究背景

著名经济学家 Joseph A. Schumpeter（1912）在其经典著作《经济发展理论》中首次提出“创新”的概念，在后来陆续出版的《经济周期》和《资本主义、社会主义和民主主义》两本著作中对“创新”概念做了进一步的思考和拓展，形成了完善的创新体系。Schumpeter 认为：由人口和资本增长所导致企业的变化是企业的增长，而不是发展。只有在企业的“灵魂”企业家的带领下，在企业内部进行产品、技术、资源配置和组织制度等方面进行创新，才能够创造出新的价值，给企业带来真正的发展。现代管理学之父 Peter Drucker 在其 1966 年和 1985 年出版的著作《卓有成效的管理者》和《创新与企业家精神》中提到中小企业是创新的重要力量，而私募股权投资是美国中小企业成长和发展的“助推器”和“发动机”，他们在支持企业开展企业技术创新和组织制度变革等创新活动，实现企业快速成长和全面发展方面，有着不可替代的重要作用。彭博统计数据显示，自 20 世纪 40 年代以来，美国至少有 50% 以上的中小企业在其成长和发展过程中得到过私募股权投资的帮助。

私募股权投资（Private Equity，PE）诞生于美国，以 1946 年美国研究开发公司（American Research & Development Corporation）的成立为起点，通过美国 1958 年颁布实施的《中小企业投资法案》，实现了由家族治理向专家管理的转变，有限合伙制的推行和硅谷高科技企业的成长，从制度和投资主体两方面促进了私募行业的发展。1978 年，美国通过了允许养老基金适度参与创业投资的法案，使私募股权投资行业拥有了大量的资金来源，整个行业实现爆发式增长，并于21世纪初达到了历史高峰。美国私募行业的蓬勃发展，带动全球私募行业高速成长，使私募股权投资成为资本市场重要的创新金融工具。

随着私募行业的发展，部分美国学者对私募股权投资与企业价值之间的关系进行了尝试性研究。Kortum 和 Lemer（1998）研究发现，有私募股权投资参与的中小企业创造的专利数量比传统企业高出近10倍，研发费用的使用也更为有效。Engel 和 Keilbach（2007）研究发现，从1970—2000年私募股权投资参与的企业，其营业收入和上缴税收分别是无私募股权投资参与的2倍和3倍，对社会就业的促进作用也更明显。

我国私募行业出现相对较晚，1985年3月，国家颁布《中共中央关于科学技术体制改革的决定》，由国家科委出资40%，财政部出资23%，联合工信部等部门发起成立第一家私募股权投资机构——中国新技术创业投资公司，标志着我国私募行业的诞生。1998年，风险投资之父成思危在全国政治协商会议上，提交了《关于尽快发展我国风险投资事业的提案》，分析了我国风险投资行业发展存在的问题，提出了切实可行的解决措施，为我国风险投资行业的自身发展和促进被投资企业的成长提供了良好的环境，在后续出台配套政策的促进下，我国私募股权投资行业募集资金和投资案例数逐渐取得了实质性的发展，具体数据如表10-1所示。

表10-1　中国私募股权投资市场资金募集及投资近况概览

年份	新募基金数（只）	募资额（亿元）	投资案例数（个）	投资额（亿元）
2008	51	4176.75	155	656.09
2009	30	885.03	117	590.93
2010	82	1828.51	363	687.22
2011	235	2451.94	695	1741.37
2012	369	1592.17	680	1244.48
2013	349	2094.51	660	1486.12
2014	448	3882.43	943	3306.06

续表

年份	新募基金数（只）	募资额（亿元）	投资案例数（个）	投资额（亿元）
2015	2249	5649.54	2845	3859.74
2016	1675	9960.49	3390	6014.13
2017	2533	14212.67	3310	9938.18
2018	2793	10110.55	3905	8527.64
2019	2710	12444.04	4237	8157.91
2020	3478	11972.14	4753	9136.86
2021	6979	22085.19	5023	9867.81

注：本表数据来自 Wind 数据库。

Wind 数据库的统计数据显示，自 2008 年以来，我国私募股权投资行业新募集基金、投资案例数量和投资金额都得到了长足稳定的发展。其中，新募集基金方面，我国私募股权投资新募集基金数量和金额在这一期间得到快速增长。近年来，我国私募股权投资行业投资案例数一直保持持续增长的状态，特别是在 2014 年 1 月 IPO 重启后，增幅变大，在投资案例数量和金额方面可以明显看出。具体数据如图 10－1、图 10－2 所示。

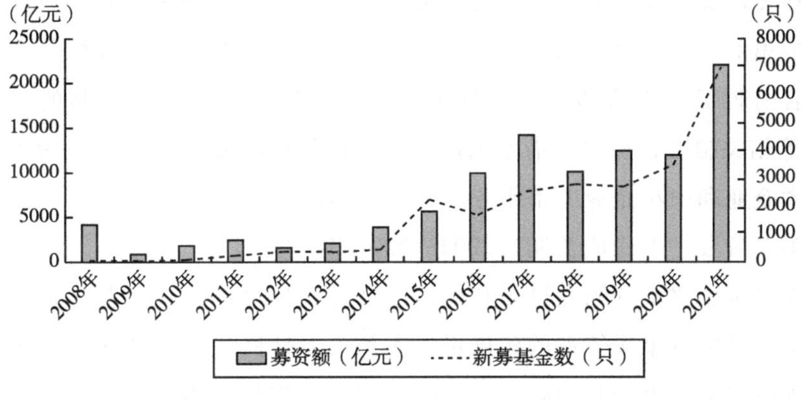

图 10－1 私募股权投资募集基金数量及金额比较

根据 PE 退出渠道和相关制度规范的完善历程，本书将我国 PE 行业的发展划分为三个阶段：发展萌芽期（1985—2003 年）、平稳成长期（2004—2007 年）和高速发展期（2008 年至今）。

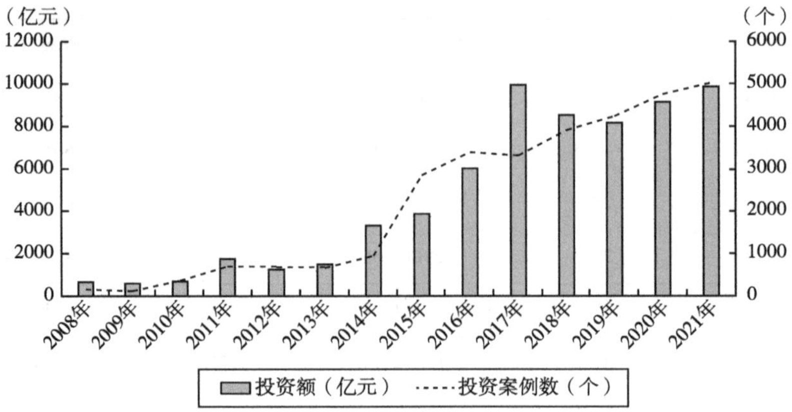

图 10－2　私募股权投资投资案例数量及金额比较

第一阶段：发展萌芽期（1985—2003 年）

自 20 世纪 70 年代到 20 世纪末期，随着《中小企业投资法案》的出台、《雇员退休收入保障法案》条款的调整和纳斯达克证券交易所的建立、完善和发展，美国私募行业实现了快速发展，私募机构数量出现了爆炸式增长，募集资金和投资案例数都得到了极大的提高，在私募股权投资的帮助下，创建了包括雅虎、亚马逊、英特尔、微软、甲骨文等行业巨擘。

在美国成功案例的激励和我国前全国人大委员会副委员长、风险投资之父成思危先生 1998 年政协“一号提案”的推动下，我国科技部和证监会联合财政部、工信部等部门制定了《关于建立风险投资机制的若干意见》等相关制度，探讨在借鉴纳斯达克成功经验的基础上，建立为我国高新技术企业和中小企业上市服务的证券交易机构。

第二阶段：平稳成长期（2004—2007 年）

随着国企改革的顺利进行和国内经济持续向好的发展态势，通过建立创业板完善资本市场体系的建议再一次被提上日程。2004 年 1 月，为进一步完善我国资本市场和金融体系，政府制定了推进资本市场改革开放和稳定发展方面的规范，强调了发展资本市场的重要性，提供了促进资本市场健康发展的可行方案，建议按照循序渐进、分步实施的方式推动创业板的建立，以拓展中小企业融资渠道。2004 年 5 月，国务院和证监会正式批准深圳中小板设立，6 月正式开市，为创业板的后续推出积累了丰富的经验。

深交所中小板的建立，不仅完善了我国资本市场体系，也为私募股权投资的退出提供了更多途径，拓展了私募行业的退出渠道，有效促进了私募股权投资机构的成长。2004—2007年，私募股权投资行业从募集基金金额和投资案例数量两方面都取得了平稳的发展和提升。

第三阶段：高速发展期（2008年至今）

2008年，国家连续颁布了《创业投资企业管理暂行办法》和《关于促进创业投资企业发展有关税收政策的通知》等规范，规范了PE行业的日常运营机制，通过减免税收等方式促进PE行业的发展；合伙企业法的修订实施，以法律形式正式确认了私募股权投资行业的合法地位，为我国私募股权投资行业的健康成长提供了有效的制度保障。

2009年10月深交所创业板的成立，完善了PE行业的退出渠道，极大地推动了私募股权投资的繁荣。Wind和清科等数据库统计显示，从2009—2012年底，共有253家私募机构进行了469笔投资，通过224家企业在创业板成功上市顺利实现退出，账面回报额和回报率都非常可观。

私募股权投资退出渠道的完善和可观的回报率极大刺激了反应灵敏的资本市场，各行业资金蜂拥流入这一新兴行业，私募股权投资募集资金数和投资案例数都得到了大幅度提升，同时投资金额也呈现逐年递增态势。2013年《中央编办明确私募股权基金管理职责分工》和2014年《私募投资基金管理人登记和基金备案办法（试行）》等一系列政策措施出台，明确了私募股权投资的监管制度，基金的发展逐步规范化。2015年，移动互联网、人工智能等新兴技术崛起，受政府主导的“大众创业、万众创新”的鼓舞，资本市场迎来流动性合理充裕的资金面环境，促成了私募股权市场爆发式增长，基金募集规模、募集数量大幅上升。2017年全年资金募集规模约1.8万亿元，总体管理规模超过8万亿元，比2013年分别增长了7倍和1倍以上。在我国私募股权市场由初级阶段向成熟市场进化的过程中，竞争加速和优胜劣汰不可避免，头部效应、强者恒强的局面也已然显现。2019年中国股权投资市场1%的基金总规模占全市场募资总量的25.5%，1%的企业融资金额占全市场投资总量的41.3%，“二八”效应凸显，市场加速分化。

随着金融制度的健全和法律法规的完善，我国私募股权投资行业一直保持平稳发展和快速增长的势头。

10.1.2 问题提出

自 1985 年成立中国新技术创业投资公司以来，我国私募股权投资行业已走过近 40 个年头。这 40 年间，行业经历了互联网泡沫破灭和全球性金融危机导致的低谷，也见证了政府推动、政策法规和资本市场完善而带来的繁荣。整体而言，随着我国资本市场及其法律环境的不断完善，尤其是深圳中小企业板和创业板的陆续设立，促进私募行业的发展，使得 PE 作为一种新兴的创新金融工具，在融资规模和投资案例上逐年上升，并成为我国金融领域的重要力量。清科每年公布的 PE/VC 行业发展报告显示，从 2008—2015 年，我国 PE 案例数量和单笔投资规模都呈现出逐年上升的趋势，总体投资规模也在逐年增加。

2013 年以来政府颁布了多个规范私募股权投资行业发展的文件，2 月证监会颁布了规范私募机构资金筹集业务的《私募证券投资基金业务管理暂行办法》，2014 年 2 月《私募投资基金管理人登记和基金备案办法》的颁布实施和 2014 年 3 月红杉、鼎晖等首批 50 家私募基金牌照的发放，正式将私募股权投资机构纳入了规范管理的范畴，也让私募基金拥有了更为广阔的舞台。随着 2013 年新三板的扩容、2014 年 1 月 IPO 的重启和全国各省“四板市场”的兴起，给私募股权投资的退出提供了更多可能的途径。这意味着逐渐壮大的私募股权投资不仅已成为中国资本市场的重要参与者，而且在政府推动下，我国私募股权投资行业将进入一个快速健康发展的新时代，成为实现“大众创业、万众创新”和混合所有制改革的重要金融创新工具。国外许多权威学者非常看好 PE 的发展，认为 PE 是金融领域具有强大生命力的重要创新成果。PE 对被投资企业的影响效果和退出后的业绩回报，直接关系到私募机构后续资金募集的成功与否。这种声誉传递机制不仅给普通合伙人带来了潜在的约束，同时也具有很好的激励作用，鼓励私募机构主动提升被投资企业价值。他们认为，私募股权投资不仅改善了被投资企业的公司治理及股票绩效，也提高了社会资源配置效率，创造了社会价值。

私募股权投资因其提升企业价值及投资回报的良好表现一直受人称道，如今的表现依然振奋人心。Huntsman（1980）研究美国私募股权投资机构的回报率发现，20 世纪七八十年代，美国私募股权投资机构的平均回报率接近 20%。Bygrave 和 Timmons（1992）研究了 1969—1985 年在美国成立的私募投资基金，发现其平均内部收益率一般都接近于 20%，在 1982 年更是达到了最高的 27%。Ljungqvist 和 Richardson（2003）采用美国几个大机构投资者 1981—1993 年所投资的 73 家私募股权投资基金的数据进行实证研究，结果发现私募股权投资的回报率远高于标准普尔指数的增长速度。Wind 和清科统计数据显示，我国 2009—2012 年通过创业板 IPO 上市退出的私募股权投资机构，其平均回报率在 10 倍以上，最高的回报率更是高达 188.37 倍。私募股权投资的发展壮大不仅使理论界和实务界对私募股权投资更为关注，也带给人们一些新的思考：私募股权投资为什么会取得如此高的回报率？私募股权投资能否真正提升被投资企业价值？私募股权投资通过哪些路径可以影响企业价值？不同路径的影响效果是否会存在差异？不同特征私募股权投资对被投资企业价值的影响是否存在不同？这些问题不仅是私募股权投资机构、被投资企业、学术界和政府等多方共同关注的焦点，也是本书的研究重点。

10.2 研究目的与研究意义

10.2.1 研究目的

本书从私募股权投资的特征出发，提出私募股权投资影响被投资企业价值这一命题，期望通过这一新视角，对私募股权投资影响企业价值的机理和经济后果进行系统研究。本书的总体研究目的是，探索在转型经济与新兴市场的制度背景下，私募股权投资特征对被投资企业价值的影响，研究 PE 特征与被投资企业价值间的作用路径，考察不同特征 PE 对被投资企业价值的影响效果及存在的差异，为政府、企业和私募股权投资机构协同发展提供理论支撑和实践参考，具体可分解为以下三个子目标：

（1）揭示私募股权投资特征影响企业价值的路径和机理。本研究以委托代理等理论为基础，在借鉴前人研究成果的基础上，研究构建私募股权投资特征影响企业价值的理论分析框架，探索和检验私募股权投资影响企业价值的路径，深化对私募股权投资特征影响企业价值机理的认识，拓展委托代理和社会网络等理论的内涵。

（2）检验私募股权投资特征对被投资企业价值的影响效果。本研究以私募股权投资特征影响企业价值的理论分析框架为基础，选择适当的方法，构建私募股权投资特征影响企业价值的检验模型，采用我国资本市场的经验数据，对私募股权投资特征影响被投资企业价值的存在性进行检验；在此基础上，考察单一路径下 PE 特征对被投资企业价值的影响，比较不同特征 PE 对被投资企业价值影响效果存在的差异；最后，在考虑多重路径的情况下，利用 AMOS 等软件检验 PE 特征对被投资企业价值的影响效果，比较不同路径下不同特征 PE 对被投资企业价值影响效果的差异，揭示要素间的影响逻辑和作用机理，以丰富公司治理理论，完善价值创造理论。

（3）推动实践发展，解答现实问题，为政府、私募股权投资机构和企业协同发展提供科学依据和理论支持。本书揭示作用机理，检验影响效果，总结研究结论，期望能辅助政府部门了解私募股权投资的影响机理及特征差异，积极完善私募机构的运营环境，促进区域经济发展，实现社会资源有效配置；协助私募股权投资机构更加客观地评价自身优势和不足，发挥自身优势，改正自身不足，实现自我提升，以便更好地为被投资企业创造价值；帮助企业加深对 PE 特征与被投资企业价值之间关系的认识，筛选引入适合企业自身特色和发展阶段的私募股权投资，形成更科学的私募股权投资运营机制，制定能够提升私募股权投资增值效应的配套策略，以实现政府、私募机构和企业间的高效协同。

10.2.2 研究意义

目前，学界关于私募股权投资的研究，多集中于私募股权投资自身发展、私募股权投资相关法律法规完善和私募股权投资企业估值等方面，关于私募股权投资与企业价值关系的研究比较少见，结合私募股权投资特征进行的研究更为稀少。本书基于价值创造等理论，依据 PE 的运营流程，构建 PE 及 PE 特征影响企业价值的理论框架和实证模型，检验私募股权投资特征对企业价值的影响效果。本书通过实地考察，查阅招股说明书，利用网络和数据库收集相关数据，获取了大量一手资料和丰富的数据信息，在此基础上剖析 PE 特征影响企业价值的路径，检验 PE 特征影响企业价值的方向和效果，具有重要的理论意义和实践价值。

10.2.2.1 理论意义

（1）有助于深化 PE 特征对被投资企业价值影响机理的认识。本书对 PE 特征影响企业价值的方向、路径和效果进行研究，力图揭示私募股权投资及私募股权投资特征与企业价值关系背后的经济规律，从理论上揭示私募股权投资特征影响企业价值的作用路径，分析私募股权投资特征对被投资企业价值的影响机理，最后构建私募股权投资影响企业价值的理论分析框架。这有助于深化关于私募股权投资特征与企业价值之间作用机理的认识，厘清私募股权投资特征与被投资企业价值之间的关系。

（2）有助于丰富公司治理理论内涵。董事会规模和薪酬制度等因素是公司治理的重要组成部分，私募股权投资通过参与管理和担任董事等活动影响董事会规模和高管薪酬制度等治理要素，因此，研究检验私募股权投资对公司治理水平的影响，有助于进一步完善公司治理理论。本书依据 PE 特征影响企业价值的作用路径，分析 PE 对被投资企业公司治理水平的影响，研究公司治理在 PE 特征与被投资企业价值相互影响关系中起到的中介效应，有助于从 PE 特征视角研究公司治理的影响因素和完善机理，健全公司治理在私募股权投资机构提供增值服务时所起中介效应的检验和评价，进一步明确了私募股权投资特征、公司治理与企业价值之间的关系，丰富了公司治理的理论内涵。

（3）有助于完善企业价值创造理论体系。本书将私募股权投资视为企业价值创造的关键要素之一，私募股权投资的引入有利于拓展企业融资渠道，提高企业技术创新能力，改善企业盈余质量，健全管理制度，进而实现促进企业成长的目标。本书检验私募股权投资的增值效应，比较分析不同特征 PE 增值效应的差异，为企业价值创造寻找新的途径，完善了人们对企业价值影响要素和价值创造推动力量的认知，提供了从私募特征视角研究价值创造的新思路，为价值创造研究提供了私募特征和技术创新等新的关键要素，有助于企业价值创造理论体系的健全和发展。

（4）有助于充实和发展信息不对称理论。本书将盈余管理作为企业价值影响的重要因素，研究 PE 特征、盈余管理和企业价值之间的关系，检验 PE 特征的增值路径，更深刻地揭示企业会计信息质量和盈余质量在 PE 特征与被投资企业价值影响关系中所起的中介效应，有助于从私募股权投资特征视角，研究通过约束企业盈余管理行为，改善企业盈余质量，进而有效提升企业价值的策略，进一步充实了信息不对称理论的内容，拓展了信息不对称理论的内涵。

10. 2. 2. 2 实践意义

（1）有助于企业有效利用私募股权投资提升企业价值。本书以委托代理和价值创造等理论为基础，分析 PE 特征对企业价值的影响路径和作用机理，并利用资本市场经验数据加以检验，有助于加深 PE 特征对被投资企业价值影响内容和方式的认识，更加全面客观评价 PE 特征对企业价值的影响，筛选引入适合企业自身特色和发展阶段的 PE，形成更有针对性的 PE 运营机制，完善提升 PE 增值效应的配套机制，规范私募股权投资的运营行为。

（2）有助于私募股权投资机构科学运营和自我提升。本书基于私募股权投资运营流程，从公司治理、技术创新、盈余管理等关键路径揭示 PE 实现企业增值效应的路径和机理，有助于为私募股权投资机构提供增值服务时，更为科学地选择路径，更为有效地实施服务策略；不同特征 PE 增值效应的比较分析，有助于 PE 更客观评价自身的优势和不足，发挥自身优势，努力改进自身不足，提升自我，以更好地促进企业价值的提升。

（3）有助于政府加强对私募股权投资的引导和监管。本书从 PE 特征视角，对 PE 影响被投资企业价值的作用路径和经济后果进行分析，发现 PE 能优化企业公司治理，提高技术创新能力，抑制企业盈余管理，提高会计信息质量，提升企业价值，这有助于政府掌握私募股权投资的影响机理及特征差异，积极完善私募股权机构的投资环境，引导私募股权机构对政府支持产业和高新技术企业投资，促进产业结构转型和产业升级发展，提高企业经营绩效，实现社会资源有效配置。

10.3　研究现状与评述

10.3.1　私募股权投资特征影响被投资企业价值的相关研究

目前，学者们对于私募股权投资影响企业价值和经济后果方面的研究取得了比较丰富的成果。已有文献主要分为两类：一类是直接研究PE与企业价值关系的文献；另一类是研究不同特征PE与企业价值的关系及各特征之间存在的差异。同时，现有文献也提供了较为丰富的实证检验方法，为本书研究方法的选择提供了一定的依据。

1. 私募股权投资对企业价值影响的相关研究

以长期投资为主要投资策略的私募股权投资，可有效缓解企业融资困境，鼓励企业管理层专注长期价值创造的理念，能有效改善企业公司治理水平，提高企业技术创新，增强企业核心竞争力，实现企业价值提升。

国内外众多学者针对私募股权投资与企业价值之间的关系做了较全面的研究，从不同角度验证了上述观点。Megginson和Weiss（1991）研究发现，得到私募股权投资的上市公司代理成本和承销商费用更低，能有效降低企业运营成本；在被投资企业上市后，大部分私募股权投资经理并没有立即抛售所持有的股份进行变现，而是继续持有股份，加强管理，以提升企业整体价值。Brav和Gompers（1997）以上市公司为样本，研究发现有PE参与的企业给股东带来的回报更丰厚。Cumming和Macintosh（2003），Bergstrom和Grubb（2007）认为企业增值行为包括提供专业的服务、改良公司的管理以及提供更加完善的合同，他们研究发现私募股权投资投入企业后能很好地改善公司上述行为，实现被投资企业的增值目标。Acharya和Hahn（2010），Guo（2011）分别以西欧和美国的企业为样本，研究得出了同样的结论。

也有部分学者通过实证研究得出了其他的结论。Wang K. Clement和Lu Q

(2003) 以新加坡上市公司为样本，分类研究发现，有 PE 参与企业的股票绩效表现更差。Wong (2004) 以香港上市公司为样本，分类研究发现，有 PE 参与企业和无 PE 参与企业上市后企业业绩表现没有明显差别，说明对于在香港上市公司而言，PE 并没有起到预期的增值效果。

针对 PE 与企业价值之间的关系，国内学者也做了尝试性研究。窦欢和王会娟 (2008)、赵凤蕊 (2013) 通过规范研究和案例分析的方法，发现私募机构对被投资企业绩效有较好的促进作用。寇祥河 (2009) 等综合不同资本市场数据进行实证检验，分析检验结果发现：PE 机构的增值效应存在市场差异。在美国上市的中国企业，有 PE 参与的公司监管质量更高，增值效应更明显。深交所中小板企业中，PE 通过改善会计信息质量实现对被投资企业的增值效应更为明显。邓尧刚 (2010) 从深交所创业板截至 2010 年 4 月上市的 65 家公司中筛选出有私募股权投资参与的企业为研究样本。采用以下模型回归：

$$V = \sum_{t=1}^{n} \frac{CF_t}{(1+r)^t} \tag{10-1}$$

$$V = \frac{FCF_1}{WACC - g} \tag{10-2}$$

分析研究结果发现：PE 参与被投资企业的行为具有很好的认证效应，有助于提升企业发行上市过程中承销商和第三方中介机构的质量，进而有效提高被投资企业的股票绩效。

也有学者验证了不同的观点。侯建仁、李强和曾勇 (2009) 基于我国资本市场数据，从 PE 回报率、PE 获利程度和企业成长性三个角度实证检验了 PE 对被投资企业价值的影响，分析检验结果发现，PE 没有起到预期的增值效用，有 PE 参与的企业市场表现和企业成长性甚至更差。

分析上述文献可知，学术界围绕 PE 与被投资企业价值之间的影响关系进行研究，大多数学者研究发现 PE 能降低代理成本，提高运营效率，完善薪酬激励制度，进而提升被投资企业价值；小部分学者认为，PE 与被投资企业价值间不存在相关性，甚至存在负相关的关系。

2. 私募股权投资特征对企业价值影响的相关研究

关于不同类型、不同特征 PE 对被投资企业价值的影响差异问题，国内外学者结合私募股权投资机构规模等特征做了比较分析。

国外学者从管理规模和控制权等角度做了检验，论证了上述观点。Jain 和 Kini（1995）进行分类比较研究发现，有 PE 参与企业的企业价值表现更好，进一步依据 PE 特征分类研究发现，PE 的管理规模和控制力度与被投资企业价值之间呈现正相关的关系。虽然 Megginson 和 Gompers 在 IPO 折价方面的研究结论不一致，但他们一致认为私募股权投资对被投资企业具有显著的增值效应，私募机构的管理规模与这种增值效应之间存在正相关关系，Brav 和 Gompers 也验证了同样观点。Tykvova 和 Mannheim（2005）以德国资本市场数据为依据，研究发现私募股权投资有利于提升被投资企业的股票绩效，PE 管理规模与被投资企业绩效之间存在正相关关系。Wilson 和 Wright（2012）也验证了上述观点，他们以英国大额并购交易为样本，研究发现 PE 机构控股后，对被投资企业的财务业绩和经营绩效提高更加显著。

关于私募股权投资特征与被投资企业价值的关系，国内学者从管理经验和国有背景等角度做了尝试性研究。李延喜（2002）研究发现，私募股权投资机构会通过各种手段，对被投资企业进行调研、分析、评价，积极参与企业经营管理，提升被投资企业管理团队质量和管理水平；被投资企业上市后，经验丰富的私募股权投资者能更及时准确地掌握重要信息，对于被投资企业后续管理的效果也更好。孙健和白全民（2010）研究发现，私募股权投资能有效提升被投资企业价值，拥有控制权的 PE 对被投资企业的增值效果更显著。梁建敏和吴江（2012）以创业板上市公司为样本，研究发现 PE 参与企业股票绩效和经营业绩表现更好，且国有背景 PE 对企业绩效的改善效果更显著。余琰，罗炜和李怡宗（2014）研究发现，国有私募股权投资的投资期限更短、成本更低而回报更高，这一结果在控制内生性之后也仍然存在。汪剑锋和张然（2018）认为，私募股权投资的持股比例越高、投资期限越长、向被投资企业派驻董事，则其减持比例越小，但采用联合策略的私募股权投资的减持比例较大。赵琼（2023）认为，私募股权投资秉承价值投资理念，既不像对冲基金时刻关注股票价格的波动以捕捉短期交易机会，也不像风险投资机构四面出击，在寻找表现极为优异的几家企业的同时做好迎接大量失败的准备。郑勇等（2022）研究发现，私募股权投资对于破解中小企业融资困境、提高中小企业经营管理水平具有积极作用，而且对企业规模、盈利能力和收益质量都具有显著的正向影响。

从以上分析可知，PE 对企业价值影响的研究较为丰富，但结论并不完全一致。而随着制度的变化，IPO 前后及持有期限长短的不同，私募股权投资对企业价值的影响效果也有所差别，因此有必要结合我国资本市场数据和制度背景，分别从 PE 和 PE 特征角度分析其对被投资企业价值的影响，比较不同特征 PE 在不同路径下对被投资企业价值影响存在的差异，以进一步深化对 PE 与企业价值之间关系的理解。

关于 PE 与被投资企业价值之间的作用路径，部分学者也做了不同角度的研究。Jain 和 Kini（1997）以美国资本市场 1977—1990 年 IPO 上市的 877 家企业为样本，研究私募股权投资影响企业价值的可能途径，跟踪研究至 1996 年后发现，私募股权投资主要通过加强对被投资企业监督管理，制定人才引进政策及薪酬激励制度，提高被投资企业专利数量和专利转化率，改善被投资企业信息披露质量和盈余质量等方式来实现对被投资企业的增值效应的［Hellman 和 Puri（2000）；Kortum 和 Lemer（2000）；Gompers 等（2004）从不同角度支持了这一观点］。分析现有文献发现，学者们对 PE 在企业存续期间主要可通过公司治理、技术创新和盈余管理三条路径来实现对被投资企业价值的增值，本书对相关研究文献梳理如下。

10.3.2 公司治理路径下 PE 特征影响被投资企业价值的相关研究

国内外学者研究发现，作为企业所有者的私募股权投资可通过加强监督、增进交流和参与薪酬制度制定等方式，有效健全管理制度，降低运营成本，提高企业监管力度，实现企业价值提升。

1. 公司治理路径下私募股权投资影响企业价值的相关研究

所有权和经营权的分离，在一定程度上提高了企业运营效率，但也由此产生了新的管理费用和代理成本（Jensen 和 Meckling，1976；Fama 和 Jensen，1983）。Jensen（1989）研究发现，作为积极投资者的 PE 机构，通过参与经营管理和担任董事，可有效加强对企业的监管，完善企业的薪酬激励机制。因此，PE机构已经成为企业优化治理结构和管理制度的重要工具（Wright，2000；Cumming，2007；Wright，2007）。

部分学者研究发现，私募股权投资通过担任董事和参加董事会等活动，提高监管效率，提升企业价值。Gorman和Sahlman（1989）发现，私募股权投资会通过担任企业董事、帮助企业募集资金、招募管理团队成员和参与制定发展战略等方式对企业进行监督管理。Sahlman（1990）从PE参与企业管理和列席董事会的角度研究发现：PE机构不仅是简单的投资者，也是企业重要的管理者和监管者，对企业治理结构具有重要的提升作用。Barry和Vetsuypens（1990）实证研究提出了“监督效应”假说，PE机构通过参与企业日常经营活动，加强对企业日常经营业务的监管，改善企业公司治理水平，提高企业经营绩效（Gompers，1995；Jain和Kini，1995）。

作为企业重要投资者的私募股权投资，能影响企业高管更替，改变董事会规模，提高董事会独立性，进而提升企业价值。Lerner（1995），于博（2014）和王曦（2009）研究发现，相对于无私募股权投资参与企业，有PE参与企业公司治理更完善，PE出席董事会的频率与被投资企业的公司治理水平存在正相关关系。Suchard（2009）和Acharya（2009）研究发现，有私募股权投资参与的上市公司董事会独立性更强，对企业治理的作用也就更加有力。窦欢和王会娟（2015）研究发现，PE参与企业战略规划和制度设定，有PE参与企业薪酬制度更具激励效果，管理层持股比例更高，企业股票绩效表现也更出色。

PE机构的参与还可有效完善企业激励制度。Jain和Kini（1995）比较分析发现PE能够对企业起到较好的监督管理作用，股权激励机制也更为完善，相对于无PE参与的企业，有PE参与企业的股票绩效和经营业绩表现更好。Kaplan和Strömberg（2000）认为，私募股权投资参与企业的日常运营更为专业化，特别在人员招聘、管理层薪酬激励方案、高管聘任和更替等方面有比较明显的优势。Hellman和Puri（2000）通过实证研究也得出了类似的结论。余琰、罗炜和李怡宗（2014）研究发现，有PE机构参与的上市公司，独立董事所占比例更高，公司董事会独立性更强，对企业治理的作用也就更加有力，由此产生的代理成本也更低。

2. 公司治理路径下 PE 特征影响被投资企业价值的相关研究

国内外学者针对不同特征 PE 对企业价值的影响，从不同角度做了尝试性研究。Gompers 等研究发现，PE 持股比例越高，参与程度越大，监管力度和效果也就越好。Hellmann 和 Puri（2002）实证检验发现，有 PE 参与的企业股权激励程度越强，进一步研究发现，PE 参与程度越高，企业管理层薪酬激励制度越完善，企业绩效表现越好。Baker 和 Gompers（2003）研究发现，公司董事会规模和独立董事数量等治理结构是各方投资者互相博弈的结果，有 PE 参与的企业，董事会的独立性更强，企业股票绩效表现也更突出。Bottazzi 和 Hellmann（2008）研究发现，持股比例和联合投资数量不同的 PE 机构对企业价值的影响效果也存在差异，其中持股比例高的私募机构影响效果更大，联合投资的私募机构比单个私募机构对企业价值的影响更显著。

部分学者研究发现，PE 控制力度越大，股权激励效果越好。Kaplan 和 Strömberg（2009）通过对美国调查研究发现，有 PE 参与企业的管理层持股比例远高于行业平均水平。当 PE 机构进入企业后，为了切实提升被投资企业的价值，PE 机构会利用自身影响力，完善被投资企业的管理制度，提升管理层的持股比例，以调动管理层的积极性，实现目标企业价值最大化。

国内学者分别从私募背景和私募声誉等角度做了尝试性研究，发现不同特征私募股权投资对企业公司治理和企业价值影响存在差异。高正平（2010）研究发现，国有 PE 管理资金规模远大于非国有背景 PE，相对于非国有背景 PE，国有 PE 对被投资企业公司治理和企业绩效的提升效果也更为显著。陈工孟等（2011）研究发现，PE 机构成立时间越短，其参与企业上市时间也越短，验证了私募声誉与被投资企业绩效负相关的关系。张永明等（2018）认为，私募股权投资的进入能够显著提升被投资公司的治理水平，抑制控股股东机会主义行为，降低代理成本，从而提升被投资公司绩效。潘攀等（2019）认为，私募股权投资抑制了创业板上市公司现金股利分配，在投资者保护较弱、股权集中度高度分散的上市公司更是如此。王爱群和贺子聪（2019）研究发现，私募股权投资机构通过介入被投资公司的治理活动，即派驻人员进入公司的董事会或监事会，提高了所投资公司的公司治理水平，并且当 PE 指派人员作为关键股东和关键董事或监事时，公司治理能够对企业价值的提高产生部分中介效应。徐成凯等（2020）认为，私募股权投资主要是促进了企业研发支出过度资本化的操纵行为，而IPO前的研发操纵行为提高了企业IPO后业绩变脸的可能性。

也有学者发现私募背景和私募机构的经验会影响企业的薪酬业绩敏感性和公司治理水平。王会娟和张然（2012）研究发现，PE及PE特征能在不同程度上影响被投资企业薪酬与企业业绩之间的关系，增加薪酬与业绩之间的敏感程度。蔡地和陈振龙和陈志军（2014）的研究也得出了类似的观点。朱鸿伟和陈诚（2014）研究发现：私募股权投资与被投资企业公司治理正相关，进一步研究发现PE持股比例等特征与被投资企业公司治理之间关系并不显著。谢漾和洪正（2020）发现中国的中小企业大多难以从银行等传统金融机构获取资金，融资约束问题严重、公司治理基础薄弱，同时还面临严重的信息不对称问题，而PE联合投资的融资效应、治理效应和信号效应显然大于搭便车效应。王晶晶和刘沛（2020）研究发现PE作为一种内部治理机制，在一定程度上可以缓解公司的委托代理问题，从而防范公司的股价崩盘风险。不同背景的PE由于优势差异，在防范股价崩盘风险方面也存在差异。何熙琼等（2023）研究发现私募股权投资的参与，稀释了被投资企业的股权集中度，改变了作为公司治理基础的股权结构，从而可能影响IPO定价的形成。

10.3.3 技术创新路径下PE特征影响被投资企业价值的相关研究

1912年以来，以Schumpeter为代表的技术创新理论得到实务界和学术界的共同关注，取得了长足的发展。1957年，Solow首次用数学的方法测算出技术创新在企业成长中贡献的力量，验证了技术创新创造价值的作用，改变了企业寻求增值的方式，开始了以提升企业核心竞争力为重要途径的新经济增长时代。

1. 技术创新路径下PE对企业价值影响的相关研究

学术界对PE与企业技术创新之间关系的关注由来已久，Florida和Kenney（1988）从宏观层面研究发现，PE不仅提供资金，还能吸引技术，实现区域内的创新聚集效应，有效提升区域创新水平，促进区域经济发展，提高区域内企业的绩效。Lee 和 Wahal（2004）研究得出了同样的观点。Hellman 和 Puri（2002）发现私募股权投资可明显缩短企业新产品上市进程，构建高效率的管理团队，促进企业尽早达到上市标准。Peneder（2010）基于被投资公司微观数据的研究发现私募股权投资愿意选择具有高增长潜力的创新型企业，并能提供相关增值服务。Jain 和 Kini（1997）以美国资本市场上市公司为样本，进行分类研究发现，私募股权投资参与的企业研发投入、专利数量和专利转化率均相对较高，为企业后续稳定发展提供了更为丰富的资源和技术创新服务。

就私募股权投资、技术创新与被投资企业经济效益的研究来看，Salima 和 Sorenson（2011）认为 PE 可通过推动创新思想和创业行为的发展，增加高新技术企业的数量和质量，开辟新的经济增长点，实现企业增值；Roberts 和 Borney（2004）从微观企业研究发现，以企业长期成长和价值增值为理念的私募股权投资机构，会加大被投资企业对技术创新的投入，培养企业快速成长，推动企业成为行业领导者。Sandro（2004）和 Caselli 等（2008）研究发现，获得私募股权投资的企业，其企业价值、专利产出和创新能力显著高于没有 PE 参与的企业，因此 PE 是企业价值创造和创新能力提升的重要力量。

随着我国 PE 行业的发展，我国有关 PE 与企业技术创新之间关系的研究日益丰富。吕炜（2002）通过规范剖析了企业创新的流程和机理，比较分析了不同制度环境下企业创新效率存在差异的根源，并提出了推动企业技术创新发展的可行策略；武巧珍（2009）对私募股权投资影响高新技术产业的路径做了研究，明确了私募股权投资对企业技术创新的影响机理；王雷和党兴华（2008）以专利授权数和高新技术产品产值为技术创新衡量指标，通过实证研究发现，PE 与技术创新间存在显著的正相关关系。肖宇（2022）研究发现私募股权投资在弥补国内现有金融体系对于创新资本和中小企业创业支持不足方面发挥了重要作用。通过向创新创业的中小企业提供资金支持和增值服务，以及对战略性新兴产业和科技研发的投资，私募股权投资有力支持了国家的创新驱动发展战略落实，为中国的创新驱动发展战略成功实施提供了重要保障和支持。刘冠辰等（2022）研究发现，私募股权投资通过高管薪酬激励促进了企业非发明专利创新产出，高管股权激励主要提高了企业发明专利创新绩效。

2. 技术创新路径下PE特征对企业价值影响的相关研究

PE机构不仅为被投资企业提供充足的资金，还会为被投资企业带来新的管理理念和更为前沿的技术，以全面提升企业价值。私募机构可通过与其他PE机构联合投资、投资多家企业等方式形成自身的社会网络，利用社会网络为被投资企业带来更多的资源、信息和客户，提高企业的知名度，提升企业的股票绩效。因此，PE机构的管理规模、投资经验和社会资源对企业的发展至关重要。PE机构管理规模越大，投资企业越多，社会资源越丰富，对被投资企业技术创新推动力度和提升效果也就越强。Lerner（1995）通过分类研究发现，不同背景PE对被投资企业技术创新的提升效果存在差异。国有背景的私募机构，由于实力比较雄厚，管理资金规模较大，投资公司较多，社会资源也就更为丰富，对企业技术创新和企业绩效的改善效果也更明显。此外，国有背景私募机构对政府政策有更深刻的理解，能更好地把握科技发展趋势，促进企业技术创新发展的效果更好。

目前许多拥有雄厚资金实力的大型企业集团也都成立了自己的PE机构，进行集团内部的投资、集团并购和风险投资等业务。企业集团成立的PE机构，对行业的理解更为深刻，能更好地理解行业发展趋势，对被投资企业的技术创新和企业绩效的提升也有比较显著的提升效果。Chemmanur（2002）发现具有企业背景的PE机构更关注强调技术研发的高新技术企业，在投后管理中对技术创新的发展更为关心，技术创新能力的提升效果也更显著。

国内学者从私募背景和私募经验角度做了尝试性研究，发现背景不同的私募股权投资机构对企业技术创新的影响存在差异。苟燕楠和董静（2014）以研发投入和专利产出为技术创新能力的衡量指标进行研究，分析检验结果发现，有PE参与的企业技术创新水平普遍高于行业平均水平。进一步的回归分析发现，在资本背景和经验背景不同的情况下，私募股权投资对企业技术创新的影响不同，政府背景私募股权投资的参与、公司背景私募股权投资的参与以及混合资本背景风险投资的参与与企业研发投入呈负相关关系，私募股权投资机构的经验越丰富对企业研发投入的影响越积极。沈丽萍（2015）研究发现，越早进入企业的私募股权投资机构能够更显著地影响企业技术创新和企业价值，在企业发展中后期进入的私募股权投资机构对被投资企业技术创新和企业价值的影响力比较薄弱。

10.3.4 盈余管理路径下PE特征影响被投资企业价值的相关研究

私募股权投资对被投资企业盈余管理的影响备受学术界关注，Gompers（1995）研究发现私募股权投资的参与会改变公司信息披露机制，它们有意愿通过约束被投资企业盈余管理行为，提高会计信息披露质量，以此吸引到更多的投资者，为私募股权投资机构获得更高的投资回报，Macmillian（1985）、Cotter（2001）和卢永真（2011）等也支持这一观点。

1. 盈余管理路径下私募股权投资对企业价值影响的相关研究

大部分学者研究发现，私募股权投资能通过担任董事和参与董事会等活动加强对企业管理层的监督，有效约束企业盈余管理行为，减少可操纵性应计利润，提升企业价值。Jain和Kini（1995）研究发现PE通过向被投资企业派驻董事，参与企业日常经营管理，加强企业监管力度，有效约束企业盈余管理行为，改善盈余质量，提高会计信息质量，提升企业价值。Xie（2003）、Cornett（2006）和张贺（2013）的研究也得出了基本一致的结论。Katz（2009）和Givoly等（2010）研究发现PE可有效提高企业盈余质量，有PE参与企业的可操纵性应计利润较少，会计稳健性较高，企业盈余质量更高。Guo等（2004）以生物科技企业为样本研究发现，私募股权投资支持企业的财务透明度更高，证明私募股权投资能改善被投资企业盈余质量。

部分学者专门针对PE投资企业上市后的盈余质量和企业绩效表现进行研究，发现PE的影响效果具有很好的延续性，企业上市后并未发生明显变化。Teoh和SiewHong（1995）以美国资本市场企业为样本，通过分类研究发现，PE机构参与企业后，会加强对被投资企业的监管，改善被投资企业的盈余质量，进而提升企业绩效（Morsfield和Tan，2003；彭海城，2012）。Wongsunwai（2008）以财务重述为企业盈余质量的衡量标准进行实证研究，分析检验结果发现，有私募参与企业，财务重述发生概率较低。Kaplan 和 Stromberg（2003）、Cao 和 Lerner（2007）、Basu（1997）以及 Givoly（2007）的研究验证了该观点。Hochberg 和 Tan（2009）等从财务信息透明度视角研究 PE 与企业盈余管理之间的关系，分析检验结果发现，有 PE 参与企业会计信息质量越好，财务信息透明度更高。

部分学者研究发现 PE 不能提升企业盈余质量，甚至会降低企业盈余质量。Chou（2006）通过实证研究发现有私募股权投资参与的企业在上市当年显著增加盈余管理（正可操纵应计利润）；Caselli 和 Ippolito（2013）以可操纵性应计利润为盈余质量衡量指标，研究发现 PE 进入企业后，为积极推动企业上市，会通过盈余管理行为改善企业业绩，降低企业盈余质量和财务报告的真实性。

我国学者王晋斌（1997）研究发现私募股权投资能加强被投资企业信息监管，提高信息透明度，改善被投资企业会计信息质量，有效降低市场交易成本，提升被投资企业价值。王雷和党兴华（2008）研究发现私募股权投资的参与，能有效约束企业盈余管理行为，提高企业盈余质量，降低企业市场交易成本，提升企业价值。蔡宁（2015）研究发现有私募股权投资支持企业的盈余管理程度要高于无私募股权投资支持的企业，考虑锁定期的可能影响后这一结果仍然显著。王会娟等（2019）研究发现私募股权进入公司后，公司 IPO 前的盈余管理显著上升；而当私募股权投资退出公司后，公司的盈余管理也随之降低。这说明私募股权投资对公司盈余管理具有正向影响。

2. 盈余管理路径下私募股权投资特征对企业价值影响的相关研究

国内外学者从不同角度对私募股权投资特征与盈余管理之间的关系做了探索性研究。Barry（1990）研究发现有私募参与企业盈余质量、企业价值与私募股权投资人在被投资企业持股比例、参与投资的私募机构数量、在董事会列席时间等变量成正比，验证私募股权投资具有提高盈余质量和改善信息不对称的监督作用。Jain 和 Kini（1995）研究发现，私募股权投资对被投资企业的监管质量与该公司所拥有私募机构联合投资数量相关，数量越多监管作用越明显，而且上市公司业绩受其所接受联合投资数量的影响。Kaplan 和 Stromberg（2004）从信息不对称视角研究，发现 PE 与创业企业之间信息不对称程度越高，企业管理者越强调业绩薪酬的比例。

Brutom（2010）和Chahine（2012）研究发现，联合投资成员之间的差异越大，被投资企业盈余质量表现越差。Sorenson和Stuart（2008）、Chahine等（2012）、Sharon（2008）等也验证了这一观点。

国内学者也从管理规模和控制权等角度做了检验，发现管理规模越大控制权越高，对企业盈余管理和企业价值的影响越显著。李博和吴世农（2000）研究发现，PE管理规模越大，控制力度越强，对被投资企业盈余管理的影响效果越显著。张学勇和廖理（2011），张子炜和徐莉（2012）等研究发现长期持股的私募股权投资起到了一定程度的监管作用，持股时间越长的私募越能够显著抑制被投资企业的盈余管理行为。丁唯佳（2014）和蔡宁（2015）等研究发现，私募股权投资持有创业公司股份时间越长，越倾向于提高公司盈余水平，提升企业绩效，以获取高额回报。私募股权投资机构持有股份比例越大，越能够对上市公司起到监督作用，可以降低盈余管理水平，提高企业绩效。

10.3.5 研究现状评述

综上所述，从国内外对于本选题相关问题的研究现状和动态来看，存在以下几个方面的局限。

（1）分析现有文献可知，国内外学者对私募股权投资与企业价值之间的影响进行了尝试性研究，但更多的是基于私募股权投资通过改变企业股权结构和融资约束等外在形式给企业带来的影响，针对私募股权投资从制度、技术和信息等不同层面对企业价值影响的研究相对较少，结合具体制度背景和不同特征私募股权投资进行探讨的更少。私募股权投资与企业价值之间的关系可能依赖于具体情境和私募特征（Megginson和Weiss，1991；Tykvova和Mannheim，2005）。制度背景的差异可能会导致已有结论的不完全适用，不同特征私募股权投资对企业价值的影响也会存在差异。因此，本书基于当前制度背景，从私募股权投资特征视角，在检验PE对企业价值影响是否存在的基础上，进一步研究PE特征对企业价值影响的差异，不仅可完善私募股权投资增值效应理论，也为私募股权投资机构和被投资企业间的合作提供了理论支撑和实践参考。

（2）分析现有文献可知，私募股权投资通过公司治理路径影响企业价值的研究主要涉及健全监管机制和完善激励制度两个层面，对于监管机制和激励制度的研究主要以私募股权投资为研究对象，考虑在公司治理路径下不同特征私募股权投资对被投资企业价值影响的研究不多。对于 PE 特征如何通过公司治理路径实现对被投资企业价值提升方面的研究比较稀少，公司治理在私募股权投资、私募股权投资特征、被投资企业价值的影响关系中是否起到中介效应作用等方面的研究更是极少。因此，有必要基于我国制度背景，采用我国资本市场数据，从私募股权投资特征视角研究私募股权投资特征对被投资企业公司治理的影响效果，明确不同特征 PE 通过公司治理路径对被投资企业价值影响存在的差异，揭示公司治理在私募股权投资、私募股权投资特征对被投资企业价值的影响关系中起到中介效应的作用机理。

（3）分析现有文献可知，私募股权投资通过技术创新路径影响企业价值的研究涉及宏观区域和微观企业两个视角。基于宏观区域视角，国内外学者研究发现，私募股权投资能形成创新集聚效应，提高地区经济的吸引力，形成区域创新投资网络，吸引更多的创新企业加入，促进高新技术企业的创立和成长，有效促进创新，进而推动区域经济的发展和进步，这方面的研究较为丰富。基于微观企业视角，国内外学者多侧重于私募股权投资对被投资企业技术创新能力影响的研究，关于私募股权投资通过技术创新路径实现企业价值提升方面的研究比较少见，涉及 PE 特征的研究更为稀少。对于私募股权投资特征如何通过技术创新路径实现对被投资企业的增值效应，以及技术创新在私募股权投资与被投资企业价值的影响关系中是否起到中介效应作用等方面的研究目前还相对匮乏。因此，有必要基于我国企业创新环境，采用我国上市公司数据，从私募特征视角研究私募股权投资特征对被投资企业技术创新的影响，明确不同特征私募股权投资通过技术创新路径对被投资企业价值影响存在的差异，揭示技术创新在私募股权投资、私募股权投资特征对被投资企业价值的影响关系中起到中介效应的作用机理。

（4）分析现有文献可知，关于私募股权投资通过盈余管理路径影响企业价值的研究比较丰富，但学者们的结论并不一致。大部分学者认为，私募股权投资参与企业具有较高的会计信息质量和较好的股票绩效，也有学者认为，PE 加剧了企业盈余管理行为，导致企业盈余质量更差。目前，从私募特征视角研究 PE、盈余管理与企业价值之间关系的文献比较少见，仅有个别学者从私募机构规模等角度做了探讨。对于私募股权投资特征如何通过盈余管理路径实现对被投资企业的增值效应，以及盈余管理在私募股权投资与被投资企业价值的影响关系中是否起到中介效应作用等方面的研究更是几乎没有。因此，有必要基于我国信息披露环境，采用我国资本市场数据，从私募特征视角研究私募股权投资特征对被投资企业盈余管理的影响，明确不同特征私募股权投资通过盈余管理路径对被投资企业价值影响存在的差异，揭示盈余管理在私募股权投资、私募股权投资特征这两个方面对被投资企业价值所起中介作用的影响机理。

10.4 研究内容与结构安排

10.4.1 研究内容

在对研究现状进行评述的基础上，针对私募股权投资特征与被投资企业价值相关研究存在的局限性，本书尝试进行突破和创新，基于私募股权投资特征视角下，对私募股权投资特征影响被投资企业价值的路径、机理和效果进行深入研究，具体研究内容如下。

（1）私募股权投资对企业价值影响的理论分析框架研究。在对私募股权投资、私募股权投资特征与企业价值的概念及内涵进行界定的基础上，基于委托代理、社会网络、公司治理、价值创造和信息不对称等相关理论，依据私募股权投资运营流程对 PE 特征影响企业价值的作用路径进行剖析，明确私募股权投资特征对被投资企业价值的影响机理，并以此为基础，构建私募股权投资特征影响企业价值的理论分析框架。

（2）私募股权投资特征影响被投资企业价值的模型检验研究。以委托代理和社会网络理论为基础，基于私募股权投资特征影响企业价值的理论分析框架，运用比较分析法，深入剖析私募股权投资和其特征对企业价值的影响机理，并总结提炼出研究假设，以我国资本市场上市企业为样本，运用实证模型，检验PE和PE特征对企业价值影响的存在性，分析PE对被投资企业价值的影响效果，并进一步考察不同特征私募股权投资在被投资企业价值影响上存在的差异，从而揭示私募股权投资特征的增值效应。

（3）单一路径下私募股权投资特征对被投资企业价值的影响研究。以公司治理、技术创新和信息不对称等理论为基础，基于私募股权投资特征影响企业价值的理论分析框架，运用逻辑分析法对PE特征、公司治理水平、技术创新能力、盈余管理程度和企业价值之间关系及影响机理进行分析，提出研究假设，运用实证模型，检验私募股权投资特征对被投资企业公司治理、技术创新和盈余管理的影响，探讨公司治理、技术创新和盈余管理在私募股权投资特征与被投资企业价值关系中的中介作用，丰富公司治理和价值创造等理论的内涵，加深单一路径下私募股权投资特征对被投资企业价值影响路径和作用机理的认识。

（4）多重路径下私募股权投资特征对被投资企业价值的影响研究。以委托代理和社会网络等理论为基础，基于私募股权投资特征影响企业价值的分析框架，结合PE、PE特征、公司治理、技术创新、盈余管理与企业价值的相关理论，运用逻辑分析法对私募股权投资特征、企业价值及公司治理等中介变量之间关系及影响机理进行分析，结合我国资本市场数据，运用结构方程模型，在综合考虑公司治理、技术创新和盈余管理多重路径的基础上，进一步检验私募股权投资特征、企业价值和技术创新等中介变量之间的相互影响。考察公司治理、技术创新和盈余管理在私募股权投资特征与被投资企业价值的影响关系中总的中介作用，比较分析不同路径中介效应的差异，加深不同路径下私募股权投资特征对被投资企业价值影响机理的理解。

10.4.2 结构安排

针对上述研究内容，本篇的结构安排如下。

第10章 绪论 阐述本篇研究背景并引出本篇的研究问题，提出本篇的研究目的及意义，对国内外已有文献进行综述并剖析现有文献存在的不足，确定本篇的主要研究内容、结构安排、研究方法以及技术路线。

第 11 章 私募股权投资特征对被投资企业价值影响的理论分析 本章是全篇的理论基础。通过文献分析、现有结论局限性研究、理论演绎与逻辑推理，对本篇所涉及的关键概念进行分析界定，结合价值创造等理论将私募股权投资、私募股权投资特征与企业价值联系起来，并基于私募特征视角构建 PE 特征影响被投资企业价值的理论分析框架，以揭示 PE 特征影响企业价值内在机理，厘清本篇分析问题思路及各部分研究内容间的逻辑关系。

第 12 章 私募股权投资特征影响被投资企业价值的模型检验 以委托代理和社会网络理论为基础，基于私募股权投资特征影响企业价值的理论分析框架，运用比较分析法，深入剖析私募股权投资和其特征对企业价值的影响机理，检验 PE 对被投资企业价值的影响，考察不同特征 PE 对被投资企业价值影响存在的差异，探索 PE 特征的增值效应。

第 13 章 公司治理路径下私募股权投资特征对被投资企业价值的影响研究 以公司治理理论为基础，基于私募股权投资特征影响企业价值的理论分析框架，运用实证研究，检验 PE 特征对被投资企业公司治理水平的影响，分析公司治理对企业价值的影响，探讨公司治理在 PE 特征与被投资企业价值关系中的中介作用，加深私募股权投资特征、公司治理与企业价值之间影响机理的认识。

第 14 章 技术创新路径下私募股权投资特征对被投资企业价值的影响研究 以价值创造理论为基础，基于私募股权投资特征影响企业价值的理论分析框架，通过实证研究，检验 PE 特征对被投资企业技术创新能力的影响，分析技术创新对企业价值的影响，探究技术创新在 PE 特征与被投资企业价值关系中的中介作用，加深私募股权投资特征通过技术创新路径对被投资企业价值影响机理的认识。

第 15 章 盈余管理路径下私募股权投资特征对被投资企业价值的影响研究 以信息不对称理论为基础，基于私募股权投资特征影响企业价值的理论分析框架，通过实证研究，检验 PE 特征对被投资企业盈余管理程度的影响，分析盈余管理对企业价值的影响，考核盈余管理在 PE 特征与被投资企业价值关系中的中介作用，加深 PE 特征通过盈余管理路径对被投资企业价值影响机理的认识。

第 16 章 多重路径下私募股权投资特征对被投资企业价值的影响研究以委托代理和社会网络等理论为基础，在上述章节研究结论基础上，综合考虑公司治理、技术创新和盈余管理等路径，检验私募股权投资特征、企业价值和公司治理等中介变量之间的影响。考察公司治理、技术创新和盈余管理在私募股权投资特征与被投资企业价值的影响关系中总的中介作用，比较分析不同路径中介效应的差异，加深不同路径下私募股权投资特征对被投资企业价值影响路径和作用机理的理解。

本篇按照“提出问题—单一路径分析—多重路径分析”的研究思路，依据“总—分—总”的研究逻辑将本篇研究内容分为七章。本篇的篇章结构如图 10－3 所示。

10.5　研究方法与技术路线

10.5.1　研究方法

本篇运用的研究方法主要有：

(1) 文献研究和规范研究法。本篇研究现状、理论分析框架和假设提出等内容均运用了文献分析和规范研究的方法。本篇在国内外相关研究现状中，分别按照私募股权投资特征对企业价值的影响，公司治理、技术创新和盈余管理路径下私募股权投资特征对企业价值的影响，以及成果发表的时间顺序对本篇所涉相关文献进行归纳和梳理，肯定了相关研究的贡献，评述了相关研究存在的不足，以此引出本篇的研究内容和可能的创新；在本篇理论框架分析中，运用文献分析和规范研究方法，界定了文中关键概念与内涵，明确了变量衡量方法，引用现有理论解释了 PE 特征与企业价值间的作用机理。本篇关于 PE 特征影响被投资企业价值、公司治理路径下私募股权投资特征影响被投资企业价值、技术创新路径下私募股权投资特征影响被投资企业价值以及盈余管理路径下私募股权投资特征影响被投资企业价值等内容中均运用了归纳演绎和逻辑推理的研究方法，借鉴现有研究成果，依据经典基础理论，厘清本篇研究思路，规范本篇逻辑

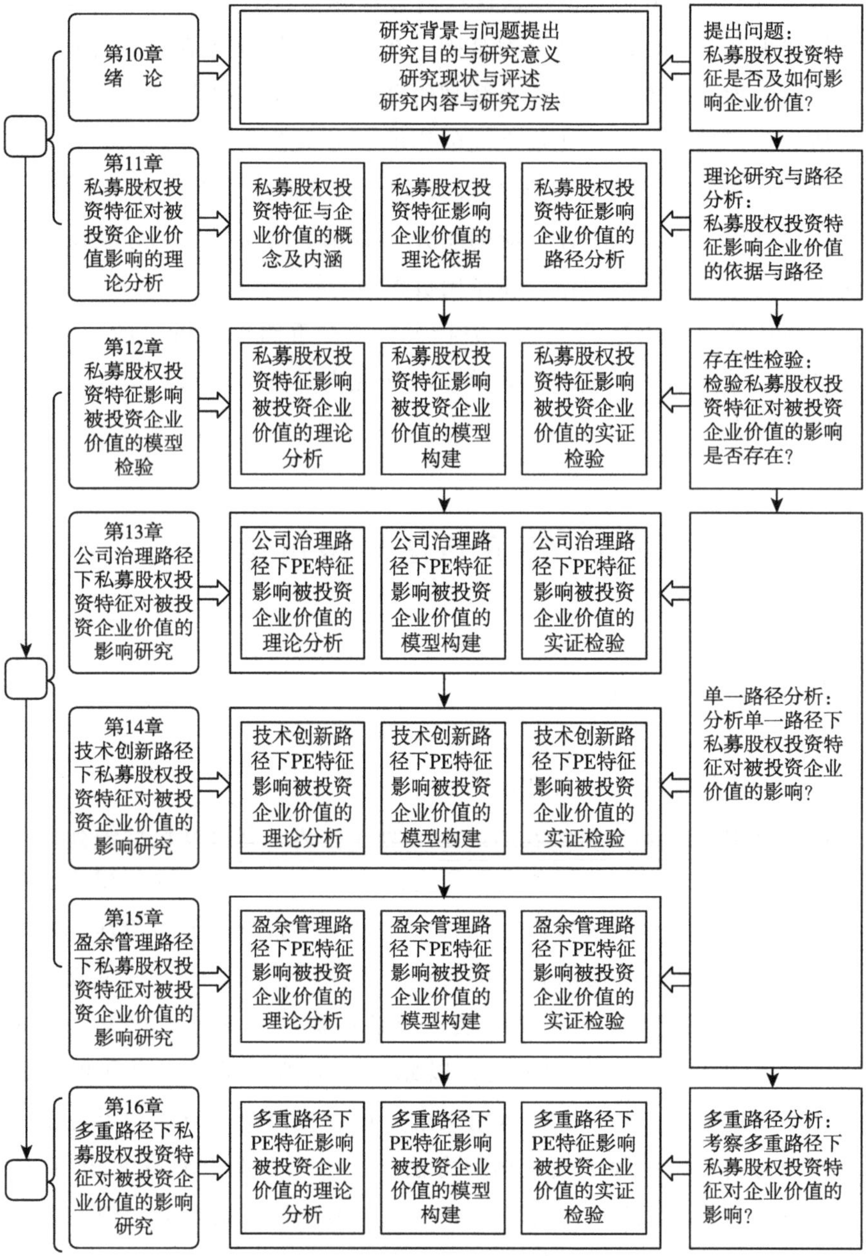

图 10－3　本篇的逻辑结构

结构，并提出私募股权投资特征与企业价值相互关系的各种研究假设。

（2）比较分析法。首先，本篇根据是否有私募股权投资参与将样本公司分为两组，运用实证研究的方法比较检验有无私募股权投资参与上市公司企业价值的异同；其次，以有私募股权投资参与的上市公司为样本，根据参与私募机构的私募背景、私募声誉、持股比例、持有期限和联合投资等私募特征不同，通过实证检验不同特征 PE 对被投资企业价值的影响差异；最后，根据 PE 影响企业价值的路径不同，分别从公司治理、技术创新和盈余管理等不同路径考察私募股权投资特征影响被投资企业价值的作用机理，并在考虑多重路径的情况下，分析私募股权投资特征对企业价值影响总的中介效应及不同路径中介效应之间的差异，加深私募股权投资特征对被投资企业价值影响路径和作用机理的认识。

（3）实证研究法。本篇主要利用 Stata 和 AMOS 等软件，采用 OLS 和 SEM 等实证模型进行研究，分析检验结果，揭示经济运行规律，具体实现步骤如下。首先，提出研究假设，围绕私募股权投资特征如何影响被投资企业价值，不同特征私募股权投资影响被投资企业价值的差异，公司治理、技术创新和盈余管理路径下私募股权投资如何影响被投资企业价值，考虑多重路径情况时，不同路径下私募股权投资对被投资企业价值影响的差异等问题，提出实证研究假设；其次，构建实证分析模型，在明确解释变量、被解释变量和控制变量的基础上构建回归分析模型，检验私募股权投资特征、公司治理等中介变量与企业价值之间的关系，在同时考虑多重路径及内外部影响因素的基础上构建结构方程模型，检验 PE 特征、公司治理、技术创新、盈余管理与企业价值之间的总中介效应和不同路径中介效应的差异；再次，确定实证样本，收集经验数据，结合研究内容和涉及的各种变量针对性地收集、整理和加工数据，使经验数据能真实地反映样本企业的实际情况，保证实证检验结果的真实可靠；最后，对收集数据进行描述性统计、相关性分析和回归系数分析等加工处理，分析实证检验结果，验证假设是否成立，加深对私募股权投资特征增值效应影响路径和作用机理的理解。

（4）调查研究法。采用典型调查的方法，选取了 20 家左右私募股权基金和被投资上市公司进行深入调研，听取典型企业管理层的意见和建议，重点考察立论依据和理论假设的合理性，研究方法和技术路线的科学性，实证数据和研究结论的可靠性等方面；对于被投资企业未公开披露，但在实证研究中又必须使用一些实证数据，通过实地调查的方式进行数据采集。

10.5.2 技术路线

本篇的技术路线如图10-4所示。

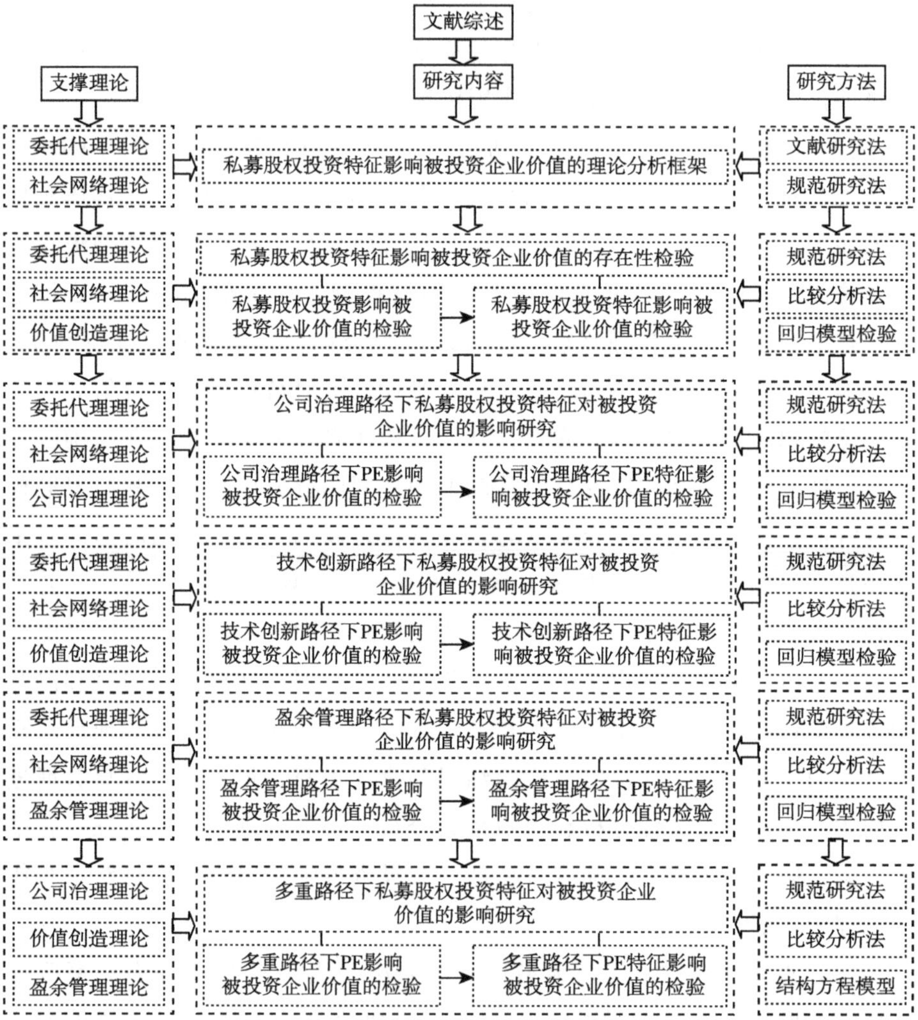

图10-4 本篇技术路线

首先，通过分析已有文献，剖析现有研究存在的不足，提出本篇主要研究内容和研究目的；以价值创造和信息不对称等理论为基础，运用规范研究法对 PE、PE 特征与企业价值的概念和内涵进行分析与界定，并在此基础上构建基于私募特征视角的私募股权投资特征影响企业价值的理论分析框架。

其次，在对私募股权投资特征影响企业价值理论分析框架的基础上，运用逻辑分析法对私募股权投资特征与企业价值的关系进行分析，提出相应研究假设；根据假设构建实证模型，运用模型对研究假设进行检验，验证 PE 特征对被投资企业价值影响的存在性，检验 PE 不同特征对被投资企业价值影响存在的差异。

再次，在私募股权投资特征对被投资企业价值影响存在性检验的基础上，进一步检验公司治理、技术创新和盈余管理路径下私募股权投资特征对企业价值的影响。路径分析中，运用分步中介效应分析法和系数差值检验法对不同路径下公司治理、技术创新和盈余管理所起到的中介作用进行实证分析和检验。

最后，将多重路径纳入私募股权投资特征影响被投资企业价值结构方程模型进行研究。在分别单一路径分析的基础上，将多重路径纳入实证模型，运用 SEM 结构方程模型进行检验，分析私募股权投资影响企业价值总中介效应和不同路径中介效应之间的差异，进一步研究不同特征私募股权投资影响企业价值总中介效应的差异及不同特征私募股权投资通过不同路径影响企业价值中介效应的差异。

第11章　私募股权投资特征对被投资企业价值影响的理论分析

11.1　私募股权投资特征和企业价值的概念与内涵

11.1.1　私募股权投资的概念与内涵

11.1.1.1　私募股权投资的概念

私募股权投资起源于20世纪40年代，历经80余年的发展，也已成长为当今世界重要的金融创新工具。在私募股权投资发展初期，私募股权投资机构对企业并购关注更多，专注于企业资本运作和并购投资领域，形成了早期私募股权投资的概念。近年来，随着我国中小企业的成长和资本市场的日趋规范，私募股权投资机构参与企业的范围越来越广泛，私募机构管理规模越来越大，私募基金管理人员也日益增加。截至2021年12月底，基金业协会已登记私募基金管理人24610家，已备案私募基金436700只，认缴规模15.79万亿元。随着PE行业的发展，PE机构在选择投资对象时考虑的因素也更加全面，投资的时间也在逐渐前移，由原来的成长期，逐渐过渡到初创期甚至是培育期。

关于私募股权投资的概念和内涵，业界存在多种不同的说法，国内外学者对于私募股权投资的概念有不同的描述，核心思想基本相同，表述和细节上存在不少的差异。

1. 国外的界定

国外学者大多站在投资的视角对私募股权投资进行界定。比较权威使用率最高的概念界定来源于美国银行业监管规范中的4号条例，他们认为私募股权投资不是以规避监管为目的，持有期限不超过15年，持股比例不超过四分之一的权益性投资。私募股权投资不直接参与企业经营，主要通过对被投资企业进行投后管理，实现被投资企业价值的提升和私募机构的高额回报。

美国两家权威研究机构 Venture Economics 和 Venture One 通过研究私募股权投资的特点得出了与美国全国创业投资协会较为类似的概念，他们从投资对象角度进行概念界定，将从事企业成长各阶段投资的基金都纳入私募股权投资基金的定义范畴，丰富了私募股权投资基金的内涵，基本涵盖了私募股权投资的各个投资阶段和不同投资类型。

维基百科（Wlkipedia）关于私募股权投资的定义，着重强调私募股权投资的资金筹集方式和投资流程，认为是通过非公开上市方式筹集资金，精选投资企业进行投资，通过提供资金和增值服务实现被投资企业增值，并借助上市等方式退出以获取高额回报的权益性投资。

2. 国内的界定

鉴于国内私募股权投资行为出现较晚，在实业界的影响力有待进一步提升，对私募股权投资行为展开研究的学者和专家也较少，因此对于其概念和内涵尚无统一界定。

吴晓灵 2006 年 6 月 9 日在金融发展论坛讲话中首次提出私募股权投资是指“以非上市企业股权为主要投资对象的各类创业投资或产业投资”，这个提法具有较大的影响力和权威性。李曜（2010）认为私募股权投资强调增值服务和高额收益，主要指以成长期企业为对象，以获取高额回报为目标，注重企业核心竞争力培养和企业长远利益的一种全新的投资方式。高正平（2014）认为，私募股权投资是指通过非公开方式募集资金，投资于新创企业和高新技术企业等非上市公司，通过 IPO 上市等方式实现退出的一种权益性投资。

3. 本书的界定

结合上述分析，私募股权投资的概念源于 Venture Capital，最早被翻译为“创业资本”和“风险投资”，后来逐渐演化为“私募股权投资”。究其本质而言，“创业资本”是 VC 的静态表现形式，而“风险投资”和“私募股权投资”则是其动态过程。二者的区别在于“风险投资”更多关注投资主体所承担的风险，而“私募股权投资”更多关注资金的来源和股权投资的特征。因此，风险投资、创业资本与私募股权投资是从不同视角对同一事物不同内涵和特征的描述，其本质基本一致。

因此，本书认为私募股权投资概念更多地强调资金的来源渠道和股权投资的方式，其投资对象涵盖企业首次公开发行前各阶段的权益投资及公开发行后的股权投资和可转换债券等环节，包括对初创期、成长期、成熟期、Pre－IPO 期和 IPO 后企业所进行的投资，按照投资阶段和资本特征可将私募股权投资划分为创业资本、风险资本、并购资本、Pre－IPO 资本和 PIPE 资本等类型，如图 11－1 所示。本书主要以 IPO 前各阶段私募股权投资为研究对象，剖析其对被投资企业价值的影响。

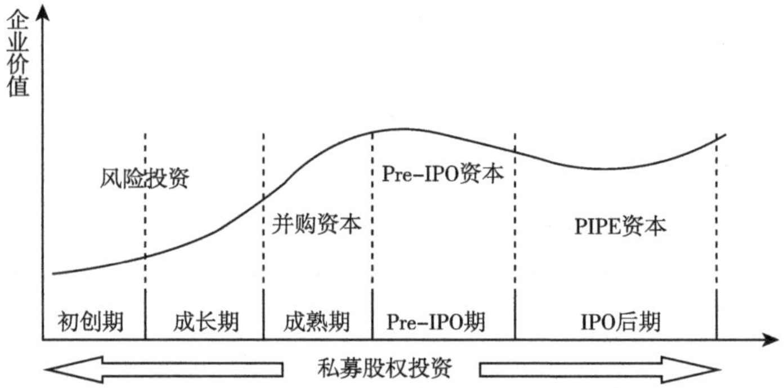

图 11－1　私募股权投资的阶段和范围

11.1.1.2　私募股权投资的运营流程

Lerner 和 Gompers 将整个私募股权投资的运营过程分为资金筹集、企业筛选与资金投入、投后管理与价值增值、资金退出与退后评价四个环节，这四个环节相互衔接、互相影响，共同组成了一个首尾相连的私募股权投资运营循环，具体运营流程具体如图 11－2 所示。

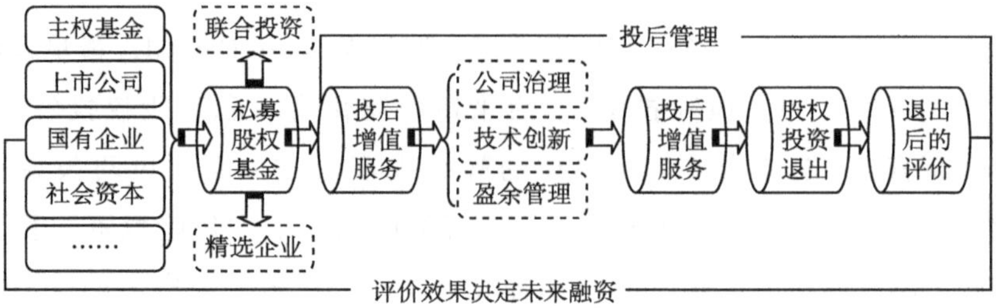

图 11－2　私募股权基金运作流程

1. 资金筹集

资金筹集是指私募股权投资管理公司或者管理者从投资者手中募集资金的过程。私募股权投资的运行始于资金筹集，作为构成投资和退出的基础。鉴于目前私募股权投资机构数量增长较快，投资者会在众多私募股权投资机构间反复比较进行优选。由于投资者会将自有资金委托私募机构管理者经营管理，私募机构管理者拥有更全面的信息和更大的决策权，两者之间可能存在利益冲突和信息不对称现象。因此，私募基金为了顺利融资，私募机构管理者必须认真管理并运营公司，完善公司治理结构，提升被投资企业价值，从而向投资者展现出良好的营运能力。

2. 企业筛选与资金投入

企业筛选与资金投入是指私募股权投资寻找被投资企业的过程，在筛选过程中，私募机构经过科学的评估和论证，将筹集资金投向最具增值潜力企业，以获得高额回报的过程。由于被投资企业大多处于成长期，管理制度尚欠规范，企业信息透明程度不足，企业的发展前景也不够明确。因此，私募机构为了提高投资成功率，保证私募基金获得可观的回报，必须对企业进行详细的尽职调查，甚至要考虑私募股权投资的退出方式。

3. 投后管理与价值增值

投后管理环节是私募股权投资通过担任董事和参与董事会活动等方式实现企业增值和获取投资收益的关键环节。私募股权投资的投后管理服务周期较长，内容丰富，一般包括帮助企业明确长期发展目标；参与企业管理层人事招聘和薪酬设置，完善企业公司治理水平；协助企业制订内部投资方案，加大企业创新投入，提高企业技术创新能力；改善企业信息披露水平，提高被投资企业盈余质量。

私募股权投资的管理者往往本身拥有着过人的投资判断水平，除了可以为企业赢得直接收益，也可以为企业带来更多的增值服务，例如，整合市场资源、减少企业内耗、优化治理结构、吸引创新人才、提高企业的影响力、提升企业的核心竞争力等。从企业管理者角度分析发现，PE 的投后管理是最体现私募股权投资管理者价值的环节，也是考察私募机构管理经验和服务水平的重要环节。

4. 资金退出与退后评价

资金退出是指当所投资企业达到预定条件时，私募股权投资通过 IPO 等方式成功退出，收回投资和收益，实现超额利润的环节。退出方式有 IPO、并购、股权出售、管理层回购和清算等。私募股权投资能否顺利退出不仅决定投资是否能收回，而且也影响后期筹资的顺利与否。因此，退出不仅是资本价值实现价值增值的途径，为管理者评价提供了客观标准，也为私募基金投资者传递一种信号，影响私募股权机构的声誉和筹资的顺利程度。

基于上述私募股权投资运营流程分析可知，资金筹集是私募股权投资活动的起点和基础，资金筹集的成功与否，也会受到私募股权投资机构以往投资项目增值效果和退出收益的直接影响。企业筛选与资金投入是私募股权投资机构调查筛选企业和签订合作契约的重要环节，是私募股权投资机构和被投资企业基于双方分析研究之后双向选择的结果，是私募股权投资与企业合作运营的前提和基础。

投后管理与价值增值是私募股权投资整个运营流程中时间最长、与企业合作交流最多、付出成本最大，通过增值服务真正实现被投资企业价值提升的关键环节。在投后管理和价值增值环节，私募股权投资机构利用各种方式参与被投资企业的经营管理活动，通过完善企业公司治理结构、健全企业薪酬激励制度、拓展企业融资渠道、加大研发投入和加强盈余管理行为等措施，提高技术创新能力、会计信息质量和盈余质量，进而提升被投资企业的价值。因此，投后管理与价值增值环节是私募股权投资运营过程中实现价值增值的至关重要的环节。

资本退出作为私募股权投资运营的最终环节，它一方面通过被投资企业 IPO 上市等方式实现资金的收回和增值服务创造价值的兑现，同时也为下一笔资金的筹集和后续投资项目的投后管理提供经验积累和信誉保证。上述环节相互衔接、互相依存，在它们共同作用下保证私募股权投资顺利运营，促进投资双方的合作双赢。在这四个环节中，投后管理与价值增值环节是私募股权投资运营流程中实现被投资企业价值增值最为关键的环节，也是本书的主要研究内容和研究重点。

11.1.2　私募股权投资特征的概念与内涵

11.1.2.1　私募股权投资特征的概念

专业术语词汇手册《GB/T 15237.1－2000 术语工作词汇第 1 部分：理论与应用》中将特征定义为一个客体或一组客体特性抽象的结果。因为，任何一个客体或一组客体都具有众多特性，人们根据客体所共有的特性抽象出一些概念，这些概念便成为这个或这组客体的特征，用以区别于其他客体。

综上所述，私募股权投资是通过私募方式筹集资金，以长期投资和价值增值为投资理念，对非上市公司进行的一种权益性投资。私募股权投资特征则是指根据某一个或某一组私募股权投资所拥有的众多特性抽象出的一些共性的内容。根据 Gompers（1996）、Kortum 和 Lerner（2000）与张然（2013）等的研究文献，我们研究汇总发现，私募股权投资特征可分为两大类，一类是某一个或某一组私募股权投资机构自身所具有的特征，包括外资背景、国有背景和私募声誉等私募股权投资特征，本书将其界定为私募股权投资的自身特征；另一类是某一个或某一组具体私募股权投资行为所具有的特征，包括持股比例、持有期限和联合投资等私募股权投资特征，本书界定为私募股权投资的行为特征。

不同特征私募股权投资对被投资企业控制力度、董事会活动参与程度以及经济管理活动参与次数的影响都会存在差别，导致被投资企业价值的受益程度也有所不同。李博和吴世农（2000）研究发现管理规模和控制权不同的私募股权投资对被投资企业上市时股票绩效的影响程度各异。Tykvova 和 Mannheim（2005）研究发现，不同规模私募股权投资对被投资企业经营绩效的影响存在差异。曾文强等（2009）用我国深交所中小板和创业板数据也验证了这一观点。因此，检验不同特征私募股权投资对被投资企业价值影响的差异，以及对私募股权投资和被投资企业的合作运营就显得尤为重要而有意义，而对私募股权投资特征进行合理界定和准确度量是科学检验的基础。

11.1.2.2 私募股权投资特征的度量

参考 Gompers（1996）、Kortum 和 Lerner（2000）与张然（2013）等的定义，结合我国制度背景和所选样本的特点，将各私募股权投资特征的含义及计量方法定义如下：

（1）外资背景。根据 Wind 数据库可知，目前我国外资背景私募股权投资机构包括：外商独资和中外合资两种形式。由于这两种形式私募股权投资机构都有国外资金参与，而且机构的管理经验更为丰富，制度模式也更合理，具有类似外国私募机构的特征，因此，都应作为外资背景的私募股权投资机构。本书以是否有外资背景私募机构参与企业为衡量标准，一家或多家私募机构参与企业时，其中有一家具有外资背景，则外资背景对应变量值为 1，否则值为 0。

（2）国有背景。根据 Wind 数据库可知，目前我国国有背景私募股权投资机构包括：中央国有和地方国有两种形式。由于这两种形式私募股权投资机构都有国家资金参与，在中央或地方政府的支持下，机构资金规模较大，信息获取能力也较为突出，因此，都应作为国有背景的私募股权投资机构。本书认为一家或多家私募股权投资参与企业时，只要其中有一家具有国有背景，则国有背景对应变量值为 1，否则值为 0。

（3）投资经验。俗话说："姜是老的辣，酒是陈的香"，私募股权投资机构的管理水平和规范程度也随着时间有所提升。因此，本书以私募股权投资机构成立的月份数来衡量。

（4）私募规模。私募股权投资机构募集资金越多，可投资额度越大，可投资企业项目越多，接触企业类型越多，经验积累也越丰富，而且同时投资多家企业，可与多家被投资企业共同形成一个社会网络，实现信息共享和资源优化配置，以更好地提升企业价值。本书以被投资企业上市时，私募股权投资机构募集资金额度衡量私募股权投资机构的规模。

（5）私募声誉。Magginson 和 Weiss（1991）通过实证研究发现，私募股权投资能向市场证明被投资企业具有较好的投资价值。分析私募股权投资运营流程可知，高声誉的私募股权投资能吸引更多的投资者参与企业投资，也能有效改善被投资企业盈余管理行为，提升企业价值。本书以被投资企业上市当年私募股权投资机构的排名情况加以衡量，在被投资企业上市当年，如果私募股权投资机构在清科私募股权投资机构（含创投机构）前 50，私募声誉值为 1，否则为 0。

（6）持股比例。表示私募股权投资机构持有被投资企业股份的比例，私募股权投资持有被投资企业股份的比例越高，控制力度和参与程度也就越大，对企业价值的影响也就越明显。本书以被投资企业上市前所有私募股权投资持股比例之和加以衡量。如果一家私募股权投资多轮投入，则将各轮投入所持有股份比例加总计算；如果多家私募股权投资共同参股，将各家私募股权投资持有被投资企业股份比例加总计算。

（7）持有期限。表示私募股权投资参股被投资企业的时间，也是私募股权投资参与被投资企业经营管理，影响企业价值的时间，本书以首次投入时间到企业上市时间之间间隔的月数取自然对数加以衡量。如果一家私募股权投资多轮投入或多家私募股权投资共同参与投资，都以最早投入时间加以计算。

（8）联合投资。关于联合投资，不同学者有不同的处理方式。部分学者用 0 和 1 两个虚拟变量来表示是否进行联合投资，其中如果一个企业有两个或两个以上的私募股权投资机构参与投资，则认定为联合投资，值为 1，否则认定为单一投资，值为 0；还有部分学者直接将联合投资的企业家数作为联合投资变量的取值，即如果一个企业有 6 个私募股权投资机构参与投资，则联合投资值为 6。为了更真实地检验联合投资对被投资企业价值的影响，本书采用第二种方法，以联合投资私募股权投资机构数计算确定联合投资变量的值。

在数据收集和分析过程中发现，非民营背景的私募股权投资机构筹集资金相对容易，管理的资金也更多，与私募规模具有比较强的正相关关系，从指标而言具有一定的重叠性和替代作用。因此，本书结合数据分析结果，从上述私募股权投资特征中选择外资背景、国有背景、私募声誉、持股比例、持有期限和联合投资六个特征作为本书主要研究内容，并根据特征的属性，将其分为私募股权投资自身特征和私募股权投资行为特征两大类。其中，外资背景、国有背景和私募声誉是私募股权投资自身所具有的属性，是私募股权投资机构成立和长期运营过程中形成的自有属性，本书将其定义为私募股权投资自身特征；持股比例、持有期限和联合投资是私募股权投资在投资运营过程中行为选择的结果，本书将其定义为私募股权投资行为特征。

11.1.3 企业价值的概念与度量

11.1.3.1 企业价值的概念

企业是市场经济的主体，是产品的生产者，也可以具备投资者或者消费者的身份。此外，企业也是一种商品，可以在市场上被交易，当它部分或整体地处于流通之中时（包括上市、兼并、收购、改制、重组和破产等），企业的价值得以体现。

鉴于评判主体的目标、偏好、评判能力和经验存在差异，可以从多个视角来界定，一般包括企业账面价值、企业市场价值、企业公允价值、企业内在价值和企业清算价值等类型。其中企业账面价值等于企业资产负债表中的资产总额与负债总额的差，由于会计多采用历史成本原则进行计价，导致账面价值与现行市价可能脱节，而企业的创新能力、品牌价值和管理经验等重要资产未能准确计入表内，使企业价值无法准确、客观地反映；企业市场价值等于企业股东权益的市场价值与债务价值之和；企业公允价值指在信息充分情况下，买卖双方的交易价值；企业内在价值等于企业未来各个时期预期现金流量按照既定利率折现之和，强调企业价值取决于企业未来的现金流量、经营绩效和获利能力；企业清算价值是指企业不再持续经营，破产清算时的价值。

11.1.3.2 企业价值的度量

目前，用来对企业价值进行衡量的常用方法包括有账面价值法、收益法、期权法和市场法。

1. 账面价值法

账面价值法包括净资产账面价值法和重置成本法，是衡量企业价值最直接的方法，结合资产负债表，利用现有的财务报表记录，可以分项对企业资产进行评估并加总，因此，账面价值法是一种静态企业价值计算法。

2. 收益法

收益法也称收益贴现法，是把企业或其他资产综合体在未来特定时间内的预期收益，按照恰当的折现率来折现，用得到的现值来计量公司价值的方法。其中现金流量折现模型和剩余收益折现模型是最常用的两种方法。

（1）现金流量折现模型。现金流量折现模型是广泛应用于工程项目、金融资产和企业价值的评估定价，使用最广泛，理论基础最健全的模型。该模型认为企业的价值取决于企业未来产生现金流量的折现值之和，基本模型如下：

$$V = \sum_{t=1}^{n} \frac{CF_t}{(1+r)^t} \tag{11-1}$$

其中，V 表示企业价值；n 表示企业未来存续年份；CF_t 表示企业在 t 年产生的现金流，r 表示含风险折现率。

根据企业预期未来增长模式的不同，可将现金流折现模型分为永续增长模型、两阶段模型和三阶段模型三种形式分别加以表示：

①永续增长模型。预计企业未来现金流量增长率稳定时，一般用永续增长模型计算企业价值，具体计算模型如下：

$$V = \frac{FCF_1}{WACC - g} \tag{11-2}$$

其中，V 表示企业价值，FCF_1 表示下一年的自由现金流量，$WACC$ 表示加权平均资本成本，g 表示永续供需增长率。

②两阶段模型。预期未来企业增长模式呈现为明显的两个阶段，第一阶段为超速增长阶段，增长速度明显高于正常增长速度，第二阶段为永续增长阶段，增长速度趋于正常。对于表现为上述特点的两阶段增长模式企业，可采用两阶段模型对企业价值进行计算，具体计算模型如下：

$$V = \sum_{t=1}^{n} \frac{FCF_t}{(1+WACC)^t} + \frac{FCF_{n+1}}{(WACC-g)\times(1+WACC)^n} \tag{11-3}$$

其中，V 表示企业价值，FCF_t 表示第 t 年的自由现金流量，n 表示预计超长高速增长第一阶段的年数，$WACC$ 表示加权平均资本成本，g 表示永续供需增长率。

③三阶段模型。预期未来企业增长模式呈现为高速增长阶段、增长率

递减的转换增长阶段和永续增长阶段三个阶段。其中，第一阶段为高速增长阶段，增长速度明显高于正常速度，且投资规模远大于企业折旧和摊销；第二阶段为增长率递减的转换增长阶段，增长速度逐渐降低，投资额度与企业折旧摊销之间的差距有所减少；第三阶段为永续增长阶段，增长速度趋于稳定，投资额和折旧摊销基本持平。具有上述特点的企业可采用三阶段模型对企业价值进行计算，具体计算模型如下：

$$V = \sum_{t=1}^{n} \frac{FCF_t}{(1 + WACC)^t} + \sum_{t=n+1}^{n+m} \frac{FCF_t}{(1 + WACC)^t} + \frac{FCF_{n+m+1}}{(WACC - g) \times (1 + WACC)^{n+m}} \tag{11-4}$$

其中，V 表示企业价值，FCF_t表示第 t 年的自由现金流量，n 表示预计超长高速增长第一阶段的年数，m 表示预计超长高速增长第二阶段的年数，$WACC$ 表示加权平均资本成本，g 表示永续供需增长率。

（2）剩余收益折现模型。剩余收益折现模型（RIM Residual Income Valuation Model），又称 EBO 模型，最早是由 Edwards 和 Bell 于 1961 年提出，1995 年，Ohlson 研究了企业价值和会计收益之间的关系，指出企业价值 = 资产账面净值 + 未来预期剩余收益折现之和；其中，剩余收益 = 净利润 - 资本费用。该模型具体表示如下：

$$P_t = bv_t + \sum_{\tau=1}^{\infty} (1 + r)^{-\tau} E[x_t^a + \tau] \tag{11-5}$$

$E\ [x_t^a + \tau]$ 表示第 t 年对第 $t + \tau$ 年剩余收益的预测值。考虑二维动态信息特征后，模型可构造如下：

$$X_{t+1}^a = \omega X_t^a + V_t + \varepsilon_{1t+1} \tag{11-6}$$

$$V_{t+1} = \gamma v_t + \varepsilon_{2t+1} \tag{11-7}$$

将两式融合后，企业价值可重新表述为：

$$P_t = bv_t + \alpha_1 X_t^{\partial} + \alpha_2 v_t \tag{11-8}$$

其中，P_t表示企业价值；bv_t表示企业净资产的价值；X_t^{∂} 表示企业第 t 期预计剩余收益；v_t表示其他相关信息。其中，式（11 - 5）和式（11 - 8）共同构成了 Ohlson 剩余收益模型。

（3）期权法。期权法是利用期权定价模型对企业经营活动的柔性进行评估的一种新型评估方法。伴随金融期权理论越来越多地涉足实务界，期权法也得到广泛的应用和发展。

在实物期权定价模型中，最著名的是 Black - Scholes 模型，主要由以下三个等式构成：

$$C = SN(d_1) - Xe^{-rT}N(d_2) \tag{11-9}$$

$$d_1 = \frac{\ln(P/E) + (r + 0.5\sigma^2)t}{\sigma\sqrt{t}} \tag{11-10}$$

$$d_2 = \frac{\ln(P/E) + (r - 0.5\sigma^2)t}{\sigma\sqrt{t}} \tag{11-11}$$

其中，C 为买期权价值，S 为标的资产现行价格，X 为期权执行价格，r 为无风险利率，σ 为标的资产年回报率标准差，t 为剩余年份数，$N(d_1)$ 和 $N(d_2)$ 表示到 d_1 和 d_2 累计概率，$\ln(P/E)$ 为 P/E 的自然对数。

企业价值（C）等于期望股价与期望成本之间的差值。

（4）市场法。市场法主要是指选择市场标的作为评价基准，根据市场表现来确定所选企业价格的方法。研究中，市盈率和托宾 Q 值是最为常用的两种方法，其中托宾 Q 值等于企业的市场价值与其重置成本的比值，在私募股权投资和风险投资对企业价值的影响研究中使用较为普遍。

市盈率等于股票价格（P）与每股盈余（EPS）之比，是反映企业财务状况的重要指标之一。按照价值决定价格，价格是价值的反映这一规律，企业价值可依据相同或类似企业市盈率作为参考来加以确定。

通过市盈率来确定企业价值一般需经过三个步骤：

（1）预测利润：建立财务模型，预测第 n 年公司税后利润 R_n；

（2）选择标准市盈率：根据企业特征，选择同一行业相同或类似企业市盈率作为标准市盈率；

（3）计算企业价值：

$$V = \sum_{i=1}^{n} \frac{R_i \times P_i}{E_i \times (1+r)^i} \tag{11-12}$$

其中，V 表示企业价值；R_i 表示企业第 i 年的利润；P_i/E_i 表示所选择的标准市盈率；r 表示市场利率。

通过上述分析可知，各种企业价值的计算方法都有其侧重的视角、特定的思路和不同的适用范围。在私募股权投资对企业价值影响的研究成果中，企业价值、经营绩效、投资效率、企业业绩等概念较易混淆。虽然这些指标均从不同角度反映了上市公司的经营成果和投资效率，但其侧重点并不完全一样。因此，本书选择目前私募股权投资相关研究使用较多的指标来对企业价值加以衡量。

分析上述企业价值衡量方法的特点，结合研究内容，本书利用学术界研究私募股权投资时最为常用的托宾 Q 值对被投资企业的价值加以衡量。被投资企业上市当年的托宾 Q 值等于企业资本市场价值与资产重置成本之比，公司的市场价值包括股票价值和债务资本的市场价值。托宾 Q 值不仅能客观评价企业的财务状况，还可综合反映上市企业的经营情况，是反映企业价值众多指标中相对客观和最为常用的指标，因此本书选择其作为衡量企业价值的重要指标之一。本书所用的托宾 Q 值是利用万德和国泰安数据库收集被投资企业外资 B 股市值、非流通股市值、流通股市值、长期负债市值、短期负债市值和资产总额等相关数据，根据其标准计算公式（11－13）计算所得，力求更加客观地反映样本企业的企业价值。具体计算模型如下：

$$Tobin\ Q_i = \frac{(N_i \times CP_i + NB_i \times CP_i \times ER_i + (UN_i \times FOE_i / FC_i) + DV_i)}{TA_i} \quad (11-13)$$

其中，N_i为报告期普通股股数；NB_i为报告期外资 B 股股数；UN_i为报告期末上市流通股股数；CP_i为报告期股票收盘价；ER_i为报告期汇率；FOE_i为报告期末所有者权益；FC_i为报告期末实收资本；DV_i为报告期末负债；TA_i为报告期末资产总额。

同时为了更客观、全面地反映被投资企业的价值，本书在采用托宾 Q 值衡量的同时，选取净资产收益率（ROE）共同作为企业价值的衡量指标。由于与净利润相比较，主营业务利润基本上能反映上市公司稳定持久的价值创造能力，被操纵的可能性小，不存在利用非经常性损益进行指标粉饰的渠道，可信度更高。故同时选取净资产收益率作为衡量企业价值的代理变量，以便全面反映私募股权投资对被投资企业价值的影响效应。具体计算模型如下：

$$ROE_j = P_j\left(E_{aj} + \frac{NP_j}{2} + \frac{E_{bj} \times M_{bj}}{M_{aj}} - \frac{E_{cj} \times M_{cj}}{M_{aj}}\right) \quad (11-14)$$

其中，P_j表示税后利润；NP 表示净利润；E_a表示净资产；E_b表示新增净资产；E_c表示减少净资产；M_a、M_b和 M_c分别表示报告期、新增净资产至报告期末和减少净资产至报告期末的月份数。

11.2　私募股权投资影响被投资企业价值的理论依据

11.2.1　委托代理理论下 PE 特征对被投资企业价值的影响

1932 年，美国著名经济学家 Bolly 和 Minesy 指出企业管理者往往追求个人利益最大化，而非股东利益最大化，如何促使管理者决策以股东利益最大化为目标，是企业治理的关键问题之一。

1976 年，Jensen 等著名学者提出了代理成本理论，并把他应用到分析企业所有者和经营者关系上。他们认为，所有者和经营者的利益冲突会产生企业代理成本，合适的股权激励制度不仅能降低两者之间的利益冲突，也能很好地调动管理者的积极性。为了解决“代理成本”问题，Jensen 等（1983）从激励角度提出了控制权理论，认为股权激励的薪酬制度能缓解公司内部的利益冲突，但却导致了所有者和管理者之间控制权的争夺。

作为企业战略投资者的私募股权投资，不仅为企业提供充足的资金，也会关注企业的健康成长和长远利益。他们不仅会直接影响被投资企业的股权结构，还会通过参与董事会会议、企业管理人员招聘考核和薪酬激励制度的制定等活动，从而影响企业经营政策和管理活动，降低企业代理成本，提升企业价值。

不同管理规模和控制权的私募股权投资对被投资企业的控制程度和影响力也会存在差异。私募股权投资机构管理规模及经验与其社会影响力往往呈正相关，对被投资企业代理冲突的解决也更加有效。Magginson 和 Weiss（1991）分析实证检验结果发现，PE 可降低被投资企业的代理成本，提高被投资企业价值；Jain 和 Kini（1995）通过实证进一步研究发现，私募股权投资管理规模越大，对被投资企业的控制权越强，降低代理成本和提高企业价值的效果也就越明显。

私募股权投资控制权越大，对被投资企业的控制力度和参与程度也会越高，对于企业战略规划和管理制度的影响越明显，对于解决代理冲突，降低代理成本，提升企业绩效的效果也就越好。Hobert（1999）和Strömberg（2008）研究证明私募股权投资的介入，确实能有效减少信息不对称，降低风险，降低被投资企业经营风险和交易成本，进而起到提升企业价值的作用。进一步研究发现，私募股权投资控制权的大小与被投资企业成本降低和绩效提升的效果存在正相关关系。Kaplan 和 Strömberg（2000），Hellmann 和 Puri（2002）研究发现，私募股权投资持股比例越大，控制权越强，对被投资企业管理制度和薪酬水平的影响越明显，对缓解所有者和管理者之间的矛盾，降低代理成本，提升企业价值的效果也更为显著。

私募股权投资机构参与企业后，他们一般会担任企业董事，积极参与董事会活动，参与企业制度制定和人员招聘等重要经营管理，这将很好地提升企业管理水平，改善企业绩效。Tykvova 和 Mannheim（2005）以德国企业为样本，研究发现有私募股权投资参与企业的股票绩效好于没有私募股权投资参与的企业，管理规模不同的 PE 对企业代理成本和股票绩效的影响存在差异，规模大的私募股权投资对被投资企业代理成本和股票绩效的影响更显著。Wright（2003）的研究验证了这一观点，研究发现，控制权高的私募股权投资积极性更高，参与管理更频繁，效果也更为显著［王曦（2009）也验证了同样结论］。

11.2.2 社会网络理论下 PE 特征对被投资企业价值的影响

社会网络一词源于人类学家对复杂社群中人际关系的探讨，并由德国社会学家齐美尔（G. Simmel）首次提出。Barnes（1954）首次将社会网络应用于社会学问题的研究，开创了社会学研究的新视角。Polanyi（1944）在前人研究的基础上，首次提出了“嵌入性”概念，极大促进了社会网络理论的发展，并将其引入经济学研究领域，丰富了经济学研究方法。Granovetter（1973）在嵌入性概念的基础上，对社会网络理论在关系强调上做了进一步的拓展。他以联结强度为重要标准，以互动、情感、亲密度和交换等指标测量联结的强弱，划分群体间的关系；在分析强弱联结特点的基础上，Granovetter 进一步分析发现，相对于强联结获取多为重复信息而言，弱联结具有更大的信息获取优势，弱联结则成为网络行为者获取信息的重要来源，毕竟后者比前者拥有更加宽泛的分布，信息重复性相对低很多。但是，关于 PE 网络关系的研究，不完全支持上述观点。现有研究发现，PE 构建的社会网络有利于信息的收集和传递，有利于声誉的传递和认证效应的发挥，能很好地促进私募机构和被投资企业的协同发展。

部分学者从联合投资能有效共享信息和加强对企业的控制等角度进行了研究。Lerner（1994）和 Jennifer（2007）研究发现，一方面，联合投资能够分担风险，被投资企业一般是处于成长期的中小型企业，未来发展前景并不明朗，存在较大的投资风险，而联合投资行为能够将投资风险分而化之，降低单个投资者需要承担的风险。另一方面，联合投资能够共享信息以及有效形成投资网络，拓展信息来源，以更好地为被投资企业提供增值服务。此外，联合投资能够增强对被投资企业的控制力度，更好地贯彻执行投资者的意图，改善被投资企业经营管理，保护投资者所投资本的安全。

部分学者从联合投资网络数量和信息资源角度做了尝试性研究，论证了联合投资的增值效应。Castilla EJ（2002）通过实证研究表明，私募股权投资网络的建设涉及 384 人和 2200 多个链条。人均有 6.41 个链条，网络中每个人都是以一家私募股权投资的管理者身份与网络中的 6 人建立了联系，说明关系网络是私募股权投资提高信息获取和增值服务能力的重要影响因素。Peter Abell（2007）和 Hopp（2009）以美国资本市场上市企业为样本研究发现，PE 社会网络关系与被投资企业增值效果之间存在正相关关系，PE 社会网络越强大，通过 IPO 等途径退出的概率也越大；当风险较大时，PE 网络中的企业会得益于社会资源的共享。资源共享成为提升 PE 联盟地位的关键要素，资源共享也会为私募股权投资带来更好的企业信息和提供更有价值的增值服务。Chahine（2012）研究发现，联合投资能帮助被投资企业形成更为有效的社会网络，提高被投资企业的社会影响力，有效降低企业信息不对称现象，改善企业绩效。

随着社会网络理论的发展，社会网络分析技术已经成为功能强大的经济学分析工具，在私募和社会资本等领域的研究也日益广泛。Snellman（2003）通过分类研究发现，社会网络资源丰富的 PE 投资企业平均 IPO 上市时间低于行业平均水平。Hochberg 和 Lu（2007）研究私募股权投资联合进行项目投资的绩效，发现具有较好网络的私募股权投资的绩效显著好于其他公司，具有较好网络的私募股权基金投资的项目成果 IPO 的概率更大。私募股权投资往往需要和其他组织进行联合投资，同时也受到众多网络关系的影响，这一般通过行动者网络位置的中心性去衡量。

11.2.3 公司治理理论下 PE 特征对被投资企业价值的影响

1983 年，Fama 和 Jensen 研究发现，公司治理问题主要是所有权与经营权分离导致企业各利益相关者之间存在的利益博弈。公司控制权的适当配置，不仅可以提高企业的管理水平，也能有效改善企业的经营绩效。股权激励和薪酬制度的科学设定，不仅可以完善企业管理制度，调动企业管理层的积极性，也能很好地降低企业代理成本，提升企业价值。

La Porta（1999）通过实证检验发现，私募股权投资能有效降低企业股权集中度，改善企业控制权和现金流权相分离的现象，健全公司治理，提升企业绩效（白重恩，2005；Hochberg，2012）。汪炜和于博（2013）也验证了这一观点，研究发现私募股权投资参与企业前十大股东持股比例低于上市公司平均水平，股权集中度相对较低，很好地控制了上市公司股权过于集中的问题。进一步研究发现，私募股权投资持股比例与股权集中程度存在负相关关系，私募股权投资持股比例越高，被投资企业股权集中度相对较低，有效改善了股权高度集中的现象，保护了投资者利益。

董事会是企业的最高决策机构，也是公司治理的关键要素，董事会规模和独立性的提升，能很好地改善企业的公司治理整体水平。伊志宏（2010）从董事会规模视角研究发现，董事会规模越大，社会网络资源越丰富，对人才的吸引力越强，能更好地提高企业管理层素质，提升企业管理水平和信息披露质量。进一步研究发现，私募机构能有效改善董事会结构和信息披露质量，机构持股比例越高，企业信息披露质量越高，国有背景私募机构对企业董事会结构和信息披露质量的影响更为显著。Baker 和 Gompers（2003）研究发现，私募股权投资参与后，被投资企业董事会规模和独立性都有所提高，外部董事占比也有所提升。

如果董事会拥有较强的独立性，其监管效果和企业公司治理水平也较高。Fama 和 Jensen（1983）发现，外部董事有利于企业董事会独立性和监管质量的提升。Lemer（1995）研究发现，PE 参与董事会活动频率与企业管理层离职率存在正相关的关系，私募股权投资参与企业 CEO 兼任董事长的概率更低，有效控制了 CEO 的影响力，提升了董事会的独立性。进一步分析发现，私募股权投资的控制权与董事会的独立性存在正相关关系。Jensen（1993）研究发现，私募股权投资机构若具备相关行业方面的经验，有助于提升被投资企业董事会对管理层监管的有效性。De Bettignies，Brander（2007）和 Bottazzi 等（2009）研究发现，资历深厚的私募股权投资合伙人愿意参与被投资企业管理人员招募，提供入职培训，提高董事会管理水平，提升董事会的监管能力，进而实现增值效果也更为显著。

综上所述，我们发现私募股权投资和其特征可通过影响董事会规模、外部董事比例、董事成员构成、股权集中度、监管效果和控制程度等方式，提高被投资企业公司治理水平，进而提升被投资企业的经营绩效和企业价值。

11.2.4　价值创造理论下 PE 特征对被投资企业价值的影响

企业价值创造理论主要研究经济利润的产生与维持的方法与措施。经过多年的发展，企业价值创造理论拥有较为完整的理论体系，按照价值创造理论的发展历程可将其划分为古典利润、企业创新和企业能力三大理论。

古典利润理论认为资本家所得的份额，即资本或股本的利润。克拉克在穆勒的基础上进一步做了深入研究，认为企业家利润是超出管理报酬与资本利息的剩余价值，并把企业技术、组织结构作为经济过程中创造利润的重要因素。私募股权投资作为重要资本投入，不仅占有企业的股权份额，还能通过出任董事会职位，安排管理人员，实现对企业运营过程的管理和监控，进而实现经济地租和资本利得的创造。Barry 和 Muscarella（1990）发现有 PE 支持企业的监管质量更好，企业代理成本更低。Hellmann 和 Puri（2002）研究发现，私募股权投资参与程度越高，企业薪酬激励制度越完善，企业绩效表现越好。

以熊彼特为代表的创新理论明确地把经济利润与资本利得加以区分，认为创新型的企业家们能与众不同地、更有效地运用现有生产工具和新有的发明，利用使用方法和配合上的创新，创造出更高的经济价值。通过创新理论，熊彼特透彻且独到地揭露了利润的本质，为后来者开辟了一个崭新的研究视角，其贡献可谓巨大，时至今日仍对诸多领域有着深刻的影响。

企业技术创新需要雄厚资金和前沿科技的支持，私募股权投资不仅为企业带来充足的资金，也会给企业提供丰富的前沿科技信息。同时，PE 投资资金具有长期性，并且有可能随着企业的成长增加投资量。Kortum 和 Lerner（2000）研究发现私募股权投资能有效促进企业研发投入和专利技术的产出。Lerner（1995）验证了这一观点，进一步研究发现政府背景私募股权投资机构对新兴行业的投资有利于吸引民间资本进入，在改善企业研发投入、专利产出和技术转化等方面的提升效果更显著。上述研究从宏观和微观两个层面验证私募股权投资能有效提升被投资企业技术创新能力，提高其技术转化效率，进而有效创造更多的企业价值。

企业能力理论重点研究企业竞争优势的产生源泉和有效维持的方法，包括内在成长和持续竞争等经典理论流派。

企业内在成长理论主要研究企业核心竞争力和竞争优势产生的根源问题。以马歇尔为代表的资源能力学派认为专业分工会产生更多的前沿知识和技术，而部门间的协调发展能更好地促进知识的综合应用，进而创造更多的企业价值。

依据企业持续竞争优势理论，企业能否持续成长有赖于其是否拥有可持续的竞争优势。Demsetz（1973）研究发现短期内的超额收益很容易被竞争对手模仿和超越，企业只有打造自身的核心竞争力才能更好地获取长期利润。丛海涛，唐元虎（2003）研究发现，私募股权投资能促进企业技术创新发展，加强已有核心竞争力，获取新的核心竞争力，实现企业绩效的提升。沈丽萍（2015）研究发现，私募股权投资进入时间越早，对被投资企业技术创新和公司业绩的提升效果越明显。

以长期投资为基本理念的私募股权投资机构，为了实现自身利益，有意愿为被投资企业提高技术创新能力，打造一种核心竞争力，使被投资企业拥有一种长期盈利模式。同时，私募股权投资机构经验越丰富，参与企业时间越长，对被投资企业技术创新水平和企业价值的提升越有效。

11.2.5 信息不对称理论下 PE 特征对被投资企业价值的影响

信息不对称理论是微观信息经济学研究的核心内容，主要研究信息不对称情形下，信息对市场主体交易行为的影响，以及由此带来对市场运行效率的影响作用。1970 年美国经济学家 Akerlof 提出市场买卖双方掌握信息不同，买方拥有更多的信息，资本市场亦是如此。资本市场中，企业经营管理者比投资者拥有更多的企业经营信息，处于信息博弈中的有利地位。随后，Amit 和 Mckinnon 等经济学家进行了拓展性研究，陆续提出了“逆向选择”“道德风险”以及“信号传递”等相关理论。

1. 逆向选择理论

“逆向选择”指交易双方在签订合同前所获知的消息并不对等，拥有信息优势的一方就会出于自身利益，做出损害信息劣势方利益的行为，降低市场效率和经济效率。Amit（1990）提出了“逆向选择”假说，认为由于资本市场中的投资者、债权人与企业间存在信息不对等现象，投资者处于其中的信息劣势方，由于逆向选择问题，他们往往遭受蒙蔽，投资的企业不乏存在风险高、盈利前景不明朗等问题。

假设（见图 11 - 3）潜力大且收益率高的企业与潜力小、收益率低的企业各占据资本市场的一半比例，分别用 S_H 和 S_L 表示，同时用 D_H 和 D_L 表示公众投资人对其的潜在购买期望，在高价格可以买到高成长性、高回报率企业股票的期望下，S_H和D_H分别高于S_L和D_L，由于信息不对称的原因，在均衡时，成长快、回报率高的企业和成长慢、回报率低的企业被购买的概率基本接近，而前者的报酬高于后者。即$Q_H = Q_L$，而$W_H > W_L$。

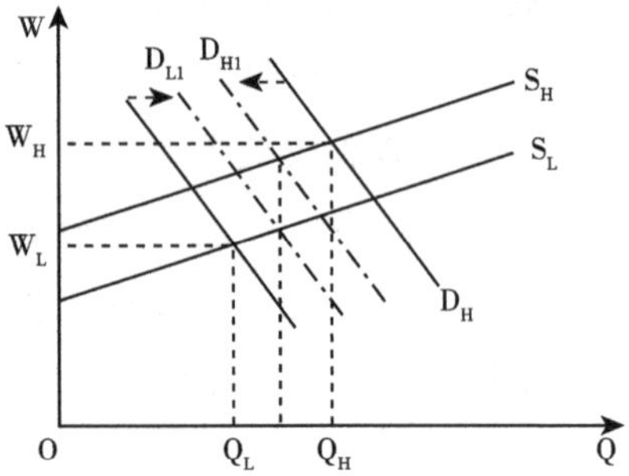

图 11-3 资本市场模型

由于信息的不对称性，投资者能识别高成长性、高回报率企业的概率为50%，从而以低于其合理价格予以投资，导致交易失败；而对于部分低成长性、低回报率的企业，由于以高于其合理价格进行投资，不仅能顺利实现交易，而且能导致更多投资者跟进，使得图中的D_H向左移动，而D_L向右移动，这将使得投资者由于信息不对称的存在而发生“逆向选择”的行为，整个市场会出现“劣币驱逐良币”的现象，整个市场资源不能有效配置，市场效率和企业价值都将受到损害。

私募股权基金投资出于逆向选择问题，为了规避企业家出于私利损害企业总体价值，他们往往通过缔造合约的形式，规范双方的权利义务范围，同时也为了激励私募股权基金和企业管理层，为实现企业价值最大化这一共同目标而付出更多努力。

Chemmanur和Chen（2006）研究发现，私募股权投资与一般投资者和银行不同，私募股权投资不仅能够为企业提供资金和管理上的支持，实现被投资企业的增值效应，而且能通过分阶段投资、投资契约及投资后加强监管等措施，实现对被投资企业管理层的约束，减少因代理问题而产生的信息不对称，提高企业信息披露质量和盈余质量，进而提升企业价值。进一步研究发现，私募股权投资进入企业越早，参与企业管理程度越深，对被投资企业信息披露质量和盈余质量的改善越显著，提升企业价值的效果越明显。

2. 道德风险理论

“道德风险”指投资家与企业家双方在签订合同之后，企业家身为内部人员为维护自身利益最大化而损害投资家的利益，且不愿承担全部后果，该风险产生的原因在于双方目标存在差异、双方信息不对等以及企业家隐藏信息等。

对于投资者而言，他们知道企业的收益 R 取决于企业家的工作努力程度 e 以及一些随机变量 ξ，即 $R=R\ (e,\ \xi)$。但他无法了解代理人是否在努力工作，只能观察到企业的收益 R，并且也只能以此来决定企业家的报酬 W，即 $W=W\ (R)$。投资者的目标是净利润最大化（其他成本不考虑），也就是使得 $E_{\pi}=E(R((e,\xi)-W((R))=E(R(e,\xi)-W(R(e,\xi)))$ 最大化。对于企业家来讲，其目标是使自己的效用 E_u 最大化，即使：$E_u=E_u(W,e)=E_u(W(R(e,\xi)),e)$ 最大化。企业家的效用随着报酬 W 的增加而增加，随着工作辛苦的增加而减少。假设企业家不接受这项工作而从事其他工作获得的效用为 u^*，也就是要满足约束条件 $\mathrm{Max}(E_u(W(R(e,\xi)),e))>u^*$。

投资者要充分考虑企业家愿意工作的约束条件和工作目标来设计一份合同，该合同可以促使企业家选择工作努力水平 e^*，一方面可以使企业家的效用最大化，即 $E_u(W(R(e^*,\xi)),e^*)=\mathrm{Max}(E_u(W(R(e,\xi)),e))$，另一方面也可以使委托人的利益最大化，即 $E_{\pi}=E(R(e^*,\xi)-W(R(e^*,\xi)))=\mathrm{Max}(E_u(R(e,\xi)-W(R(e,\xi))))$ 而不产生道德风险。对于组织，规范的制度（如管理层持股、股票期权等）是确定 e^* 规避道德风险的最佳方法。

Tyebjee 和 Bruno（1984）研究发现，企业家作为外部投资者的代理人，私募股权投资会通过投资时签订契约合同规范企业行为，并在投资后依据合同对企业的运营行为进行持续的监督甚至参与其中；私募股权投资作为资本市场的网络中心之一具备较好的市场影响力，能通过声誉机制向市场传递有价值的信号，在削弱双方信息不对称的同时，提升企业的市场价值。进一步分析发现，伴随私募股权投资声誉升高，联合投资数量增多，对已投资企业参与频率和影响程度也就越大，改善盈余质量和企业价值的效果也越明显，Hellman 和 Puri（2000）、Pruthi（2003）、Knockaert（2006）等研究支持这一观点。

3. 信号传递理论

信号传递理论认为，企业投资者或企业家的声誉名望具有一定的证明作用，能给投资者传递一些正向的证明信息，有助于降低信息不对称性。Sahlman（1990）研究发现，声誉对私募股权投资认证行为起到了一定的规范作用。由于私募股权投资普遍采用有限合伙方式，在顺利获取资金和赢得预期收益方面，声誉显然起着关键性作用。进一步研究发现，私募机构声誉越高，对企业信息不对称现象的改善越好，提升企业价值的效果也越明显。

私募股权投资具有一定的“认证”效应，能有效约束企业盈余管理行为，改善信息披露质量。Chemmanur 和 Loutskina（2006）利用美国资本市场数据研究发现，私募股权投资出于声誉考虑会减少股票发行价格和内在价值之间的差距，约束企业盈余管理行为，提高信息披露质量，提升企业盈余质量。Agrawal 和 Cumming（2010）研究结合 PE 声誉的影响，发现高声誉 PE 能够显著提高上市企业的信息披露质量，提升企业盈余质量，上市后被投资企业经营业绩表现也更好，Wongsunwai（2013）利用不同资本市场的数据也验证了相关的观点。

国内学者也从信息不对称角度对私募股权投资的增值效应做了尝试性研究。汪炜（2004）研究发现，上市公司信息披露水平的提高有助于降低公司的资本成本。陈祥有（2009）以 2004—2007 年中小板上市公司为样本，研究发现私募股权投资降低了被投资企业盈余管理行为，进一步研究还发现私募股权投资持股比例越高，被投资企业盈余质量越好。吴斌等（2011）研究发现，政府背景私募股权投资与企业的成长能力呈现显著正相关。吴宏亮（2010）研究发现，私募股权投资具有较强的市场影响力，能减少信息不对称现象，增加债务融资，改善因现金流短缺造成的投资不足；进一步研究发现，具有高持股比例和证券公司背景等特征的私募股权投资，改善企业投融资环境的功效更为显著，吴超鹏等（2012）等以不同样本数据也验证了这一观点。

由上述理论分析可知，私募股权投资通过投入之前合同契约的签订，能有效避免投资过程中“逆向选择”现象的发生。私募股权投资参与企业后，通过监督功能和利用社会网络资源，能够有效约束管理层的盈余管理行为，避免“道德风险”，提高企业信息披露质量和盈余质量，降低信息不对称程度；同时也能通过股权激励等措施，提高管理者为企业发展多做贡献的主动性，降低由于信息不对称导致的利益冲突。

11.3　私募股权投资特征影响被投资企业价值的理论分析框架

11.3.1　私募股权投资特征影响被投资企业价值的内容与实现方式

11.3.1.1　私募股权投资影响被投资企业价值的内容

（1）管理团队与薪酬制度。Pratch（2005）研究发现，管理团队是企业能否成功的关键因素之一，帮助被投资企业组建管理团队、提高管理能力也是 PE 在投后管理阶段最为重要的活动之一。朱爱萍（2004）研究发现大多数情况下，PE 不直接参与被投资企业的人事安排，但会利用其自身的社会网络和声誉优势影响企业人力资源战略的制定，协助企业招聘更高层次的管理人才。Knockaert 等（2006）研究发现，私募股权投资往往以被投资企业目前管理团队为中心，协助招募相关领域的人才，甚至直接选聘合适的职业经理人，解雇不合适的管理团队成员，使企业管理层成为一个有机整体。Kaplan 和 Lemer（2010）研究发现加强监管，改善治理状况，并实现价值提升是 PE 最主要的策略之一，其中最主要的办法包括与企业家签订权责利明确的激励合同，如解雇不称职企业家或雇佣称职的经理人（Kaplan 和 Stromberg，2004；Lemer，1995）的相关研究支持这一观点。Hellmann 和 Puri（2002）研究发现，私募股权投资更倾向于通过采用股权激励及岗位提升等方式来加强对被投资企业管理层的激励和约束。此外，Hochberg（2008）和 Hellmaim（2005）等研究发现，过去研究 PE 改善公司治理多侧重于建立有效的董事会结构，提升企业治理水平方面，在薪酬激励方面，私募股权投资倾向于通过完善股权激励机制和薪酬体系等方式，提高被投资企业管理层的积极性，进而实现被投资企业价值的提升。

（2）监督机制。不少学者研究发现，私募股权投资进入企业后往往会通过加强监督和管理等方式来规范被投资企业管理行为，预防企业家的道德风险问题，以实现被投资企业价值的提升。Pruthi 等（2003）和付玉秀（2003）等研究发现，私募股权投资机构一般会对被投资企业的公司治理、技术创新、运营绩效、盈余管理及财务状况进行日常监督，在制定重大决策和进行重大人事变动时，私募股权投资机构对被投资企业的监督会更加频繁和深入，在极端特殊的情况下甚至会主导被投资企业 CEO 的更替。PE 对企业的监督能有效控制风险并获取目标企业更为准确的信息，以便更有针对性地帮助企业实现规模扩张和价值提升。

（3）战略规划与技术创新。De Clercq 和 Sapienza（2001）研究发现，市场环境纷繁复杂，私募股权投资参与的企业多为成长期的中小企业，企业本身很难对市场做出判断并制订正确的商业计划，他们迫切需要 PE 出谋划策。Stevenson 等（1987）和 Siegel 等（1988）等通过访谈和问卷调查发现，PE 具有多行业投资经验，对创业企业发展规律十分熟悉，因此他们可通过协助目标企业制订合理发展战略计划这一路径实现对企业价值的提升。

范秀岩和李延喜（2005）研究发现，对于初创期的企业，技术创新能力比较弱，战略规划不够清晰，私募股权投资机构虽不直接参与其运营管理，但仍可利用自身在技术研发和要素市场上的资源优势帮助企业，为其提供私募股权投资机构所拥有的社会网络资源，提供研发高附加值的产品、制定战略发展规划和对企业运营绩效进行监控，并提出改进意见等增值服务。私募股权投资是被投资企业创新活动融通资金的重要渠道，是区域经济增长和企业技术创新的核心驱动力，在技术创新和高科技产业发展方面起到了重要的推动作用。Kortum 和 Lerner 研究发现，一个行业中私募股权投资活动的增加将导致专利注册量的大幅增长，获得私募股权投资的企业专利质量更高，技术转化成功率更大，研发活动和研发成果也更为集中。许多研究者认为，私募股权投资与长期、大额的研发项目及企业早期研发活动关系密切。因此，私募股权投资对市场趋势的理解和对技术前沿的把握，都将帮助创业企业改善经营决策、提高技术创新能力，锻造企业核心竞争力，提升被投资企业价值。

（4）盈余质量。不少学者认为，私募股权投资机构在筛选并投资高风险和前景不明朗的企业时，不仅为企业带来了丰富的资源，先进的管理理念和有效的监督机制，还给被投资企业带来了良好的声誉效应和认证作用。Chan（1983）通过建立模型发现 PE 作为拥有充分信息的金融中介，可有效抑制被投资企业盈余管理行为，提高被投资企业会计信息质量和盈余质量，缓解信息不对称的问题。Barry 等（1990），Megginson 和 Weiss（1991），Francis 等（2003），Hamao 等（2000）等研究也论证了这一观点，他们研究发现私募股权投资在被投资企业 IPO 和日常经营过程中，都能有效降低被投资企业盈余管理行为，提高被投资企业会计信息质量和盈余质量，进而有效降低企业融资成本，提升企业价值。Amit 等（1990），Admati 和 Pfleideler（1994），Bergemann 和 Hege（1998）以及 Trester（1998）从私募股权投资契约角度分析发现，私募股权投资通过为企业提供资金和服务，向资本市场传递认可被投资企业的信号，证明被投资企业的未来发展潜力，提升被投资企业资本市场的影响力，吸引更多投资者为企业提供资金，增加企业进一步融资的可能性，而且可以通过加强监督治理、实施分阶段投资等策略约束被投资企业盈余管理行为，降低信息不对称程度，提升投资绩效和被投资企业价值。Gompers（1995）和 Sahlman（1990）也论证了这一观点，研究发现私募股权投资能有效提高被投资企业影响力，拓展其融资渠道，进一步研究发现，融资渠道的拓展不但有助于企业获得丰富的资源，留住优秀的人才，也有助于被投资企业提升绩效、帮助被投资企业快速发展。

11.3.1.2　私募股权投资影响被投资企业价值的实现方式

（1）董事会参与机制。Bottazzietal（2008）研究认为董事会是公司治理的核心要素，PE 会以外部董事或非执行董事的身份进入企业获取更多的内部信息，加强目标公司的监管以此避免信息沟通不畅带来的负面问题。Sahlman（1990）研究发现，大多数 PE 都会拥有董事会席位，参与到企业重大决策，包括追加投资、资产重组、业务发展以及管理层的聘用等。进一步研究发现，为保护自己的投资的安全性，私募股权投资往往在投资契约中设置重大业务方向变更、重大资产变更和重大投资决策等方面的否决权，以保证企业战略规范的贯彻实施和投资资本的安全性。Cumming（2008）研究发现，由于精力所限私募股权投资很难全程参与被投资企业日常管理的具体业务，因此，他们通常通过担任董事职位、出席董事会会议、参与企业重大战略规划和人事管理等途径，影响被投资企业经营管理决策，提升被投资企业价值；通过参与董事会降低与被投资企业之间的信息不对称，改善自身追加投资策略；通过追加投资获取被投资企业更多的股权，享有更多的话语权，以获得更大的影响力和控制力。

（2）高管驻派机制。管理团队是企业运营管理的核心，是企业战略能够付诸实践的操纵者。为了更全面地了解企业实际情况，掌握企业详细具体的运营流程，私募股权投资不仅借助董事会对企业产生影响，更多的投资机构通过真正介入被投资企业管理团队，参与被投资企业日常经营管理活动，实现对被投资企业具体业务活动的规划和管理。例如，协助被投资企业在创业初期快速提高企业管理水平，完善被投资企业激励制度，健全被投资企业公司治理结构，约束被投资企业管理行为，提高被投资企业会计信息质量和盈余质量，进而提升投资绩效和被投资企业价值。在被投资企业发展到一定层次以后，被投资企业管理团队日趋成熟，管理水平日益提高，私募股权投资再逐渐将关注重心从对被投资企业的日常管理转移到对被投资企业的战略规划和目标制定上，由“管资产”到“管资本”的转变，实现资本的增值和企业价值的提升。

（3）团队咨询服务机制。PE 会组建专业的投后管理部门对企业经营状况实施监管，提升盈余质量，改善企业业绩进而实现企业价值的提升。一方面 PE 机构要求目标企业定期汇报经营状况，他们会通过查阅相关财务信息去监督并改善盈余管理行为。另一方面，通过电话会议与定期会晤等方式与高管进行进一步的沟通，确保 PE 与企业家之间信息沟通顺畅。

通过对私募股权投资影响被投资企业价值内容和实现方式的分析发现，私募股权投资主要利用参与董事会、派驻高管和团队咨询等投后管理服务实现对被投资企业管理团队、薪酬制度、监督机制、技术创新和盈余质量等要素产生影响，通过对企业公司治理、技术创新和盈余管理的改善，实现企业监管制度、产品技术和信息质量等不同层面改善，进而提升被投资企业价值。

11.3.2　PE 特征影响被投资企业价值的路径与机理分析

PE 的加入会影响企业内外部管理者、债权人等利益相关者对企业发展的信心，进而导致企业内外部网络关系的变化，通过影响企业的管理运营要素进行信息传导，通过公司治理、技术创新和盈余管理三条路径影响企业的管理制度、产品技术和财务信息质量，分别从企业制度层面、技术层面和信息层面对企业产生影响，改善企业的财务绩效、产品绩效和市场绩效，进而影响被投资企业的企业价值（见图 11－4）。分析发现，三条路径之间并不孤立，存在相互影响，互相作用的关系，信息是完善制度和提升技术创新的基础，制度是提升技术创新和改善信息质量的保障，而技术能有效促进制度的完善和信息质量的提高，三者之间互相促进，共同推动企业的成长和企业价值的提升。

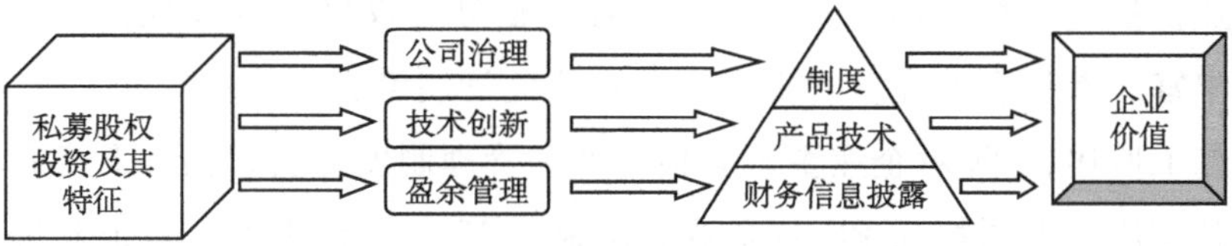

图 11－4　私募股权投资特征影响企业价值的路径分析

在界定私募股权投资、私募股权投资特征和企业价值相关概念，系统研究委托代理理论、社会网络理论、公司治理理论、价值创造理论和信息不对称理论等理论的基础上，分析 PE 影响被投资企业价值的可行途径和实现方式可知，PE 主要通过担任董事职位、参与董事会、派驻高管和提供投后管理团队等方式实现对被投资企业管理团队组建、薪酬激励制度制定、技术创新、战略发展规划，通过认证效应实现约束盈余管理行为，提高会计信息质量，进而实现提升企业价值的目的。私募股权投资导致企业内外部网络关系的变化，不同私募背景、私募声誉和持股比例的私募股权投资对董事会独立性、技术创新和盈余质量的影响存在差异，私募股权投资和私募股权投资特征对企业价值的影响主要通过以下三个路径加以实现。

1. 私募股权投资特征通过公司治理路径影响被投资企业的价值

私募股权投资的加入会导致被投资企业股权结构、董事会组成、管理层机理和约束机制等内部公司治理结构和制度的改变。作为被投资企业的重要股东，私募股权投资在直接改变上述内部结构和制度的情况外，也会不同程度参与被投资企业人事聘任和薪酬制度的制定，完善企业管理团队和薪酬激励制度，降低代理成本，改善企业财务绩效和市场绩效，进而提升企业价值。Suchard（2009）认为私募股权投资能有效提高企业董事会的独立性，对企业的治理结构和管理制度也有明显的提升效果。

私募股权投资背景、持股比例和管理规模等特征不同，对被投资企业的参与程度，参与方式和影响力度也会存在差别，对企业管理层监管和激励的效果以及公司治理水平提升的程度也有所不同。Lemer（1995）和Fried等（1998）论证了这一结论，研究发现有控制权私募机构对被投资企业研发投入和产品更新换代更为关注。进一步研究发现，不同背景PE对企业价值的影响也存在差异，国有背景私募股权投资管理规模更大，经营更丰富，参与企业经营管理和完善企业监管制度也更为有效。

综上所述，PE对企业董事会独立性和管理制度等公司治理要素有明显的提升作用；不同特征PE对企业薪酬制度等公司治理要素和企业价值的影响存在差异，管理规模大、控制权强以及具有政府背景的私募股权投资，提高公司治理水平的效果更好，对企业的增值效果也更显著。

2. 私募股权投资特征通过技术创新路径影响被投资企业的价值

PE作为专注于被投资企业价值增长的长期投资者，一般比较重视被投资企业的技术创新能力和长期成长性；PE投资的企业多为中小企业，制度比较灵活，对技术创新的重视程度也比较高，而私募股权投资的加入，一方面可有效改善中小企业融资困难、资金不足的困境，同时也可帮助企业打造核心竞争力，提高企业产品附加值，提升企业技术创新的动力和获取前沿知识的能力。Kortum和Lerner以美国资本市场上市公司为样本，以研发投入和专利产出为企业技术创新水平的衡量标准，进行实证研究发现私募股权投资与企业技术创新水平间存在正相关关系，持有期限较长的私募机构对被投资企业研发投入和专利技术产出的促进效应表现更加明显。

以长期投资为理念的私募股权投资更为关注企业核心竞争力的培育，不同特征私募股权投资拥有的资源不同，提高被投资企业技术创新水平和核心竞争力的效果存在差异，对被投资企业产品绩效和企业价值的提升效果也会有所差别。Rin 和 Penas（2007）验证了这一观点，以专利产出作为技术创新的衡量标准，分析研究结论发现，私募股权投资在促进企业专利产出和技术核心竞争力的形成中扮演了重要的角色，联合投资对企业专利产出和核心竞争力的提升效果更为显著。龙勇等（2009）也得出了类似的结论，他们研究发现私募股权投资能有效促进被投资企业技术创新能力的提高，进一步研究发现私募管理规模和投资额度对被投资企业专利产出数量和高技术产品出口额度均存在显著的影响。

综上所述，私募股权投资能有效改善被投资企业技术创新能力，促进被投资企业发展，提升企业价值；不同特征 PE 对企业技术创新能力和企业绩效水平的提升作用存在差异，其中早期投入、联合投资、管理规模大和投入额度高的私募股权投资机构对被投资企业技术创新和企业价值的影响更显著。

3. 私募股权投资特征通过盈余管理路径影响被投资企业的价值

相对于外部投资者来说，私募股权投资更容易获得企业内部的真实财务信息，了解企业实际财务状况。作为关注被投资企业长期价值的私募股权投资，在分析企业财务现状和掌握企业现有管理制度的基础上，可通过派董事列席董事会、参与企业经营管理活动、完善企业管理制度和对企业实施更严格监督等行为，有效约束被投资企业盈余管理行为，提高盈余质量。Teoh 和 Siew Hong（1998）验证了这一观点，他们研究发现私募股权投资能有效约束企业盈余管理行为，有私募股权投资机构参与企业盈余质量较高，盈余管理程度更低，被投资企业的股票绩效和企业价值表现也更好。

不同类型私募股权投资由于具有不同的特征，在影响程度和影响方式上也会存在一些差异。一般而言，私募机构管理规模越大，对企业的认证作用越显著，对企业信息披露质量的改善程度越高，对企业的增值效应也越强。Morsfield 和 Tan（2003）也论证了这一观点，他们研究发现私募股权投资机构有效提升了被投资企业会计信息的公允性和可靠性，私募机构管理规模越大，认证作用越强，信息质量越高，能吸引更多的投资者跟进投资，进而有效降低融资成本，提高财务绩效和市场绩效，进而提升企业价值。

私募机构间的联合投资能有效构建一个范围更大的社会网络，改善被投资企业的信息吸收和扩散，提高会计信息的透明度和信息披露质量，进而提升企业价值。Kaplan 和 Stromberg（2003）验证了这一理论分析结果，他们研究发现私募股权投资对被投资企业有良好的监督作用，能确保其客观出具财务报告，改善公司报表质量，联合投资企业的信息披露质量和盈余质量更高，增值效应更好。Wongsunhai（2008）研究发现，私募股权投资参与企业财务报表重述现象较少，操纵性应计利润普遍较低，联合投资的企业，联合持股比例越高，越能抑制企业盈余管理行为，扩大信息传播范围，降低信息披露成本，提升企业价值。

综上所述，PE 通过加强监管，完善企业管理制度，有效控制了企业盈余管理行为，提高了企业盈余质量，降低了企业融资成本，进而实现企业价值的提升；不同特征 PE 对被投资企业盈余管理和企业绩效的影响存在差异，私募机构管理规模越大以及机构间的联合投资能更有效地提高企业信息披露质量，降低企业信息不对称成本，提高企业财务和市场等绩效，进而提升企业价值。

基于委托代理理论、社会网络理论以及公司治理理论，推演私募股权投资特征影响企业价值机理的路径及机理。私募股权投资参与企业后，与被投资企业、联合投资 PE 以及其他社会资源共同构成一个复杂的网络，处于中心位置的私募股权投资机构能从网络中获取更多的信息和资源，有助于其为被投资企业提供更有针对性的增值服务。私募机构管理规模越大，投入时间越早，私募股权投资的经验越丰富，影响力度越大，参与程度越高，对企业董事会结构、薪酬制度、研发投入和盈余管理行为等方面的影响越强，增值效应也越明显。私募机构间的联合投资能扩大企业社会网络，提高企业知识吸收和信息扩散的效率，帮助企业更好地把握技术前沿，提高技术创新能力，也能更为有效地提高企业信息披露质量，改善信息不对称现象，提高盈余质量，提升企业价值。

11.3.3　PE 特征影响被投资企业价值理论分析框架的构建

通过分析私募股权投资特征影响企业价值的路径及机理，发现私募股权投资能通过改变被投资企业内外部网络，改善董事会独立性，提高公司治理水平，完善技术创新机制，健全企业管理制度和信息披露机制，改善企业财务绩效、产品绩效和市场绩效，进而提升企业价值。不同特征私募股权投资对公司治理、技术创新、盈余管理以及企业价值的影响存在差异。私募机构管理规模越大、对被投资企业控制权越强。具有政府背景的私募机构对被投资企业的董事会结构、董事会独立性以及薪酬制度等公司治理要素影响越强，对企业公司治理水平和企业价值影响越显著。PE 投入时间越早、持股比例越高、联合投资数量越多，对被投资企业技术创新提高、核心竞争力形成和企业价值提升的效果越显著。管理规模越大、声誉越高的私募股权机构联合投资，能更好地抑制被投资企业的盈余管理行为，提升企业盈余质量，降低企业融资成本。

基于上述分析，本书以 PE 运营流程为切入点，结合 PE 特征对被投资企业价值的影响机理，构建 PE 特征影响企业价值的理论分析框架，如图 11 -5 所示。框架图的左边表示私募股权投资和私募股权投资所具有的特征，根据私募股权投资特征的概念界定，分析样本数据发现我国私募股权投资特征主要包括外资背景、国有背景、私募声誉、持股比例、持有期限和联合投资等特征。私募股权投资和私募股权投资特征会影响被投资企业的内外部网络，改变被投资企业的内外部环境，进而直接影响被投资企业的企业价值。私募股权投资和其特征除了直接影响被投资企业的企业价值之外，还会通过公司治理、技术创新等中间路径，改善企业财务绩效、产品绩效和市场绩效，进而实现对被投资企业价值的影响。框架图的中间列示了私募股权投资和 PE 特征可通过公司治理、技术创新和盈余管理路径影响被投资企业价值。

私募股权投资和其特征会对被投资企业资本成本、研发投入和股票绩

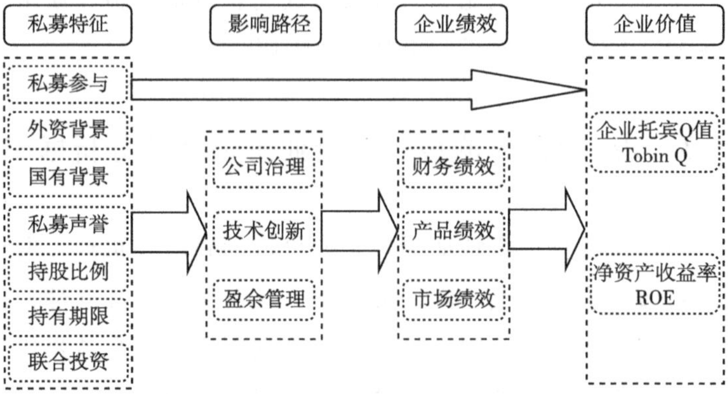

图 11-5 私募股权投资特征影响企业价值的理论分析框架

效等价值要素产生影响。同时，通过技术创新开发新产品以及声誉效应产生的认证作用，也会影响被投资企业的营业收入、净利润和未来现金流等价值要素。因此，框架图中分别用反映资本市场综合价值表现的 Tobin Q 值和反映企业盈利能力和未来现金流净资产收益率（ROE），来从不同角度表示被投资企业的价值，以求更为全面地反映私募股权投资对企业价值的影响。PE 通过技术创新等路径影响企业价值的理论分析和实证检验，也分别有公司治理理论、价值创造理论和信息不对称理论分别加以分析解释。由此看来，从 PE 影响企业价值到不同特征 PE 影响企业价值，进而分析不同路径下 PE 及不同特征 PE 对被投资企业资本市场绩效和未来现金流表现的影响，形成一个完整的链条，涵盖 PE、PE 特征、企业价值和影响路径等多方参与主体和价值影响因素，共同构成了 PE 特征影响企业价值的理论分析框架。

综合本章研究可发现，私募股权投资、私募股权投资特征、私募股权投资影响被投资企业价值的方式和实现手段、PE 特征影响被投资企业价值的理论依据以及 PE 特征影响被投资企业价值的路径和机理等理论分析前后对应、相互联系。PE 影响被投资企业价值的方式和实现手段为 PE 特征影响企业价值的路径和机理分析奠定了基础。同时私募股权投资特征影响被投资企业的理论依据也为私募股权投资特征影响被投资企业价值的路径和机理分析提供了理论依据。

11.4　本章小结

本章对私募股权投资特征影响企业价值的机理进行了理论分析。首先，对私募股权投资、私募股权投资特征与企业价值的概念和内涵进行界定；其次，对委托代理理论、社会网络理论、公司治理理论、价值创造理论和信息不对称理论等理论下私募股权投资特征影响企业价值的原理进行分析；最后，在概念界定和理论分析的基础上，构建私募股权投资特征影响企业价值的理论分析框架。作为理论分析的核心章节，本章为本书的后续研究打下了坚实的理论基础。

第12章 私募股权投资特征影响被投资企业价值的模型检验

私募股权投资是金融领域的重大创新成果，具有很强的生命力。相对于银行贷款，私募股权投资的回报与企业的收益和企业价值紧密相关，这使私募股权投资机构更关注企业的发展，更愿意帮企业提升管理水平，提高企业价值，以增加自身的投资收益和行业声誉。相对于对冲基金等其他基金，由于私募股权投资基金具有相对连续性（即上一笔基金的投资情况可直接影响到下一笔基金募集的成功与否，这在一定程度上形成了对普通合伙人的潜在约束，使其必须勤勤恳恳做好投资）的特点，因而以提升企业价值为目标的私募股权投资将会有更好的发展前景。私募股权投资作为企业的重要利益相关者和注重企业长期发展的投资者，是否能影响被投资企业价值？如何影响被投资企业价值？影响的方向和效果怎样？不同特征私募股权投资对被投资企业价值的影响有何差别？这正是本章的研究重点。

12.1 理论分析与假设提出

12.1.1 理论分析

私募股权投资自诞生以来，投资人、私募股权投资和企业三者之间的双重代理问题一直是学术界关注的重点。国内外对私募股权投资的主流研究大多是在委托代理理论框架下展开的。Jensen 和 Meckling 等指出，委托人与代理人之间的利益分歧、信息不对称性、契约不完备性和交易费用是产生代理问题的根本原因。PE 投资机构可以通过设立适当的激励机制或花费一定的监督费用来限制代理人背离委托人利益行为的发生，从而降低委托人与代理人之间的利益冲突。

大多数学者研究发现，私募股权投资能有效提升被投资企业价值。Sahlman 研究发现私募股权投资机构的运营机制强调了声誉在私募股权投资市场中的重要性，私募股权投资机构的声誉将直接影响其退出收益和下一次的融资，而私募股权投资机构的声誉需通过提升被投资企业价值加以表现。Jeffrey J. Trester 和 Hobert 认为在签订协议时企业家和投资家之间信息是对称的，其后不对称信息才发生，而私募股权投资作为金融中介，介入其所投资的项目，发挥减少信息不对称，降低风险，降低自身和企业家之间代理成本，提升企业价值的作用。Magginson 和 Weiss 研究发现，得到私募股权投资的上市公司抑价成本和承销商费用更低，能有效降低企业运营成本。Brav 和 Gompers 对公司在上市后的价值进行研究发现，与没有得到私募股权投资的公司相比，得到私募股权投资的公司在上市后五年内给股东的回报更丰厚，说明私募股权投资对被投资企业的企业价值有一定的促进作用。

部分学者通过实证研究得出了其他不同的观点。Wang K. Clement 和 Lu Q 对新加坡的 164 家上市公司进行实证分析，将总样本分为有私募基金和无私募基金两大类。实证结果发现，在市场表现方面，两类样本公司没有明显差异，而在股票绩效方面，有私募支持的表现反而更差。Wong 以香港市场的上市公司为研究对象，调查了私募股权投资对被投资公司股票绩效的影响，其研究结果是：无论上市公司是否拥有私募股权投资，它们在上市后的股票绩效和市场表现均没有明显差异，也就是说，对于在香港上市的公司来说，它们所拥有的私募股权投资并没有起到预期中提高公司价值的作用。许军（2019）研究发现私募股权投资在企业发展的不同阶段有不同的影响。在 A 轮阶段，私募股权基金的入场显著促进了企业规模的增长，并对收益质量产生重要影响。然而，对于企业的盈利能力影响并不明显。而在 B 轮阶段，私募股权投资基金的入场对企业的规模和收益质量都产生显著的正向影响。而多轮次的私募股权投资对企业的规模、盈利能力和收益质量都产生显著的正向影响。张晓玫等（2020）研究发现短期数量型货币政策在经济高涨时期对私募股权投资的调控效果更佳，而长期数量型货币政策在经济平稳时期对私募股权投资的调控效果更佳，数量型货币政策对私募股权投资的影响在时间维度呈现递减趋势。王丹等（2022）私募股权投资是一种权益性投资方式，与债券投资相对应。它通过由专业的资金管理人设立的私募股权基金，选择具有良好发展潜力但尚未上市的公司作为主要投资对象。私募股权投资向这些企业提供现金支持和增值服务，以进一步提升它们的价值。

从以上分析可知，私募股权投资对企业价值影响在不同制度环境下有不同的结果。目前，对企业价值影响作用的研究多从减少企业运营和上市过程中的信息不对称，降低企业代理成本角度进行，很少有文献结合私募股权投资特征对企业价值影响进行研究，为本书的研究留下了一定的空间。同时，现有的研究表明：随着时间的变化，私募背景、持股比例及持有期限长短的不同，不同特征私募股权投资对企业价值的影响程度也有所差别，但尚未得到统一的结论，有待进一步的实证检验。

12.1.2 假设提出

从宏观上来看，私募股权投资作为一种有效渠道使闲散的社会资本流向最能产生价值的生产环节，有效提高了社会资源配置效率，为社会创造了价值。Caselli 等（2008）以美国 394 个不同区域资本市场为研究样本，检验私募股权投资对企业技术创新和区域经济发展的作用，研究结果发现私募股权投资对企业专利产出和专利转化都具有显著的正向促进作用，对区域市场的资源配置效率和区域经济发展也有较为明显的促进作用。

从微观层面，私募股权投资的参与，直接改变了被投资企业的资本结构，而私募股权投资积极的管理态度和专业的管理水平也将帮助公司进一步提升其公司治理水平，进而影响其企业价值。Suchard（2009）以澳大利亚上市公司为样本，研究发现有私募股权投资参与企业所聘任独立董事水平较高，在独立董事数量、独立董事背景和独立董事经验方面都表现较好，说明私募股权投资确实改善了被投资企业公司治理状况。Jain 和 Kini（1995）以美国上市企业为样本，研究发现与无私募股权投资参与的企业相比，有私募股权投资参与企业的经营业绩表现更好，进一步研究发现私募股权投资对被投资企业的监管力度与被投资企业价值的表现存在显著正相关关系。

根据信息传递理论和声誉机制理论，拥有专业管理团队和广泛信息渠道的私募股权投资参与的企业，将更受投资者的关注和信任，也将表现出更好的股票绩效。De Bettignies 和 Brander（2007）认为私募股权投资能够在 IPO 融资后提供银行所不能提供的增值服务，尤其体现在企业管理经验等方面；即当私募股权投资具备充分的行业经验时最能帮助企业创造价值。Bottazzi 等（2009）的研究结论也支持这一观点。他们研究发现，商业经验越丰富、行业资历较深的私募股权投资合伙人更倾向于亲力亲为帮助被投资企业提升价值，如参与企业董事会、协助企业募集资金、监管企业日常经营等，其与企业家和管理层之间的学习交流也更频繁。基于以上分析，提出本书的假设 12－1。

假设 12－1：相比无 PE 参与企业，有 PE 参与企业的企业价值表现更好。

进一步分析私募股权投资特征对被投资公司企业价值的影响差异，我们发现针对私募股权性质而言，外资背景的私募股权投资机构其投资经验、管理团队和监管水平一般会高于非外资背景的私募股权投资机构，而投资经验、管理团队和监管水平将直接或间接地影响被投资企业的薪酬制度、公司治理水平和企业经验绩效。因此，我们推断相对非外资背景 PE，外资背景的 PE 更能改善被投资公司的管理水平，提高被投资公司的企业价值。

相对于民营背景的私募股权投资，国有背景的私募股权投资其资金规模和政治联系都更具优势，政府通过政策和机会上有所倾斜，有意成立国有背景的大型私募股权投资，培养人民币基金的领航者，借此发挥示范带头作用，以期提升管理水平甚至超越外资私募股权投资。由清科等私募统计数据可知，中科招商和深创投等知名国有私募股权基金管理机构的资金数量和投资绩效在国内私募股权投资中的一直名列前茅，它们培养企业的 IPO 数量和对企业的增值水平也高于其他私募股权投资。据此，我们推断国有背景 PE 比民营背景的 PE 能更有效地提高被投资企业的价值。基于以上分析，提出本书的假设 12－2 和假设 12－3。

假设 12 -2：相比非外资背景 PE，外资背景 PE 参与企业的企业价值表现更好。

假设 12 -3：相比民营背景 PE，国有背景 PE 参与企业的企业价值表现更好。

作为注重企业长期成长的投资者和积极的管理者，私募股权投资会通过担任董事会成员和参与董事会活动积极参与企业的经营管理活动，改善被投资企业会计信息披露机制，约束盈余管理行为，提高会计信息质量，进而提升被投资企业价值，Macmillian 等（1985）和 Gompers 等（1995）通过实证研究验证了这一观点。Guo 等（2004）以美国生物科技类上市企业为样本研究发现，有私募股权投资参与企业的财务透明度显著高于没有私募股权投资参与的企业，进一步研究还发现，有私募股权投资参与企业的股票绩效高于该类企业股票绩效平均水平。

“认证假说”（Megginson 和 Weiss，1991；Barry 等，1990）认为私募股权投资对企业具有认证的效应，有私募股权投资参与的企业将更加受到其他投资者的关注和信赖，而高声誉的私募股权投资的这种认证效应更为明显，影响力也更大。“声誉效应假说”（Gompers，1996；Lin 和 Smith，1998；Lee 和 Wahal，2004）认为私募股权投资声誉能影响到被投资企业的众多利益相关者，能拓展企业融资渠道，聘任更高质量的承销商和第三方认证机构，通过其社会网络资源为被投资企业获得更多的前沿知识，提高企业核心竞争力，提升企业价值。

同时，高声誉的私募股权投资为了保护和进一步提升自己来之不易的声誉，也更愿意通过自身的努力去帮助被投资企业改善经营管理，提升企业价值。Gompers（1996）通过实证研究也验证了这一观点，他们研究发现相对于新成立私募股权投资偏好尽快促成企业成功上市的策略，高声誉私募股权投资更看重长期绩效，通过改善企业内生能力来提升被投资企业价值，其效果也更好。基于上述分析，提出本书的假设 12 -4。

假设 12 -4：PE 声誉越高，企业价值表现越好。

从私募股权投资持股比例角度分析可知，私募股权投资机构持股比例越大，拥有被投资企业的股份越多，对被投资企业的影响力和约束力也就越大。另外相对于持股比例小的私募股权投资，拥有较大持股比例的私募股权投资对企业资本结构和公司治理的影响可能更大，对薪酬激励机制的制定和管理层监管制度的完善也更为有效，对员工的激励和监督效果也就越好，进而更好地提升企业价值。

著名公司治理专家 Jensen 于 1989 年研究发现，私募股权投资不仅是企业资金的提供者，也是企业调整公司治理机制的重要推动者，作为积极的投资者，私募股权投资通过加强监管和完善激励机制，能有效降低被投资企业的代理成本。进一步研究发现，私募股权投资持股比例越高，参与程度越大，改善公司治理水平和提升企业价值的效果也就越好。Cornelli 等（2008）以英国上市企业为样本，也验证了这一观点。基于此，我们推断 PE 持股比例与被投资企业价值间存在正相关关系。据此，我们提出本书的假设 12 -5。

假设 12 -5：PE 持股比例越高，企业价值表现越好。

从持有期限角度分析，私募股权投资机构持有期限越长，参与被投资企业经营管理程度越深，对被投资企业的影响程度和作用效果也就越大。私募股权投资持有期限越长，对被投资企业的特征以及经营管理活动中的各项细节了解越深，能更好地帮助被投资企业发现日常经营管理中存在的缺陷和不足，改善被投资企业业务流程，健全被投资企业公司治理机制，全面提高被投资企业管理水平，进而更有效地提升被投资企业的价值。

李延喜等（2002）验证了这一观点，他们研究发现私募股权投资机构持有被投资企业股份后，积极通过现场调研、分析数据、评价现状、提出对策和协助制定管理制度等各种手段参与被投资企业的管理活动，提升被投资企业管理团队的整体水平，持股期限越长的私募股权投资机构，掌握被投资企业的重要信息越详细准确，对于被投资企业的增值效果也越好。基于以上分析，我们提出本书的假设 12 -6。

假设 12 -6：PE 持有期限越长，企业价值表现越好。

社会网络研究表明联结强度影响了信息的扩散，行业嵌入性有助于企业的绩效。该理论认为，私募股权投资会引起企业内外部网络的重构，导致企业内外部信息流通渠道和资源获取及分配过程的变化，从而引起企业价值的变化。私募股权投资间的联合投资能更有效地发挥这种社会网络的效用。Joshua Lerner（1994）通过实证研究发现：联合投资现象在私募股权投资中较为常见，多家私募股权投资机构参与联合投资的企业，接受投资后公司治理水平和企业价值表现更好，进一步研究还发现，私募股权投资机构进行联合投资时，持有被投资企业股权的时间更长，对被投资企业的后续管理也更为积极有效。

结构洞理论认为相比关系的强弱，个体在网络链条中的位置更为重要，它会影响个体信息和资源的获取以及权力的大小。Jensen 和 Coenig (2002) 以挪威一高管培训中心学员为对象，研究发现弱联结经常提供信息资源，强联结则经常提供动力，两者的差别并不大，但处于中间位置的联结拥有更为丰富的资源和信息，能为整个组织前进提供更大的推动作用。因此，我们应该充分利用结构洞的优势作用，利用联合投资的优势，将无直接联系的主体间关联起来，使私募股权投资和被投资企业拥有更多的信息和控制优势，为自己获取到更多的收益。

Peter Abell (2007) 和 Christian Hopp (2009) 等研究发现具有较好社会网络的私募股权投资企业表现了较好的绩效，其投资的企业 IPO 数量或者出售给另一家公司的数量比例较高；当风险较大时，私募股权投资会得益于联合投资专业知识的综合效应。联合投资成为一个重要的提升其网络地位的战略，联合投资在随后的投资中能够结合产业经验更好地选择投资企业，也能提供更高质量的管理建议。当多家私募股权投资对企业进行联合投资时，私募股权投资和被投资企业间形成一个具有共同利益的社会网络，而被投资企业将处于整个网络的中心位置，将从各私募股权机构获得资源和信息，能更好地规避风险，也能进行更高质量的科学决策。基于以上分析，我们提出本书的假设 12 - 7。

假设 12 - 7：PE 联合投资数量越多，企业价值表现更好。

12.2 研究设计与模型构建

12.2.1 样本选择与数据来源

考虑在 2008 年之前，私募股权投资机构参与企业成功上市的不多，且大多为外资背景的私募股权投资。同时，考虑到 2012 年 11 月 16 日 IPO 暂停，直到 2014 年初才得以重启，因此，本书以 2008—2021 年我国境内 IPO 上市公司为研究对象。本书关于 PE 的信息主要通过翻阅招股说明书中的“发行人股份形成及变化”“发起人及主要股东基本信息”等材料手工整理获得。为保证数据的准确性和客观性，本书将所获数据与 Wind 资讯和 CV Source 数据库中数据做了详细核对。此外，本书剔除了金融业、数据缺失和异常的样本企业。仔细筛选后，本书以 A 股市场符合条件的 3167 家企业为样本，其中有 PE 的共 1997 家，无 PE 为 1170 家，以 PE 投入目标公司起，到成功上市当年年末为周期，研究 PE 对被投资企业价值的影响，以及不同特征 PE 的影响差异。我国《公司法》《证券法》等相关法律法规明确规定，企业 IPO 上市均需通过证监会等监管机构在主体资格、公司治理、独立性、股本、资产规模、资本结构、盈利能力和企业价值等各项指标严格按标准进行审查，同一板块上市企业中有 PE 和无 PE 参与企业其资产规模、资本结构和盈利能力等各项指标具有很好的匹配性和替代性，进而有效地避免由于 PE 以及不同背景（外资背景和国有背景 PE）PE 自选择带来的内生性问题，保证了研究结论的真实性（借鉴 lernar 等和张然等的做法）。为检验不同途径收集样本企业数据的一致性，本书对数据先后做了 Kappa 检验和多独立样本的 Kruskal - Wallis 检验。检验结果显示，样本数据的 Kappa 值均大于 0.75，表示样本数据具有很好的一致性，Kruskal - Wallis 检验结果也表示样本数据间不存在显著的差异，验证了样本数据具有很好的一致性。

表 12 - 1　　　　样本分布情况

年份	IPO 公司家数	有 PE 参与上市公司数量	无 PE 参与上市公司数量	有 PE 公司占 IPO 公司总数的比例（%）	无 PE 公司占 IPO 公司总数的比例（%）
2008	74	25	49	33.78	66.22
2009	108	44	64	40.74	59.26
2010	339	131	208	38.64	61.36
2011	271	130	141	47.97	52.03
2012	144	87	57	60.42	39.58
2014	125	80	45	64.00	36.00

续表

年份	IPO 公司家数	有 PE 参与上市公司数量	无 PE 参与上市公司数量	有 PE 公司占 IPO 公司总数的比例（%）	无 PE 公司占 IPO 公司总数的比例（%）
2015	217	154	63	70.97	29.03
2016	237	174	63	73.42	26.58
2017	415	302	113	72.77	27.23
2018	92	76	16	82.61	17.39
2019	190	146	44	76.84	23.16
2020	441	325	116	73.70	26.30
2021	514	366	148	71.21	28.79

表 12－1 主要对所选样本的分布情况加以分析。其中，2008 年私募股权投资参与公司为 25 家，仅占当年 IPO 公司总数的 33.78%，数量和所占比例都相对较少。随着 2009 年创业板的设立，私募股权投资参与的上市公司数量逐年增加，在实证过程中需控制年度差异。相比 2008 年前上市公司私募股权投资参与度，在 2008—2021 年上市公司中私募股权投资参与的比例逐年增加，这一阶段的数据具有很好的代表性，更能体现私募股权投资对企业价值的影响力。

12.2.2 变量定义

12.2.2.1 被解释变量

本书采用两个指标对企业价值进行衡量：

（1）托宾 Q（Tobin Q）：

$$Tobin\ Q_i = \frac{(N_i \times CP_i + NB_i \times CP_i \times ER_i + (UN_i \times FOE_i/FC_i) + DV_i)}{TA_i} \tag{12-1}$$

被投资企业上市当年的 Tobin Q 值等于企业资本市场价值与资产重置成本之比，托宾 Q 不仅能评价企业的财务状况，还可综合反映上市企业的经营情况，是反映企业价值众多指标中相对客观和最为常用的指标，因此本书选择其作为衡量企业价值的重要指标之一。本书所用的 Tobin Q 值是利用万德和国泰安数据库收集被投资企业非流通股市值、流通股市值、长期负债市值、短期负债市值和资产总额等相关数据，根据其标准计算公式（12－1）计算所得，力求更加客观地反映样本企业的企业价值。

（2）净资产收益率（ROE）：

$$ROE_j = P_j\left(E_{aj} + \frac{NP_j}{2} + \frac{E_{bj} \times M_{bj}}{M_{aj}} - \frac{E_{cj} \times M_{cj}}{M_{aj}}\right) \quad (12-2)$$

其中，P 为报告期税后利润；NP 为报告期净利润；E_a 为期初净资产；E_b 为报告期发行新股或债转股等新增净资产；E_c 为报告期回购或现金分红等减少净资产；M_a 为报告期月份数；M_b 为新增净资产下一月份起至报告期期末的月份数；M_c 为减少净资产下一月份起至报告期期末的月份数。

被投资企业上市当年的 ROE 等于报告期税后利润与加权平均股东净资产之比，是衡量上市公司盈利能力、企业价值和发展潜力的重要指标。哈佛商学院的 Josh Lerner 等通过实证研究发现，企业净资产收益率越高，企业拥有的自有资本收益能力便越强，进而运营效果越好，企业价值也就越高，因此，为了能更综合地反映企业价值，本书在选择 Tobin Q 值作为衡量指标的同时，还选择净资产收益率作为企业价值的另一项衡量指标。本书用于计算 ROE 数据主要来源于万德和国泰安数据库。

12.2.2.2　解释变量

本书从 PE 特征角度研究不同特征 PE 对企业价值影响的差异，因此，在解释变量的选择上，以反映 PE 不同特征的变量为主，主要包括是否有私募股权投资参与、私募股权投资持股比例、私募股权基金的外资背景、私募股权基金的国有背景、私募股权投资的持有期限和联合投资个数等变量。

12.2.2.3　控制变量

为了消除其他可能影响因素，更真实反映自变量和因变量之间的关系，本书借鉴 Kaplan 和 Lerner 等的做法，在模型中加入了公司规模、第一大股东持股比例、高管持股比例、资产负债率和企业资历等变量作为控制变量。考虑到我国上市公司中不少具有国有控股背景，这会在一定程度上影响 PE 的引入和私募股权投资作用的发挥，所以加入被投资企业性质变量加以控制；私募股权投资选择投资企业时，会对企业经营状况和收益水平加以考察，择优选投，考虑到被投资企业经营状况可能对私募股权投资基金产生的影响，本书引入企业成长性作为控制变量，以有效控制私募股权投资优选投资对象可能对模型结果产生的影响，提高模型结果的真实性。具体变量名称及定义如表 12－2 所示。

表 12－2 变量定义

变量名称	变量符号	变量定义
托宾 Q 值	Tobin Q	等于企业 IPO 当年年末资本市场价值/资产重置成本
净资产收益率	ROE	等于企业 IPO 当年年末报告期净利润/加权平均股东净资产
PE 参与	PE	表示是否有 PE 参与，有 PE 参与变量值为 1，没有 PE 参与变量值为 0
外资背景	Foreign	以持股比例最大的 PE 背景来衡量，有国外背景为 1，否则为 0
国有背景	State	在非外资背景情况下，以持股比例最大的 PE 背景来衡量，有国有背景值为 1，否则为 0
私募声誉	PErep	表示 PE 投资机构的声誉，PE 投资机构中如果有排名前私募 50 强的，则变量值为 1，否则为 0
持股比例	PEshare	以 IPO 前持股比例衡量，如一家 PE 多次投入，则将各轮投入比加总，如多家 PE 共同参股，将各 PE 投资持股比例加总
持有期限	lnt	以入股到企业上市间隔的月数取自然对数衡量，如果同一家 PE 多轮投入或多家 PE 参与投资，都以最早投入的时间计算
联合投资	Count	用参与同一家企业的 PE 个数来衡量
企业规模	Size	用被投资企业当年年末总资产的自然对数加以计算
第一大股东持股比例	Top	年末被投资企业第一大股东持股比例
高管持股比例	Mor	年末被投资企业高管持股比例
资产负债率	Lev	用被投资企业当年年末总负债/当年年末总资产衡量
企业资历	Age	用被投资企业成立年限加以衡量
企业性质	Gov	为虚拟变量，当被投资企业为国有控股时值为 1，否则为 0
企业成长性	Growth	用被投资企业当年主营业务收入的增长率来衡量
年度变量	YR	年度虚拟变量，确定为该年数据时值为 1，否则为 0
行业变量	IND	行业虚拟变量，确定为该行业数据时值为 1，否则为 0

12.2.3　模型建立与模型说明

根据假设 12－1 涉及的变量及相关影响因素，本书在借鉴 Lerner 和张然等做法的基础上，构建如下 OLS 检验模型：

$$Tobin\ Q(ROE) = \alpha_0 + \alpha_1 PE + \alpha_2 Size + \alpha_3 Top + \alpha_4 Mor + \alpha_5 Lev + \alpha_6 Age + \alpha_7 Gov + \alpha_8 Growth + \sum_{s=1}^{16} \alpha_{s+8} Ind + \sum_{t=1}^{4} \alpha_{t+25} Year + \varepsilon \tag{12-3}$$

为了检验假设 12－2 至假设 12－6，本书在借鉴 Kaplan 和王会娟等做法的基础上，构建如下 OLS 检验模型，其中 PE 表示是否有 PE 参与，X_i 表示 PE 的外资背景、国有背景、私募声誉、持股比例、持有期限和联合投资等不同特征。

$$Tobin\ Q(ROE) = \alpha_0 + \alpha_1 X_i + \alpha_2 Size + \alpha_3 Top + \alpha_4 Mor + \alpha_5 Lev + \alpha_6 Age + \alpha_7 Gov + \alpha_8 Growth + \sum_{s=1}^{16} \alpha_{s+8} Ind + \sum_{t=1}^{4} \alpha_{t+25} Year + \varepsilon \tag{12-4}$$

模型（12－3）用于检验 PE 对被投资企业价值的影响。根据本书的假设 12－1，有 PE 参与的企业，其企业绩效和企业价值表现更好，PE 的系数α_1的值应显著为正。模型（12－4）用于验证 PE 特征对企业价值的不同影响。根据本书的理论预期，私募股权投资的外资背景、国有背景、私募声誉、持股比例、持有期限和联合投资数量，对于被投资企业价值具有正相关关系。如果上述假设成立，PE 特征变量 X_i 的系数α_1的值应显著为正。

为了保证模型的科学性和结果的真实性，本书利用统计软件进行了异方差检验，结果 P 值 >0.05，有效排除了异方差对模型结果可靠性的影响。在进行回归分析时，本书检验了模型的多重共线性程度，结果显示各变量的 Vif 值均接近于 1，说明模型中各变量间独立性较好，不存在多重共线性问题。为了有效控制 PE 及不同背景（外资背景和国有背景）PE 自选择导致的内生性问题，本书选择 2008—2021 年所有经过证监会等监管机构依据《证券法》等相关法律审核通过并成功 IPO 上市企业作为研究样本

（包括有不同背景 PE 参与和无 PE 参与的企业）。由于监管部门依据法律进行主体资格、公司治理、独立性、股本、资产规模、资本结构、盈利能力和企业价值等各项指标方面的审查具有强制性和统一性，无 PE 参与企业和不同背景 PE 参与样本企业在资本规模、资本结构和盈利能力等指标上都具有较好的替代性，因此，以 2008—2021 年 IPO 企业作为样本进行研究，可以有效控制模型的内生性。同时，为了进一步验证模型结果的真实性，本书在稳健性检验中针对内生性问题做了进一步的检验。

12.3 实证检验结果与分析

12.3.1 描述性统计与相关性分析

12.3.1.1 描述性统计分析

表 12－3 为模型主要变量的描述性统计分析结果。分析表中数据可知，有私 PE 参与企业的 Tobin Q 平均值为 3.838，分别比总样本的 Tobin Q 平均值和无 PE 参与企业的 Tobin Q 平均值高出 0.434 和 0.807，说明有 PE 的 Tobin Q 平均值更高，被投资企业价值表现更好。但通过回归模型检验 PE 与 Tobin Q 值之间关系发现，其关系并不显著。究其原因，可能是因为企业规模对企业价值存在反向影响，而 PE 参与企业多为中小型企业，规模相对偏小，冲减了 PE 对企业价值的影响作用。因此，本书在控制企业规模后进行检验，以保证模型结果的可靠性。总样本的 ROE 平均值为 0.096，有 PE 参与企业样本的 ROE 平均值为 0.132，无 PE 参与企业 ROE 的平均值 0.064，结果表明相比无 PE 参与企业，有 PE 参与企业的 ROE 值高出不少，原因可能在于 PE 参与的中小板和创业板企业规模较小，管理和运营成本相对较低，权益资产收益表现更好。

分析股东持股比例发现，有 PE 参与企业的第一大股东持股比例比全样本企业和无 PE 参与企业的平均值都要低，这说明 PE 的参与能有效降低被投资企业股权集中度，优化被投资企业股权结构。分析高管持股比例发现，有 PE 参与企业的高管持股比例平均值为 19.194，比总样本高管持股比例平均值 17.843 和无 PE 参与企业高管持股比例平均值 16.685 高出 1－2 个百分点，说明有 PE 企业的股权激励制度更为积极，管理层持股现象更常见，高管持股比例也更高。

分析资产负债率发现，有 PE 参与企业的资产负债率的平均值低于全样本企业和无 PE 参与企业，究其原因可能是 PE 给被投资企业带来了更多的融资渠道，使 PE 参与企业债务融资有所减少，降低了被投资企业银行贷款的比例。在企业资历方面，PE 参与企业从公司成立起到上市的平均年限为 9.684 年，略高于总样本平均值 9.469 和无 PE 参与企业平均值 9.285，说明我国大多 PE 机构更关注被投资企业的长期成长和价值提升，为了自身声誉和利益推动被投资企业尽早上市的盈利模式比较少见，这有利于 PE 行业的长期发展和被投资企业的健康成长。在企业性质方面，PE 参与企业中国有企业所占比例较无 PE 参与企业偏低，说明 PE 主要以非国有企业为主，这可能是由于国有企业的市场地位较高，资产规模较大等原因导致。在成长性方面，有 PE 参与企业显著高于无 PE 参与企业，这可能是因为 PE 投入企业后，为推动被投资企业尽快 IPO 上市，更为关注企业的盈利能力和成长性所致。

表 12－4 列示了 PE 特征变量的描述性统计结果。分析表中数据可知，外资背景 PE 参与的被投资企业共 46 家，外资背景变量对应均值为 0.11，占样本总数的 11%；国有背景 PE 参与的被投资企业共 55 家，国有背景变量对应均值为 0.13，占样本总数的 13%。高声誉 PE 参与的企业共有 173 家，私募声誉变量对应均值为 0.414，占样本总数的 41.4%，说明高声誉 PE 机构规模比较大，投资企业比较多，而且在很多联合投资中还属于投资的发起人和领投人。此外分析数据可知，PE 平均持股比例为 8%，最小持股比例仅有 0.12%，而最大持股比例高达 40.8%，表明在 PE 参与度上存在很大差异。本书把上市后投入的 PE 情况剔除后，计算 PE 的持有期限均值为 3.262，说明 PE 从投入上市所需时间平均在 2 年以上。PE 联合投资均值为 2.158，表明联合投资现象较为普遍，每家被投资企业平均有 2—3 家 PE 机构共同参与投资。

表 12-3　　　　模型主要变量描述性统计分析

A 全样本（3167）									
变量	Tobin Q	ROE	Size	Top	Mor	Lev	Age	Gov	Growth
均值	3.404	0.096	21.112	0.380	17.843	0.221	9.469	0.166	0.227
中位数	3.187	0.085	20.892	0.374	17.914	0.177	9.000	0.000	0.206
标准差	1.495	0.100	1.014	0.144	15.517	0.159	5.062	0.372	0.257
最小值	0.591	-0.649	19.491	0.052	0.001	0.011	1.000	0.000	-0.516
最大值	9.890	0.584	29.967	0.819	72.484	0.948	30.000	1.000	1.821
B 有私募股权投资参与的样本（1997）									
变量	Tobin Q	ROE	Size	Top	Mor	Lev	Age	Gov	Growth
均值	3.838	0.132	21.003	0.354	19.194	0.200	9.684	0.127	0.247
中位数	3.690	0.108	20.864	0.342	17.914	0.168	10.000	0.000	0.224
标准差	1.551	0.095	0.708	0.135	16.489	0.132	4.938	0.333	0.274
最小值	1.036	0.003	19.491	0.088	0.001	0.013	2.000	0.000	-0.516
最大值	9.890	0.584	24.273	0.721	72.484	0.639	25.000	1.000	1.821
C 无私募股权投资参与的样本（1170）									
变量	Tobin Q	ROE	Size	Top	Mor	Lev	Age	Gov	Growth
均值	3.031	0.064	21.205	0.402	16.685	0.240	9.285	0.199	0.210
中位数	2.863	0.070	20.918	0.391	17.914	0.185	9.000	0.000	0.190
标准差	1.338	0.094	1.209	0.147	14.551	0.178	5.163	0.399	0.240
最小值	0.591	-0.649	19.531	0.052	0.001	0.011	1.000	0.000	-0.440
最大值	8.262	0.341	29.967	0.819	67.794	0.948	30.000	1.000	1.290
均值 T 检验									
B-C	-0.076	-0.045	-0.064	-0.038	-0.031	-0.047	0.052	-0.023	-0.052

表 12-4　　　　私募股权投资特征变量的描述性统计

变量	Foreign	State	PErep	Peshare	lnt	Count
均值	0.110	0.132	0.414	0.080	3.262	2.158
中位数	0.000	0.000	0.000	0.060	3.334	2.000
标准差	0.313	0.338	0.493	0.070	0.499	1.388
最小值	0.000	0.000	0.000	0.001	0.034	1.000
最大值	1.000	1.000	1.000	0.408	4.546	8.000

12.3.1.2　相关性分析

为了进一步明确各变量之间的影响关系，对变量进行 Pearson 相关系数分析，见表 12 - 5。结果显示，私募股权投资与被投资企业的企业价值和净资产收益率分别在 0.01 和 0.05 水平上显著正相关，支持了假设 12 - 1。外资背景和国有背景与 Tobin Q、ROE 在 0.05 水平上显著正相关，支持了假设 12 - 2。私募声誉、企业价值和净资产收益率分别在 0.1 和 0.05 水平上显著正相关，支持了假设 12 - 3。PE 持股比例与企业价值和净资产收益率在 0.05 水平上显著正相关，支持了假设 12 - 4。PE 持有期限、企业价值和净资产收益率分别在 0.1 和 0.05 水平上显著正相关，支持了假设 12 - 5。PE 联合投资、企业价值和净资产收益率分别在 0.1 和 0.05 水平上显著正相关，支持了假设 12 - 6。企业规模、第一大股东持股比例、高管持股和企业性质等控制变量与企业价值的对应变量 Tobin Q 和 ROE 之间均存在不同显著程度的相关性，说明这些变量也在影响被投资企业的价值，在模型中对他们进行控制能更真实反映自变量和因变量之间的关系。值得注意的是，由于相关性分析只能表明变量之间的相关性，却无法反映自变量对因变量的影响系数和程度，并且结果显示，各控制变量对因变量都存在不同程度的影响，所以，在进一步的检验中有必要对各种影响因素综合考虑，并检验在考虑上述因素后，假设是否能依然成立。

12.3.2　模型检验结果与分析

本书首先以 Tobin Q 值衡量企业价值，分析私募股权投资及不同特征私募股权投资对企业价值的影响方向和影响程度，检验结果如表 12 - 6 所示。表 12 - 6 中第（1）列数据以 2008—2021 年 IPO 企业为样本，分析报告了 PE 影响被投资企业价值的模型检验结果。分析表中数据可知，模型检验结果对应调整 R^2 值为 0.395，F 值为 45.604，且在 0.01 的水平上显著，表明模型的解释度、拟合程度和显著性都比较好。模型检验系数中各变量对应方差膨胀因子 VIF 值均接近于 1，说明模型中各变量之间相互比较独立，模型独立性较好。进一步分析模型检验结果中私募股权投资的系

表 12 – 5　　变量基于 Pearson 的相关性分析

	Tobin Q	ROE	PE	Foreign	State	Perep	Peshare	Lnt	Count	Size	Top	Mor	Lev	Age	Gov	Growth
Tobin Q	1															
ROE	0. 203 **	1														
PE	0. 269 ***	0. 336 **	1													
Foreign	0. 097 **	0. 196 **	. a	1												
State	0. 180 **	0. 184 **	. a	-0. 092	1											
Perep	0. 065 *	0. 195 **	. a	0. 093	0. 219 **	1										
Peshare	0. 059 **	0. 355 **	. a	0. 178 **	0. 094	0. 126 **	1									
Lnt	0. 076 *	0. 155 **	. a	0. 129 **	-0. 057	-0. 026	0. 046	1								
Count	0. 127 **	0. 421 **	. a	0. 026	0. 155 **	0. 265 **	0. 528 **	0. 101 *	1							
Size	-0. 310 **	-0. 004	-0. 099 **	0. 150 **	-0. 013	0. 031	-0. 063	0. 110 *	-0. 009	1						
Top	-0. 113 **	-0. 103 **	-0. 165 **	0. 013	-0. 042	0. 093	-0. 015	-0. 135 **	-0. 070	0. 202 **	1					
Mor	0. 140 **	0. 074 *	0. 081 *	0. 152 **	0. 079	0. 044	-0. 032	-0. 044	0. 031	-0. 127 **	-0. 014	1				
Lev	-0. 404 **	-0. 034	-0. 124 **	0. 130 **	0. 021	0. 065	0. 170 **	0. 130 **	0. 040	0. 600 **	0. 118 **	-0. 166 **	1			
Age	-0. 069 *	0. 034	0. 039	-0. 044	0. 012	-0. 030	0. 124 *	0. 056	0. 075	-0. 068 *	-0. 071 *	0. 085 *	0. 006	1		
Gov	-0. 132 **	-0. 037	-0. 097 **	-0. 065	-0. 042	0. 045	-0. 041	0. 058	-0. 080	0. 351 **	0. 124 **	-0. 121 **	0. 284 **	0. 001	1	
Growth	0. 228 **	0. 126 **	0. 072 *	0. 093	-0. 077	-0. 031	-0. 142 **	-0. 109 *	-0. 067	0. 050	-0. 028	0. 045	0. 013	-0. 168 **	-0. 057	1

注：*** 表示在 1% 的水平上显著；** 表示在 5% 的水平上显著；* 表示在 10% 的水平上显著。

数和 t 值分别为 0. 674 和 6. 386，表示私募股权投资跟企业价值存在正相关关系，且对企业价值的影响在 0. 01 的水平上显著。这也证明有私募股权投资参与的企业其企业价值表现显著好于无私募股权投资参与的企业，私募股权投资为企业提供了增值服务，私募股权投资的参与有效提高了被投资企业的价值，验证了本书的假设 12 –1。

表 12 –6 中的第（2）列以 2008—2021 年 IPO 上市企业中有 PE 参与企业为样本，检验结果报告了具有外资背景 PE 对企业价值的影响方向和显著程度。检验结果显示，在控制公司规模和企业性质等影响因素后，企业价值 Tobin Q 这一因变量在回归中的对应自变量 Foreign 的系数和 t 值分别为 0. 537 和 2. 839，显著性检验结果表明外资背景与被投资企业价值在 0. 01 的水平上显著正相关，这说明具有外资背景的 PE 不仅能在一定程度上提升企业价值，而且相对于非外资背景的 PE，外资 PE 对企业价值的提升效果更为显著。这一结果的主要原因是外资背景 PE 有丰富的从业经验和较高的管理水平，相对于非外资 PE，它们能进行更完善的投后管理，提供更好的增值服务，更有效地健全企业管理制度，使企业业绩增加，企业价值也随之提升，验证了假设 12 –2。

表 12 –6 中的第（3）列以 2008—2021 年 PE 参与的 IPO 上市企业为研究对象，去除外资背景 PE 参与的企业后作为模型检验样本，检验结果报告了国有 PE 对企业价值的影响方向和显著程度。分析模型检验结果发现，在控制了企业规模等影响因素后，企业价值 Tobin Q 与自变量 State 的系数和 t 值分别为 0. 933 和 3. 732，显著性检验结果显示国有背景与企业价值在 0. 01 的水平上显著正相关，这表明相对于民营 PE，国有背景 PE 拥有更多的政府资源和政策信息，具有一定的规模效应和资源优势，能更好为被投资企业提供投后增值管理服务，假设 12 –3 得到了验证。

表 12 –6　私募股权投资及其不同特征对企业价值（Tobin Q）的影响

变量	因变量：企业价值（Tobin Q）							
Constant	8. 838 (8. 523) ***	10. 068 (4. 323) ***	9. 136 (4. 034) ***	9. 327 (4. 028) ***	7. 963 (3. 464) ***	8. 242 (3. 547) ***	9. 002 (3. 932) ***	7. 614 (3. 35) ***
PE	0. 674 (6. 386) ***							

续表

变量	因变量：企业价值（Tobin Q）							
Foreign		0.537 (2.839)***						0.433 (1.946)**
State			0.933 (3.732)***					0.948 (4.779)***
Perep				0.270 (2.043)**				0.253 (2.041)**
Peshare					1.274 (4.076)***			1.179 (2.341)***
lnt						0.451 (3.199)***		0.439 (3.211)***
Count							0.182 (3.719)***	0.066 (2.141)**
Size	0.286 (5.592)***	−0.310 (−2.721)***	−0.273 (−2.765)***	−0.277 (−2.447)**	−0.223 (−1.991)**	−0.295 (−2.622)***	−0.279 (−2.490)**	−0.214 (−1.973)**
Top	−0.074 (−1.973)*	−0.060 (−0.713)	−0.151 (−0.829)	−0.062 (−0.719)	−0.023 (−0.654)	−0.271 (−1.724)*	−0.159 (−0.813)	−0.095 (−0.782)
Top10	0.607 (2.559)**	0.057 (1.906)*	0.037 (2.316)**	0.028 (2.052)**	0.029 (2.216)**	0.029 (2.054)**	0.028 (2.050)**	0.037 (1.972)*
Lev	−2.160 (−2.378)**	−2.221 (−2.764)***	−2.215 (−2.840)***	−2.154 (−3.152)***	−2.611 (−3.416)***	−2.311 (−3.328)***	−2.207 (−3.187)***	−2.417 (−2.315)**
Age	−0.072 (−0.831)	0.018 (1.765)*	0.006 (1.835)*	0.008 (1.753)*	0.012 (1.715)*	0.009 (1.817)*	0.015 (1.712)*	0.013 (1.675)*
Gov	0.105 (1.926)*	0.167 (1.878)*	0.156 (2.157)**	0.119 (1.635)*	0.179 (1.819)*	0.079 (0.839)	0.184 (1.880)*	0.109 (1.931)**
Growth	0.960 (4.102)***	0.802 (2.919)***	0.936 (3.169)***	0.862 (3.219)***	0.910 (3.145)***	0.946 (3.159)***	0.879 (3.124)***	0.785 (3.014)***
Adj − R^2	0.395	0.215	0.246	0.212	0.239	0.224	0.230	0.217
F 值	45.604***	11.405***	13.357***	11.173***	12.875***	11.931***	12.353***	11.079***
样本量	3167	1997	372	1997	1997	1997	1997	1997
Ind	已控制							
Year	已控制							

注：***、**、*分别表示1%、5%、10%的显著性水平，模型 Vif 值显示变量之间独立性较好，不存在多重共线性。

表12－6中的第（4）列以2008—2021年IPO上市企业中有PE参与企业为样本，检验结果报告了私募声誉对企业价值的影响方向和显著程度。检验结果显示，在控制公司规模和企业性质等影响因素后，企业价值Tobin Q这一因变量与自变量PErep的系数和t值分别为0.270和2.043，显著性检验结果表明私募声誉与被投资企业价值在0.05的水平上显著正相关，这说明高声誉PE不仅能在一定程度上提升企业价值，而且相对于一般PE，高声誉PE对企业价值的提升效果更为显著。这一结果的主要原因是高声誉PE有更高的影响力和更多的社会资源，相对于一般PE，它们能提供更多的前沿信息和增值服务，聘用更好的管理者、承销商和第三方认证机构，能提供更好的增值服务，所以增值效果也更为明显，验证了假设12－4。

表12－6中的第（5）列以2008—2021年IPO上市企业中有私募股权投资参与企业为样本，检验结果报告了PE持股比例对企业价值的影响方向和显著程度。检验结果显示，在控制公司规模和资产负债率等影响因素后，企业价值Tobin Q这一因变量与自变量PEshare的系数和t值分别为1.274和4.076，显著性检验结果表明持股比例与被投资企业价值在0.01的水平上显著正相关。这说明PE持股比例越高，对目标公司增值服务效果越好。因为，持股比例决定了PE机构对被投企业的影响力度，持股比例越高，影响力度越大，改善被投资企业管理水平的动机越强，提高其公司治理效率的程度也会越大，因此对被投资企业的增值服务效果自然也越好，验证了假设12－5。

表12－6中的第（6）列以2008—2021年IPO上市企业中有PE参与企业为样本，检验结果报告了PE持有期限对企业价值的影响方向和显著程度。检验结果显示，在控制公司规模和企业资历等影响因素后，企业价值Tobin Q这一因变量与自变量lnt的系数和t值分别为0.451和3.199，显著性检验结果表明持有期限与被投资企业价值在0.01的水平上显著正相关，这说明PE对企业投资的时间越长，越能提高企业价值。这可能是因为PE投入企业时间越早，对企业管理制度、决策机制甚至企业文化的影响程度也就越大，对企业的具体经营业务和未来发展规划的作用效果也就越好，对企业管理水平和企业价值的提升效果也会更好，验证了假设12－6。

表12－6中的第（7）列以2008—2021年IPO上市企业中有PE参与

企业为样本，检验结果报告了 PE 联合投资数量对企业价值的影响方向和显著程度。检验结果显示，在控制公司规模和第一大股东持股比例等影响因素后，企业价值 Tobin Q 这一因变量与自变量 Count 的系数和 t 值分别为 0.182 和 3.719，显著性检验结果表明联合投资数量与企业价值在 0.01 的水平上显著正相关。这一结果说明多家 PE 进行联合投资时，机构间具有增值被投资企业的共同目标，而形成利益共同体。他们可利用互相之间的网络关系加强对被投资企业了解和掌控，增强对被投资企业的监管，降低 PE 和被投资企业间的代理成本。同时，他们也能为被投资企业带来更多的资源、信息和社会资本，提高被投资企业的竞争力，进而提升其企业价值。这样，不仅被投资企业的竞争力和企业价值得到提升，参与投资的 PE 机构也会获得更可观的回报。因此，相对于单个 PE，多家 PE 联合投资对被投资企业的增值效果更为显著，验证了假设 12－7。

表 12－6 中的第（8）列以 2008—2021 年 IPO 上市企业中有私募股权投资参与企业为样本，检验结果报告了同时考虑多种特征的情况下，私募股权投资特征对企业价值的影响方向和显著程度。检验结果显示，在控制相关影响因素后，企业价值 Tobin Q 这一因变量与外资背景、国有背景、私募声誉、持股比例、持有期限和联合投资等私募特征之间正相关，与考虑单一特征时完全一致，显著性检验结果表明，综合考虑多种私募特征时，私募特征与企业价值分别在 0.01 和 0.05 的水平上显著，与考虑单一特征时基本一致，再次验证了假设 12－2 至假设 12－7。进一步分析发现，当多个私募特征共存时，私募特征也能对被投资企业价值产生不同程度的正向影响，具有多种特征的私募股权投资对被投资企业价值的影响更大。

为了更真实准确检验私募股权投资及其不同特征对被投资企业价值的影响，本书在以 Tobin Q 为因变量进行检验的基础上，采用净资产收益率（ROE）作为模型因变量，对模型研究样本做了进一步的检验和分析，检验结果如表 12－7 所示。表 12－7 中第（1）列数据报告了私募股权投资对企业价值影响的检验结果，分析数据发现模型对应调整 R^2 值为 0.372，模型的 F 值为 23.066，且在 0.01 的水平上显著，表明模型的解释度、拟合程度和显著性都比较好。模型检验系数中各变量对应方差膨胀因子 VIF 值均接近于 1，说明模型中各变量之间相互比较独立，模型独立性较好。

进一步分析模型检验结果发现，模型中变量 ROE 与 PE 的系数和 t 值分别为 0.625 和 7.659，表示 PE 跟企业价值存在正相关关系，且对企业价值的影响在 0.01 的水平上显著，再次验证了本书的假设 12－1。

表 12－7 中的第（2）列检验结果报告了具有外资背景私募股权投资对企业价值的影响方向和显著程度。分析模型检验结果发现，在控制公司规模和企业性质等影响因素后，因变量 ROE 与自变量 Foreign 的系数和 t 值分别为 0.524 和 3.439，显著性检验结果显示外资背景与企业价值在 0.01 的水平上显著正相关，这表明相对于非外资背景的私募股权投资，具有外资背景的私募股权投资对企业价值的提升效果更为显著，再次验证了本书的假设 12－2。

表 12－7 中的第（3）列检验结果报告了国有背景私募股权投资对企业价值的影响方向和显著程度。分析模型检验结果发现，在控制了企业规模和企业性质等影响因素后，因变量 ROE 与自变量 State 的系数和 t 值分别为 0.512 和 3.527，显著性检验结果显示国有背景与企业价值在 0.01 的水平上显著正相关，这表明相对于民营背景的私募股权投资，国有背景的私募股权投资对被投资企业的增值服务更为有效，再次验证了本书的假设 12－3。

表 12－7 私募股权投资及其不同特征对企业价值（ROE）的影响

变量	因变量：企业价值（ROE）							
Constant	0.625 (3.749)***	0.910 (2.754)***	1.726 (2.801)***	1.644 (3.050)***	3.347 (3.246)***	2.355 (2.781)***	2.179 (2.513)***	1.357 (2.476)***
PE	0.625 (7.659)***							
Foreign		0.524 (3.439)***						0.479 (3.056)***
State			0.512 (3.527)***					0.493 (3.174)***
Perep				0.367 (2.095)**				0.315 (1.931)**
Peshare					1.350 (4.253)***			1.056 (3.749)***

续表

变量	因变量：企业价值（ROE）							
lnt						0.303 (3.140)***		0.279 (2.587)**
Count							0.296 (3.619)***	0.193 (3.065)***
Size	0.065 (1.853)*	0.113 (2.542)***	0.148 (2.928)***	0.144 (2.177)**	0.212 (2.919)***	0.133 (2.257)**	0.141 (2.105)**	0.173 (2.094)**
Top	-0.384 (-1.706)*	-0.711 (-2.731)***	-0.678 (-2.041)**	-0.860 (-2.460)**	-0.746 (-2.271)**	-0.581 (-1.637)*	-0.523 (-1.692)*	-0.617 (-1.791)*
Top10	0.003 (2.179)**	0.002 (1.787)*	0.003 (2.075)**	0.004 (2.227)**	0.005 (2.307)**	0.004 (1.973)*	0.003 (2.216)**	0.003 (1.915)*
Lev	-0.190 (-1.741)*	-0.254 (-2.032)**	-0.307 (-2.068)**	-0.299 (-1.749)*	-0.267 (-0.967)	-0.228 (-0.956)	-0.199 (-1.943)*	-0.197 (-1.751)*
Age	0.004 (1.823)*	0.003 (0.792)	0.003 (0.935)	0.003 (1.761)*	0.008 (1.942)*	0.004 (1.814)*	0.007 (1.834)*	0.005 (1.853)*
Gov	0.002 (0.815)	0.037 (0.856)	0.061 (1.954)*	0.086 (1.601)*	0.010 (0.707)	0.109 (2.073)**	0.019 (0.947)	0.092 (1.971)*
Growth	0.460 (3.363)***	0.048 (0.962)	0.044 (0.893)	0.017 (0.709)	0.076 (0.759)	0.062 (0.736)	0.050 (0.893)	0.078 (0.953)
Adj-R^2	0.372	0.249	0.259	0.264	0.279	0.240	0.292	0.237
F值	23.066***	10.437***	10.649***	10.759***	12.737***	9.252***	12.036***	11.035***
样本量	3167	1997	372	1997	1997	1997	1997	1997
Ind	已控制							
Year	已控制							

注：***、**、*分别表示1%、5%、10%的显著性水平，模型Vif值显示变量之间独立性较好，不存在多重共线性。

表12-7中的第（4）列检验结果报告了私募声誉对被投资企业价值的影响方向和显著程度。分析模型检验结果发现，在控制了企业规模和资源资历等影响因素后，因变量ROE与自变量PErep的系数和t值分别为0.367和2.095，显著性检验结果显示私募声誉与企业价值在0.05的水平

上显著正相关，这表明相对于一般私募股权投资，高声誉的私募股权投资对被投资企业的影响程度更大，增值效应也更明显，再次验证了本书的假设 12 -4。

表 12 -7 中的第（5）列检验结果报告了私募股权投资持股比例对被投资企业价值的影响方向和显著程度。分析模型检验结果发现，在控制了企业规模和第一大股东持股比例等影响因素后，因变量 ROE 与自变量 PE-share 的系数和 t 值分别为 1. 350 和 4. 253，显著性检验结果显示私募股权投资持股比例与企业价值在 0. 01 的水平上显著正相关，这表明私募股权投资持股比例越高，增值效应越好，被投资企业价值表现越好，再次验证了本书的假设 12 -5。

表 12 -7 中的第（6）列检验结果报告了私募股权投资持有期限对被投资企业价值的影响方向和显著程度。分析模型检验结果发现，在控制了企业规模和企业资历等影响因素后，因变量 ROE 与自变量 lnt 的系数和 t 值分别为 0. 303 和 3. 140，显著性检验结果显示私募股权投资持有期限与企业价值在 0. 01 的水平上显著正相关，这表明私募股权投资持有期限越长，参与程度越高，被投资企业价值表现越好，再次验证了本书的假设 12 -6。

表 12 -7 中的第（7）列检验结果报告了私募股权投资联合投资数量对被投资企业价值的影响方向和显著程度。分析模型检验结果发现，在控制了企业规模和第一大股东持股比例等影响因素后，因变量 ROE 与自变量 Count 的系数和 t 值分别为 0. 296 和 3. 619，显著性检验结果显示私募股权投资联合投资数量与企业价值在 0. 01 的水平上显著正相关，这表明私募股权投资联合投资数量越多，社会网络越宽，社会资源越丰富，增值效应越好，再次验证了本书的假设 12 -7。

表 12 -7 中的第（8）列检验结果报告了同时考虑多种特征的情况下，私募股权投资特征对企业价值的影响方向和显著程度。分析模型检验结果发现，在控制相关影响因素后，因变量 ROE 与外资背景、国有背景等私募特征变量之间的系数为正，与考虑单一特征时一致，显著性检验结果表明，私募特征与企业价值都存在不同程度的正相关，再次验证了假设 12 -2 至假设 12 -7。进一步分析发现，当多个私募特征共存时，具有多种特征的私募股权投资可通过多种特征对被投资企业价值产生影响。

12.3.3 稳健性检验

为了增加本章实证研究结论的可靠性，本章做了以下稳健性检验工作。

（1）对本章样本数据所有的连续变量，本章进行了1%和99%的Winsorize处理，然后重新对以上模型回归，结果与之前无实质差异。

（2）对于企业价值变量Tobin Q值的衡量，本章参考陈工孟和俞欣等的做法，分别采用“企业上市前3年均值”和“企业价值上市后3年均值”取自然对数作为企业价值的衡量指标，重新回归以上模型，结果对本章主要结论没有影响。

（3）在衡量私募股权投资及其特征时，本章采用2008—2021年IPO企业全部私募股权投资机构数据进行回归分析，在检验时将持有期限小于5年的股权投资重新整理，再次定义私募股权投资及私募股权投资特征数据，重新对以上模型回归，发现结果与之前并无差别。

（4）本书选择2008—2021年IPO上市公司为研究样本，所有样本公司（无论有无PE参与）都必须符合《公司法》《证券法》等相关法律的规定，严格遵守证监会等机构制定证券发行信息披露标准，并由监管机构依法对其进行公司治理、企业独立性、股本情况、资产规模、资本结构、盈利能力和企业价值等各项指标进行统一审核。因此，同一板块上市公司，不管PE参与是否，也不管参与PE特征是否各异，上市公司在企业规模、资本结构和盈利能力等指标上都必须符合统一标准，都具有较好的相互替代性，因此，以2008—2021年IPO企业作为样本进行研究，能有效地控制模型的内生性。

为了多方验证结论的真实性，学术界一般采用Heckman提出的两阶段模型和Rosenbaum等提出的倾向评分配比法这两种方法做进一步的内生性检验。本书采用近期学界使用较多的倾向评分配比法，通过构造对照组的方法来检验模型可能存在的内生性问题。对于PSM方法，本书按照选择企业特征变量、计算PS值、寻找配对样本、检验配对变量、确定样本观测值、两阶段回归检验的步骤来进行具体操作实施。

本书在综合考虑各影响因素的基础上，选择每股权益（BV）、资产利润率（Pro）、速动比率（Rat）、资产周转周期（Cyc）、企业现值（Cas）、收入（Sal）、成立年限（Age）和注册地点（Loc）及模型（12－1）中的相关变量构建如下模型。其中，每股权益（BV）等变量按公式计算或从数据库中直接取值，注册地点（Loc）为虚拟变量，若公司注册地点位于北京、上海、天津、重庆、广东、江苏和浙江七省市则取 1，否则取 0。

$$PE = \beta_0 + \beta_1 BV + \beta_2 Profit + \beta_3 Ratio + \beta_4 Cycle + \beta_5 Cash + \beta_6 Sales + \beta_7 Age + \beta_8 Top + \beta_9 TopN + \beta_{10} Size + \beta_{11} Gov + \beta_{12} Lev + \beta_{13} Growth + \beta_{14} Local + YR + IND + \varepsilon \tag{12-5}$$

表 12－8　　倾向度配比分析结果

	Tobin Q	ROE	Tobin Q	ROE	Tobin Q	ROE
有无 PE 参与差	0. 801	0. 059				
有无外资背景 PE 参与差			0. 319	0. 027		
有无国有背景 PE 参与差					0. 352	0. 034
样本数	836	836	92	92	110	110
T 检验	2. 674 **	2. 193 **	2. 417 **	2. 091 **	2. 501 **	2. 137 **

注：***、**、* 分别表示 1%、5%、10% 的水平上显著，T 检验用来比较两组数据分组检验的显著性。

本书按照模型（12－5）计算有 PE 参与企业的 Propensity Score，然后采用最邻配比法为每一个被投资企业寻找 Propensity Score 最接近的没有 PE 参与的企业作为对照样本，根据不同配比样本分别获得 2922、321 和 384 个观测样本。根据所获得的观测样本进行分组检验分析，结果如表 12－8 所示，对照样本在企业价值表现上存在一定的差距，T 检验结果表明这一差距在 0. 05 的水平上表现显著。

在此基础上，以观测所得数据为样本，利用模型（12－1）进行进一步检验分析，得到模型检验结果如表 12－9 所示。表 12－9 中列（1）和列（4）的回归结果与表 12－5 和表 12－6 中对应结果基本一致，自变量 PE 与企业价值替代变量 Tobin Q 和 ROE 的系数均为正值，且在 0. 05 的水平上显著，虽然较之前显著性有所降低，但这可能是样本量减少的缘故，并没改变本书的主要结论，再次验证了私募股权投资可以提高被投资企业价值的结论。同理，本书对具有不同背景（外资背景和国有背景）PE 影响企业价值实证模型可能存在的内生性问题做了类似的检验，结果与本书主要结论一致。

表 12 - 9 配比后 PE 及不同背景 PE 对企业价值影响的回归结果

	因变量：Tobin Q			因变量：ROE		
Constant	5.137 (4.217)**	6.374 (3.517)***	5.427 (3.518)***	1.325 (2.423)**	1.067 (1.312)**	1.215 (1.476)**
PE	0.307 (4.173)**			0.227 (7.186)**		
Foreign		0.476 (2.0319)**			0.247 (2.135)**	
State			0.796 (1.836)*			0.109 (1.412)*
Top	0.109 (0.379)	-0.213 (-2.175)**	0.227 (-1.973)**	0.154 (-0.214)	0.011 (0.913)**	0.069 (1.132)*
Top N	0.381 (1.153)*	0.751 (1.192)*	1.013 (1.415)*	0.137 (1.868)	-0.031 (-0.813)	0.029 (0.471)**
Size	0.103 (2.361)**	0.871 (1.718)**	1.135 (2.073)**	0.191 (0.938)*	0.025 (0.817)*	0.078 (1.327)*
IN	0.205 (2.371)*	0.028 (1.374)*	0.030 (1.470)*	-0.305 (2.153)*	0.017 (0.418)	0.021 (0.493)*
Gov	0.097 (0.763)	0.152 (0.751)	0.136 (0.618)	-0.202 (-0.457)	0.008 (0.021)	0.013 (0.093)
Lev	-2.917 (-9.527)***	-2.103 (-2.314)**	-1.875 (-2.127)**	0.133 (-2.183)*	0.032 (0.872)**	-0.061 (1.027)*
Growth	1.205 (8.217)***	1.019 (2.121)**	1.024 (2.372)**	0.229 (3.137)**	0.011 (-0.039)*	0.019 (0.497)**
调整的 R^2	0.253	0.213	0.187	0.209	0.225	0.216
样本量	2922	321	384	2922	321	384
YR	已控制			已控制		
IND	已控制			已控制		

注：***、**、* 分别表示 1%、5%、10% 的显著性水平，其中各模型的 Vif 值均小于 10，且接近于 1.0，表明各模型中变量之间独立性较好，不存在多重共线性问题。

12.4　研究结论与贡献

本章以委托代理和社会网络等理论为基础，以 2008—2021 年我国沪深两市 A 股 IPO 公司为样本，检验了 PE 及其不同特征对企业价值的影响方向和影响效果，分析实证研究结果发现：相对于没有 PE 参与的企业，有 PE 参与的企业价值表现更好，说明 PE 具有提升企业价值的作用，验证了本章的假设 12 - 1；外资背景 PE 能更好为被投资企业提供增值服务，更为有效地提高被投资企业的价值，验证本章的假设 12 - 2；分析非外资 PE 对目标公司企业价值的影响，发现国有背景 PE 的增值服务比民营背景 PE 更为有效，验证了本章的假设 12 - 3；进一步研究私募声誉、持股比例等特征与企业价值的关系发现，PE 声誉越高、规模越大、持有期限越长以及参与企业联合投资私募机构数越多，企业价值表现越好，验证了本章的其他假设。

本章研究结果表明，相对于民营背景 PE，外资和国有背景 PE 的增值效果更为显著。其原因可能是我国 PE 起步较晚，PE 专门管理人才缺乏，外资背景 PE 机构具有更为成熟的运营模式，也拥有更为丰富的管理经验，因此其对被投资企业价值的影响更显著；相对民营背景的私募机构，国有背景私募机构的规模较大，专业人才也较多，更有能力去提高被投资企业的价值。私募股权投资的声誉越高，私募机构拥有的资源越多，对企业内外部环境的影响力也越大，增值效应也就越明显。私募股权投资机构投资规模、投资时间和联合投资数量与企业价值之间存在显著的正相关关系，可能是因为私募股权投资所占比例越大，期限越长，数量越多，对公司的控制度和参与度越高，进而能更有效地提升企业价值。

本章研究的贡献一方面在于验证了私募股权投资的增值效应，发现相较于无私募股权投资参与的企业，有私募股权投资参与企业的企业价值表现更好。私募股权投资是实务界和学术界共同关注的热点，关于私募股权投资的研究多从私募股权投资机构配套环境建设、法律法规健全和私募股权投资机构内部组织完善等方面进行，对私募股权投资增值效应的研究证据还比较少见。本章基于委托代理理论和社会网络理论分析私募股权投资对企业价值影响的方向和效果，通过构建实证模型检验私募股权投资与企业价值之间的关系，分析检验结果发现相比无私募股权投资参与企业，有私募股权投资参与企业的企业价值表现更好，验证了私募股权投资的增值效应，为本章后续研究提供了有力支撑。本章研究的另一方面贡献在于从私募股权投资特征视角研究发现，不同特征私募股权投资对企业价值的影响程度存在差异。私募股权投资的研究方兴未艾，然而关于其价值创造机制的研究却相对较少，从私募股权投资特征视角研究私募股权投资增值效应的证据更是极少。基于第 12 章上述研究结论，进一步研究发现：基于委托代理和社会网络理论，私募股权投资自身所具有的外资背景、国有背景和高声誉等特征能有效提高企业影响力，降低企业交易成本，进而增强私募股权投资对被投资企业的增值效应，使得被投资企业价值提升效果更显著；基于委托代理和社会网络理论，私募股权投资行为所具有的持股比例、持有期限和联合投资等特征能有效加强对被投资企业的监管，降低企业代理成本，进而增强其增值效应，使得企业价值提升效果更显著。本章研究结论丰富和深化了私募股权投资和企业价值领域的研究，其研究结论有助于加深对私募股权投资行为及其经济后果的理解，也为后续章节提供了坚实基础。

本章研究的结论对我国政府、私募股权投资机构和被投资企业的管理者均有较大的现实意义。本研究发现私募股权投资能提高企业价值，不同特征私募股权投资增值效应存在差异，因此建议我国政府应积极完善私募股权机构的投资环境和退出机制，适当引入外资背景私募机构，促进我国私募股权投资健康发展，引导其加强对被投资企业的监管，促进区域经济发展，优化社会资源配置。本研究发现不同特征私募机构增值效应存在差异，其中外资背景和高声誉等特征私募股权投资机构的增值效用更明显，因此建议我国私募股权投资机构应提高增值服务能力，扩大自身规模，加强对被投资企业的支持力度，以实现更好的增值服务。而不同特征私募股权投资机构增值效应的差异，也为企业管理者结合企业发展阶段和行业地位引入不同背景、不同规模的私募股权投资机构及引入私募机构的数量提供了务实有效的参考建议。

12.5　本章小结

本章以委托代理和社会网络理论为基础，对私募股权投资及私募股权投资特征对企业价值的影响进行了分析。首先，在第 11 章对私募股权投资、私募股权投资特征及企业价值概念界定的基础上，运用比较分析法对私募股权投资和私募股权投资特征对企业价值的影响机理进行分析，并提出研究假设；其次，以 2008—2021 年我国 A 股 IPO 上市公司为样本，运用实证模型法对研究假设进行检验。分析检验结果发现，相比无私募股权投资参与的企业，有私募股权投资参与企业的企业价值表现更好，说明私募股权投资具有提升企业价值的作用；再次，进一步分析私募特征的作用发现，不同特征私募股权投资对企业价值的影响程度存在差异，具有外资背景、国有背景和高声誉等特征私募股权投资对被投资企业的增值效应更为明显；最后，在本章研究结论的基础上，总结本章研究对理论和实际的贡献。本章作为实证检验的核心章节，为后续章节的实证研究奠定了基础。

第13章　公司治理路径下私募股权投资特征对被投资企业价值的影响研究

有关公司治理的研究最早可追溯到1776年亚当·斯密在著作《国富论》中关于企业分工与交换的论述。后经马歇尔和科斯在理论上的创新，提出了新古典企业理论和企业契约理论，进一步研究企业生存的环境制约和企业边界的问题，明确了企业内外部边界的概念，解释了企业契约的关键效应，使公司治理理论的内涵得到了进一步的丰富和发展。本章的研究重点是私募股权投资作为企业重要的投资者和积极的管理者，将如何影响被投资企业的公司治理水平，进而影响到投资企业价值？不同特征私募股权投资对被投资企业公司治理水平和企业价值的影响有何差别？

13.1　理论分析与假设提出

13.1.1　理论分析

13.1.1.1　公司治理的概念

Monks和Minow（2008）认为公司治理是协调企业所有者和管理层等企业参与者之间的关系，共同协商确定企业经营理念和未来发展战略的一种组织结构和制度。

费方域（2005）从公司治理本质、功能、原因和形式四个维度对公司治理进行了全面的定义。费方域教授在前人的基础上对公司治理的概念做了更为具体的阐述，他认为：由于所有权和经营权的分离，导致企业委托方和代理方之间通过制度设置和合同的订立，利用不同形式实现责权利的合理分配的一种企业管理行为。李维安（2009）认为公司治理是企业通过对企业股权结构和管理制度的完善和健全，协调企业各方利益关系，保证企业决策和公司治理的科学化，进而实现企业利益最大化的行为。

综合国内外学者的观点，本书认为公司治理可以从原因、目标、实现途径和实现形式四个方面阐述。公司治理的原因是顺应企业规模扩大以及管权分离，导致委托代理冲突。公司治理的目标是企业决策科学化、治理机制合理化、各方利益一致化和企业价值最大化。公司治理的实现途径是外部资源的利用和内部制度的完善，包括利用引入经营丰富的私募股权投资机构，完善管理层薪酬激励等措施。公司治理的形式是多样化的，应根据企业自身特点和外部环境的具体情况采取灵活多样的实现形式。上述分析说明私募股权投资是企业实现公司治理提升的重要途径，而公司治理以提升企业价值为最终目标，三者之间存在较为紧密的关联关系。

13.1.1.2　私募股权投资特征、公司治理与企业价值间的关系

私募股权投资作为被投资企业引入的重要投资者，其投资行为将直接改变被投资企业的股权结构和股权集中度，白重恩等（2005）研究发现，私募股权投资一方面可以降低企业股权集中度，降低实际控制人对企业的控制程度；同时，作为积极投资者的私募股权投资，还会通过担任董事，出席董事会活动，对企业进行监督管理。由于私募股权投资拥有广泛的社会资源和丰富的管理经验，他们会给企业带来更为全面、新颖的信息和更加科学的薪酬激励制度，进而提高企业的公司治理综合水平。Jensen（1993）研究发现，有私募股权投资机构参与的董事会，其对企业管理层监管的效果更好。

私募股权投资通过改变被投资企业股权集中度、降低实际控制权、优化股权结构和完善薪酬制度等提高被投资企业公司治理水平，提升企业价值。但不同特征的私募股权投资对目标企业股权结构和控制权的影响存在差异。持股比例高和控制权强的私募机构降低被投资企业控制权和优化企业股权结构的效果较好。Bottazzi 和 Hellmann（2008）的研究支持了这一观点，他们发现私募股权机构持股比例越大，控制权越强，对管理层的影响越大，股权结构越合理，提供的增值服务也就越多。

私募机构管理规模越大，可投资的项目和企业越多，接触的信息资源越丰富，越会利用其跨行业丰富的投资经验帮助企业提升公司治理。私募股权机构间的联合投资也能很好地扩大私募机构的社会网络，提升私募机构对被投资企业公司治理和企业价值的影响力度。Kaplan 和 Strömberg（2009）研究发现，管理规模越大的私募股权机构与被投资企业价值存在的正相关关系越显著，企业的薪酬敏感性也越强。Bottazzi 和 Hellmann（2008）研究发现，多家私募机构参与联合投资对被投资企业公司治理的影响更大，提升企业经营业绩和股票绩效的效果也越好。

不同背景私募机构对被投资企业的影响有差异，外资背景管理经验丰富，国有背景私募机构管理资金规模较大，政治联系更强，对被投资企业董事会、管理层和薪酬制度等方面的影响也越大。私募会充分利用自身丰富的经验和政治关联优势，帮助企业实现企业价值提升。高正平（2009），朱鸿伟和陈诚（2014）研究发现，外资背景和国有背景私募股权机构管理的资金规模远大于民营背景私募股权机构，相对于民营背景私募股权机构，外资背景和国有背景私募股权机构对被投资企业公司治理和企业绩效的提升效果也更为显著。刘萧玮等（2022）私募股权配售的融资过程快速、手续简单、信息披露要求低，代理成本和信息成本也较低，虽然也需要聘请类似代理商或承销商的代理中介，但代理费用比公开募股低得多。

声誉高的私募股权机构更注重机构自身的声誉和被投资企业的长远利益，相对于声誉低的私募股权机构他们在对被投资企业薪酬制度安排上注重长期效益，例如利用手中的社会网络资源，采取股权等长期手段激励高管。陈工孟等（2011）研究发现相对于声誉低的私募投资机构，高声誉私募机构参与的被投资企业上市时间更长，业绩提升更显著。刘银国和朱龙（2011）构建了一个可综合反映治理水平的（CGI）模型，发现治理能力与公司业绩显著正相关。进一步研究发现私募机构声誉越高，持有期限越长，对被投资企业的增值效果越明显，影响效果更加明显。叶可等（2022）研究发现，由于委托代理关系中信息不对称的原因，私募股权投资的风险往往具有隐蔽性和动态化特征，信息不对称成为私募股权投资过程中必须加以防范的因素。

基于以上分析，本书认为私募股权投资特征、公司治理与企业价值之间存在如下关系。首先，由本书第 3 章的检验结果可知，私募股权投资和私募股权投资特征能够影响被投资企业的企业价值，相对于没有私募股权投资参与的企业，有私募股权投资参与的企业其企业价值表现更好。其次，不同特征私募股权投资对被投资企业价值影响存在差异，管理规模、私募背景等特征不同的私募股权机构对被投资企业股权结构、董事会规模和企业管理制度的影响程度不同，提升被投资企业公司治理水平和提升被投资企业价值的效果也存在差异。

13.1.2　假设提出

Shleifer 和 Vishny（1997）发现企业公司治理包括股权结构、董事会规模和管理层薪酬激励制度等要素。企业股权结构对公司治理水平影响很大，股权过于集中是大多数企业未能实现上市的重要原因之一。La Porta 等（1999）发现，股权过于集中会导致控制权与现金流权背离，创业企业家作为大股东为个人私利拥有强烈动机挪用公司资金，侵害其他相关者利益。白重恩等（2005）研究发现 PE 可以降低股权集中度和实际控制人的控制力度，减少对小股东利益侵害的可能性。

董事会的规模、独立性及成员经验，都会对公司治理水平产生影响。董事会规模越大，越能代表广大股东的利益，防止由于一股独大的现象和大股东侵占小股东利益的行为。外部独立董事作为企业的外部监督者，其比重越高，监管效果越好。Gompers（1995）研究发现，私募股权投资对代理成本较高企业的监督频率更高，监督效果比较显著。私募股权投资拥有的资源可以物色更优秀的专业人才，改善企业的管理决策。

管理层激励制度也会对被投资企业公司治理水平产生影响。私募股权投资通过就任董事职位，参与董事会活动，积极参与企业经营管理业务，制定股权激励等配套的激励机制，以有效改善代理冲突，提升被投资企业价值。通过以上分析可知，私募股权投资从股权结构、监管和激励三个方面都能对被投资企业公司治理水平产生影响。据此，本书提出假设 13 - 1。

假设 13 - 1：相比无 PE 参与企业，有 PE 参与企业公司治理水平更好。

通过文献研究和理论分析可知，私募股权投资对被投资企业公司治理水平的改善源于其参与企业经营管理的结果，具体表现为加强企业监管和提供增值服务。不同背景、声誉、管理规模、控制权和联合投资的私募股权投资对被投资企业公司治理和企业价值的影响存在差异。私募外资背景、国有背景和高声誉，代表私募股权投资自身经验越丰富，拥有自由越广泛，因而更能有效提高公司治理水平，提升企业价值；联合投资和社会声誉较高的私募机构，社会资源比较丰富，可投资的项目和企业较多，接触的知识更为前沿，对企业的管理经验也积累更多，对企业公司治理和企业价值的提升效果也更为显著。私募股权投资机构控制权越高、持有期限越长，越有决策权和影响力去提升治理水平和企业价值。Jensen（1989）；Gompers（1995）；Suchard 等（2009）从管理规模、控制权等 PE 特征检验了不同 PE 对被投资企业公司治理的影响程度并不一致，实证检验结果也存在差异。基于上述分析，本书提出以下子假设。

假设 13-1-1：相比非外资背景 PE，外资背景 PE 参与企业公司治理水平更好。

假设 13-1-2：相比非国有背景 PE，国有背景 PE 参与企业公司治理水平更好。

假设 13-1-3：私募股权投资声誉越高，企业公司治理水平表现越好。

假设 13-1-4：私募股权投资持股比例越大，企业公司治理水平表现越好。

假设 13-1-5：私募股权投资持有期限越长，企业公司治理水平表现越好。

假设 13-1-6：私募股权投资联合投资越多，企业公司治理水平表现越好。

Rechner、Dalton 和 Boyd（1983）研究发现公司治理水平越高，企业价值表现越突出。Beiner 和 Drobetz（2003）构建公司治理综合指数进行私募股权投资与企业公司治理水平之间的关系研究，也得出类似结论。Black、Jang 和 Kim（2004）以韩国上市企业为样本，发现企业价值会随着公司治理指数提高而显著增长。程新生和程菲（2012）以中小板上市公司为样本，研究发现完善的公司治理机制是企业价值稳步提升的有力保障。基于此，本书提出假设 13 – 2。

假设 13 – 2：被投资企业公司治理水平与企业价值成正比。

通过以上分析可知，私募股权投资特征能提高被投资企业公司治理水平，企业公司治理水平越高，企业经营绩效和企业价值表现越好。这说明私募股权投资特征通过改变被投资企业股权结构，降低被投资企业股权集中度，担任被投资企业董事并参与董事会活动，加强对被投资企业的监管，完善对被投资企业的管理层激励，提高被投资企业公司治理水平，进而提升被投资企业的价值。Jensen（1989）研究发现，不同特征私募股权投资作为参与被投资企业的“积极的投资者”，通过改善公司治理结构、制定必要的监管和激励机制减少代理成本，有效提升了被投资企业的经营绩效和企业价值。（Wright 等，2000；Cumming 等，2007；Wright 等，2007）等在不同制度背景下，利用不同的样本数据也验证了这一观点。分析 Jensen（1989）的观点可知，在私募股权投资特征影响被投资企业价值的过程中，除了被投资企业因股权结构优化和经营绩效提升等因素影响企业价值外，企业公司治理水平的提升也会对被投资企业价值产生一定的影响。而被投资企业公司治理不是自发改变的，是由不同特征私募股权投资的支持导致的。据此可推测，在私募股权投资和私募股权投资特征影响被投资企业价值的过程中，公司治理水平发挥了中介作用。

进一步分析公司治理发挥的是完全中介作用还是部分中介作用，根据 Cochran 和 Wartick（1988）的观点，这取决于公司治理是否为私募股权投资特征影响企业价值的唯一路径，若私募股权投资特征只有通过公司治理这一条路径作用于企业价值，那公司治理起到的是完全中介效应；若私募股权投资特征还可通过其他路径作用于企业价值，那公司治理起到的是部分中介效应。通过第 11 章和第 12 章的分析可知，除公司治理路径外，技术创新能力提升等方式也是私募股权投资影响被投资企业价值的重要路径之一。因此，公司治理在私募股权投资影响被投资企业价值的这种中介作用应该是部分中介作用。基于上述理论分析，本书提出假设 13 – 3 及其子假设。

假设 13 – 3：公司治理在 PE 与被投资企业价值关系中起到部分中介效应。

假设 13 – 3 – 1：公司治理在外资背景特征与企业价值关系中起到部分

中介效应。

假设 13－3－2：公司治理在国有背景特征与企业价值关系中起到部分中介效应。

假设 13－3－3：公司治理在私募声誉特征与企业价值关系中起到部分中介效应。

假设 13－3－4：公司治理在持股比例特征与企业价值关系中起到部分中介效应。

假设 13－3－5：公司治理在持有期限特征与企业价值关系中起到部分中介效应。

假设 13－3－6：公司治理在联合投资特征与企业价值关系中起到部分中介效应。

13.2 研究设计与模型构建

13.2.1 样本选择与数据来源

与第 12 章的样本选择和数据来源类似，本章通过色诺芬、万德和国泰安等数据库以及巨潮资讯网等网站，选取 2008—2021 年我国 A 股 IPO 公司为样本，并剔除金融保险、数据残缺以及 ST 或 PT 公司，将部分连续变量极端值 Winsorize 处理后得到 3167 家样本公司，其中关涉 12 个行业。

13.2.2 变量定义

本章中被投资企业价值和私募股权投资特征的定义与第 12 章一致，分别用 Tobin Q 值、外资背景（Foreign）、国有背景（State）、私募声誉（Perep）、持股比例（Peshare）、持有期限（lnt）和联合投资数量（Count）加以衡量。对被投资企业公司治理水平的衡量，我们在参照 Josen 和李维安等（2008）做法的基础上做了修改，利用主成分分析和综合评价的方法进行测算。

1. 公司治理水平的衡量

研究公司治理的难点之一在于公司治理水平的客观评价和替代变量的选取。以往不同研究者对于公司治理指标的选取不尽相同，董事会规模等个别指标的选用可能过于片面，无法涵盖上市公司治理的完整信息，因此本书借鉴李维安和李滨（2008）的做法，利用多个公司治理变量组合构建公司治理指数 CGI。鉴于本书将公司治理在不同检验模型中分别作为被解释变量和解释变量，因此相关成分指标需要在原有研究基础上加以改进。由于私募股权投资不足会影响融资企业归属的母公司、国有性质和上市场所等属性，因此我们将这三个指标剔除，并将更能反映公司治理水平的 Z 指数（前 2 名至 10 名股东合计持股与第 1 大股东持股的比值）、前十大股东合计持股比例和董事会规模三个指标加入成分指标中，以更加全面地反映公司治理水平，具体成分指标如表 13 - 1 所示。

表 13 - 1　主成分分析所用变量

变量	变量名称	变量说明
TOP	第一大股东持股比例	第一大股东持股量/总股本
TOP10	前十大股东持股比例	前十大股东持股量/总股本
H10	前十大股东股权集中度	前十大股东持股占比的平方和
Z	Z 指数	第 2 ~ 第 10 大股东持股总量/第一大股东持股量
MANA	高管持股比例	高管持股总数/总股本
DIR	董事会规模	董事会人数
IND	独立董事比例	独立董事人数/董事会总人数
DUAL	董事长 CEO 两职合一	两职合一取 1，两职不合一或其他情况取 0

除了指标选取的完善，本书在公司治理指数计算方法上也做了修正。原有方法是在主成分分析后取第一大主成分直接作为公司治理指数，考虑到各成分指标之间的相关程度，第一大主成分的方差贡献率不足以涵盖所有指标，为避免信息丢失率过高，本书研究采取主成分分析的一般方法，降维之后取若干主成分构建综合评价函数，尽可能多地保留指标所包含的信息（见表 13 - 1）。

按照累积贡献率大于 85% 的原则，取前 4 个主成分 Z_1、Z_2、Z_3、Z_4 代替原有的 8 个变量，然后对每个主成分的贡献率进行加权平均，得到综合评价函数 F：

$$F = \frac{34.669\% \times Z_1 + 26.698\% \times Z_2 + 12.929\% \times Z_3 + 12.276\% \times Z_4}{34.669\% + 26.698\% + 12.929\% + 12.276\%} \quad (13-1)$$

表 13－2　　　主成分分析结果

成分	初始特征值			提取平方和载入		
	合计	方差的%	累积%	合计	方差的%	累积%
1	2.774	34.669	34.669	2.774	34.669	34.669
2	2.136	26.698	61.367	2.136	26.698	61.367
3	1.034	12.929	74.296	1.034	12.929	74.296
4	0.982	12.276	86.572	0.982	12.276	86.572
5	0.585	7.317	93.889			
6	0.258	3.221	97.110			
7	0.196	2.454	99.564			
8	0.035	0.436	100.000			

提取方法为主成分分析。

由于解出的 F 值正负号都存在，为确保最终 CGI 值在比较的过程里更为直观，我们再将 F 值进行百分制的处理，使公司治理指数 CGI 落在的区间内：

$$CGI_i = \frac{F_i - F_{min}}{Fmin_{max} \times 100} \quad (13-2)$$

2. 控制变量

为了检验假设 13－1 中 PE 与公司治理的关系，分析可能影响治理水平的因素，参考 Josen（1995）和李维安等（2008）的做法，选取企业规模、企业财务杠杆、企业资历和企业性质等作为控制变量，同时控制年度和行业，确保结果的真实可靠。

假设 13－2 和假设 13－3 中，检验模型的因变量均为企业价值，跟第 12 章中的内容一致，因此，控制变量也沿用第 12 章中的做法，选取企业规模、企业资产负债率、企业资历、企业性质和企业成长性等作为控制变量，同时引入行业（IND）和年度虚拟变量（YR）进行控制，以确保结果的可靠。考虑到私募股权投资机构会根据被投资企业的经营状况择优筛选，本书引入变量 Growth（企业成长性）作为控制变量，以有效控制 PE 选择投资对象可能对模型结果产生的影响，提高模型结果的真实性。具体变量名称及定义如表 13 -3 所示。

表 13 -3　　变量定义

变量名称	变量符号	变量定义
托宾 Q 值	Tobin Q	等于企业 IPO 当年年末资本市场价值/资产重置成本
净资产收益率	ROE	等于企业 IPO 当年年末报告期净利润/加权平均股东净资产
公司治理	CGI	用被投资企业董事会规模等公司治理指标计算衡量
PE 参与	PE	表示是否存在 PE 参与，有 PE 为 1，没有 PE 参与变量值为 0
外资背景	Foreign	以持股比例最大的 PE 背景衡量，有国外背景为 1，否则为 0
国有背景	State	在非外资背景情况下，以持股比例最大的 PE 背景来衡量，有国有背景值为 1，否则为 0
私募声誉	PERep	表示 PE 投资机构的声誉，PE 投资机构中如果有排名前私募 50 强的，则变量值为 1，否则为 0
持股比例	PEshare	以 IPO 前持股比例衡量，如一家 PE 多次投入，则将各轮投入比加总，如多家 PE 共同参股，将各 PE 投资持股比例加总
持有期限	lnt	以投资入股到企业上市之间的月数取自然对数衡量，如果同一家 PE 多轮投入或多家 PE 参与投资，都以最早投入的时间计算
联合投资	count	用参与同一企业的私募机构数量衡量
企业规模	Size	用被投资企业当年年末总资产取自然对数加以衡量
资产负债率	Lev	用被投资企业当年年末总负债除以当年年末总资产衡量
企业资历	Age	用被投资企业成立年限加以衡量
企业性质	Gov	为虚拟变量，当被投资企业为国有控股时取值为 1，否则取值为 0
企业成长性	Growth	用被投资企业当年主营业务收入的增长率来衡量
年度变量	YR	虚拟变量，确定为该年时值为 1，否则为 0
行业变量	IND	虚拟变量，确定为该行业时值为 1，否则为 0

13.2.3　模型建立与模型说明

按照 Baron 和 Kenny（1986）提出的分步法对公司治理在私募股权投资及其不同特征影响企业价值过程中的中介效应进行检验，检验过程一共分为四个步骤，具体内容如下。

第一步，检验 PE 及不同特征 PE 对企业价值的影响是否存在及其显著程度。本书在第 3 章中对 PE 和不同特征 PE 两个层次进行了检验，分析模型检验结果发现，PE 和 PE 特征对企业价值的影响均显著为正。因此，本章可直接进行第二步的检验。

第二步，检验 PE 和 PE 特征对公司治理水平的影响，见模型（13－3）。根据假设 13－1 及其子假设涉及的变量及相关影响因素，本书在借鉴 Gompers 和李维安等做法的基础上，构建检验模型（13－3），其中 PE 表示是否有私募参与，Y_i 表示私募的外资背景、国有背景、声誉、持股比例、持有期限和联合投资数量等不同特征。若模型中的 β_1 显著，则进行第三步。

$$CGI = \beta_0 + \beta_1 PE(Y_i) + \beta_2 Size + \beta_3 Lev + \beta_4 Age + \beta_5 Gov + \alpha_6 Growth + \sum_{s=1}^{16} \alpha_{s+6} Ind + \sum_{t=1}^{4} \alpha_{t+23} Year + \varepsilon \quad (13-3)$$

第三步，检验公司治理水平对企业价值的影响是否显著，见模型（13－4）。为了检验假设 13－2，验证企业公司治理水平与企业价值之间的关系，本书在借鉴 Kaplan 和王会娟等做法的基础上，构建检验模型（13－4）。若模型（13－4）中 β_1 显著，则进行第四步。

$$Tobin\ Q(ROE) = \beta_0 + \beta_1 CGI + \beta_2 Size + \beta_3 Lev + \beta_4 Age + \beta_5 Gov + \alpha_6 Growth + \sum_{s=1}^{16} \alpha_{s+6} Ind + \sum_{t=1}^{4} \alpha_{t+23} Year + \varepsilon \quad (13-4)$$

第四步，检验公司治理水平在 PE 和 PE 特征与被投资企业价值的关系中是否发挥了中介效应。为了实现第四步，检验假设 13－3 及其子假设，验证 PE 和 PE 特征对企业的增值效应中，公司治理所起的中介作用，本书在借鉴 Kaplan 和王会娟等做法的基础上，构建检验模型（13－5），其中 PE 表示是否有私募参与，Y_i 表示同上。

$$Tobin\ Q(ROE) = \beta_0 + \beta_1 PE(Y_i) + \beta_2 CGI + \beta_3 Size + \beta_4 Lev + \beta_5 Age + \beta_6 Gov + \beta_7 Growth + \sum_{s=1}^{16} \alpha_{s+7} Ind + \sum_{t=1}^{4} \alpha_{t+24} Year + \varepsilon \quad (13-5)$$

为了保证模型的科学性和结果的真实性，本书利用统计软件进行了异方差检验，结果 P 值 >0.05，有效排除了异方差对模型结果可靠性的影响。进行回归分析时，多重共线性程度显示各变量的 Vif 值均接近 1，这表明各变量间不存在多重共线性问题。为了有效控制私募股权投资及不同背景（外资背景和国有背景）私募股权投资自选择导致的内生性问题，本书选择 2008—2021 年所有经管证监会等监管机构依据《证券法》等相关法律审核通过并成功 IPO 上市企业作为研究样本（包括有不同背景 PE 参与和无 PE 参与的企业），由于监管部门依据法律进行主体资格、公司治理、独立性、股本、资产规模、资本结构、盈利能力和企业价值等各项指标方面的审查具有强制性和统一性，有无 PE 参与企业和不同背景 PE 参与样本企业在资本规模、资本结构和盈利能力等指标上都具有较好的替代性，因此，以 2008—2021 年 IPO 企业作为样本进行研究，有效地控制了模型的内生性，并在稳健性检验中做了进一步的验证。

基于检验模型（12－1）和模型（12－2）中 PE（Y_i）的系数 α_1 与模型（13－5）中的系数 β_1 的回归结果，根据 Freedman 等（1992）的中介效应验证手法，分析系数 α_1 和 β_1 是否存在显著性的差异。若 α_1 和 β_1 存在显著差异，且 β_1 变为完全不显著，则说明公司治理发挥的是完全中介作用；若 α_1 和 β_1 存在显著差异，且 β_1 显著，但显著水平比 α_1 低，则说明公司治理发挥的是部分中介效应；若 α_1 和 β_1 基本相当，没有明显差异，则说明私募股权投资没有通过公司治理路径作用于企业价值，公司治理没有发挥中介效应。为了进一步检验中介效应的显著性程度，本书在比较模型系数的基础上利用 Freedman 等提出的模型公式（13－6），进行更为深入的分析验证，其中 S_α 和 S_β 分别是 α_1 和 β_1 的标准差，ρ 为 Tobin Q（ROE）与 CGI 的相关系数。

$$T = \frac{(\alpha_1 - \beta_1)}{\sqrt{S_\alpha^2 + S_\beta^2 - 2S_\alpha S_\beta \sqrt{1-\rho}}} \qquad (13-6)$$

13.3　实证检验结果与分析

13.3.1　描述性统计与相关性分析

13.3.1.1　描述性统计分析

表 13－4 为模型主要变量的描述性统计分析结果。由于所用企业样本

跟第12章相同，企业价值、私募股权投资和私募股权投资特征等数据与第12章分析结果基本一致。关于公司治理指数的描述性统计结果，分析表中数据可知，有私募股权投资参与企业的公司治理指数CGI的平均值为40.227，总体样本公司治理指数CGI的平均值37.738，无私募股权投资参与企业的公司治理指数CGI的平均值为35.606，比较分析发现，有PE企业CGI平均值分别比总样本CGI平均值和无PE企业CGI平均值高出2.489和4.621，说明有PE参与企业的公司治理水平更高，这可能是因为PE可以降低股权集中度，通过积极参与公司董事会活动，改善了被投资企业管理水平，加强了对被投资企业的监管，进而有效提升了被投资企业的公司治理水平。企业规模、资产负债率和企业资历等控制变量的统计结果与第12章一致，在此不予赘述。

13.3.1.2 相关性分析

为进一步明确各变量间的影响关系，本章对各变量进行了Pearson相关系数分析，见表13-5。结果显示，PE与公司治理水平在0.5的重要水平上显著正相关，支持了假设13-1。私募股权投资特征中外资背景、国有背景和持股比例与公司治理水平在0.05水平上显著正相关，支持了假设13-1中的子假设13-1-1、假设4-1-2和假设4-1-4；私募股权投资特征中私募声誉、持有期限和联合投资与公司治理水平在0.1的水平上显著正相关，支持了假设13-1中的子假设13-1-3、假设13-1-5和假设13-1-6。

公司治理水平与被投资企业的企业价值和净资产收益率均在0.05的水平上显著正相关，支持了假设13-2。企业规模、资产负债率、企业资历、企业性质和企业成长性等控制变量与企业价值和公司治理水平之间均存在不同显著程度的相关性，说明这些变量对企业公司治理水平和企业价值都存在一定程度的影响，在模型中对他们进行控制能更真实反映自变量和因变量之间的关系。但是相关性分析只表明变量间的相关程度，无法解释自变量对因变量的影响系数和程度，也无法表明变量之间是否存在中介效应，并且结果显示，各控制变量对因变量都存在不同程度的影响。所以，在进一步的检验中有必要对各种影响因素综合考虑，并检验在考虑上述因素后，假设是否依然能成立。

表 13 - 4　　模型主要变量描述性统计结果

A 全样本（3167）								
变量	Tobin Q	ROE	CGI	Size	Lev	Age	Gov	Growth
均值	3. 404	0. 096	37. 738	21. 112	0. 221	9. 469	0. 166	0. 227
中位数	3. 187	0. 085	38. 568	20. 892	0. 177	9. 000	0. 000	0. 206
标准差	1. 495	0. 100	14. 016	1. 014	0. 159	5. 062	0. 372	0. 257
最小值	0. 591	-0. 649	2. 372	19. 491	0. 011	1. 000	0. 000	-0. 516
最大值	9. 890	0. 584	96. 166	29. 967	0. 948	30. 000	1. 000	1. 821
B 有私募股权投资参与的样本（1997）								
变量	Tobin Q	ROE	CGI	Size	Lev	Age	Gov	Growth
均值	3. 838	0. 132	40. 227	21. 003	0. 200	9. 684	0. 127	0. 247
中位数	3. 690	0. 108	41. 179	20. 864	0. 168	10. 000	0. 000	0. 224
标准差	1. 551	0. 095	13. 370	0. 708	0. 132	4. 938	0. 333	0. 274
最小值	1. 036	0. 003	5. 456	19. 491	0. 013	2. 000	0. 000	-0. 516
最大值	9. 890	0. 584	96. 166	24. 273	0. 639	25. 000	1. 000	1. 821
C 无私募股权投资参与的样本（1170）								
变量	Tobin Q	ROE	CGI	Size	Lev	Age	Gov	Growth
均值	3. 031	0. 064	35. 606	21. 205	0. 240	9. 285	0. 199	0. 210
中位数	2. 863	0. 070	36. 358	20. 918	0. 185	9. 000	0. 000	0. 190
标准差	1. 338	0. 094	14. 218	1. 209	0. 178	5. 163	0. 399	0. 240
最小值	0. 591	-0. 649	2. 372	19. 531	0. 011	1. 000	0. 000	-0. 440
最大值	8. 262	0. 341	91. 340	29. 967	0. 948	30. 000	1. 000	1. 290
均值 T 检验								
B - C	0. 407	0. 401	0. 329	0. 713	0. 561	0. 415	0. 057	0. 039

13. 3. 2　模型检验结果与分析

本章以 Tobin Q 衡量企业价值，按照 Baron 等（1986）提出的四步骤分步分析法，对企业价值、公司治理水平与私募股权投资及其特征间的关系进行回归，检验公司治理水平发挥的中介作用，分析其在不同特征 PE 影响企业价值过程中发挥作用的差异，模型具体检验结果如表 13 - 5、表

表 13－5 变量基于 Pearson 的相关性分析

	Tobin Q	ROE	CGI	PE	Foreign	State	Perep	Peshare	Lnt	Count	Size	Lev	Age	Gov	Growth
TobinQ	1														
ROE	0. 203 **	1													
CGI	0. 093 **	0. 091 **	1												
PE	0. 269 **	0. 336 **	0. 164 **	1											
Foreign	0. 097 *	0. 196 **	0. 173 **	. a	1										
State	0. 180 **	0. 184 **	0. 131 **	. a	－0. 092	1									
Perep	0. 065 *	0. 195 **	0. 110 *	. a	0. 093	0. 219 **	1								
Peshare	0. 059 *	0. 355 **	0. 077 **	. a	0. 178 **	0. 094	0. 126 **	1							
Lnt	0. 097 *	0. 135 **	0. 102 *	. a	0. 140 **	－0. 027	0. 015	0. 053	1						
Count	0. 127 **	0. 421 **	0. 102 *	. a	0. 026	0. 155 **	0. 265 **	0. 528 **	0. 096 *	1					
Size	－0. 310 **	－0. 004	0. 103 **	－0. 099 **	0. 150 **	－0. 013	0. 031	－0. 063	0. 114 *	－0. 009	1				
Lev	－0. 404 **	－0. 034	0. 023 *	－0. 124 **	0. 130 **	0. 021	0. 065	0. 170 **	0. 113 *	0. 040	0. 600 **	1			
Age	－0. 069 *	0. 034 *	－0. 040	0. 039	－0. 044	0. 012	－0. 030	0. 124 *	0. 049	0. 075	－0. 068 *	0. 006	1		
Gov	－0. 132 **	－0. 037	－0. 017 *	－0. 097 **	－0. 065	－0. 042	0. 045	－0. 041	0. 033	－0. 080	0. 351 **	0. 284 **	0. 001	1	
Growth	0. 228 **	0. 126 **	0. 033 *	0. 072 *	0. 093	－0. 077	－0. 031	－0. 142 **	－0. 097 *	－0. 067	0. 050	0. 013	－0. 168 **	－0. 057	1

注：*** 表示在 0. 01 的水平上显著；** 表示在 0. 05 的水平上显著；* 表示在 0. 1 的水平上显著。

13 -6 和表 13 -7 所示。分析第 12 章中表 12 -5 的模型检验结果可知，私募股权投资与企业价值回归结果中的系数和 t 值分别为 0. 674 和 6. 386，在 0. 01 的水平上显著。私募股权投资特征中，外资背景（Foreign）与企业价值的系数和 t 值分别为 0. 537 和 2. 839，在 0. 01 的水平上显著正相关；国有背景（State）与企业价值的系数以及 t 值分别为 0. 933 和 3. 732，在 0. 01 的水平上显著正相关，私募声誉（PErep）与企业价值的系数和 t 值分别为 0. 270 和 2. 043，在 0. 05 的水平上显著正相关；PE 的持股比例（PEshare）与目标公司企业价值系数和 t 值分别为 1. 274 和 4. 076，在 0. 01 的水平上显著正相关；持有期限（Lnt）与企业价值的系数和 t 值分别为 0. 451 和 3. 199，在 0. 01 的水平上显著正相关；联合投资（Count）与企业价值的系数和 t 值分别为 0. 182 和 3. 719，在 0. 01 的水平上显著正相关。上述模型检验结果验证了私募股权投资及外资背景等不同特征与企业价值之间存在显著的正相关关系，中介效应分析四步骤中的第一步得以验证。

为检验假设 13 -1 及其子假设，利用模型（13 -3）对私募股权投资及外资背景等私募特征对公司治理水平的影响进行模型分析，具体结果如表 13 -6 所示。分析表中数据可知，表 13 -6 中第（1）列分析报告了 PE 影响目标企业公司治理的模型检验结果，模型调整 R^2 值为 0. 321，在 0. 01 的水平上显著，表明模型的解释度、拟合程度和显著性都比较好。对应的 Vif 值均接近于 1，说明模型的全部变量间的独立性较好。进一步分析发现 PE 与公司治理系数以及 t 值分别为 5. 336 和 5. 824，表示私募股权投资与公司治理存在正相关关系，且对企业公司治理水平的影响在 0. 01 的水平上显著。这也证明了私募股权投资通过董事会活动等方式参与企业的监管活动，改善了公司治理结构，提高了公司治理水平，验证了假设 13 -1。

表 13 -6 中的第（2）列检验结果报告了具有外资背景私募股权投资对公司治理水平的影响方向和显著程度。检验结果显示，外资背景（Foreign）与公司治理（CGI）的系数和 t 值分别为 6. 219 和 2. 956，在 0. 01 重要水平上正相关，这表明外资 PE 不仅能改善企业公司治理水平，而且由于其自身拥有更多的资源和更为丰富的经验，相对于非外资背景私募股权投资，外资背景私募股权投资对公司治理水平的提升效果更为显著，验证了假设 13 -1 -1。

表 13－6 中的第（3）列检验结果报告了国有背景私募股权投资对公司治理水平的影响结果。分析模型检验结果发现，国有背景（State）与企业公司治理水平的系数和 t 值分别为 5.101 和 2.605，在 0.05 的水平上显著正相关，这表明国有背景 PE 的监管力度更大，公司治理效果也更好，验证了本书的假设 13－1－2。

表 13－6　私募股权投资及其特征对被投资企业公司治理的影响

	因变量：公司治理指数（CGI）							
Constant	22.768 (1.918)**	33.010 (1.907)**	38.920 (1.666)**	40.786 (2.167)**	45.979 (2.081)**	48.032 (2.174)**	42.915 (1.961)**	35.613 (2.014)**
PE	5.336 (5.824)***							
Foreign		6.219 (2.956)***						4.137 (2.310)**
State			5.101 (2.605)**					4.309 (2.471)**
Perep				2.836 (2.157)**				2.514 (2.075)**
Peshare					1.015 (2.147)**			0.976 (2.354)**
Int						3.007 (2.221)**		2.512 (2.098)**
Count							0.990 (2.102)**	0.873 (1.957)**
Size	2.876 (4.956)***	3.656 (3.436)***	3.936 (3.478)***	4.008 (3.778)***	4.247 (3.976)***	3.942 (3.713)***	4.057 (3.824)***	3.079 (3.258)***
Lev	−8.427 (−2.320)**	−8.400 (−1.515)*	−12.790 (−2.128)**	−7.701 (−1.784)*	−9.374 (−1.646)*	−8.456 (−1.515)*	−7.904 (−1.419)*	−6.357 (−1.542)*
Age	−0.045 (−0.477)	−0.091 (−0.654)	−0.086 (−0.595)	−0.089 (−0.642)	−0.106 (−0.760)	−0.099 (−0.713)	−0.105 (−0.757)	−0.108 (−0.637)
Gov	−2.918 (−2.248)**	−3.463 (−1.729)**	−3.005 (−1.446)*	−4.061 (−2.027)**	−3.825 (−1.903)**	−4.173 (−2.083)**	−3.694 (−1.838)**	−2.974 (−1.681)**

续表

	因变量：公司治理指数（CGI）							
Growth	1.590 (0.871)	0.431 (0.168)	0.960 (0.350)	1.356 (0.528)	1.358 (0.527)	1.737 (0.673)	1.257 (0.490)	1.107 (0.782)
$Adj-R^2$	0.321	0.269	0.239	0.251	0.244	0.253	0.250	0.259
样本量	906	418	372	418	418	418	418	418
YR	已控制							
IND	已控制							

注：***、**、*分别表示1%、5%、10%的显著性水平，模型Vif值显示变量之间独立性较好，不存在多重共线性。

表13-6中的第（4）列检验结果报告了私募声誉对企业公司治理水平的影响结果。检验结果显示，私募声誉（PErep）与公司治理水平的系数和t值分别为2.836和2.157，在0.05的水平上显著正相关，说明私PE声誉越高，对企业公司治理影响的效果越显著。这一结果的原因可能是，私募股权投资声誉越高，拥有的资源越丰富，越能带来高质量的管理团队和先进的管理制度，提升公司治理的效果也更为显著，验证了假设13-1-3。

表13-6中的第（5）列显示PE持股比例对公司治理水平的影响结果。检验结果显示，持股比例（PEshare）与公司治理水平的系数和t值分别为1.015和2.147，在0.05的水平上显著正相关。这说明PE持股比例越高，对公司的影响力度越大，改善公司治理的动机越强，提升效果也就越好，验证了假设13-1-4。

表13-6中的第（6）列检验结果报告了PE持有期限对公司治理水平的影响结果。检验结果显示，持有期限（lnt）与企业公司治理水平的系数和t值分别为3.007和2.221，在0.05的水平上显著正相关，这说明PE参与企业的时间越长，对公司治理结构及薪酬制度了解越全面，采取的改善措施越有针对性，措施的实施时间也更为充分，因此提升公司治理水平的效果也就越好，验证了假设13-1-5。

表13-6中的第（7）列检验结果报告了PE联合投资数量对企业公司治理水平的影响结果。发现联合投资数量（Count）与公司治理水平的系数及t值分别为0.990和2.102，在0.05的水平上显著正相关。这说明联合投资能更有效地改善被投资企业股权结构，为企业带来更多的社会资

源，对企业的监管和控制也更为有效，治理水平提升作用也更为显著，验证了本书的假设 13－1－6。

表 13－6 中的第（8）列检验结果报告了同时考虑多种特征的情况下，私募股权投资特征对企业公司治理水平的影响结果。分析模型检验结果发现，在控制相关影响因素后，公司治理水平与外资背景、国有背景等私募特征变量之间的系数为正，与考虑单一特征时一致，显著性检验结果表明，私募特征与公司治理水平都存在不同程度的正相关，再次验证了假设 13－1－1 至假设 13－1－6。进一步分析发现，当多个私募特征共存时，具有多种特征的 PE 可通过多种特征对被投资企业公司治理水平产生影响。

模型（13－3）的检验结果及分析验证了私募股权投资及外资背景等不同特征与公司治理水平之间存在显著的正相关，中介效应分析四步骤中的第二步得以验证。

模型（13－4）将公司治理水平与企业价值的关系进行验证，如表 13－7 中第（1）列所示。结果显示公司治理水平（CGI）与企业价值（Tobin Q）的系数和 t 值分别为 0.011 和 3.909，在 0.01 的水平上显著正相关。这说明企业的治理水平越高，价值表现越好。与此同时，企业公司治理水平越高，决策者与执行者间的沟通效果越好，企业的代理成本越低，企业管理制度越完善，管理层决策贯彻执行效果越好，企业的经营绩效和企业价值表现也就越好，这一观点也得到了 Jonsen 等（1993）知名学者的支持，验证了本书的假设 13－2，中介效应四步骤中的第三步也得以验证。

模型（13－5）分别将 PE、PE 特征与公司治理水平同时纳入检验模型，验证公司治理水平在 PE 和 PE 特征影响企业价值过程中所起的作用。表 13－7 中的列（2）－列（8）报告了模型（13－5）的检验结果。表 13－7 中的第（2）列报告了考虑公司治理因素时 PE 对企业价值的影响效果。考虑公司治理水平因素情况下，私募股权投资与企业价值的系数和 t 值分别为 0.604 和 2.360，在 0.05 的水平上表现为正相关。私募股权投资对企业价值的影响系数由模型（12－1）中的 0.674 下降到 0.604，影响显著水平也由模型（12－1）中的 0.01 下降到 0.05。基于此，根据 Baron（1986）提出的分步法可知，公司治理在私募股权投资与被投资企业价值的正相关关系中起到了中介效应作用。为进一步检验结果真实性，本书利用 Freedman 等（1992）提出的中介效应检验方法，计算变量 T 的值为 2.517，且在 0.05 的水平上显著，再次验证了这一结论。同时，在考虑公司治理因素时的模型（13－5）中，私募股权投资与企业价值的系数为 0.604，在 0.05 水平上显著，由此可知公司治理在私募股权投资与被投资企业价值的正相关关系中起到的是部分中介作用，验证了本书的假设 13－3。

表 13－7 中的第（3）列检验结果报告了考虑公司治理因素时外资 PE 对企业价值的影响结果。考虑公司治理水平因素情况下，外资背景私募股权投资与企业价值的系数和 t 值分别为 0.391 和 1.811，在 0.1 的水平上表现为正相关，对企业价值的影响系数较模型（12－1）中的 0.537 有所下降，影响显著水平也由模型（12－1）中的 0.01 下降到 0.1。基于此，根据 Baron（1986）提出的分步法可知，公司治理在外资背景私募股权投资与被投资企业价值的正相关关系中起到了中介效应作用。为进一步检验结果真实性，本书利用 Freedman 等（1992）提出的中介效应检验方法，计算变量 T 的值为 1.873，且在 0.1 的水平上显著，再次验证了这一结论。同时，在考虑公司治理因素的模型（13－5）中，外资背景私募股权投资与企业价值的系数为 0.391，在 0.1 水平上显著，由此可知公司治理在私募股权投资与被投资企业价值的正相关关系中起到的是部分中介作用，验证了本书的假设 13－3－1。

表 13－7　私募股权投资及其特征对被投资企业价值的影响

	因变量：企业价值（Tobin Q）								
Constant	10.006 (9.687)***	9.390 (9.348)***	10.092 (4.523)***	9.110 (4.216)***	9.612 (4.335)***	8.526 (3.846)***	8.478 (3.809)***	9.261 (4.201)***	9.013 (3.876)***
CGI	0.011 (3.909)***	0.007 (2.495)**	0.014 (2.877)***	0.012 (2.505)**	0.015 (2.949)***	0.014 (2.890)***	0.014 (2.819)***	0.014 (2.154)**	0.013 (2.175)**
PE		0.604 (2.360)**							
Foreign			0.391 (1.811)*						0.352 (1.745)*
State				0.780 (2.517)**					0.695 (2.374)**

续表

	因变量：企业价值（Tobin Q）								
Perep					0.262 (1.964)**				0.254 (1.817)*
Peshare						1.035 (2.255)**			0.952 (2.017)**
Int							0.356 (2.339)**		0.318 (2.193)**
Count								0.150 (2.166)**	0.124 (2.053)**
Size	0.316 (3.175)**	0.296 (2.965)**	0.312 (2.144)**	0.264 (2.487)**	0.292 (2.182)**	0.247 (2.277)**	0.302 (2.796)**	0.286 (2.039)**	0.271 (2.159)**
Lev	2.321 (2.324)**	2.201 (3.156)**	2.171 (2.141)**	2.217 (4.041)**	2.137 (2.091)**	2.525 (2.427)**	2.280 (3.064)***	2.195 (2.127)**	2.051 (2.413)**
Age	-0.004 (-1.459)*	-0.003 (-0.442)	-0.006 (-0.441)	-0.005 (-0.381)	-0.006 (-0.421)	-0.009 (-0.625)	-0.007 (-0.512)	-0.008 (-0.578)	-0.007 (-0.479)
Gov	0.050 (0.445)	0.071 (0.645)	0.210 (1.627)*	0.209 (2.053)*	0.172 (0.846)	0.214 (1.561)*	0.150 (0.742)	0.223 (1.302)*	0.172 (1.271)*
Growth	1.280 (3.082)**	1.164 (3.151)**	1.043 (2.998)**	1.193 (2.709)**	1.106 (2.261)**	1.129 (2.394)**	1.177 (2.551)**	1.104 (2.285)**	1.047 (2.314)**
Adj-R^2	0.395	0.431	0.271	0.324	0.272	0.287	0.285	0.283	0.259
样本量	3167	1997	1997	372	1997	1997	1997	1997	1997
YR	已控制								
IND	已控制								

注：***、**、*分别表示1%、5%、10%的显著性水平，Vif是方差膨胀因子，表示多重共线程度。

表13-7中的第（4）列检验结果报告了考虑公司治理因素时国有背景PE对企业价值的影响结果。考虑公司治理水平因素情况下，国有背景私募股权投资与企业价值的系数和t值分别为0.780和2.517，在0.05的水平上表现为正相关，对企业价值的影响系数较模型（12-1）中的0.933有所下降，影响显著水平也由模型（12-1）中的0.01下降到0.05。基于此，根据Baron（1986）提出的分步法可知，公司治理在国有背景私募股权投资与被投资企业价值的正相关关系中起到了中介效应作用。为进一步

检验结果真实性，本书利用 Freedman 等（1992）提出的中介效应检验方法，计算变量 T 的值为 2.701，且在 0.05 的水平上显著，再次验证了这一结论。同时，在考虑公司治理因素的模型（13－5）中，国有背景私募股权投资与企业价值仍在 0.05 水平上显著正相关，由此可知公司治理在 PE 影响企业价值的正相关关系中起到的是部分中介作用，验证了本书的假设 13－3－2。

表 13－7 中的第（5）列检验结果报告了考虑技术创新时私募声誉对企业价值的影响结果。考虑公司治理水平因素情况下，私募声誉与企业价值的系数和 t 值分别为 0.262 和 1.964，在 0.05 的水平上表现为正相关，对企业价值的影响系数较模型（12－1）中的 0.270 有所下降，影响显著水平与模型（12－1）基本一致，均在 0.05 水平上显著。基于上述分析，直接用分步法不能验证其公司治理在私募声誉影响企业价值过程中的中介效应。因此，为进一步检验公司治理中介效应是否显著，本书采用 Freedman 等（1992）提出的中介效应检验方法，计算变量 T 的值为 1.517，且在 0.1 的水平上显著，验证了公司治理在私募声誉与被投资企业价值的正相关关系中起到了中介效应作用。同时，在考虑公司治理因素的模型（13－5）中，私募声誉与企业价值的系数为 0.61，在 0.05 水平上显著，由此可知公司治理在私募声誉与被投资企业价值的正相关关系中起到的是部分中介作用，验证了本书的假设 13－3－3。

表 13－7 中的第（6）列检验结果报告了考虑公司治理时持股比例对企业价值的影响结果。考虑公司治理水平因素情况下，持股比例与企业价值的系数和 t 值分别为 1.035 和 2.255，在 0.05 的水平上表现为正相关，对企业价值的影响系数较模型（12－1）中的 1.274 有所下降，影响显著水平也从模型（12－1）中的 0.01 下降到 0.05。基于此，根据 Baron（1986）提出的分步法可知，公司治理在持股比例与被投资企业价值的正相关关系中起到了中介效应作用。为进一步检验结果真实性，本书利用 Freedman 等（1992）提出的中介效应检验方法，计算变量 T 的值为 2.713，且在 0.05 的水平上显著，再次验证了这一结论。同时，在考虑公司治理模型（13－5）中，持股比例与企业价值的系数为 0.391，在 0.1 水平上显著，由此可知公司治理发挥的是部分中介作用，验证了本书的假设 13－3－4。

表 13－7 中的第（7）列检验结果报告了考虑公司治理时持有期限对

企业价值的影响结果。考虑公司治理水平因素情况下，持有期限与企业价值的系数和 t 值分别为 0. 356 和 2. 339，在 0. 05 的水平上表现为正相关，对企业价值的影响系数较模型（12 –1）中的 0. 451 有所下降，影响显著水平也从模型（12 –1）中的 0. 01 下降到 0. 05。基于此，根据 Baron（1986）提出的分步法可知，公司治理在持有期限与被投资企业价值的正相关关系中起到了中介效应作用。为进一步检验结果真实性，本书利用 Freedman 等（1992）提出的中介效应检验方法，计算变量 T 的值为 2. 107，且在 0. 05 的水平上显著，再次验证了这一结论。同时，在考虑公司治理因素的模型（13 –5）中，持有期限与企业价值的系数为 0. 356，在 0. 05 水平上显著，由此可知公司治理在持有期限与被投资企业价值的正相关关系中起到的是部分中介作用，验证了本书的假设 13 –3 –5。

表 13 –7 中的第（8）列检验结果报告了考虑公司治理因素时联合投资数量对企业价值的影响结果。考虑公司治理水平因素情况下，联合投资数量与企业价值的系数和 t 值分别为 0. 150 和 2. 166，在 0. 05 的水平上表现为正相关，对企业价值的影响系数较模型（12 –1）中的 0. 182 有所下降，影响显著水平也从模型（12 –1）中的 0. 01 下降到 0. 05。基于此，根据 Baron（1986）提出的分步法可知，公司治理在联合投资数量与被投资企业价值的正相关关系中起到了中介效应作用。为进一步检验结果真实性，本书利用 Freedman 等（1992）提出的中介效应检验方法，计算变量 T 的值为 2. 175，且在 0. 05 的水平上显著，再次验证了这一结论。同时，在考虑公司治理因素的模型（13 –5）中，联合投资数量与企业价值的系数为 0. 150，在 0. 05 水平上显著，由此可知公司治理在联合投资数量与被投资企业价值的正相关关系中起到的是部分中介作用，全部验证了本书的假设 13 –3 –6。

表 13 –7 中的第（9）列检验结果报告了考虑公司治理因素和多种特征时，私募特征对企业价值的影响结果。考虑公司治理水平因素情况下，私募特征与企业价值的系数和 t 值较企业价值的影响系数和模型（12 –1）中的检验结果都有所下降。根据中介效应分步检验法分析可知，公司治理在私募特征与被投资企业价值的正相关关系中都起到了一定的中介作用，验证了假设 13 –3 –2 至假设 13 –3 –6。进一步分析发现，当多个私募特

征共存时，公司治理在私募特征与被投资企业价值之间都起到了不同程度的中介作用，公司治理在具有多种特征的 PE 与目标公司价值之间的中介作用更明显。

13.3.3 稳健性检验

为了增加实证检验结果的可靠性，本章参照第 12 章中稳健性检验的方法进行了以下稳健性检验工作。

（1）对本章样本数据所有的连续变量，本章进行了 1% 和 99% 的 Winsorize 处理，然后重新对以上模型进行回归，结果与之前无实质差异。

（2）对于企业价值变量 Tobin Q 值的衡量，本章参考陈工孟和俞欣等学者的做法，分别采用“企业上市前 3 年均值”和“企业价值上市后 3 年均值”取自然对数作为企业价值的衡量指标，重新检验以上模型，实证检验结果对本章主要结论没有影响。

（3）对于企业价值的衡量，本章在用企业 Tobin Q 值衡量的基础上，参考 Gompers 等（1995）的做法，还采用企业净资产收益率（ROE）加以衡量，重新检验本章模型，实证检验结果与本章主要结论一致。

（4）对于 PE 及 PE 特征的衡量，本章 PE 及 PE 特征的所有回归数据均采用 2008—2021 年 IPO 企业全部 PE 数据，将持有期限小于 5 年的股权投资重新统计整理，再次定义 PE 及其特征数据，重新对以上模型加以检验，发现结果与之前并无差别。

（5）对于公司治理水平的衡量，本章除计算治理指数之外，还采用李维安等构建的南开大学公司治理数据库中的数据作为样本企业公司治理水平的衡量指标，重新检验以上模型，结果与本章主要结论一致。

13.4 研究结论与贡献

本章以委托代理理论、社会网络理论和公司治理理论为基础，提出了公司治理在私募股权投资特征与被投资企业价值的正相关关系中具有部分中介效应等相关假设，构建了检验私募股权投资特征、公司治理水平和企业价值三者之间关系的模型，以2008—2021年A股IPO上市企业为样本，分析检验结果发现假设13－1、假设13－2和假设13－3及相应子假设均得到了验证。

本章以股东持股比例、Z指数、高管持股比例和董事会规模等指标为要素构建公司治理指数模型，计算样本企业公司治理指数，以此研究PE特征、公司治理水平及企业价值之间的关系。本章首先研究PE特征与公司治理水平之间的关系，分析实证结果发现相比无PE企业，有PE企业的公司治理水平更好；在PE介入的企业中：外资背景PE比非外资背景PE的企业公司治理水平更好；相比民营背景PE，国有背景PE参与的企业公司治理水平更好；PE声誉越高、持股比例越大、持有期限越长、联合投资机构数量越多，公司治理水平表现越好，验证了假设13－1及其子假设。其次，研究企业公司治理水平与企业价值的关系，发现公司治理水平与企业价值显著正相关关系，验证了假设13－2。最后，在第12章研究结果及本章上述研究结论的基础上，进一步检验公司治理在私募股权投资特征影响企业价值过程中的中介效应。分析实证结果发现：公司治理在PE与被投资企业价值的正相关关系中起到了部分中介效应；公司治理在PE外资背景、国有背景、声誉、持股比例、持有期限和联合投资数量等不同特征与企业价值的正相关关系中均起到了部分中介效应，验证了假设13－3及其子假设。

本章研究的贡献一方面在于发现私募股权投资特征能提高企业公司治理水平，企业公司治理水平与企业价值正相关。从私募特征角度解释了PE对企业公司治理水平的影响及差异。尽管现有实证研究基于不同理论验证私募股权投资能在一定程度上改善被投资企业公司治理水平，但结合私募股权投资特征进行研究的极少。我们研究发现PE背景、PE声誉和持股比例等特征存在差异，对企业公司治理水平的影响程度也各不相同。同时，本章研究发现公司治理水平与企业价值之间存在正相关关系，为公司治理中介效应的研究提供了基础支持，为企业管理者提高企业价值提供了有效途径。本章研究的另一方面贡献在于通过研究私募股权投资特征、公司治理和企业价值之间的相互关系，发现了PE特征通过公司治理实现价值创造的机理，验证了公司治理在PE特征与被投资企业价值的正相关关系中起到了部分中介效应。PE 广受各界关注，PE 增值效应受到的关注相对有限，关于 PE 特征增值路径方面的证据极少。基于第 12 章的研究结论和 PE 特征与公司治理水平、公司治理水平与企业价值的实证结果，进一步研究发现 PE 特征可通过公司治理路径实现对企业价值的提升作用，公司治理在 PE 特征的增值作用中起到了部分中介作用，深化了 PE 特征的价值创造机理。

本章结论对我国政府、PE 机构和被投资企业的管理者均有较大的现实意义和参考价值。本研究发现 PE 能优化企业公司治理，提升企业价值，因此建议我国政府积极完善 PE 投资环境，引导私募股权机构对政府支持产业的投资，促进产业升级发展，提高企业管理水平，实现社会资源有效配置。本研究发现不同特征私募股权机构提升公司治理水平的效果存在差异，具有外资背景、高声誉和联合投资等特征的私募机构提升效果更好，因此建议我国 PE 机构应积极向国外知名私募机构学习，提高自身实力，提升增值效应。而不同特征私募股权投资机构提高企业公司治理水平和增值效应的差异，也为企业管理者结合企业实际情况引入合适的私募机构提供了较为有效的参考建议。

13.5　本章小结

本章以公司治理理论为基础，对公司治理路径下 PE 对企业价值的影响进行了分析。首先，对公司治理的概念进行界定，对 PE 特征、公司治理及企业价值的关系进行分析；其次，结合 PE 及公司治理水平、公司治理水平与企业价值影响的相关理论，运用逻辑分析法对 PE 特征、公司治理与企业价值三者之间的关系及影响机理进行分析，并提出研究假设；再次，以 2008—2021 年我国 A 股 IPO 公司的经验数据为对象，运用实证模型法对研究假设进行检验。分析检验结果可知，PE 能有效提升被投资企业公司治理水平，不同特征 PE 对企业公司治理水平影响程度存在差异，公司治理与企业价值存在正相关关系，进一步分析发现公司治理在 PE 特征与被投资企业价值的正相关关系中起到了部分中介效应。最后，在分析本章研究结果的基础上，总结本章研究结论对相关理论和实践的贡献。

第14章　技术创新路径下私募股权投资特征对被投资企业价值的影响研究

自1912年著名经济学家约瑟夫·熊彼特首次提出“创新”这一概念以来，“创新”作为实现企业价值提升的重要因素备受各界关注，形成的技术创新理论影响深远，并在此基础上演化发展出以马歇尔为代表的企业内在成长理论和以德姆塞茨为代表的企业优势竞争理论等多种经典理论。各经典理论从产品创新、制度创新、知识创新和打造企业核心竞争力等不同角度检验和阐释了创新推动企业发展，创造更多企业价值的路径和原理。私募股权投资不仅为被投资企业技术创新提供了丰富的资金支持，也给被投资企业带来更前沿的知识和更科学的制度，提高综合创新能力，实现被投资企业的增值效应。本章的研究重点是私募股权投资作为企业重要的资金提供者和创新管理的参与者，将会如何影响被投资企业的技术创新能力，进而影响被投资企业价值？不同特征PE对被投资企业技术创新能力和企业价值的影响有何差别？

14.1　理论分析与假设提出

14.1.1　理论分析

14.1.1.1　技术创新的概念

在现有技术创新理论相关文献中，学者们对技术创新概念的界定并不完全一致。熊彼特首先提出了“创新”的概念，并认为“创新是为了获取高额利润，将生产要素与条件进行的重新整合。”它包括以下五种形式：

①引入新产品或给予产品新的质量；②采用一种新的生产方法；③开辟一个新的市场；④获得一种新的原料供给来源；⑤实行创新的组织形式。这既包括抽象上由于新技术诞生导致的生产要素重新组合，也包括具体形式上通过发明创造的应用实现的差额盈利。

根据约瑟夫·熊彼特的研究成果，相关学者对“技术创新”这一概念从不同视角进行了研究。比如，Lynn（1996）从创新时序角度，认为“技术创新是基于商业潜力的认识最终转化为产品的行为”；冯之浚（1999）认为：“创新是从思想产生、创造并得以应用的过程，本质上是新技术的诞生和应用”；李京文（1998）认为：“技术创新以占据国际市场为目标，根据市场需求开发新产品直至得以销售的过程”；而柳卸林（2002）则强调：“技术创新的新颖程度取决于产品和过程的创新、吸收及扩散”；傅家骥等（1998）认为：“技术创新是抓住市场契机，重新组合生产条件，开辟新的技术工艺及市场，包含金融、组织科技等一系列的综合过程”。

由此，将企业技术创新界定为：企业对新工艺技术合理组合实现商业化的过程。这里提出的“技术组合”只需对现有要素进行合理整合不必进行大量创新。

对于企业技术创新程度，经济管理领域的专家学者主要采用 R&D 投入、专利产出数和全要素生产率三个参数加以衡量。R&D 投入参数可有效界定企业技术创新投入阶段的投资额，明确企业技术创新的成本。而专利产出数和全要素生产率可客观计量企业技术创新的产出效率。专利数与全要素生产率的不同点在于研究国家、地区或产业等宏观经济领域技术创新问题时，一般倾向于采用全要素生产率；研究企业、产品和绩效等微观层面的技术创新问题时，多采用专利产出数。在研究微观企业技术创新问题时很少采用全要素生产率来衡量企业技术创新程度是因为全要素生产率涉及各要素，长时间，跨区域或跨行业的投入成本，会存在企业生产要素成本受不同价格指数的影响而无法衡量，企业与企业之间或同一企业在不同时期关于价格变动的调整无法统一。这就导致全要素生产率在企业与企业之间，在企业的不同时期之间不可比。本书主要以私募股权投资机构投资企业为研究对象，因此，本章采用企业专利产出数量作为衡量企业技术创新的指标。

14.1.1.2 私募股权投资特征、技术创新与企业价值间的关系

作为专注于企业价值增长和倾向于长期投资的私募股权投资机构，更加看重企业创新能力和成长性，私募股权机构投资的企业大多为中小企业，制度比较灵活，对技术创新的重视程度也比较高，而私募股权投资的加入，一方面可有效改善企业融资困难、资金短缺的困境，同时也能帮助被投资企业更好地了解技术发展前沿，提高知识获取的能力。Koitum 和 Lemer（2000）发现 PE 能有效形成创新网络，促进区域发展，提升产品绩效。王雷和党兴华（2008）研究发现，我国 PE 能有效提高参与企业的专利授权数、产品出口额以及工业总产值。

私募股权投资背景不同，拥有的信息渠道和社会网络也会存在差异。政府背景的私募股权投资拥有更强的政治联系，对被投资企业所处行业的发展规划和技术前景掌握更为全面，对区域创新具有很强的导向作用。政府背景私募股权投资的技术资源和行业制度等方面的优势，能更好地帮助被投资企业确定前沿科技攻关方向，实现价值增值。Lerner（1995）和苟燕楠（2014）的研究从不同角度验证了类似观点，他们研究发现政府背景私募股权投资不仅可弥补市场资源配置的缺陷，对被投资企业技术创新的促进作用也更为显著。进一步研究发现具有公司背景 PE 更加关注企业发展潜力和核心竞争力，以此实现企业的整体战略目标。因此，公司背景 PE 对企业技术创新能力的提升更为显著。

PE 参与企业时间越长，对被投资企业经营业务，行业特点和技术创新能力了解越透彻，对于如何发挥被投资企业现有资源优势，如何引进前沿技术，如何实现技术创新的应用推广，进而提高技术效率，提升企业价值。因此，相对于 IPO 前临时进入被投资企业的 PE，私募股权投资进入被投资企业时间越长，对企业技术创新和企业价值的提升效果越好。Amit（2001）和沈丽萍（2015）验证了这一观点，研究发现相比于 IPO 前一年，越早进入企业的私募股权投资机构对被投资企业技术创新水平和企业价值的影响越显著。王静（2017）研究发现私募股权投资作为一种权益性投资工具，具有多重优势。首先，它有助于解决我国融资市场中融资难、融资贵的问题，从而平衡融资结果。其次，私募股权投资在一定程度上可以提

高企业的技术创新水平。因此，优化私募股权投资的发展环境，有利于促进企业增加研发投入，积极转化研发成果。

价值创造和企业能力理论认为：技术创新是实现价值增值的核心要素，可以提高企业生产效率，消除传统模型中资本报酬递减的趋势，实现企业价值的持续增长。技术创新周期长，所需资金投入多，研发及推广应用存在一定的风险，因此需要大量资金长期的支持。高声誉以及联合投资的 PE 具有更强的认证效应，能吸引更多的投资者、债权人和高质量的科技人才进入企业，拓展了被投资企业的融资渠道，降低了被投资企业融资成本，也为技术创新提供了更为丰富的资金和优秀员工。

基于以上分析，本书认为 PE 特征、技术创新与企业价值之间相互影响，紧密共存。由上述实证检验结果可知：首先，PE 和 PE 特征能够影响被投资企业价值，有 PE 参与企业的企业价值表现更好。其次，PE 特征通过拓展被投资企业融资渠道，增加被投资企业研发投入，提高被投资企业专利产出数量，提升技术创新能力以及企业核心竞争力，实现对被投资企业的增值服务。最后，不同特征 PE 对被投资企业技术创新和企业价值影响存在差异，私募背景、私募声誉等特征不同的 PE 机构对被投资企业技术创新资金投入、技术成果推广应用和企业技术效率的影响程度不同，效果也存在差异。

14.1.2　假设提出

Romain 曾提出，私募股权投资的作用在某种程度上类似于 R&D 的研发投入，而 R&D 研发投入相当于企业技术创新过程中的基础资源和资金支持。私募股权投资能很好地解决被投资企业资金不足和筹资困难这一困境，为被投资企业进行技术创新提供有力的资金支持。Aghion 和 Tirole（1994）研究发现，被投资企业，特别是中小企业，相比智力资本，研发资金的投入不仅能有效解决技术创新的资金困境，还能有效提升企业的技术创新能力和专利产出数量。

PE 作为企业的长期投资者，他们更加注重企业整体价值的创造，不仅为被投资企业提供技术创新上的资金支持，还通过担任董事和参与董事会等行为，为企业制定较好的激励和监督机制，进一步完善企业技术创新配套环境。Kortum 和 Lerner（2000）以美国企业为样本进行实证研究发现，有 PE 的企业专利数量和专利被引用次数均高于没有私募股权投资参与的企业。基于文献研究与上述分析，本书提出假设 14 – 1。

假设 14 – 1：私募股权投资与被投资企业技术创新能力成正比。

根据理论研究与文献分析，相比无 PE 参与的企业，有 PE 参与的企业其技术创新能力更强，这主要是因为私募股权投资给被投资企业带来了更为充足的资金、更为前沿的技术和更为先进的理念。PE 背景、声誉、投资时间和联合投资等特征不同的 PE 对被投资企业技术创新和价值影响存在差异。私募的国有背景和公司背景，能为企业带来更多的资金支持和更丰富的前沿信息，对被投资企业所处的行业政策和趋势掌握也更全面；PE 进入被投资企业时间越长，对被投资企业了解越全面，越有利于私募股权投资有针对性地帮助被投资企业提升技术创新能力和经营绩效，提升效果也更好；联合投资和管理规模较大的私募机构，资金比较雄厚，研发投入数量和周期都更有力度，对企业技术创新和企业价值的提升效果也更为显著。Barry（1990）；Gompers（1996）；Kaniainen（2003）等从私募背景、联合投资数量等私募特征角度检验了不同特征私募股权投资对被投资企业技术创新能力的影响存在差异，结论并不统一。基于上述理论分析，本书提出以下子假设。

假设 14 – 1 – 1：相比非外资背景 PE，外资背景 PE 参与企业技术创新能力更好。

假设 14 – 1 – 2：相比非国有背景 PE，国有背景 PE 参与企业技术创新能力更好。

假设 14 – 1 – 3：私募股权投资声誉越高，企业技术创新能力表现越好。

假设 14 – 1 – 4：私募股权投资持股比例越大，企业技术创新能力表现越好。

假设 14 – 1 – 5：私募股权投资持有期限越长，企业技术创新能力表现越好。

假设 14 – 1 – 6：私募股权投资联合投资越多，企业技术创新能力表现越好。

作为拥有广泛社会网络资源的私募股权投资可以帮助被投资企业更早进行相关产品的生产和推广，有效实现产品的定价权，获取超额利润以实现企业价值。Stopford 通过研究指出技术创新企业的核心竞争力决定经营业绩的成败。而 Fujita 认为在竞争日趋激烈、企业经营国际化程度越来越高以及产品生命周期日渐缩短的情况下，技术创新对于企业的生存和发展日益重要。Hirschey 和 Weygand（1985）通过实证研究发现企业技术创新能力对企业价值存在正向影响，企业技术创新能力越强，企业价值越高。Sundaram（1996）也验证了这一观点。

技术创新可以改善商品质量，实现销售增长，促使企业价值提升。Kortum 和 Lemer（2002）研究发现私募股权投资的增加，能够显著提升被投资企业有效专利率（专利被引用和参与诉讼的频率）。技术创新改善原有工艺，有效节约产品初始成本，帮助企业价值得到增长。Guth 认为技术创新可以帮助企业率先进入新的业务领域，形成新的利润增长点，使企业盈利能力得到提高。基于此，本书提出假设 14－2。

假设 14－2：被投资企业技术创新能力与企业价值成正比。

通过以上分析可知，私募股权投资特征能提高被投资企业技术创新能力，企业技术创新能力越高，企业价值表现越好。这意味着 PE 特征通过资金支持，参与董事会活动实现对技术创新的监管激励，提高技术创新能力，进而提升企业价值。Hellman 和 Puri（2000）研究发现私募股权投资的参与能够显著提高被投资企业专利产出数量和企业科技转化能力，缩短了产品投放市场的时间，提升了被投资企业的营业收入和企业价值，进一步分析发现不同特征 PE 对企业技术创新和企业价值均存在不同程度的正向影响。分析 Hellman 和 Puri（2000）的观点可知，在 PE 特征影响企业价值的过程中，除了被投资企业因经营绩效提升和公司治理水平提高等因素影响企业价值外，企业技术创新能力也会对被投资企业价值产生一定的影响。而企业技术创新能力的提高不是自发产生的，而是由于私募股权投资的参与而形成的。据此可知，私募股权投资影响被投资企业价值时，技术创新能力发挥了中介作用。

根据 Gompers 和 Kenny（1986）的观点，进一步分析技术创新中介作用的效果发现，技术创新发挥的是部分中介作用还是全部中介作用取决于技术创新是否为私募股权投资特征影响企业价值的唯一路径，若私募股权投资特征只通过技术创新这一条路径作用于企业价值，那技术创新起到的是完全中介效应；若私募股权投资特征还可通过其他路径作用于企业价值，那技术创新起到的是部分中介效应。通过第 12 章和第 13 章的分析可知，除技术创新路径外，公司治理也是私募股权投资影响被投资企业价值的重要路径之一。因此，技术创新对私募股权投资特征影响被投资企业价值的这种中介作用应该是部分中介作用。基于上述理论分析，本书提出假设 14－3 及相关子假设。

假设 14－3：技术创新在 PE 与被投资企业价值关系中起到部分中介效应。

假设 14－3－1：技术创新在外资背景特征与企业价值关系中起到部分中介效应。

假设 14－3－2：技术创新在国有背景特征与企业价值关系中起到部分中介效应。

假设 14－3－3：技术创新在私募声誉特征与企业价值关系中起到部分中介效应。

假设 14－3－4：技术创新在持股比例特征与企业价值关系中起到部分中介效应。

假设 14－3－5：技术创新在持有期限特征与企业价值关系中起到部分中介效应。

假设 14－3－6：技术创新在联合投资特征与企业价值关系中起到部分中介效应。

14.2 研究设计与模型构建

14.2.1 样本选择与数据来源

与第 12 章的样本选择和数据来源类似，本章通过色诺芬、万德和国泰安等数据库以及巨潮资讯网等网站，选取 2008—2021 年我国 A 股 IPO 上市公司数据为样本，并将金融保险类公司、数据缺失的公司、ST 或 PT 公司予以剔除，同时对本章所涉及部分连续变量的极端值进行 Winsorize 处理，最终得到 906 家样本公司，涉及 12 个行业。

14.2.2　变量定义

本章对企业价值以及 PE 特征的界定与第 12 章一致，分别用 Tobin Q 值、外资背景（Foreign）、国有背景（State）、私募声誉（Perep）、持股比例（Peshare）、持有期限（lnt）和联合投资数量（Count）加以衡量。对被投资技术创新能力的衡量，我们在参照 Josen 和罗正英（2014）等做法的基础上做了修改，选择被投资企业专利产出数量，利用综合评价的方法进行测算。

1. 技术创新能力

对被投资企业技术创新能力的衡量，我们参照 Josen 和罗正英（2014）等做法，在技术创新常用的三个指标：R&D 研发投入、专利数和全要素生产率中选择专利数作为被投资企业技术创新的衡量指标。这一方面是因为 R&D 是投入指标，专利数和全要素生产率是产出指标，而从投入产出涉及企业制度导向和创新环境等诸多因素的影响，PE 能在不同程度上影响这些因素，因此利用产出指标更能体现 PE 对企业技术创新的影响。在产出指标中，全要素生产率一般用于区域技术创新能力研究，而专利数多用于企业技术创新能力研究，基于上述分析，本书选择被投资企业专利数作为技术创新能力的衡量指标。

在具体计算衡量技术创新能力指标时，本书在罗正英等学者的基础上做了修改，因为专利类型、难度及效应存在很大差异，因此本书给发明、实用新型和外观设计专利分别赋予了不同的权重，予以汇总计算其综合技术创新能力。

$$TI = \sum_{i=1}^{3} Z_i \times (7 - 2 \times i) \tag{14-1}$$

TI：表示企业技术创新能力；

Z_i：分别表示发明专利、实用新型专利和外观设计专利。

2. 控制变量

为了检验假设 14 - 1 中私募股权投资和私募股权投资特征与技术创新之间的关系，分析可能影响企业技术创新水平的因素，参考 Cao 和 Lerner 等（2007）的做法，选取目标企业公司规模、财务杠杆、成立年限、高管持股比例、成长性和性质等作为控制变量，同时对年度和行业加以控制，确保结果的可靠。

表 14 - 1　　　　变量定义

变量名称	变量符号	变量定义
托宾 Q 值	Tobin Q	等于企业 IPO 当年年末资本市场价值/资重成本
净资产收益率	ROE	等于企业 IPO 当年年末报告期净利润/加权平均股东净资产
技术创新	TI	用被投资企业专利数量按不同类型计算衡量
PE 参与	PE	表示是否有 PE 参与，有 PE 参与值为 1，没有 PE 参与值为 0
外资背景	Foreign	以持股比例最大的 PE 背景来衡量，有国外背景值 1，否则为 0
国有背景	State	在非外资背景情况下，以持股比例最大的 PE 背景来衡量，有国有背景值为 1，否则为 0
私募声誉	PERep	表示 PE 投资机构的声誉，PE 投资机构中如果有排名前私募 50 强的，则变量值为 1，否则为 0
持股比例	PEshare	以 IPO 前持股比例衡量，如一家 PE 多次投入，则将各轮投入比加总，如多家 PE 共同参股，将各 PE 投资持股比例加总
持有期限	lnt	以投资入股到企业上市之间的月数取自然对数衡量，如果同一家 PE 多轮投入或多家 PE 参与投资，都以最早投入的时间计算
联合投资	Count	用参与同一家企业的 PE 个数来衡量
企业规模	Size	用被投资企业当年年末总资产的自然对数加以计算
第一大股东持股比例	Top	年末被投资企业第一大股东持股比例
高管持股比例	Mor	年末被投资企业高管持股比例
资产负债率	Lev	用被投资企业当年年末总负债/当年年末总资产衡量
企业资历	Age	用被投资企业成立年限加以衡量
企业性质	Gov	为虚拟变量，当被投资企业为国有控股时值为 1，否则为 0
企业成长性	Growth	用被投资企业当年主营业务收入的增长率来衡量
年度变量	YR	年度虚拟变量，确定为该年数据时值为 1，否则为 0
行业变量	IND	行业虚拟变量，确定为该行业数据时值为 1，否则为 0

假设 14 - 2 和假设 14 - 3 中，检验模型的因变量均为企业价值，跟第

12 章中的内容一致，因此，控制变量也继续沿用第 12 章中的做法。PE 选择被投资企业时，会对企业经营状况和收益水平加以考察，择优选投，考虑到被投资企业经营状况可能对私募股权投资机构产生的影响，本书引入变量 Growth（企业成长性）作为控制变量，以有效控制私募股权投资选择投资对象可能对模型结果产生的影响，提高模型结果的真实性。具体变量名称及定义如表 14 - 1 所示。

14.2.3　模型建立与模型说明

按照 Baron 和 Kenny（1986）的四步骤法对技术创新在私募股权投资影响企业价值过程中的中介效应进行检验。

第一步，检验 PE 及不同特征 PE 对企业价值的影响是否显著。本书在第 12 章中分 PE 和不同特征 PE 两个层次进行检验，结果发现 PE 和 PE 特征对被投资企业价值的影响均显著为正。因此，进行第二步的检验。

第二步，检验 PE 和 PE 特征对技术创新能力的影响，见模型（14 - 2）。根据假设 14 - 1 涉及的变量及相关影响因素，本书在借鉴 Gompers 和罗正英等做法的基础上，构建如下检验模型，其中 PE 表示是否有私募股权投资参与，Y_i 表示私募的外资背景、国有背景、私募声誉、持股比例、持有期限和联合投资数量等不同特征。若模型中的 γ_1 显著，则进行第三步。

$$TI = \gamma_0 + \gamma_1 PE(Y_i) + \gamma_2 Size + \gamma_3 Top + \gamma_4 Mor + \gamma_5 Lev + \gamma_6 Age + \gamma_7 Gov + \gamma_8 Growth + \sum_{s=1}^{16} \gamma_{s+8} Ind + \sum_{t=1}^{4} \gamma_{t+25} Year + \varepsilon \quad (14-2)$$

第三步，检验技术创新能力对企业价值的影响是否显著，见模型（14 - 3）。为了检验假设 14 - 2，验证企业技术创新能力与企业价值之间的关系，本书在借鉴 Kaplan 等做法的基础上，构建如下检验模型。若模型（14 - 3）中 γ_1 显著，则进行第四步。

$$Tobin\ Q(ROE) = \gamma_0 + \gamma_1 TI + \gamma_2 Size + \gamma_3 Top + \gamma_4 Mor + \gamma_5 Lev + \gamma_6 Age + \gamma_7 Gov + \gamma_8 Growth + \sum_{s=1}^{16} \gamma_{s+8} Ind + \sum_{t=1}^{4} \gamma_{t+25} Year + \varepsilon \quad (14-3)$$

第四步，检验技术创新能力在 PE 和 PE 特征与企业价值的关系中是否发挥了中介效应。将 PE、PE 特征和技术创新能力指标都纳入回归模型中，见模型（14－4），并根据 Freedman 和 Schatzkin（1992）的中介效应检验方法，检验模型中 PE 和 Y_i 的系数 α_1 和 γ_1 是否存在显著差异。若 α_1 和 γ_1 存在显著差异，且 γ_1 完全不显著，则说明技术创新发挥的是完全中介效应；若 α_1 和 γ_1 存在显著差异，且 γ_1 显著但显著水平比 α_1 低，则说明技术创新发挥的是部分中介效应；若 α_1 和 γ_1 基本相当，没有明显差异，则说明私募股权投资没有通过技术创新路径作用于企业价值，技术创新没有发挥中介效应。

为了实现第四步，根据检验假设 14－3，验证 PE 和 PE 特征对企业的增值效应中，技术创新所起的中介作用，本书在借鉴 Kaplan 和王会娟等做法的基础上，构建如下检验模型（14－4），其中 PE 表示是否有私募股权投资参与，Y_i 表示 PE 的私募背景、私募声誉、持股比例和联合投资等不同特征。

$$\begin{aligned} Tobin\ Q(ROE) = {} & \gamma_0 + \gamma_1 PE(Y_i) + \gamma_2 TI + \gamma_3 Size + \gamma_4 Top \\ & + \gamma_5 Mor + \gamma_6 Lev + \gamma_7 Age + \gamma_8 Gov \\ & + \gamma_9 Growth + \sum_{s=1}^{16} \gamma_{s+9} Ind + \sum_{t=1}^{4} \gamma_{t+26} Year + \varepsilon \end{aligned} \tag{14-4}$$

为了保证模型的科学性和结果的真实性，本书利用统计软件进行了异方差检验，结果 P 值 >0.05，有效排除了异方差对模型结果可靠性的影响。在进行回归分析时，本书检验了模型的多重共线性程度，结果显示各变量的 Vif 值均接近于 1，说明模型中各变量间独立性较好，不存在多重共线性问题。为了有效控制私募股权投资及不同背景（外资背景和国有背景）私募股权投资自选择导致的内生性问题，本书选择 2008—2021 年所有经管证监会等监管机构依据《证券法》等相关法律审核通过并成功 IPO 上市的企业作为研究样本（包括有不同背景 PE 参与和无 PE 参与的企业），由于监管部门依据法律进行主体资格、公司治理、独立性、股本、资产规模、资本结构、盈利能力和企业价值等各项指标方面的审查具有强制性和统一性，无 PE 参与企业和不同背景 PE 参与样本企业在资本规模、资本结构和盈利能力等指标上都具有较好的替代性，因此，以 2008—2021 年 IPO 企业作为样本进行研究，有效地控制了模型的内生性。同时针对内生性问题进行稳健性检验。

基于检验模型（12－1）和模型（12－2）中 PE（Yi）的系数 α_1 与模型（14－4）中的系数 γ_1 的回归结果，针对中介效应，根据 Freedman 等（1992）提出的检验方法，分析系数 α_1 和 γ_1 是否存在显著差异。若 α_1 和 γ_1 存在显著差异，且 γ_1 完全不显著，则说明技术创新发挥的是完全中介效应；若 α_1 和 γ_1 存在显著差异，且 γ_1 显著但显著水平比 α_1 低，则说明技术创新发挥的是部分中介效应；若 α_1 和 γ_1 基本相当，没有明显差异，则说明私募股权投资没有通过技术创新路径作用于企业价值，技术创新没有发挥中介效应。为了进一步检验中介效应的显著性程度，本书在比较模型系数的基础上利用 Freedman 等提出的模型（14－5），进行更为深入的分析验证，其中 S_α 和 S_β 分别是 α_1 和 γ_1 的标准差，ρ 为 Tobin Q（ROE）与 TI 的相关系数。

$$T = \frac{(\alpha_1 - \gamma_1)}{\sqrt{S_\alpha^2 + S_\beta^2 - 2S_\alpha S_\beta \sqrt{1-\rho}}} \tag{14-5}$$

14.3　实证检验结果与分析

14.3.1　描述性统计与相关性分析

14.3.1.1　描述性统计

表 14－2 为主要变量的描述性统计结果。由于所用企业样本跟第 12 章相同，企业价值、私募股权投资和私募股权投资特征等数据与第 12 章分析结果基本一致。关于技术创新能力的描述性统计结果，根据表中数据可知，有私募股权投资参与企业技术创新能力 TI 的平均值为 10.771，总样本企业技术创新能力 TI 的平均值为 8.266，无私募股权投资参与企业技术

创新能力 TI 的平均值为 6.694，比较分析可知，有 PE 企业的技术创新能力 TI 的平均值分别比总样本 TI 平均值和无 PE 参与企业 TI 的平均值高出 2.505 和 4.077，说明有私募股权投资参与企业的技术创新能力更强，这可能是因为技术创新需要长期、大量的资金支持，私募股权投资能够为企业提供更为富足的资金，拓展企业资金来源渠道，为企业技术创新活动提供有力的资金支持；同时，PE 能给目标公司带来更多的前沿信息资源和智力支持，提升技术创新能力。各控制变量的统计结果与第 12 章一致，在此不予赘述。

表 14-2　　模型主要变量描述性统计结果

A 全样本（3167）									
变量	Tobin Q	ROE	TI	Size	Top	Mor	Lev	Age	Gov
均值	3.404	0.096	8.266	21.112	0.380	17.843	0.221	9.469	0.166
中位数	3.187	0.085	2.000	20.892	0.374	17.914	0.177	9.000	0.000
标准差	1.495	0.100	1.434	1.014	0.144	1.517	0.159	5.062	0.372
最小值	0.591	-0.649	0.030	19.491	0.052	0.001	0.011	1.000	0.000
最大值	9.890	0.584	945.410	29.967	0.819	72.484	0.948	30.000	1.000
B 有私募股权投资参与的样本（1997）									
变量	Tobin Q	ROE	TI	Size	Top	Mor	Lev	Age	Gov
均值	3.838	0.132	10.771	21.003	0.354	19.194	0.200	9.684	0.127
中位数	3.690	0.108	2.025	20.864	0.342	17.914	0.168	10.000	0.000
标准差	1.551	0.095	1.571	0.708	0.135	1.489	0.132	4.938	0.333
最小值	1.036	0.003	0.030	19.491	0.088	0.001	0.013	2.000	0.000
最大值	9.890	0.584	945.410	24.272	0.721	72.484	0.639	25.000	1.000
C 无私募股权投资参与的样本（1170）									
变量	Tobin Q	ROE	TI	Size	Top	Mor	Lev	Age	Gov
均值	3.031	0.064	6.694	21.205	0.402	16.685	0.240	9.285	0.199
中位数	2.863	0.070	1.035	20.918	0.391	17.914	0.185	9.000	0.000
标准差	1.338	0.094	1.717	1.209	0.147	1.551	0.178	5.163	0.399
最小值	0.591	-0.649	0.030	19.531	0.052	0.001	0.011	1.000	0.000
最大值	8.262	0.341	87.390	29.967	0.819	67.794	0.948	30.000	1.000
均值 T 检验									
B-C	0.407	0.401	0.372	0.329	0.713	0.561	0.415	0.057	0.039

14.3.1.2 相关性分析

为了进一步明确各变量之间的影响关系，对变量进行 Pearson 相关系数分析，分析结果见表 14 -3。结果显示，私募股权投资与技术创新能力在 0.5 的水平上显著正相关，支持了假设 14 -1。私募股权投资特征中外资背景、私募声誉和联合投资与技术创新能力在 0.05 水平上显著正相关，支持了假设 14 -1 中的子假设 14 -1 -1、假设 14 -1 -3 和假设 14 -1 -6；PE 特征中的国有背景、持股比例和持有期限与技术创新能力在 0.1 的水平上显著正相关，支持了假设 14 -1 中的子假设 14 -1 -2、假设 14 -1 -4 和假设 14 -1 -5。

技术创新能力与被投资企业的企业价值和净资产收益率均在 0.05 的水平上显著正相关，支持了假设 14 -2。各控制变量与企业价值、技术创新能力之间均存在不同显著程度的相关性，说明这些变量对企业技术创新能力和企业价值都存在一定程度的影响，在模型中对他们进行控制能更真实反映自变量和因变量之间的关系。值得注意的是，相关性分析只表现变量相关关系，关于自变量对因变量的影响系数和程度没有贡献，更无法表明变量之间是否存在中介效应，并且结果显示，各控制变量对因变量都存在不同程度的影响，所以，在进一步的检验中有必要对各种影响因素综合考虑，并检验在考虑上述因素后，假设是否依然能成立。

14.3.2 模型检验结果与分析

本章以 Tobin Q 衡量企业价值，按照 Baron 等（1986）提出的四步骤分步分析法，对企业价值、技术创新能力与 PE 及其特征间的关系进行回归分析，检验技术创新能力在 PE 及其特征对企业价值影响过程中的中介作用，模型具体检验结果如表 12 -5、表 14 -4 和表 14 -5 所示。第 3 章模型（12 -1）和模型（12 -2）的检验结果验证了私募股权投资及外资背景等不同特征与企业价值之间存在正相关关系，而且这种关系表现显著，验证了中介效应分析四步骤中的第一步。

模型（14 -2）检验了 PE 及外资 PE 对技术创新能力的影响，检验结果

表 14－3　变量基于 Pearson 的相关性分析

	Tobin Q	ROE	TI	PE	Foreign	State	Perep	Peshare	Lnt	Count	Size	Top	Mor	Lev	Age	Gov	Growth
Tobin Q	1																
ROE	0.203**	1															
TI	0.116**	0.100**	1														
PE	0.269**	0.336**	0.142**	1													
Foreign	0.097*	0.196**	0.151**	.[a]	1												
State	0.180**	0.184**	0.119*	.[a]	−0.092	1											
Perep	0.065	0.195**	0.155**	.[a]	0.093	0.219**	1										
Peshare	0.059	0.355**	0.097*	.[a]	0.178**	0.094	0.126**	1									
Lnt	0.076	0.155**	0.078*	.[a]	0.129**	−0.057	−0.026	0.046	1								
Count	0.127**	0.421**	0.206**	.[a]	0.026	0.155**	0.265**	0.528**	0.101*	1							
Size	−0.310**	−0.004	0.017	−0.099**	0.150**	−0.013	0.031	−0.063	0.110*	−0.009	1						
Top	−0.113**	−0.103**	−0.014	−0.165**	0.013	−0.042	0.093	−0.015	−0.135**	−0.070	0.202**	1					
Mor	0.140**	0.074*	0.049	0.081*	0.152**	0.079	0.044	−0.032	−0.044	0.031	−0.127**	−0.014	1				
Lev	−0.404**	−0.034	0.017	−0.124**	0.130**	0.021	0.065	0.170**	0.130**	0.040	0.600**	0.118**	−0.166**	1			
Age	−0.069*	0.034*	0.001	0.039*	−0.044	0.012	−0.030	0.124*	0.056	0.075	−0.068*	−0.071*	0.085*	0.006	1		
Gov	−0.132**	−0.037	0.034	−0.097**	−0.065	−0.042	0.045	−0.041	0.058	−0.080	0.351**	0.124**	−0.121**	0.284**	0.001	1	
Growth	0.228**	0.126**	0.007	0.072*	0.093	−0.077	−0.031	−0.142**	−0.109*	−0.067	0.050	−0.028	0.045	0.013	−0.168**	−0.057	1

注：*** 表示在 1% 的水平上显著；** 表示在 5% 的水平上显著；* 表示在 10% 的水平上显著。

如表 14－4 所示。表中第（1）列分析报告了 PE 影响被投资企业技术创新能力的检验结果。分析表中数据可知，模型检验结果对应调整 R2 值为 0.329，在 0.01 的水平上显著，表明模型的解释度、拟合程度和显著性都比较好。模型检验系数中 Vif 值均接近于 1，独立性较好。进一步分析发现 PE 与技术创新的系数和 t 值分别为 12.585 和 4.416，表示 PE 与技术创新存在正相关关系，这一关系在 0.01 的水平上显著。说明 PE 通过资金的支持和前沿方向的把握，为被投资企业专利的研发提供了充足的资金和更多的智力支持，提高了被投资企业技术研发水平及技术创新能力，验证了本书的假设 14－1。

表 14－4 的第（2）列检验结果报告了外资背景 PE 对技术创新能力的影响结果。检验结果显示，外资背景（Foreign）与技术创新（TI）的系数和 t 值分别为 9.715 和 2.688，在 0.01 的水平上显著正相关，这表明外资背景 PE 不仅能改善企业技术创新能力，而且由于其自身拥有更广阔的视野和更为前沿的思维，相对于非外资 PE，外资背景 PE 对技术创新能力的提升效果更为显著，验证了假设 14－1－1。

表 14－4 的第（3）列检验结果报告了国有 PE 对技术创新能力的影响结果。分析模型检验结果发现，国有背景（State）与企业技术创新能力（TI）的系数和 t 值分别为 7.875 和 2.031，在 0.05 的水平上显著正相关，这表明相对于非国有背景的 PE，国有背景 PE 由于资金更充足，对国家创新趋势把握更加准确，对创新制度了解更为透彻，提高被投资企业技术创新能力的效果也就更好，验证了本书的假设 14－1－2。

表 14－4　私募股权投资及其特征对被投资企业公司治理的影响

因变量：ROE	因变量：技术创新能力（TI）							
Constant	9.349 (4.172)***	11.168 (6.412)***	20.175 (2.806)***	15.145 (2.756)***	12.075 (3.175)***	13.386 (2.996)***	9.734 (3.907)***	10.531 (3.416)***
PE	12.585 (4.416)***							
Foreign－21		9.715 (2.688)***						8.314 (2.179)**
State			7.875 (2.031)**					6.753 (2.004)**

续表

因变量：ROE	因变量：技术创新能力（TI）							
Perep				5.550 (2.603)***				4.135 (2.430)**
Peshare					6.117 (2.216)**			5.823 (2.109)**
lnt						4.548 (2.024)**		3.974 (1.983)**
Count							4.329 (4.408)***	4.107 (3.952)***
Size	0.337 (2.320)**	0.764 (2.036)**	0.288 (2.047)**	0.151 (2.215)**	0.292 (2.073)**	0.580 (2.521)**	0.979 (2.614)**	0.852 (2.470)**
Top	1.038 (1.935)*	1.250 (1.913)**	1.997 (2.085)**	1.948 (1.901)*	0.759 (1.401)*	1.499 (2.270)**	1.899 (2.253)**	1.731 (2.194)**
Top10	5.366 (2.356)**	3.135 (1.834)**	4.288 (1.573)*	3.511 (2.137)**	4.726 (2.143)**	3.262 (2.479)**	2.034 (2.670)**	2.746 (2.301)**
Lev	4.568 (1.604)*	2.072 (0.802)	4.896 (0.914)	4.121 (0.932)	3.326 (2.127)**	2.653 (0.903)	3.509 (1.817)*	2.971 (0.905)
Age	-0.108 (-0.373)	-0.275 (-1.437)*	-0.300 (-1.477)*	-0.291 (-1.973)**	-0.246 (-1.783)*	-0.865 (-2.438)**	-0.215 (-2.327)**	-0.241 (-2.410)**
Gov	3.206 (1.799)*	2.932 (2.091)**	2.365 (1.922)*	2.266 (2.258)**	2.296 (2.357)**	1.865 (2.438)**	2.288 (3.138)***	2.317 (2.583)**
Growth	1.021 (2.013)*	1.726 (2.105)**	1.961 (1.957)*	1.772 (1.685)*	0.615 (0.835)	1.820 (1.517)*	0.673 (1.059)	0.792 (1.654)*
调整的 R^2	0.329	0.289	0.286	0.258	0.276	0.273	0.307	0.295
样本量	3167	1997	372	1997	1997	1997	1997	1997
YR	已控制							
IND	已控制							

注：***、**、*分别表示1%、5%、10%的显著性水平，模型Vif值显示变量之间独立性较好，不存在多重共线性。

表14-4的第（4）列检验结果报告了私募声誉对企业技术创新能力

的影响结果。检验结果显示，私募声誉（PErep）与技术创新能力的系数和 t 值分别为 5. 550 和 2. 603，在 0. 01 的水平上显著正相关，说明 PE 声誉越高，对技术创新能力的影响效果越显著。这可能是因为私募股权投资声誉越高，拥有的资源越丰富，能吸引更多优秀人才加入企业，也能为企业带来更为先进的创新激励机制，进而提升技术创新能力的效果也更显著，验证了假设 14 –1 –3。

表 14 –4 的第（5）列检验结果报告了 PE 持股比例对技术创新能力的影响结果。检验结果显示，持股比例（PEshare）与技术创新能力间的系数和 t 值分别为 6. 117 和 2. 216，在 0. 05 的水平上显著正相关。这说明 PE 持股越高，对技术投入和创新活动的影响力度越大，增强核心竞争力的动机越强，技术创新能力提升效果也就越好，验证了假设 14 –1 –4。

表 14 –4 的第(6)列检验结果报告了 PE 持有期限对企业技术创新能力的影响结果。检验结果显示，持有期限（lnt）与企业技术创新能力的系数和 t 值分别为 4. 548 和 2. 024，在 0. 05 的水平上显著正相关，这说明 PE 介入时间越长，对技术创新关注得越多，对企业创新资源和优势方向掌握越清晰，提升技术创新的措施越合理，因此提升技术创新能力的效果也就越好，验证了假设 14 –1 –5。

表 14 –4 的第（7）列检验结果报告了私募联合投资数量对企业技术创新能力的影响结果。检验结果显示，联合投资（Count）与技术创新能力的系数和 t 值分别为 4. 329 和 4. 408，在 0. 01 的水平上显著正相关。这可能是因为联合投资集合了数家私募信息资源和前沿思维，能更好地改善公司技术创新环境，拓展创新网络，技术创新能力提升效果也更显著，验证了本书的假设 14 –1 –6。

表 14 –4 中的第（8）列检验结果报告了同时考虑多种特征的情况下，私募股权投资特征对企业技术创新能力的影响结果。分析模型检验结果发现，在控制相关影响因素后，技术创新能力与外资背景、国有背景等私募特征变量之间的系数为正，与考虑单一特征时一致，显著性检验结果表明，私募特征与技术创新能力都存在不同程度的正相关，再次验证了假设 14 –1 –1 至假设 14 –1 –6。进一步分析发现，当多个私募特征共存时，具有多种特征的 PE 可通过多种特征对被投资企业技术创新能力产生影响。

模型（14-2）的检验结果及分析验证了私募股权投资及外资背景等不同特征与公司治理水平之间存在显著的正相关，中介效应分析四步骤中的第二步得以验证。

模型（14-3）对技术创新能力与企业价值之间的关系进行检验，如表14-5的第（1）列所示。检验结果显示技术创新能力（TI）与企业价值（Tobin Q）的系数和t值分别为1.503和3.275，在0.01的水平上显著正相关。这说明技术创新能力越强，企业价值表现越好。这一结果正如价值创造理论所说，企业剩余价值取决于企业的竞争优势和核心竞争力，而技术创新是提高企业竞争优势，培养企业核心竞争力的重要途径。企业技术创新能力越强，企业产品等的竞争优势越大，企业核心竞争力越明显而且更难以被超越，企业的产品市场表现、经营绩效和企业价值也就越好，这一观点也得到了Koitum和Lemer（2000）等知名学者的支持，验证了本书的假设14-2，中介效应四步骤中的第三步也得以验证。

模型（14-4）分别将PE及不同特征与技术创新能力同时纳入企业价值模型，以检验技术创新能力在私募股权投资及私募股权投资不同特征影响企业价值过程中所起的作用。表14-5中的列（2）-列(8）报告了模型（14-4）的检验结果。表14-5的第（2）列检验结果报告了考虑技术创新因素时PE对企业价值的影响结果。考虑技术创新因素情况下，私募股权投资与企业价值的系数和t值分别为0.657和2.085，在0.05的水平上表现为正相关。私募股权投资对企业价值的影响系数由模型（12-1）中的0.674下降到0.657，影响显著水平也由模型（12-1）中的0.01下降到0.05。基于此，根据Baron（1986）提出的分步法可知，技术创新在私募股权投资与被投资企业价值的正相关关系中起到了中介效应作用。为进一步检验结果真实性，本书利用Freedman等（1992）提出的中介效应检验方法，计算变量T的值为2.914，且在0.05的水平上显著，再次验证了这一结论。同时，在考虑技术创新因素后的模型（13-5）中，私募股权投资与企业价值的系数为0.657，在0.05水平上显著，因此可知技术创新在私募股权投资与被投资企业价值的正相关关系中起到的是部分中介作用，验证了本书的假设13-3。

表14-5的第（3）列检验结果报告了考虑技术创新因素时外资PE对

表 14－5　　私募股权投资及其特征对被投资企业公司治理的影响

	因变量：企业价值（Tobin Q）								
Constant	9.412 (8.772)***	8.906 (8.578)***	10.208 (4.416)***	9.254 (4.116)***	9.562 (4.134)***	8.299 (3.625)***	8.583 (3.710)***	9.205 (4.037)***	9.034 (3.951)***
TI	1.503 (3.275)***	1.102 (2.120)**	1.102 (1.862)*	1.013 (1.534)*	1.021 (1.915)*	1.025 (1.953)*	1.102 (2.173)**	1.031 (1.837)*	1.019 (2.087)**
PE		0.657 (2.085)**							
Foreign			0.499 (2.236)**						0.415 (2.173)**
State				0.748 (2.148)**					0.718 (2.107)**
Perep					0.241 (1.723)*				0.174 (1.687)*
Peshare						1.019 (2.408)**			0.975 (2.316)**
Lnt							0.414 (2.279)**		0.397 (2.156)**
Count								0.172 (2.156)**	0.152 (2.107)**
Size	1.295 (5.547)***	0.294 (5.721)***	0.341 (3.010)***	0.308 (2.197)**	0.314 (2.782)***	0.264 (2.359)**	0.330 (2.941)***	0.314 (2.809)***	0.293 (2.813)***
Top	−0.497 (−1.612)*	−0.202 (−2.674)**	−0.254 (−1.649)*	−0.237 (−1.447)*	0.377 (1.694)*	−0.288 (−0.935)	0.053 (0.907)	−0.179 (−1.332)*	−0.251 (−1.425)*

续表

	因变量：企业价值（Tobin Q）								
Top10	0.376 (1.852)*	0.387 (1.693)*	1.089 (2.224)**	1.290 (2.306)**	1.182 (2.421)**	1.188 (2.474)**	1.144 (2.357)**	1.199 (2.437)**	1.013 (2.171)**
Lev	2.409 (7.349)***	2.224 (7.007)***	2.260 (3.866)***	2.249 (3.940)***	2.210 (3.778)***	2.652 (4.511)***	2.361 (4.042)***	2.256 (3.898)***	2.214 (3.579)***
Age	−0.507 (−0.735)	−0.105 (−0.516)	−0.505 (−0.975)	−0.504 (−0.875)	−0.805 (−0.873)	−0.208 (−1.584)*	−0.006 (−1.414)*	−0.007 (−0.905)	−0.008 (−1.420)*
Gov	0.745 (1.382)*	0.076 (1.667)*	0.109 (1.518)*	0.103 (1.437)*	0.058 (0.784)	0.111 (0.835)	0.020 (0.908)	0.124 (1.594)*	0.117 (0.935)
Growth	1.104 (6.805)***	0.991 (6.304)***	0.882 (3.309)***	1.020 (3.919)***	0.947 (3.556)***	0.997 (3.801)***	1.025 (3.851)***	0.963 (3.658)***	0.981 (3.479)***
调整的 R^2	0.350	0.394	0.222	0.265	0.218	0.243	0.229	0.235	0.227
样本量	3167	1997	372	1997	1997	1997	1997	1997	3167
YR	已控制								
IND	已控制								

注：***、**、*分别表示1%、5%、10%的显著性水平，Vif是方差膨胀因子，表示多重共线性程度。

企业价值的影响结果。考虑技术创新因素情况下，外资背景私募股权投资与企业价值的系数和 t 值分别为 0.499 和 2.236，在 0.05 的水平上表现为正相关，对企业价值的影响系数较模型（12－1）中的 0.537 有所下降，影响显著水平也由模型（12－1）中的 0.01 下降到 0.05。基于此，根据 Baron（1986）提出的分步法可知，技术创新在外资背景私募股权投资与被投资企业价值的正相关关系中起到了中介效应作用。为进一步检验结果真实性，本书利用 Freedman 等（1992）提出的中介效应检验方法，计算变量 T 的值为 2.015，且在 0.05 的水平上显著，再次验证了这一结论。同时，在考虑技术创新因素的模型（14－4）中，外资背景私募股权投资与企业价值的系数为 0.499，在 0.05 水平上显著，由此可知技术创新在私募股权投资与被投资企业价值的正相关关系中起到的是部分中介作用，验证了本书的假设 14－3－1。

表 14－5 中的第（4）列检验结果报告了考虑技术创新时国有背景私募股权投资对企业价值的影响结果。考虑技术创新因素情况下，国有背景私募股权投资与企业价值的系数和 t 值分别为 0.748 和 2.148，在 0.05 的水平上表现为正相关，对企业价值的影响系数较模型（12－1）中的 0.933 有所下降，影响显著水平也由模型（12－1）中的 0.01 下降到 0.05。基于此，根据 Baron（1986）提出的分步法可知，技术创新在国有背景私募股权投资与被投资企业价值的正相关关系中起到了中介效应作用。为进一步检验结果真实性，本书利用 Freedman 等（1992）提出的中介效应检验方法，计算变量 T 的值为 1.873，且在 0.1 的水平上显著，再次验证了这一结论。同时，在考虑技术创新因素的模型（14－4）中，国有背景私募股权投资与企业价值仍在 0.05 水平上显著正相关，由此可知技术创新在私募股权投资与被投资企业价值的正相关关系中起到的是部分中介作用，验证了本书的假设 14－3－2。

表 14－5 的第（5）列检验结果报告了考虑技术创新时私募声誉对企业价值的影响结果。考虑技术创新因素情况下，私募声誉与企业价值的系数和 t 值分别为 0.241 和 1.723，在 0.1 的水平上表现为正相关，对企业价值的影响系数较模型（12－1）中的 0.270 有所下降，影响显著水平也由模型（12－1）中的 0.05 下降到 0.1。基于此，根据 Baron（1986）提出的

分步法可知，技术创新在私募声誉与被投资企业价值的正相关关系中起到了中介效应作用。为进一步检验结果真实性，本书利用 Freedman 等（1992）提出的中介效应检验方法，计算变量 T 的值为 2.375，且在 0.05 的水平上显著，再次验证了这一结论。同时，在考虑技术创新因素的模型（14－4）中，私募声誉与企业价值的系数为 0.241，在 0.1 水平上显著，由此可知技术创新在私募声誉与被投资企业价值的正相关关系中起到的是部分中介作用，验证了本书的假设 14－3－3。

表 14－5 的第（6）列检验结果报告了考虑技术创新时持股比例对企业价值的影响结果。考虑技术创新因素情况下，持股比例与企业价值的系数和 t 值分别为 1.019 和 2.408，在 0.05 的水平上表现为正相关，对企业价值的影响系数较模型（12－1）中的 1.274 有所下降，影响显著水平也由模型（12－1）中的 0.01 下降到 0.05。基于此，根据 Baron（1986）提出的分步法可知，技术创新在持股比例与被投资企业价值的正相关关系中起到了中介效应作用。为进一步检验结果真实性，本书利用 Freedman 等（1992）提出的中介效应检验方法，计算变量 T 的值为 2.392，且在 0.05 的水平上显著，再次验证了这一结论。同时，在考虑技术创新因素的模型（14－4）中，持股比例与企业价值的系数为 1.019，在 0.05 水平上显著，由此可知技术创新在持股比例与被投资企业价值的正相关关系中起到的是部分中介作用，验证了本书的假设 14－3－4。

表 14－5 的第（7）列检验结果报告了考虑技术创新时持有期限对企业价值的影响结果。考虑技术创新因素情况下，持有期限与企业价值的系数和 t 值分别为 0.414 和 2.279，在 0.05 的水平上表现为正相关，对企业价值的影响系数较模型（12－1）中的 0.451 有所下降，影响显著水平也由模型（12－1）中的 0.01 下降到 0.05。基于此，根据 Baron（1986）提出的分步法可知，技术创新在持有期限与被投资企业价值的正相关关系中起到了中介效应作用。为进一步检验结果真实性，本书利用 Freedman 等（1992）提出的中介效应检验方法，计算变量 T 的值为 1.813，且在 0.1 的水平上显著，再次验证了这一结论。在考虑技术创新因素时模型（14－4）中，持有期限与企业价值在 0.05 水平上显著，由此可知技术创新在持有期限与被投资企业价值的正相关关系中起的是部分中介作用，验证了本书的

假设 14－3－5。

表 14－5 中的第（8）列检验结果报告了考虑技术创新因素时联合投资数量对企业价值的影响结果。考虑技术关系因素情况下，联合投资数量与企业价值的系数和 t 值分别为 0.172 和 2.156，在 0.05 的水平上表现为正相关，对企业价值的影响系数较模型（12－1）中的 0.182 有所下降，影响显著水平也由模型（12－1）中的 0.01 下降到 0.05。基于此，根据 Baron（1986）提出的分步法可知，技术创新在联合投资数量与被投资企业价值的正相关关系中起到了中介效应作用。为进一步检验结果真实性，本书利用 Freedman 等（1992）提出的中介效应检验方法，计算变量 T 的值为 2.795，且在 0.05 的水平上显著，再次验证了这一结论。同时，在考虑技术创新因素的模型（14－4）中，联合投资数量与企业价值在 0.05 水平上显著，由此可知技术创新在联合投资数量与被投资企业价值的正相关关系中起到的是部分中介作用，验证了本书的假设 14－3－6。

表 14－5 中的第（9）列检验结果报告了考虑技术创新因素和多种特征时，私募特征对企业价值的影响结果。考虑技术创新能力因素情况下，私募特征与企业价值的系数和 t 值较企业价值的影响系数和模型（12－1）中的检验结果都有所下降。根据中介效应分步检验法分析可知，技术创新在私募特征与被投资企业价值的正相关关系中都起到了一定的中介作用，验证了假设 14－3－2 至假设 14－3－6。进一步分析发现，当多个私募特征共存时，技术创新在私募特征与被投资企业价值之间均存在不同程度的中介效应，企业技术创新在具有多种特征的 PE 与被投资企业价值之间的中介作用更大。

14.3.3　稳健性检验

为了增加实证研究结论的可靠性，本章参照第 12 章和第 13 章中稳健性检验的方法做了一样的检验工作，对连续变量、企业价值变量 Tobin Q 和 ROE、PE 及其特征变量等都做了多角度的检验，实证研究结果与本章主要研究结论都一致。

此外，对于技术创新能力的衡量，本章通过计算企业发明、实用新型以及外观设计专利加以实现。在此基础上，本章还采用企业每年的研发投入资金数和技术创新专利的转化效果分别作为技术创新能力的衡量指标，重新检验以上模型，所得实证研究结果与本章主要结论一致。

14.4 研究结论与贡献

本章以委托代理理论、社会网络理论和价值创造理论为基础，分析并提出技术创新在私募股权投资特征与被投资企业价值的正相关关系中具有部分中介效应等相关假设，构建了检验 PE 特征、技术创新能力和企业价值三者之间关系的模型，以 2008—2021 年 A 股 IPO 上市企业为样本，分析检验结果发现假设 14 - 1、假设 14 - 2 和假设 14 - 3 及对应子假设均得到了验证。

本章以样本企业发明、实用新型和外观设计专利为要素构建技术创新能力评价模型，衡量样本企业技术创新能力，以此研究 PE 特征、技术创新能力及企业价值之间的关系。本章首先研究 PE 特征与技术创新能力之间的关系，实证结果发现相比无 PE 参与企业，有 PE 参与企业的技术创新能力更高；在 PE 参与的企业中：外资背景 PE 参与企业比非外资背景 PE 参与企业技术创新能力更高；相比民营背景 PE，国有背景 PE 参与企业技术创新能力更高；PE 声誉越高，企业技术创新能力表现越好；PE 持股比例越大，企业技术创新能力表现越好；PE 持有期限越长，企业技术创新能力表现越好；PE 联合投资机构数量越多，企业技术创新能力表现越好，验证了假设 14 - 1 及其子假设。其次，研究企业技术创新能力与企业价值之间的关系，分析实证结果发现：技术创新能力与企业价值之间存在显著的正相关关系，验证了假设 14 - 2。最后，在第 12 章研究结果及本章上述研究结论的基础上，进一步检验技术创新在 PE 特征影响企业价值过程中的中介效应。分析实证结果发现：技术创新在 PE 与被投资企业价值的正相关关系中起到了部分中介效应；技术创新在 PE 外资背景、国有背景、私募声誉、持股比例、持有期限和联合投资数量等不同特征与企业价值的正相关关系中均起到了部分中介效应，验证了假设 14 - 3

及其子假设。

本章研究的贡献一方面在于发现私募股权投资特征能提高企业技术创新能力，企业技术创新能力与企业价值正相关。从私募特征角度解释了私募股权投资对企业技术创新能力的影响及不同特征影响的差异。目前有关 PE 提高企业技术创新能力的研究证据不少，但结合其特征进行研究的非常少。我们研究发现 PE 特征不同，给目标公司技术创新能力带来的影响程度也各不相同。同时，本章研究发现技术创新能力与企业价值之间存在正相关关系，为技术创新中介效应的研究提供了有力支撑，为企业管理者提高企业绩效提供了有效途径。本章研究的另一方面贡献在于通过 PE 特征、技术创新和企业价值间的相互关系，发现 PE 特征通过技术创新实现企业价值创造的机理，验证了技术创新在 PE 特征与被投资企业价值的正相关关系中起到了部分中介效应。有关私募的研究如火如荼，但对其价值创造机制的关注有限，关于其特征、技术创新能力及企业价值方面的证据更是极少。基于第 12 章的研究结论和私募股权投资特征与技术创新能力、技术创新能力与企业价值的实证结果，进一步研究发现 PE 特征可通过技术创新路径实现对被投资企业价值的提升作用，技术创新在私募股权投资特征的增值作用中起到了部分中介作用，明确了私募股权投资特征通过提高技术创新能力、锻造企业核心竞争力实现价值创造的机理。

本章研究的结论对政府、私募机构和被投资企业的管理者均有较大的现实意义。本研究发现私募股权投资能提高技术创新能力，提升企业价值，因此建议我国政府积极完善私募股权机构的投资环境，引导私募股权机构对高新技术企业投资，提高企业核心竞争力，促进产业结构转型，实现社会资源优化配置。本研究发现不同特征私募机构提升企业技术创新能力的效果存在差异，其中外资背景和高声誉等特征的私募机构效用更明显，因此建议我国 PE 应提高自身创新意识，加强创新推动，提升企业技术创新能力。而不同特征私募股权投资机构提高企业技术创新能力和增值效应的差异，也为企业管理者结合企业创新能力和行业地位引入不同背景、不同规模的私募股权投资机构及引入的时机提供了较为有效的参考建议。

14.5 本章小结

本章以技术创新理论为基础，技术创新路径下私募股权投资对企业价值的影响进行了分析。首先，对技术创新的概念进行界定，对 PE 特征、技术创新及企业价值关系进行分析；其次，结合 PE 与技术创新能力、技术创新能力与企业价值影响的相关理论，运用逻辑分析法对 PE、技术创新与企业价值三者之间的关系及影响机理进行分析，并提出研究假设；再次，以 2008—2021 年我国 A 股 IPO 上市公司作为研究样本，运用实证模型法对研究假设进行检验。分析检验结果可知，私募股权投资能有效提升被投资企业技术创新能力，不同特征私募股权投资对被投资企业技术创新能力影响程度存在差异，技术创新与企业价值存在正相关关系，进一步分析发现技术创新在私募股权投资特征与被投资企业价值的正相关关系中起到了部分中介效应。最后，在得出本章的研究结论之后，总结理论与实际贡献。

第15章　盈余管理路径下私募股权投资特征对被投资企业价值的影响研究

信息不对称理论作为微观经济学核心内容的主要研究信息对资本市场交易动机和行为的影响，以及由此带来的对资源配置效率和市场运行效率的作用。被称为“信号理论之父”的美国著名经济学家 Akerlof 于 1970 年研究发现跟市场买卖双方掌握信息量不同，卖方拥有更多的信息一样，资本市场中上市企业的管理者比投资者在信息博弈中拥有更多的内部信息。在此基础上，Amit 和 Mckinnon 等经济学家进行了拓展性研究，提出了逆向选择和道德风险等理论，进一步验证了信息在资本市场资源配置和市场运营方面的增值效应。本章的研究重点是私募股权投资作为企业的投资者和注重企业长期价值的所有者，将如何影响被投资企业的盈余管理行为和会计信息质量，进而影响被投资企业的价值？不同特征私募对被投资企业盈余管理程度和企业价值的影响有何差别？

15.1　理论分析与假设提出

15.1.1　理论分析

15.1.1.1　盈余管理的概念

会计学家 William Scott（2000）认为盈余管理是企业针对下一步发展计划主观选择会计政策的体现。Healy（1999）定义盈余管理为经理人通过个人权利范围构造交易并修饰对外披露的财务报表，以此导致信息使用者无法了解公司真实经营业绩的行为。

魏明海（2000）将盈余管理界定为“信息观”下，盈利管理是除经理人外其他使用者做决策的重要依据，是管理层编制报表以及规划交易时进行的主观处理，误导其他需求者对公司业绩作出判断的过程。“经济收益观”下，盈余管理是经理人为使自身利益最大化，人为提高经济收益的行为。显然“信息观”对盈余管理的定义范围比“经济收益观”更全面，从“信息观”角度来看待盈余管理更恰当些。徐子尧等（2016）研究发现私募股权投资进入后确实实施了明显的正向盈余管理，既通过会计政策和会计方法的调整影响应计项目，也通过影响真实活动来进行盈余管理，对真实盈余活动的操纵主要是通过降低费用来实现，而非控制产品成本和增大销售收入。罗进辉和巫奕龙（2021）认为公司管理层会权衡应计盈余管理与真实盈余管理的成本和收益，选择盈余管理方式，正常情况下，管理层会综合运用应计盈余管理和真实盈余管理调节会计利润。彭雅哲和汪昌云（2022）认为内部控制、机构投资者持股、独立董事联结等均能实现对上市公司的监督和约束，降低企业真实盈余管理程度。王彩和李晓慧（2022）认为同行自愿披露显著提高了企业盈余管理水平，基于投资者有限注意力原则，同行自愿披露对企业盈余管理的溢出效应通过降低投资者对公司的关注度实现。

分析上述学者观点，本书认为盈余管理本质上是企业对外报告的盈利数字与企业实际盈利不符的情况，而盈利数据出现不符情况的根源是因为企业的管理层进行了盈余管理行为，人为地对企业财务报表的内容以及财务报告的编制过程施加了影响或控制。

15.1.1.2 私募股权投资特征、盈余管理与企业价值之间的关系

Gompers 等（1995）国内外专家研究发现盈余管理水平越高，企业价值及股票回报率越低。相比外部投资者，PE 更易获得内部真实的财务信息，而以长期投资和企业价值增值为理念的私募股权投资也会更加坚定地抑制经营者的盈余管理行为，以保障企业有更稳定的经营业绩和更漂亮的股票收益率。PE 也会通过加强大股东监管，约束盈余管理行为，以提高企业的盈余质量，提升企业价值。Sharon（2008）；李博和吴世农等（2000）利用不同国家数据验证了上述观点。

PE 控制被投资企业的程度不同，其对制度安排和盈余管理行为的影响会存在差异。拥有控制权的私募股权投资机构能更有效地完善被投资企业内部控制和相关规章制度，对被投资企业盈余管理行为的约束也更为有效。当 PE 不拥有控制权时，对被投资企业盈余质量的影响也比较微弱，但随着私募股权投资机构持股比例的增加，话语权和控制力度的逐渐加强，私募机构对被投资企业盈余质量和企业绩效的影响程度也逐渐增大。Sharon（2008）和李博，吴世农（2000）研究发现，私募股权投资在被投资企业的占据控制地位与被投资企业盈余质量存在显著相关性，当其占据控制地位时，公司盈余质量和股票绩效显著高于同行业平均水平。

PE 进入企业时间越长对管理制度和盈余管理行为掌握越全面，在进行约束和控制时针对性越强，提升被投资企业盈余质量和企业价值的效果也就越明显。同时，私募股权投资投入时间越长，对企业盈余信息产生和披露的流程越清晰，控制效果自然也会越好。Barry（1990）和张子炜等（2012）研究发现，与 IPO 前短期投入的私募股权投资相比，长期持股的私募股权投资起到了更好的监管作用，私募股权投资持股时间越长，参与被投资企业经营时间越多，对被投资企业盈余管理行为的抑制越显著。外资背景和高声誉的私募机构，对被投资企业产生的认证效应越大，能够有效地提高被投资企业的信息传递效果，提高信息披露质量，降低信息不对称产生的影响，提高企业盈余质量，降低企业投资成本，提升企业价值。Kaplan 和 Stromberg（2004），张学勇和廖理（2011）研究验证了这一观点，其研究发现高声誉私募机构投资企业盈余管理程度较低，股票绩效表现较好。进一步研究发现，外资背景和国有背景私募股权投资参与企业的盈余管理程度更低，股票市场异常但回报率更高。

私募股权机构间的联合投资能为被投资企业带来更多的社会资源和更广阔的信息传播渠道，有利于信息披露质量的提升和企业内部监管的加强。Jain 和 Kini（1995）研究发现私募股权投资对被投资企业的监管质量与该公司所拥有私募机构联合投资数量相关，数量越多监管作用越明显，而且上市公司业绩受其所接受联合投资数量的影响。进一步研究发现，联合投资私募机构间的差异性越大，联合投资的效果越差，对被投资企业盈余管理行为的约束效果也不明显，甚至表现得比没有私募机构参与的企业更差。Brutom（2010）研究发现，联合投资成员之间的差异越大，被投资企业盈余质量的表现越差，Chahine 等（2012）也验证了这一观点。

基于理论分析与文献研究，本书认为 PE 特征、盈余管理与企业价值之间存在如下关系：一方面，PE 及 PE 特征能够影响被投资企业的企业价值，相对于无 PE 参与企业，有 PE 参与企业的价值表现更好。另一方面，PE 通过拓展被投资企业融资渠道，增加被投资企业研发投入，提高被投资企业专利产出数量，提升被投资企业技术创新能力，进而提升被投资企业核心竞争力，实现对被投资企业的增值服务。

基于以上分析，本书认为私募股权投资特征、盈余管理与企业价值之间存在如下关系：一方面，根据前述结论 PE 及 PE 特征能够影响被投资企业的企业价值，有 PE 参与的企业价值表现更好，PE 特征也会对被投资企业盈余质量和企业价值产生不同程度的影响。另一方面，不同特征 PE 对被投资企业技术创新和企业价值影响存在差异，控制权、联合投资等特征不同的 PE 机构对被投资企业管理以及财务披露制度的规范力度，盈余管理的行为约束力以及信息不对称的降低程度都存在差异，提高被投资企业盈余管理的程度和企业价值的效果也各不相同。

15.1.2 假设提出

由于私募股权投资机构专注于长期投资的理念，使得私募股权投资者有动机积极地参与监督管理。

PE 可以利用其丰富的管理实践和多行业的管理经验，帮助被投资企业构建合理的管理框架，也可利用其社会网络、私募声誉为被投资企业吸引更多的优秀管理者，从而降低公司盈余管理的可能性。PE 会改变被投资企业的股权结构，凭借持有的股权和列席董事会对管理层和股东行为进行监督，并且能通过改善公司内部控制质量，抑制被投资企业盈余管理行为，提高盈余质量和财务报告信息透明度。同时，由于 PE 投资周期较长，为了保证能顺利退出，实现 PE 自身利益最大化，就必须关注被投资企业的长远发展，对被投资企业实行更加严格的监督，抑制盈余管理行为，提高被投资企业盈余质量。Morsfield 和 Tan 等（2003）研究发现，PE 能通过参与被投资企业经营管理，降低被投资企业的盈余管理行为。基于此，本书提出假设 15－1。

假设 15－1：私募股权投资与被投资企业盈余管理程度负相关。

上述理论分析和文献研究发现，以长期投资和价值投资为理念的私募股权投资更关注企业的长期成长和未来的企业价值，倾向于通过增值服务实现自身利益。有 PE 参与企业的盈余质量更高，企业价值表现也更好，这主要得益于 PE 约束了企业盈余管理行为，健全了管理制度。同时，私募声誉、管理规模、控制权、投入时间和联合投资等特征的不同，也使 PE 对被投资企业盈余管理和企业价值的影响也各不相同。高声誉和联合投资的私募股权投资能提高被投资企业的信息披露质量，有效避免逆向选择和道德风险，进而更好地提升被投资企业盈余质量和企业价值。管理规模大、控制权强的 PE，经验更加丰富，参与度也更强，能更好地帮助被投资企业约束盈余管理行为，实现盈余质量和企业价值的提升；私募股权机构进入被投资企业时间越长，对被投资企业可能存在的盈余管理行为越清楚，控制盈余管理和提升企业价值的效果也会更好。Gompers（1996）和 Kaniainen 等（2003）从私募声誉、投入时间等私募特征检验了不同特征 PE 对被投资企业盈余管理程度的影响存在差异，研究结论存在分歧。基于上述理论分析，本书提出以下子假设。

假设 15－1－1：相比非外资背景 PE，外资背景 PE 参与企业盈余管理程度更低。

假设 15－1－2：相比非国有背景 PE，国有背景 PE 参与企业盈余管理程度更低。

假设 15－1－3：私募股权投资声誉越高，企业盈余管理程度越低。

假设 15－1－4：私募股权投资持股比例越大，企业盈余管理程度越低。

假设 15－1－5：私募股权投资持有期限越长，企业盈余管理程度越低。

假设 15－1－6：私募股权投资联合投资越多，企业盈余管理程度越低。

根据权衡理论可知，被投资企业盈余管理行为应该是对该行为导致企业价值增量与存在风险造成企业价值下降减量之间的权衡。从短期来看，适度盈余管理不会有损企业价值；但从长期来看，盈余管理行为会导致会计信息质量的下降，轻则影响被投资企业管理者决策，重则影响被投资企业的声誉，这都会导致被投资企业价值的降低。Michelson 等（1995）以美国上市公司为样本，研究发现盈余管理程度高的企业，上市后 10 年期平均投资回报率更低。Balsam、Bartov 和 Marquardt（2002）检验了提交日期前后十个交易日的可操纵应计利润和企业价值之间的关系，发现两者之间存在负相关关系。周敏和房振明（2009）实证研究发现可操控性应计利润与企业价值存在负相关性。基于此，本书提出假设 15－2。

假设 15－2：被投资企业盈余管理程度与企业价值负相关。

通过以上分析可知，私募有效抑制了目标公司的盈余管理程度，长期来看，盈余管理程度越低，企业价值表现越好。这就意味着私募特征通过加强企业监管，参与经营管理活动，改善公司治理水平和技术创新能力，切实提高企业价值，而不是通过盈余管理粉饰经营业绩，以达到短期的绩效提升。

通过以上分析可知，PE 特征能有效抑制被投资企业盈余管理程度，从长期来看，企业盈余管理程度越低，企业价值表现就越好。这就意味着 PE 特征通过加强对被投资企业的监管，参与被投资企业经营管理活动，改善被投资企业公司治理水平和技术创新能力，切实提高被投资企业价值，而不是通过盈余管理行为，粉饰企业经营业绩，以达到短期提升被投资企业价值的目的。

Cao 和 Lerner（2007）通过实证研究发现，PE 参与能有效抑制被投资企业盈余管理行为，提高被投资企业盈余质量，这有助于被投资企业经营业绩的持续性，也会给股东带更高的长期回报。进一步分析发现，不同特征 PE 对被投资企业盈余管理行为都有一定的约束作用，对盈余管理的影响程度上也存在差异。分析 Cao 和 Lerner（2007）的观点可知，在 PE 影响被投资企业价值的过程中，除了通过提高公司治理水平，提升技术创新能力实现价值增值外，为了使企业有更好、更稳定的业绩，PE 也会通过抑制“内部人”盈余管理行为这一途径，提高企业信息透明度，以实现增值效应。据此，可推测，在私募股权投资特征正向影响被投资企业价值的过程中，盈余管理程度的降低发挥了中介作用。

进一步分析盈余管理的这种中介效应属于完全中介还是部分中介。根据 Jain 和 Kini（1995）的观点，这取决于盈余管理是否为私募股权投资特征影响企业价值的唯一路径，若私募股权投资特征只通过降低盈余管理行为这一条路径作用于企业价值，盈余管理起到的是完全中介效应；若私募股权投资特征还可通过其他路径作用于企业价值，则盈余管理起到的是部分中介效应。通过前面章节的分析可知，除盈余管理路径外，公司治理和技术创新也是私募股权投资影响被投资企业价值的重要路径之一。因此，盈余管理对 PE 影响被投资企业价值的这种中介作用应该是部分中介作用。基于上述分析，本书提出假设 15－3 及其子假设。

假设 15－3：盈余管理在 PE 与被投资企业价值关系中起到部分中介效应。

假设 15－3－1：盈余管理在外资背景特征与企业价值关系中起到部分中介效应。

假设 15－3－2：盈余管理在国有背景特征与企业价值关系中起到部分中介效应。

假设 15－3－3：盈余管理在私募声誉特征与企业价值关系中起到部分中介效应。

假设 15－3－4：盈余管理在持股比例特征与企业价值关系中起到部分中介效应。

假设 15－3－5：盈余管理在持有期限特征与企业价值关系中起到部分中介效应。

假设 15－3－6：盈余管理在联合投资特征与企业价值关系中起到部分中介效应。

15.2　研究设计与模型构建

15.2.1　样本选择与数据来源

与第 12 章的样本选择和数据来源类似，本章通过色诺芬、万德和国泰安等数据库以及和巨潮资讯网等网站，选取 2008—2021 年我国 A 股 IPO

上市公司数据为样本，并将金融保险类公司、数据缺失的公司、ST 或 PT 公司予以剔除，同时对本章所涉及部分连续变量的极端值进行 Winsorize 处理，最终得到 906 家样本公司，涉及 12 个行业。

15.2.2 变量定义

本章对被投资企业价值和私募特征的定义与第 12 章一致，分别用 Tobin Q 值、外资背景（Foreign）、国有背景（State）、私募声誉（Perep）、持股比例（Peshare）、持有期限（lnt）和联合投资数量（Count）加以衡量。对被投资盈余管理程度的衡量，我们参照了 Jones 和吴联生等（2005）做法，根据私募股权投资与企业价值关系的特点进行研究，选择修正后的 Jones 模型进行测算。

1. 盈余管理程度

对盈余管理程度的衡量，我们参照 Jones 和吴联生等（2005）做法，在盈余管理众多常用计量方法中选择修正后的 Jones 模型，对被投资企业的盈余管理程度加以计算衡量。

盈余管理直接影响企业财务报告质量和会计信息质量，进而可能影响到企业的声誉和企业价值。盈余管理是上市公司普遍存在的一种现象，是企业通过干预对外财务报告的呈报，以牟取私利的管理行为（Schipper, 1989）。企业管理层为牟取私利在财务报告编制和披露过程中运用经验判断，改变报告信息，以此误导外部信息使用者对企业经营绩效的正确判断。本书借鉴西方盈余管理研究中使用最为普遍的操纵性应计利润来衡量企业的盈余管理程度。通常而言，企业操纵性应计利润越高，则企业盈余管理程度越大，企业的盈余质量则越低。对于操纵性应计利润的计算，目前存在多种不同方法，在比较不同方法对中国数据的适应情况后，本书选择修正后的 Jones 模型进行计算，以便更加精准地获取操纵性应计利润。计算共需要四个步骤，每一步骤的公式具体如式（15－1）至式（15－4）所示：

$$TAC_{j,t} = E_{j,t} - CFO_{j,t} \tag{15-1}$$

$$\frac{TAC_{j,t}}{TA_{j,t-1}} = \beta_0\left\{\frac{1}{TA_{j,t-1}}\right\} + \beta_1\left\{\frac{\Delta SALES_{j,t}}{TA_{j,t-1}}\right\} + \beta_2\left\{\frac{PPE_{j,t}}{TA_{j,t-1}}\right\} + \xi_{j,t} \tag{15-2}$$

$$NDTAC_{j,t} = \beta_0 \left\{ \frac{1}{TA_{j,t-1}} \right\} + \beta_1 \left\{ \frac{\Delta SALES_{j,t} - \Delta AR_{j,t}}{\Delta TA_{j,t-1}} \right\} + \beta_2 \left\{ \frac{PPE_{j,t}}{TA_{j,t-1}} \right\} \tag{15-3}$$

$$DTAC_{j,t} = \left\{ \frac{TAC_{j,t}}{TA_{j,t-1}} \right\} - NDTAC_{j,t} \tag{15-4}$$

其中，$TAC_{j,t}$为 j 公司第 t 期总应计利润；$E_{j,t}$为 j 公司第 t 期净利润；$CFO_{j,t}$为 j 公司 t 期现金净流量；$TA_{j,t-1}$为第 j 个公司第 $t-1$ 期期末总资产；$\Delta SALES_{j,t}$为第 j 个公司主营业务收入第 t 期相对于第 $t-1$ 期的增加额；$PPE_{j,t}$为第 j 个公司第 t 期期末固定资产总额；$NDTAC_{j,t}$为第 j 个公司第 t 期非操控性总应计利润；$\Delta AR_{j,t}$为第 j 个公司应收款项第 t 期期末余额相对于第 $t-1$ 期期末余额的增加额；$DTAC_{j,t}$代表操纵性应计利润。

2. 控制变量

为了检验假设 14－1 中私募股权投资与技术创新之间的关系，分析可能影响企业技术创新水平的因素，参考 Gompers（1995）和吴联生等（2005）的做法，选取企业规模、财务杠杆、企业资历、第一大股东持股比例、高管持股比例和企业性质等作为控制变量，同时对年度和行业加以控制，以保证检验结果的真实性。

假设 14－2 和假设 14－3 中，检验模型的因变量均为企业价值，跟第 12 章中的内容一致，因此，控制变量也沿用第 12 章中的做法，PE 选择投资企业时，会对企业经营状况和收益水平加以考察，择优选投，考虑到 PE 会受到被投资企业经营状况的影响，本书引入变量 Growth（企业成长性）作为控制变量，以有效控制 PE 选择投资对象可能对模型结果产生的影响，同时对年度和行业加以控制，以确保模型结果的真实准确。具体变量名称及定义如表 15－1 所示。

表 15－1　变量定义表

变量名称	变量符号	变量定义
托宾 Q 值	Tobin Q	等于企业 IPO 当年年末资本市场价值/资重成本
净资产收益率	ROE	等于企业 IPO 当年年末报告期净利润/加权平均股东净资产
盈余管理	EM	用修正后 Jones 模型计算衡量

续表

变量名称	变量符号	变量定义
PE 参与	PE	表示是否有 PE 参与，有 PE 参与变量值为 1，没有 PE 参与变量值为 0
外资背景	Foreign	以持股比例最大的 PE 背景来衡量，有国外背景值为 1，否则为 0
国有背景	State	在非外资背景情况下，以持股比例最大的 PE 背景来衡量，有国有背景值为 1，否则为 0
私募声誉	PERep	表示 PE 投资机构的声誉，PE 投资机构中如果有排名前私募 50 强的，则变量值为 1，否则为 0
持股比例	PEshare	以 IPO 前持股比例衡量，如一家 PE 多次投入，则将各轮投入比加总，如多家 PE 共同参股，将各 PE 投资持股比例加总
持有期限	lnt	以投资入股到企业上市之间的月数取自然对数衡量，如果同一家 PE 多轮投入或多家 PE 参与投资，都以最早投入的时间计算
联合投资	Count	用参与同一家企业的 PE 个数来衡量
企业规模	Size	用被投资企业当年年末总资产的自然对数加以计算
第一大股东持股比例	Top	年末被投资企业第一大股东持股比例
高管持股比例	Mor	年末被投资企业高管持股比例
资产负债率	Lev	用被投资企业当年年末总负债/当年年末总资产衡量
企业资历	Age	用被投资企业成立年限加以衡量
企业性质	Gov	为虚拟变量，当被投资企业为国有控股时值为 1，否则为 0
企业成长性	Growth	用被投资企业当年主营业务收入的增长率来衡量
年度变量	YR	年度虚拟变量，确定为该年数据时值为 1，否则为 0
行业变量	IND	行业虚拟变量，确定为该行业数据时值为 1，否则为 0

15.2.3 模型建立与模型说明

按照 Baron 和 Kenny（1986）的四步骤法对盈余管理在私募股权投资影响企业价值过程中的中介效应进行检验。

第一步，检验 PE 及不同特征 PE 对企业价值的影响是否显著。本书在第 12 章中分私募股权投资和不同特征私募股权投资两个层次进行了检验，分析模型检验结果发现，私募股权投资对企业价值的影响显著为正。因此，进行第二步的检验。

第二步，检验私募股权投资对盈余管理程度的影响，见模型（15－5）。根据假设 15－1 涉及的变量及相关影响因素，本书在借鉴 Lerner 和吴联生等（2010）做法的基础上，构建如下检验模型，其中 PE 表示是否有私募参与，Y_i 表示私募外资背景、国有背景、私募声誉、持股比例、持有期限和联合投资数量等不同特征。若模型中的 λ_1 显著，则进行第三步。

$$EM = \lambda_0 + \lambda_1 PE(Y_i) + \lambda_2 Size + \lambda_3 Top + \lambda_4 Mor + \lambda_5 Lev + \lambda_6 Age + \lambda_7 Gov + \lambda_8 Growth + \sum_{s=1}^{16} \lambda_{s+8} Ind + \sum_{t=1}^{4} \lambda_{t+25} Year + \varepsilon \tag{15-5}$$

第三步，检验盈余管理程度对企业价值的影响是否显著，见模型（15－6）。为了检验假设 15－2，验证企业盈余管理程度与企业价值之间的关系，本书在借鉴 Gompers 和 lerner 等做法的基础上，构建如下检验模型。若模型（15－6）中 λ1 显著，则进行第四步。

$$Tobin\ Q(ROE) = \lambda_0 + \lambda_1 EM + \lambda_2 Size + \lambda_3 Top + \lambda_4 Mor + \lambda_5 Lev + \lambda_6 Age + \lambda_7 Gov + \lambda_8 Growth + \sum_{s=1}^{16} \lambda_{s+9} Ind + \sum_{t=1}^{4} \lambda_{t+26} Year + \varepsilon \tag{15-6}$$

第四步，检验盈余管理程度在私募股权投资与企业价值的关系中是否发挥了中介效应。将私募股权投资和盈余管理程度指标都纳入回归模型中，见模型（15－5），并根据 Freedman 和 Schatzkin（1992）的中介效应检验方法，检验模型中 PE 和 Y_i 的系数 α_1 和 λ_1 是否存在显著差异。若 α_1 和 λ_1 存在显著差异，且 λ_1 完全不显著，则说明盈余管理发挥的是完全中介效应；若 α_1 和 λ_1 存在显著差异，且 λ_1 显著但显著水平比 α_1 低，则说明盈余管理发挥的是部分中介效应；若 α_1 和 λ_1 基本相当，没有明显差异，则说明私募股权投资没有通过盈余管理路径作用于企业价值，盈余管理没有发挥中介效应。

为了实现第四步，检验假设 15－3，验证在私募股权投资对企业的增值效应中盈余管理所起的中介作用，本书在借鉴 Kaplan 和吴联生等（2007）做法的基础上，构建检验模型（15－7），其中 PE 表示是否有私募参与，Y_i 表示私募外资背景、国有背景、声誉、持股比例、持有期限和联合投资等不同特征。

$$Tobin\ Q(ROE) = \lambda_0 + \lambda_1 PE(Y_i) + \lambda_2 EM + \lambda_3 Size + \lambda_4 Top + \lambda_5 Mor + \lambda_6 Lev + \lambda_7 Age + \lambda_8 Gov + \lambda_9 Growth + \sum_{s=1}^{16} \lambda_{s+9} Ind + \sum_{t=1}^{4} \lambda_{t+26} Year + \varepsilon \quad (15-7)$$

为了保证模型的科学性和结果的真实性，本书利用统计软件进行了异方差检验，结果 P 值 >0.05，有效排除了异方差对模型结果可靠性的影响。在进行回归分析时，检验了模型的多重共线性程度 Vif 值均接近于 1，说明模型独立性较好，不存在多重共线性问题。为了有效控制私募股权投资及不同背景（外资背景和国有背景）私募股权投资自选择导致的内生性问题，本书选择 2008—2021 年所有经管证监会等监管机构依据《证券法》等相关法律审核通过并成功 IPO 上市企业作为研究样本（包括有不同背景 PE 参与和无 PE 参与的企业），由于监管部门依据法律进行主体资格、公司治理、独立性、股本、资产规模、资本结构、盈利能力和企业价值等各项指标方面的审查具有强制性和统一性，无 PE 参与企业和不同背景 PE 参与样本企业在资本规模、资本结构和盈利能力等指标上都具有较好的替代性，因此，以 2008—2021 年 IPO 企业作为样本进行研究，有效地控制了模型的内生性。同时，为了进一步验证模型结果的真实性，将针对内生性问题进行稳健性检验。

基于检验模型（12－1）和模型（12－2）中 PE（Y_i）的系数 α_1 与模型（15－7）中的系数 β_1 的回归结果，根据 Freedman 等（1992）提出的中介效应检验方法，分析系数 α_1 和 λ_1 是否存在显著差异。若 α_1 和 λ_1 存在显著差异，且 λ_1 完全不显著，则说明盈余管理发挥的是完全中介效应；若 α_1 和 λ_1 存在显著差异，且 λ_1 显著但显著水平比 α_1 低，则说明盈余管理发挥的是部分中介效应；若 α_1 和 λ_1 基本相当，没有明显差异，则说明 PE 没有通过盈余管理路径作用于企业价值，盈余管理没有发挥中介效应。为了进一步检验中介效应的显著性程度，本书在比较模型系数的基础上利用 Freedman 等提出的模型（15－8），进行更为深入的分析验证，其中 S_α 和 S_β 分别是 α_1 和 β_1 的标准差，ρ 为 Tobin Q（ROE）与 EM 的相关系数。

$$T = \frac{(\alpha_1 - \lambda_1)}{\sqrt{S_\alpha^2 + S_\beta^2 - 2S_\alpha S_\beta \sqrt{1-\rho}}} \tag{15-8}$$

15.3　实证检验结果与分析

15.3.1　描述性统计与相关性分析

15.3.1.1　描述性统计

表 15－2 为主要变量描述性统计结果。由于所用企业样本跟第 12 章相同，企业价值、私募股权投资和私募股权投资特征等数据与第 12 章分析结果基本一致。关于盈余管理程度的描述性统计结果，根据表中数据可知，有私募股权投资参与企业盈余管理程度 EM 的平均值为 8.811，总样本企业盈余管理程度 EM 的平均值为 10.671，无 PE 的企业盈余管理程度 EM 的平均值为 11.261。比较分析可知，有 PE 参与企业盈余管理程度 EM 的平均值分别比总样本 EM 的平均值和无 PE 企业 EM 的平均值低 1.86 和 2.45，说明有 PE 的公司盈余管理程度较低，这可能是因为私募更关注企业长远利益，通过加强监管等手段对通过盈余管理等短期行为实现粉饰报表、损害企业长期利益的行为进行了有效约束，在一定程度上降低盈余管理行为，提高盈余质量。企业规模、第一大股东持股比例和高管持股比例等控制变量的统计结果与第 12 章一致，在此不予赘述。

表 15－2　　主要变量描述性统计结果

A 全样本（3167）										
变量	Tobin Q	ROE	EM	Size	Top	Mor	Lev	Age	Gov	Growth
均值	3.404	0.096	10.671	21.112	0.380	17.843	0.221	9.469	0.166	0.227
中位数	3.187	0.085	0.160	20.892	0.374	17.914	0.177	9.000	0.000	0.206
标准差	1.495	0.100	1.593	1.014	0.144	1.517	0.159	5.062	0.372	0.257
最小值	0.591	-0.649	0.001	19.491	0.052	0.001	0.011	1.000	0.000	-0.516

续表

A 全样本（3167）										
最大值	9.890	0.584	2952.123	29.967	0.819	72.484	0.948	30.000	1.000	1.821
B 有私募股权投资参与的样本（1997）										
变量	Tobin Q	ROE	EM	Size	Top	Mor	Lev	Age	Gov	Growth
均值	3.838	0.132	8.811	21.003	0.354	19.194	0.200	9.684	0.127	0.247
中位数	3.690	0.108	0.158	20.864	0.342	17.914	0.168	10.000	0.000	0.224
标准差	1.551	0.095	1.766	0.708	0.135	1.489	0.132	4.938	0.333	0.274
最小值	1.036	0.003	0.001	19.491	0.088	0.001	0.013	2.000	0.000	-0.516
最大值	9.890	0.584	77.808	24.272	0.721	72.484	0.639	25.000	1.000	1.821
C 无私募股权投资参与的样本（1170）										
变量	Tobin Q	ROE	EM	Size	Top	Mor	Lev	Age	Gov	Growth
均值	3.031	0.064	11.261	21.205	0.402	16.685	0.240	9.285	0.199	0.210
中位数	2.863	0.070	0.174	20.918	0.391	17.914	0.185	9.000	0.000	0.190
标准差	1.338	0.094	1.478	1.209	0.147	1.551	0.178	5.163	0.399	0.240
最小值	0.591	-0.649	0.001	19.531	0.052	0.001	0.011	1.000	0.000	-0.440
最大值	8.262	0.341	2952.123	29.967	0.819	67.794	0.948	30.000	1.000	1.290
均值 T 检验										
B - C	0.407	0.401	0.372	0.329	0.713	0.561	0.415	0.057	0.039	0.073

15.3.1.2 相关性分析

根据 Pearson 相关系数明确变量间关系，结果见表 15 - 3。私募与盈余管理程度在0.1 的水平上显著负相关，支持了假设 15 - 1。私募特征中 PE 声誉和联合投资与盈余管理程度在 0.05 水平上显著负相关，支持了假设 15 - 1 中的子假设 15 - 1 - 3 和假设 6 - 1 - 6；外资背景、国有背景、持股比例和持有期限与盈余管理程度在 0.1 的水平上显著负相关，支持了假设15 - 1中的子假设 15 - 1 - 1、假设 15 - 1 - 2、假设 15 - 1 - 4 和假设 15 - 1 - 5。

盈余管理程度与被投资企业的 Tobin Q 值和净资产收益率分别在 0.05 和 0.1 的水平上显著负相关，支持了假设 15 - 2。各控制变量与企业价值、盈余管理程度之间均存在不同显著程度的相关性，说明这些变量对企业盈

表 15－3　　变量基于 Pearson 的相关性分析

	Tobin Q	ROE	EM	PE	Foreign	State	Perep	Peshare	Lnt	Count	Size	Top	Mor	Lev	Age	Gov	Growth
Tobin Q	1																
ROE	0.203 **	1															
EM	-0.104 **	-0.064 *	1														
PE	0.269 **	0.336 **	-0.081 *	1													
Foreign	0.097 *	0.196 **	-0.095 *	.a	1												
State	0.186 **	0.196 **	-0.111 *	.a	-0.092	1											
Perep	0.065	0.195 **	-0.139 **	.a	0.093	0.233 **	1										
Peshare	0.059	0.355 **	-0.122 *	.a	0.178 **	0.112 *	0.126 **	1									
Lnt	0.076	0.155 **	-0.086 *	.a	0.129 **	-0.025	-0.026	0.046	1								
Count	0.127 **	0.421 **	-0.140 **	.a	0.026	0.175 **	0.265 **	0.528 **	0.101 *	1							
Size	-0.310 **	-0.004 *	0.013	-0.099 **	0.150 **	-0.029	0.031	-0.063	0.110 *	-0.009	1						
Top	-0.113 **	-0.103 **	-0.004 *	-0.165 **	0.013	-0.036	0.093	-0.015	-0.135 **	-0.070	0.202 **	1					
Mor	0.140 **	0.074 *	0.013 *	0.081 *	0.152 **	0.069	0.044	-0.032	-0.044	0.031	-0.127 **	-0.014	1				
Lev	-0.404 **	-0.034 *	0.074 *	-0.124 **	0.130 **	0.028	0.065	0.170 **	0.130 **	0.040	0.600 **	0.118 **	-0.166 **	1			
Age	-0.069 *	0.034	0.029 *	0.039	-0.044	0.016	-0.030	0.124 *	0.056	0.075	-0.068 *	-0.071 *	0.085 *	0.006	1		
Gov	-0.132 **	-0.037 *	-0.030 *	-0.097 **	-0.065	-0.042	0.045	-0.041	0.058	-0.080	0.351 **	0.124 **	-0.121 **	0.284 **	0.001	1	
Growth	0.228 **	0.126 **	-0.019 *	0.072 *	0.093	-0.070	-0.031	-0.142 **	-0.109 *	-0.067	0.050	-0.028	0.045	0.013	-0.168 **	-0.057	1

注：*** 表示在 0.01 的水平上显著；** 表示在 0.05 的水平上显著；* 表示在 0.1 的水平上显著。

余管理程度和企业价值提升都存在一定的影响，在模型中对他们进行控制能更真实反映自变量和因变量之间的关系。盈余管理程度与被投资企业的Tobin Q 值和净资产收益率分别在 0.05 和 0.1 的水平上显著负相关，支持了假设 15 - 2。企业规模、第一大股东持股比例、高管持股比例、资产负债率、企业资历、企业性质和企业成长性等控制变量与企业价值、盈余管理程度之间均存在不同显著程度的相关性，说明这些变量对企业盈余管理程度和企业价值提升都存在一定的影响，在模型中对他们进行控制能更真实地反映自变量和因变量之间的关系。

15.3.2 模型检验结果与分析

本章以 Tobin Q 衡量企业价值，按照 Baron 等（1986）提出的四步骤分步分析法，对企业价值、盈余管理程度与 PE 及其特征间的关系进行回归分析，检验盈余管理程度在私募股权投资对企业价值影响过程中的中介作用，模型具体检验结果如表 12 - 5、表 13 - 6 和表 13 - 7 所示。第 12 章模型（12 - 1）和模型（12 - 2）的检验结果验证了私募股权投资及外资背景等不同特征与企业价值之间存在正相关关系，而且这种关系表现显著，验证了中介分析四步骤中的第一步。

模型（15 - 5）对私募股权投资及外资背景等私募特征对盈余管理程度的影响进行检验，检验结果如表 15 - 4 所示。表中第（1）列分析报告了 PE 影响被投资企业技术创新能力的检验结果。分析表中数据可知，模型检验结果对应调整 R^2 值为 0.249，在 0.01 的水平上显著，表明模型的解释度、拟合程度和显著性都比较好。模型对应方差膨胀因子 Vif 值均接近于 1，说明模型独立性较好。进一步分析发现 PE 与盈余管理的系数和 t 值分别为 - 19.223 和 - 2.576，表示 PE 与盈余管理存在负相关关系，且对企业盈余管理程度的影响在 0.01 的水平上显著。这也证明以长期利益和长远发展为目标的私募股权投资通过担任董事，参与企业经营管理和监管活动，提高了企业综合管理水平，约束了盈余管理行为，验证了本书的假设 13 - 1。

表 15 - 4 的第（2）列检验结果报告了外资背景私募对盈余管理程度

的影响结果。检验结果显示，外资背景（Foreign）与盈余管理（EM）的系数和 t 值分别为 -1.912 和 -1.716，在 0.1 的水平上显著负相关，这表明外资私募不仅能约束企业盈余管理行为，且由于其自身拥有更丰富的管理经验，相对于非外资 PE，外资背景 PE 对企业盈余质量的提升效果更为显著，验证了假设 15-1-1。

表 15-4 的第（3）列检验结果报告了国有背景私募对盈余管理程度的影响结果。分析模型检验结果发现，国有背景（State）与盈余管理的系数和 t 值分别为 -2.187 和 -2.052，在 0.05 的水平上显著负相关，这表明相对于非国有 PE，国有 PE 对企业盈余管理行为的控制力度更大，也更愿意通过约束盈余管理行为，提升盈余质量以提高自身声誉，因此其提高被投资企业盈余质量的效果更好，验证了本书的假设 15-1-2。

表 15-4 的第（4）列检验结果报告了私募声誉对企业盈余管理程度的影响结果。分析检验结果发现，私募声誉（PErep）与盈余管理的系数和 t 值分别为 -2.006 和 -2.133，在 0.05 的水平上显著负相关，说明 PE 声誉越高，对被投资企业盈余管理程度的影响效果越显著。这一结果的原因可能是，私募股权投资声誉越高，越珍惜自己来之不易的荣誉和影响力，更加注重企业的长期效益，不希望对于通过短期粉饰行为获得漂亮的财务业绩，因此，更愿意强化对盈余管理行为的约束，改善效果也就更显著，验证了假设 15-1-3。

表 15-4 的第（5）列检验结果报告了 PE 持股比例对盈余管理程度的影响结果。检验结果显示，持股比例（PEshare）与盈余管理程度间的系数和 t 值分别为 -9.679 和 -2.207，在 0.05 的水平上显著负相关。这说明 PE 持股比例越高，对企业管理层和盈余管理活动的影响力度越大，改善盈余质量的动机越强，对该企业会计信息质量和盈余质量的提升效果也就越好，验证了假设 15-1-4。

表 15-4 的第（6）列检验结果报告了 PE 持有期限对企业盈余管理程度的影响结果。检验结果显示，持有期限（lnt）与盈余管理程度的系数和 t 值分别为 -1.582 和 -2.208，在 0.05 的水平上显著负相关，这说明 PE 参与企业的时间越长，对企业管理层意愿及盈余管理的可能手段掌握越清晰，约束盈余管理的措施更有针对性，控制措施的实施时间也更充分，因此约束盈余管理程度的效果也就越好，验证了假设 15-1-5。

表 15 -4 私募股权投资及其特征对被投资企业盈余管理的影响

因变量：ROE	因变量：盈余管理水平（EM）							
Constant	39.263 (2.704)***	4.254 (2.734)***	7.338 (2.598)***	6.897 (2.565)***	11.600 (2.739)***	11.670 (3.573)***	8.729 (3.148)***	7.943 (3.012)***
PE	-19.223 (-2.576)***							
Foreign		-1.912 (-1.716)*						-1.837 (-1.654)*
State			-2.187 (-2.052)**					-2.091 (-2.017)**
Perep				-2.006 (-2.133)**				-1.981 (-2.102)**
Peshare					-9.679 (-2.207)**			-8.317 (-2.093)**
Lnt						-1.582 (-2.208)**		-1.413 (-2.094)**
Count							-0.451 (-1.705)*	-0.379 (-1.683)*
Size	-0.596 (-0.725)	-0.036 (-0.805)	-0.080 (-0.732)	-0.064 (-0.708)	-0.327 (-2.044)**	-0.036 (-0.901)	-0.096 (-0.876)	-0.135 (-0.983)
Top	-24.259 (-2.171)**	2.243 (2.174)**	2.291 (1.792)*	3.007 (2.042)**	2.480 (1.865)*	1.305 (1.756)*	1.946 (1.706)*	1.875 (1.697)*
Top10	12.282 (1.864)*	-2.791 (-2.064)**	-3.436 (-2.321)**	-2.993 (-2.015)**	-2.230 (-2.067)**	-2.723 (-2.102)**	-2.935 (-2.187)**	-2.485 (-2.093)**

续表

因变量：ROE	因变量：盈余管理水平（EM）							
Lev	-44.681 (-2.316)**	-0.618 (-0.917)	-0.778 (-1.950)*	-0.621 (-0.907)	0.654 (0.907)	-1.014 (-1.541)*	-1.513 (-1.713)*	-0.913 (-0.971)
Age	-0.147 (-1.709)*	-0.065 (-2.383)**	-0.068 (-2.073)**	-0.068 (-1.576)*	-0.045 (-1.758)*	-0.109 (-2.173)**	-0.106 (-2.432)**	-0.124 (-2.107)**
Gov	13.258 (2.261)**	2.030 (2.803)***	2.124 (2.898)***	2.240 (2.712)***	2.154 (2.038)**	1.048 (1.875)*	0.738 (1.572)*	0.935 (2.176)**
Growth	6.986 (1.749)*	1.862 (2.035)**	1.462 (2.029)**	1.558 (2.093)**	1.438 (2.020)**	1.275 (1.941)*	1.544 (2.144)**	1.429 (2.017)**
调整的 R^2	0.249	0.271	0.277	0.290	0.266	0.275	0.269	0.253
样本量	3167	1997	372	1997	1997	1997	1997	1997
YR	已控制							
IND	已控制							

注：***、**、* 分别表示 1%、5%、10% 的显著性水平，模型 Vif 值显示变量之间独立性较好，不存在多重共线性。

表 15 –4 的第（7）列检验结果报告了 PE 联合投资数量对企业盈余管理程度的影响结果。检验结果显示，联合投资数量（Count）与盈余管理程度的系数和 t 值分别为 –0.451 和 –1.705，在 0.1 的水平上显著负相关。这说明联合投资能通过多个投资者综合作用，能更好地掌握被投资企业高管的行为和意图，更有效地约束被投资企业的盈余管理行为，提升盈余质量的效果也更为显著，验证了本书的假设 15 –1 –6。

表 15 –4 中的第（8）列检验结果报告了同时考虑多种特征的情况下，私募股权投资特征对企业盈余管理程度的影响结果。分析模型检验结果发现，在控制相关影响因素后，盈余管理程度与外资背景、国有背景等私募特征变量之间的系数为正，与考虑单一特征时一致，显著性检验结果表明，私募特征与盈余管理程度都存在不同程度的正相关，再次验证了假设 15 –1 –1至假设 15 –1 –6。进一步分析发现，当多个私募特征共存时，具有多种特征的私募股权投资可通过多种特征对被投资企业盈余质量产生影响。

模型（15 –5）的检验结果及分析验证了私募股权投资及外资背景等不同特征与盈余管理程度之间存在的负相关系显著，中介效应检验四步骤中的第二步得以验证。

模型（15 –6）对盈余管理程度与企业价值之间的关系进行检验，如表 15 –5 的第（1）列所示。检验结果显示盈余管理程度（EM）与企业价值（Tobin Q）的系数和 t 值分别为 –0.037 和 –2.290，在 0.1 的水平上显著负相关。这说明盈余管理程度越低，企业价值表现越好。这一结果的原因可能是，盈余管理的减少提升了会计信息透明度，这可增强企业在资本市场的信誉度，增强企业投资者和其他利益相关者的信心，改善企业资本市场外部环境。同时，良好的会计信息透明度也能有效降低市场交易成本，提升企业的经营绩效，企业价值的表现也就越好，这一观点也得到了 Gompers 等（1995）知名学者的支持，验证了本书的假设 15 –2，中介效应检验四步骤中的第三步也得以验证。

模型（15 –7）分别将私募股权投资、私募股权投资不同特征与盈余管理程度同时纳入企业价值模型中，以检验盈余管理程度在私募股权投资及私募股权投资不同特征影响企业价值过程中所起的作用。表 15 –5 的第（2）–第（8）列报告了模型（15 –7）的检验结果。表 15 –5 的第（2）列检验结果报告了考虑盈余管理因素时 PE 对企业价值的影响结果。考虑公司治理水平因素情况下，私募股权投资与企业价值的系数和 t 值分别为 0.572 和 2.325，在 0.05 的水平上表现为正相关。私募股权投资对企业价值的影响系数由模型（12－1）中的 0.674 下降到 0.572，影响显著水平也由模型（12－1）中的 0.01 下降到 0.05。基于此，根据 Baron（1986）提出的分步法可知，盈余管理在私募股权投资与被投资企业价值的正相关关系中起到了中介效应作用。为进一步检验结果真实性，本书利用 Freedman 等（1992）提出的中介效应检验方法，计算变量 T 的值为 2.931，且在 0.05 的水平上显著，再次验证了这一结论。同时，在考虑盈余管理因素时的模型（15－7）中，私募股权投资与企业价值在 0.05 水平上显著，由此可知盈余管理在私募股权投资与被投资企业价值的正相关关系中起到的是部分中介作用，验证了本书的假设 15－3。

表 15－5 的第（3）列检验结果报告了考虑盈余管理因素时外资 PE 对企业价值的影响结果。考虑盈余管理因素情况下，外资背景私募股权投资与企业价值的系数和 t 值分别为 0.465 和 2.134，在 0.05 的水平上表现为正相关，对企业价值的影响系数较模型（12－1）中的 0.537 有所下降，影响显著水平也由模型（12－1）中的 0.01 下降到 0.05。基于此，根据 Baron（1986）提出的分步法可知，盈余管理在外资背景私募股权投资与被投资企业价值的正相关关系中起到了中介效应作用。为进一步检验结果真实性，本书利用 Freedman 等（1992）提出的中介效应检验方法，计算变量 T 的值为 2.105，且在 0.05 的水平上显著，再次验证了这一结论。同时，在考虑盈余管理因素时的模型（15－7）中，外资背景私募股权投资与企业价值在 0.05 水平上显著，由此可知公司治理在 PE 与被投资企业价值的正相关关系中起到的是部分中介作用，验证了本书的假设 15－3－1。

表 15－5 的第（4）列检验结果报告了考虑盈余管理因素时国有 PE 对企业价值的影响结果。考虑盈余管理因素情况下，国有背景私募股权投资与企业价值的系数和 t 值分别为 0.898 和 2.651，在 0.05 的水平上表现为正相关，对企业价值的影响系数较模型（12－1）中的 0.933 有所下降，影响显著水平也由模型（12－1）中的 0.01 下降到 0.05。基于此，根据 Baron（1986）提出的分步法可知，盈余管理在国有背景私募股权投资

表 15－5　私募股权投资特征及盈余管理水平对被投资企业价值的影响

因变量：ROE	因变量：企业价值（Tobin Q）								
Constant	9.447 (8.777)***	8.917 (7.581)***	10.355 (4.559)***	9.462 (3.279)***	9.747 (3.588)***	8.527 (3.517)***	8.707 (3.278)***	9.425 (3.913)***	9.073 (3.692)***
EM	−0.037 (−2.290)*	−0.045 (−1.650)*	−0.039 (−2.092)**	−0.036 (−2.068)**	−0.037 (−2.317)**	−0.035 (−2.353)**	−0.039 (−2.194)**	−0.036 (−2.347)**	−0.033 (−2.147)**
PE		0.572 (2.325)**							
Foreign			0.465 (2.134)**						0.413 (2.091)**
State				0.898 (2.651)**					0718 (2.371)**
Perep					0.211 (1.935)*				0.195 (1.892)*
Peshare						1.088 (2.319)**			0.975 (2.214)**
Lnt							0.408 (2.234)**		0.391 (2.184)**
Count								0.169 (2.311)**	0.132 (2.174)**
Size	0.295 (5.544)***	0.294 (4.725)***	0.338 (3.037)***	0.308 (2.843)***	0.316 (2.830)***	0.267 (2.422)**	0.334 (3.020)***	0.317 (2.876)***	0.314 (3.193)***
Top	−0.532 (−1.719)*	−0.218 (−1.936)*	−0.170 (−0.913)	−0.159 (−1.905)*	−0.249 (−0.905)	−0.173 (−0.927)	−0.097 (0.981)	−0.064 (−0.521)	−0.132 (−0.735)

续表

因变量：ROE	因变量：企业价值（Tobin Q）								
Top10	0.405 (1.973) *	0.406 (2.134) **	1.006 (2.088) **	1.197 (2.357) **	1.121 (2.323) **	1.123 (2.367) **	1.064 (2.226) **	1.127 (2.366) **	1.094 (2.076) **
Lev	2.361 (4.169) ***	2.187 (3.875) ***	2.308 (3.019) ***	2.297 (3.089) ***	2.223 (3.249) ***	2.656 (3.576) ***	−2.399 (−3.171) ***	−2.277 (−2.989) ***	−2.179 (−2.931) ***
Age	−0.813 (−0.609)	−0.503 (−0.871)	−0.109 (−1.067) *	−0.008 (−1.935) *	−0.008 (−1.379) *	−0.011 (−1.794) *	−0.009 (−1.745) *	−0.010 (−1.793) *	−0.009 (−1.825) *
Gov	0.041 (0.953)	0.073 (1.435) *	0.153 (0.938)	0.142 (1.057)	0.109 (1.026)	0.158 (1.973) *	0.071 (0.941)	0.169 (0.921)	0.124 (0.991)
Growth	1.102 (4.775) ***	0.987 (3.279) ***	0.947 (3.611) ***	1.073 (3.186) ***	0.994 (3.185) ***	1.043 (3.217) ***	1.085 (3.813) ***	1.011 (2.898) **	0.983 (3.297) ***
调整的 R^2	0.346	0.393	0.249	0.279	0.238	0.262	0.253	0.256	0.251
样本量	3167	1997	372	1997	1997	1997	1997	1997	3167
YR	已控制								
IND	已控制								

注：***、**、* 分别表示 1%、5%、10% 的显著性水平，Vif 是方差膨胀因子，表示多重共线性程度。

与被投资企业价值的正相关关系中起到了中介效应作用。为进一步检验结果真实性，本书利用 Freedman 等（1992）提出的中介效应检验方法，计算变量 T 的值为 2.513，且在 0.05 的水平上显著，再次验证了这一结论。同时，在考虑盈余管理因素的模型（15－7）中，国有背景私募股权投资与企业价值仍在 0.05 水平上显著正相关，由此可知盈余管理在私募股权投资与被投资企业价值的正相关关系中起到的是部分中介作用，验证了本书的假设 15－3－2。

表 15－5 中的第（5）列检验结果报告了考虑盈余管理因素时私募声誉对企业价值的影响结果。考虑盈余管理因素情况下，私募声誉与企业价值的系数和 t 值分别为 0.211 和 1.35，在 0.1 的水平上表现为正相关，对企业价值的影响系数较模型（12－1）中的 0.270 有所下降，影响显著水平也由模型（12－1）中的 0.05 下降到 0.1。基于此，根据 Baron（1986）提出的分步法可知，盈余管理在私募声誉与被投资企业价值的正相关关系中起到了中介效应作用。为进一步检验结果真实性，本书利用 Freedman 等（1992）提出的中介效应检验方法，计算变量 T 的值为 1.802，且在 0.1 的水平上显著，再次验证了这一结论。同时，在考虑盈余管理因素时，模型（15－7）中的特征变量私募声誉与企业价值仍在 0.1 水平上显著，由此可知盈余管理在私募声誉与被投资企业价值的正相关关系中起到的是部分中介作用，验证了本书的假设 15－3－3。

表 15－5 的第（6）列检验结果报告了考虑盈余管理因素时持股比例对企业价值的影响结果。考虑盈余管理因素情况下，持股比例与企业价值的系数和 t 值分别为 1.088 和 2.319，在 0.05 的水平上表现为正相关，对企业价值的影响系数较模型（12－1）中的 1.274 有所下降，影响显著水平也由模型（12－1）中的 0.01 下降到 0.05。基于此，根据 Baron（1986）提出的分步法可知，盈余管理在持股比例与被投资企业价值的正相关关系中起到了中介效应作用。为进一步检验结果真实性，本书利用 Freedman 等（1992）提出的中介效应检验方法，计算变量 T 的值为 1.935，且在 0.1 的水平上显著，再次验证了这一结论。同时，在考虑盈余管理因素时模型（15－7）中，持股比例与企业价值在 0.05 水平上显著，由此可知盈余管理在持股比例与被投资企业价值的正相关关系中起到的是部分中介作用，

验证了本书的假设 15－3－4。

表 15－5 的第（7）列检验结果报告了考虑盈余管理因素时持有期限对企业价值的影响结果。考虑盈余管理因素情况下，持有期限与企业价值的系数和 t 值分别为 0.408 和 2.234，在 0.05 的水平上表现为正相关，对企业价值的影响系数较模型（12－1）中的 0.451 有所下降，影响显著水平也由模型（12－1）中的 0.01 下降到 0.05。基于此，根据 Baron（1986）提出的分步法可知，盈余管理在持有期限与被投资企业价值的正相关关系中起到了中介效应作用。为进一步检验结果真实性，本书利用 Freedman 等（1992）提出的中介效应检验方法，计算变量 T 的值为 2.351，且在 0.05 的水平上显著，再次验证了这一结论。同时，在考虑盈余管理因素时模型（15－7）中，持有期限与企业价值仍在 0.05 水平上显著，由此可知盈余管理在持有期限与被投资企业价值的正相关关系中起到的是部分中介作用，验证了本书的假设 15－3－5。

表 15－5 的第（8）列检验结果报告了考虑盈余管理因素时联合投资数量对企业价值的影响结果。考虑盈余管理因素情况下，联合投资数量与企业价值的系数和 t 值分别为 0.169 和 2.311，在 0.05 的水平上表现为正相关，对企业价值的影响系数较模型（12－1）中的 0.182 有所下降，影响显著水平也由模型（12－1）中的 0.01 下降到 0.05。基于此，根据 Baron（1986）提出的分步法可知，盈余管理在联合投资数量与被投资企业价值的正相关关系中起到了中介效应作用。为进一步检验结果真实性，本书利用等 Freedman（1992）提出的中介效应检验方法，计算变量 T 的值为 2.604，且在 0.05 的水平上显著，再次验证了这一结论。同时，在考虑盈余管理因素时模型（15－7）中，联合投资数量与企业价值仍在 0.05 水平上显著，由此可知公司治理在联合投资数量与被投资企业价值的正相关关系中起到的是部分中介作用，验证了本书的假设 15－3－6。

表 15－5 中的第（9）列检验结果报告了考虑盈余管理因素和多种特征时，私募特征对企业价值的影响结果。考虑盈余管理程度因素情况下，私募特征与企业价值的系数和 t 值较企业价值的影响系数较模型（12－1）中的检验结果都有所下降。根据中介效应分步检验模型可知，盈余管理在私募特征与被投资企业价值的正相关关系中都起到了不同程度的中介作用，验证

了假设 15 -3 -2 至假设 15 -3 -6。进一步分析发现，当多个私募特征共存时，盈余管理在私募特征与被投资企业价值之间都起到了一定的中介作用，盈余管理在具有多种特征 PE 与目标公司企业价值之间的中介效应更大。

15.3.3 稳健性检验

为了增加研究结论的可靠性，本章参照第 12 章和第 13 章中稳健性检验的方法做了同样的稳健性检验工作，对连续变量、企业价值变量 Tobin Q 和 ROE、PE 及其特征等变量都进行了不同角度的检验，实证研究结果与本章主要研究结论都一致。

此外，对于盈余管理程度的衡量，本章通过修正后的 Jones 模型计算企业可操控应计利润加以实现。在此基础上，借鉴 Kang（1995）和 Dechow（2002）的做法，本章还分别采用 Kang - Sivaramakrishnan（KS）模型和前瞻性琼斯模型计算企业可操纵性应计利润作为盈余管理程度的衡量指标，重新检验以上模型，所得结果与本章主要结论一致。

15.4 研究结论与贡献

本章以委托代理、社会网络和信息不对称理论为基础，分析提出盈余管理在 PE 与被投资企业价值的正相关关系中具有部分中介效应等相关假设，构建了检验 PE 特征、盈余管理程度和企业价值三者之间关系的模型，以 2008—2021 年 A 股 IPO 上市企业为样本，分析模型检验结果发现假设 15 -1、假设 15 -2 和假设 15 -3 及对应子假设均得到了验证。

本章以总应计利润、净利润、净现金流量、期末总资产和固定资产总额等指标为要素构建可操纵性应计利润模型，衡量样本企业盈余管理程度，研究私募特征、盈余管理程度及企业价值之间的关系。本章首先研究私募特征与盈余管理程度之间的关系，分析实证结果发现相比无 PE 参与企业，有 PE 企业的盈余管理程度更低；在 PE 介入的企业样本中：外资 PE 参与企业比非外资 PE 参与企业盈余管理程度更低；相比民营背景 PE，国有 PE 参与企业盈余管理程度更低；PE 声誉越高，企业盈余管理程度越低；PE 持股比例越大，企业盈余管理程度越低；PE 持有期限越长，企业盈余管理程度越低；PE 联合投资机构数量越多，企业盈余管理程度越低，验证了假设 15－1 及其子假设。其次，研究企业盈余管理程度与企业价值之间的关系，分析实证结果发现，盈余管理程度与企业价值之间存在显著的负相关关系，验证了假设 15－2。最后，在第 12 章研究结果及本章上述研究结论的基础上，进一步检验盈余管理在 PE 特征影响企业价值过程中的中介效应。分析实证结果发现：盈余管理在 PE 与被投资企业价值的正相关关系中起到了部分中介效应；盈余管理在 PE 特征与企业价值的正相关关系中均起到了部分中介效应，验证了假设 15－3 及其子假设。

本章研究的贡献一方面在于发现了私募特征能约束盈余管理行为，降低企业盈余管理程度，企业盈余管理程度与企业价值负相关。从私募特征角度解释了私募对企业盈余管理程度的影响及不同特征影响的差异。现有研究中关于 PE 能抑制被投资企业盈余管理行为的证据很少，从 PE 特征给予解释的更是凤毛麟角。我们研究发现不同特征 PE 对被投资企业盈余管理行为和盈余质量的影响程度也各不相同。同时，本章研究发现盈余管理程度与企业价值之间存在负相关关系，为盈余管理中介效应的研究给予了很好的支撑，为企业董事会和高管改善会计信息质量和提高企业价值提供了理论依据和可行途径。本章研究的另一方面贡献在于通过研究 PE 特征、盈余管理程度和企业价值之间的相互关系，发现了 PE 特征通过盈余管理实现企业价值创造的机理，验证了盈余管理在 PE 特征与被投资企业价值的正相关关系中起到了部分中介效应。私募股权投资属于学术热点，私募股权投资的增值效应关注有限，关于 PE 特征、盈余管理及企业价值方面的证据极少。基于第 12 章的研究结论和 PE 特征与盈余管理程度、盈余管理程度与企业价值的实证结果，研究发现 PE 特征可通过盈余管理路径实现对被投资企业价值的提升作用，盈余管理在 PE 特征的增值作用中起到了部分中介作用，明确了 PE 特征通过约束盈余管理实现价值创造的机理。

本章研究的结论对我国政府、私募机构和被投资企业的管理者均有较大的现实意义。本研究发现 PE 能抑制企业盈余管理，提高会计信息质量，实现增值效应，因此建议我国政府应健全私募股权机构运营机制，引导私募股权机构参与国企改革和政府公共事业，促进产业升级发展，提高企事业单位管理水平，实现社会资源有效配置。本研究发现不同特征私募股权机构提升盈余管理的效果存在差异，其中外资背景和高声誉等特征私募机构效果更显著，因此建议我国私募股权投资机构应提高自身规模，拓展机构视野，增强完善被投资企业信息披露机制能力，提升企业增值效果。

本研究发现PE能抑制企业盈余管理，提高会计信息质量，实现增值效应，因此建议我国政府应健全私募股权机构运营机制，引导私募股权机构参与国企改革和政府公共事业，促进产业升级发展，提高企事业单位管理水平，实现社会资源有效配置。本研究发现不同特征私募股权机构提升盈余管理的效果存在差异，其中外资背景和高声誉等特征私募机构效果更显著，因此建议我国私募股权投资机构应提高自身规模，拓展机构视野，增强完善被投资企业信息披露机制能力，提升企业增值效果。而不同特征PE机构提高企业盈余管理程度和增值效应的差异，也为企业管理者结合企业实际情况，适当分权，尽早引入私募股权投资机构以及引入多家机构进行联合投资融资行为提供了科学解释和有力支撑。

15.5 本章小结

本章以信息不对称理论为基础，对盈余管理路径下私募对企业价值的影响进行了分析。首先，对盈余管理的概念进行界定，对PE特征、盈余管理及企业价值之间的关系进行分析；其次，结合PE与盈余管理程度、盈余管理程度与企业价值影响的相关理论，运用逻辑分析法对私募股权投资特征、盈余管理与企业价值三者之间的关系及影响机理进行分析，并提出研究假设；再次，以2008—2012年我国A股IPO公司作为研究样本，运用实证模型法对研究假设进行检验。结果表明，PE能有效约束被投资企业盈余管理行为，不同特征PE对被投资企业盈余管理程度影响程度存在差异，盈余管理与企业价值负相关，进一步分析发现盈余管理在PE特征与被投资企业价值的正相关关系中起到了部分中介效应。最后，在得出本章的研究结论之后，总结理论与实际贡献。

第 16 章　多重路径下私募股权投资特征对被投资企业价值的影响研究

根据委托代理和社会网络等理论分析表明，私募股权投资特征可有效降低代理成本，利用其自身社会网络能力影响被投资企业内外部环境，改善被投资企业经营绩效，提升被投资企业价值，前面章节的实证结果验证了这一结论。分析前面章节的实证结果，发现公司治理水平、技术创新能力和盈余管理程度在私募股权投资特征与被投资企业价值的相关关系中都起到了部分中介效应，私募股权投资和不同特征私募股权投资可直接影响企业价值，也能通过改善公司治理水平，提高技术创新能力，降低盈余管理程度等方式实现对被投资企业价值的影响。本章的研究重点是私募股权投资作为企业的重要投资者和企业股权的长期持有者，通过多重路径对被投资企业价值总的中介效应影响如何？在同时考虑多重路径影响情况下，不同路径所起中介效应是否存在差异？

16.1　理论分析与假设提出

前述章节基于委托代理、社会网络和公司治理等理论检验了 PE 及其特征对被投资企业价值的直接影响及通过公司治理、技术创新、盈余管理单一路径对被投资企业价值的间接影响，验证了私募股权投资能直接影响被投资企业价值，在考虑单一关键路径因素时，公司治理、技术创新和盈余管理在 PE 与被投资企业价值正相关关系中起到了部分中介作用，验证了私募股权投资特征能直接影响被投资企业价值，在单一考虑公司治理、技术创新和盈余管理关键路径因素时，发现其在 PE 特征与被投资企业价值正相关关系中起到了部分中介作用，不同特征 PE 对被投资企业价值的直接作用和单一路径下的间接作用存在差异。

市场是多种要素相互影响和综合作用的综合经济产物，私募股权投资机构和企业等市场主体的经济活动也必然同时受到多种相关经济因素的影响。在进行理论分析和实证研究时，选择某一关键因素加以研究，能更好地理清研究思路，收集翔实数据，进行更为深入的研究，以便发现经济现象背后要素间的作用逻辑和运行规律；在此基础上，如能同时考虑更多的关键因素，将多个关键路径因素同时纳入模型进行检验分析，具有重要意义。

一方面因为拓展研究范畴使考虑影响因素更加全面，收集数据更加翔实，对于 PE 及其特征对被投资企业价值的直接影响及通过公司治理、技术创新、盈余管理路径对被投资企业价值影响的检验结论更加真实可靠。

另一方面，基于多重关键路径情况下，在检验私募股权投资和私募股权投资特征对被投资企业价值的直接影响及通过公司治理、技术创新、盈余管理路径对被投资企业价值影响的基础上，分析 PE 对目标公司企业价值影响总的中介效应，研究包含直接效应和总中介效应的综合效应，比较分析 PE 通过公司治理、技术创新和盈余管理关键路径对被投资企业价值产生间接影响效应的差异，可进一步明确 PE 影响被投资企业的路径和机理；不同特征 PE 对被投资企业价值影响总的中介效应，研究包含直接效应和总中介效应的综合效应，比较分析不同特征 PE 对被投资企业价值影响的直接效应和综合效应的差异，研究不同特征 PE 通过公司治理、技术创新和盈余管理关键路径对被投资企业价值产生间接影响效应的异同，为明确 PE 特征对目标公司企业价值的影响路径和作用机理，以便提供实证结果支持和理论支撑。

鉴于此，本章基于委托代理、社会网络和公司治理等理论，在考虑多重路径前提下，检验私募股权投资对被投资企业价值的直接影响、不同路径间接影响和综合影响，分析不同特征私募股权投资特征对被投资企业价值的直接影响、不同路径间接影响和综合影响具有重要的理论意义和实践价值。

16.2 研究设计与模型构建

16.2.1 样本选择与数据来源

与第 12 章的样本选择和数据来源类似，本章通过色诺芬、万德和国泰安等数据库以及巨潮资讯网等网站，选取 2008—2021 年我国 A 股 IPO 上市公司数据为样本，并将金融保险类公司、数据缺失的公司、ST 或 PT 公司予以剔除，同时对本章所涉及部分连续变量的极端值进行 Winsorize 处理，最终得到 906 家样本公司，涉及 12 个行业。

16.2.2 变量定义

本章中被投资企业价值和 PE 特征的定义与第 12 章一致，分别用 Tobin Q 值、外资背景（Foreign）、国有背景（State）、私募声誉（Perep）、持股比例（Peshare）、持有期限（lnt）和联合投资数量（Count）加以衡量。本章变量涉及公司治理水平、技术创新能力、盈余管理程度这三个表示不同路径的中介变量和企业规模、企业资历、企业性质等控制变量，其内涵和计量方法与第 13 章、第 14 章和第 15 章中的内容一致，具体变量名称及定义如表 16 - 1 所示。

表 16 - 1 变量定义

变量名称	变量符号	变量定义
托宾 Q 值	Tobin Q	等于企业 IPO 当年年末资本市场价值/资重成本
净资产收益率	ROE	等于企业 IPO 当年年末报告期净利润/加权平均股东净资产
公司治理	CGI	用被投资企业董事会规模等公司治理指标计算衡量
技术创新	TI	用被投资企业专利数量按不同类型计算衡量
盈余管理	EM	用修正后 Jones 模型计算衡量
PE 参与	PE	表示是否有 PE 参与，有 PE 参与变量值为 1，没有 PE 参与变量值为 0
外资背景	Foreign	以持股比例最大的 PE 背景来衡量，有国外背景值为 1，否则为 0
国有背景	State	在非外资背景情况下，以持股比例最大的 PE 背景来衡量，有国有背景值为 1，否则为 0
私募声誉	PERep	表示 PE 投资机构的声誉，PE 投资机构中如果有排名前私募 50 强的，则变量值为 1，否则为 0
持股比例	PEshare	以 IPO 前持股比例衡量，如一家 PE 多次投入，则将各轮投入比加总，如多家 PE 共同参股，将各 PE 投资持股比例加总
持有期限	lnt	以投资入股到企业上市之间的月数取自然对数衡量，如果同一家 PE 多轮投入或多家 PE 参与投资，都以最早投入的时间计算

续表

变量名称	变量符号	变量定义
联合投资	Count	用参与同一家企业的 PE 个数来衡量
企业规模	Size	用被投资企业当年年末总资产的自然对数加以计算
资产负债率	Lev	用被投资企业当年年末总负债/当年年末总资产衡量
企业资历	Age	用被投资企业成立年限加以衡量
企业性质	Gov	为虚拟变量，当被投资企业为国有控股时值为 1，否则为 0
企业成长性	Growth	用被投资企业当年主营业务收入的增长率来衡量
年度变量	YR	年度虚拟变量，确定为该年数据时值为 1，否则为 0
行业变量	IND	行业虚拟变量，确定为该行业数据时值为 1，否则为 0

16.2.3 模型建立与模型说明

分析前面章节的研究结论发现 PE 对被投资企业价值存在显著的直接影响，不同特征 PE 对被投资企业价值的影响存在差异。在进行 PE 影响被投资企业价值单一路径分析时发现，PE 可通过改善公司治理水平，提高技术创新能力，约束盈余管理行为和降低盈余管理程度，实现对被投资企业的增值作用。不同特征 PE 在上述路径中的表现也存在差别，公司治理、技术创新和盈余管理在不同特征 PE 提升被投资企业价值的过程中都起到了部分中介作用。现实环境中，PE 不可能单独通过某一条路径实现对被投资企业价值的影响，一般会通过担任董事会成员，参与董事会会议和企业经营管理活动，实现对企业整体内外部环境和社会网络的影响，也会同时作用于公司治理、技术创新和盈余管理三条路径，以此实现对被投资企业价值的影响。因此，在借鉴 Brav 和 Gompers（2003）等做法的基础上，将公司治理、技术创新和盈余管理三种要素同时纳入，进行检验模型的构建，以更全面地分析 PE 及不同特征 PE 影响被投资企业价值的机理和不同路径下的影响效应。

借鉴前面各章节的检验秩序，本章也分私募股权投资和私募股权投资特征两个层次来构建多重路径下的检验模型。首先，在同时考虑公司治理、技术创新和盈余管理三个关键路径的基础上，构建私募股权投资影响被投资企业价值的结构方程模型（见图 16－1），检验私募股权投资通过上述影响路径的单一中介效应和多重中介效应。然后，在综合考虑公司治理、技术创新和盈余管理关键路径基础上，构建私募股权投资特征影响被投资企业价值的结构方程模型（见图 16－2），检验不同特征私募股权投资通过公司治理、技术创新和盈余管理三个关键路径对企业价值影响的单一中介效应和多重中介效应。

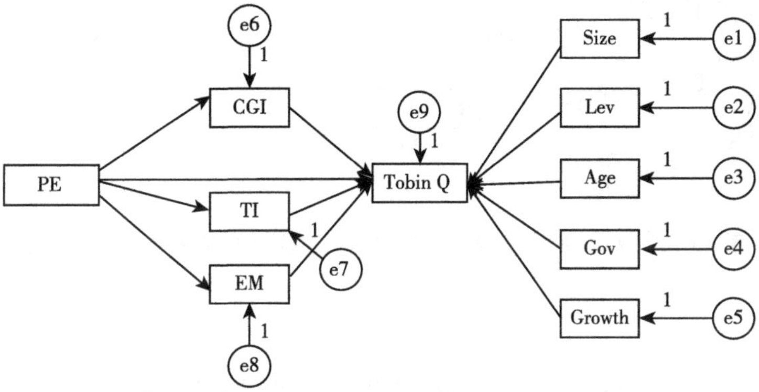

图 16－1　私募股权投资影响被投资企业价值的结构方程模型

图 16－1 的模型可表示为：

PE→CGI

PE→TI

PE→EM

PE、CGI、TI、EM→Tobin Q

Size、Lev、Age、Gov、Growth→Tobin Q

图 16－2 的模型可表示为：

Foreign、State、PErep、PEshare、lnt、Count→CGI

Foreign、State、PErep、PEshare、lnt、Count→TI

Foreign、State、PErep、PEshare、lnt、Count→EM

Foreign、State、PErep、PEshare、lnt、Count、CGI、TI、EM→Tobin Q

Size、Lev、Age、Gov、Growth→Tobin Q

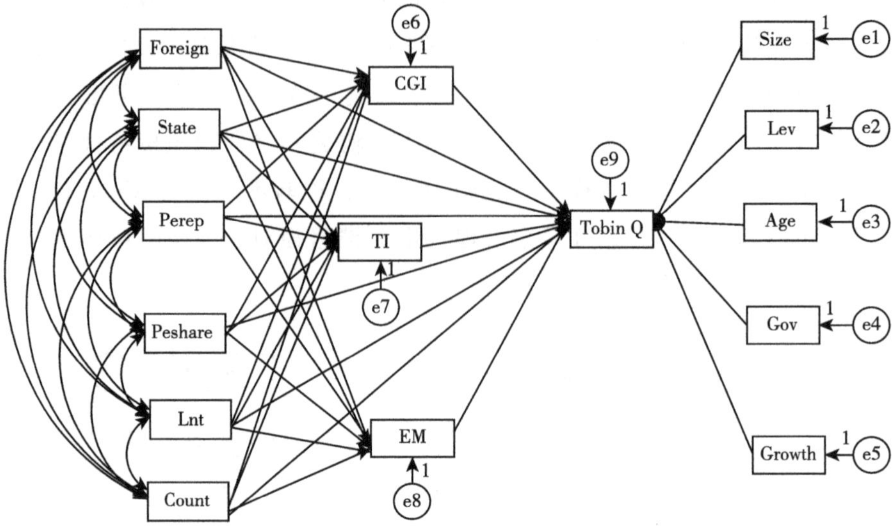

图 16－2　私募股权投资特征影响被投资企业价值的结构方程模型

16.3　实证检验结果与分析

16.3.1　描述性统计与相关性分析

16.3.1.1　描述性统计

表 16－2 为主要变量的描述性统计分析结果。由于研究样本跟前面几章相同，企业价值、私募股权投资、私募股权投资特征和公司治理等数据与前面章节分析结果基本一致。对比分析全样本、有 PE 参与样本和无 PE 参与样本数据发现，有私募股权投资参与的企业中 Tobin Q 值、净资产收益率、公司治理指数、技术创新能力、企业成长性等指标的均值显著高于无 PE 参与企业和全样本数据，中位数也具有同样的趋势，这说明私募股权投资参与企业后，通过完善被投资企业内外部环境和社会网络，提高了企业公司治理水平和技术创新能力，增强了企业成长性，进而影响被投资企业价值，提升了被投资企业的 Tobin Q 值和净资产收益率。

表 16－2　　　　　　　　主要变量描述性统计结果

A 全样本（3167）										
变量	Tobin Q	ROE	CGI	TI	EM	Size	Lev	Age	Gov	Growth
均值	3.404	0.096	37.738	8.266	9.213	21.112	0.221	9.469	0.166	0.227
中位数	3.187	0.085	38.568	2.000	0.160	20.892	0.177	9.000	0.000	0.206
标准差	1.495	0.100	14.016	42.434	101.644	1.014	0.159	5.062	0.372	0.257
最小值	0.591	-0.649	2.372	0.030	0.001	19.491	0.011	1.000	0.000	-0.516
最大值	9.890	0.584	96.166	945.410	2952.123	29.967	0.948	30.000	1.000	1.821
B 有私募股权投资参与的样本（1997）										
变量	Tobin Q	ROE	CGI	TI	EM	Size	Lev	Age	Gov	Growth
均值	3.838	0.132	40.227	14.771	0.283	21.003	0.200	9.684	0.127	0.247
中位数	3.690	0.108	41.179	2.025	0.146	20.864	0.168	10.000	0.000	0.224
标准差	1.551	0.095	13.370	61.571	0.542	0.708	0.132	4.938	0.333	0.274
最小值	1.036	0.003	5.456	0.030	0.001	19.491	0.013	2.000	0.000	-0.516
最大值	9.890	0.584	96.166	945.410	9.172	24.272	0.639	25.000	1.000	1.821
C 无私募股权投资参与的样本（1170）										
变量	Tobin Q	ROE	CGI	TI	EM	Size	Lev	Age	Gov	Growth
均值	3.031	0.064	35.606	2.694	16.863	21.205	0.240	9.285	0.199	0.210
中位数	2.863	0.070	36.358	1.035	0.203	20.918	0.185	9.000	0.000	0.190
标准差	1.338	0.094	14.218	5.717	138.100	1.209	0.178	5.163	0.399	0.240
最小值	0.591	-0.649	2.372	0.030	0.001	19.531	0.011	1.000	0.000	-0.440
最大值	8.262	0.341	91.340	87.390	2952.123	29.967	0.948	30.000	1.000	1.290
均值 T 检验										
B－C	0.407	0.401	0.372	0.329	0.713	0.561	0.415	0.057	0.039	0.073

比较而言，有 PE 参与企业样本的盈余管理程度、企业规模、资产负债率和企业性质等指标的均值显著低于无 PE 参与企业和全样本数据，这说明 PE 参与企业通过加强监管和拓展融资渠道，有效约束了被投资企业盈余管理行为，降低了资产负债率，提升了被投资企业的盈余质量。进一步分析发现，私募股权机构更倾向于投资非国有的中小型企业，投资企业中企业规模和国有企业均值偏低。

16.3.1.2　相关性分析

为了进一步明确变量之间相互影响的关系，对变量进行 Pearson 相关系数分析，见表 16－3。结果显示，私募股权投资与公司治理水平、技术

表 16－3　　变量基于 Pearson 的相关性分析

	Tobin Q	ROE	CGI	TI	EM	PE	Foreign	State	Perep	Peshare	Lnt	Count	Size	Lev	Age	Gov	Growth
Tobin Q	1																
ROE	0. 203 **	1															
CGI	0. 093 **	0. 091 **	1														
TI	0. 116 **	0. 100 **	0. 056 *	1													
EM	−0. 104 **	0. 064	−0. 046 *	−0. 015	1												
PE	0. 269 **	0. 336 **	0. 164 **	0. 142 **	−0. 081 *	1											
Foreign	0. 097 *	0. 196 **	0. 173 **	0. 151 **	−0. 095 *	. a	1										
State	0. 186 **	0. 196 **	0. 140 **	0. 120 *	−0. 111 *	. a	−0. 092	1									
Perep	0. 065	0. 195 **	0. 110 *	0. 155 **	−0. 139 **	. a	0. 093	0. 233 **	1								
Peshare	0. 059	0. 355 **	0. 077 *	0. 097 *	−0. 122 *	. a	0. 178 **	0. 112 *	0. 126 **	1							
Lnt	0. 076	0. 155 **	0. 114 *	0. 078 *	−0. 086 *	. a	0. 129 **	−0. 025	−0. 026	0. 046	1						
Count	0. 127 **	0. 421 **	0. 102 *	0. 206 **	−0. 140 **	. a	0. 026	0. 175 **	0. 265 **	0. 528 **	0. 101 *	1					
Size	−0. 310 **	−0. 004	0. 103 **	0. 017	0. 013	−0. 099 **	0. 150 **	−0. 029	0. 031	−0. 063	0. 110 *	−0. 009	1				
Lev	−0. 404 **	−0. 034	0. 023	0. 017	0. 074 *	−0. 124 **	0. 130 **	0. 028	0. 065	0. 170 **	0. 130 **	0. 040	0. 600 **	1			
Age	−0. 069 *	0. 034	−0. 040	0. 000	0. 029	0. 039	−0. 044	0. 016	−0. 030	0. 124 *	0. 056	0. 075	−0. 068 *	0. 006	1		
Gov	−0. 132 **	−0. 037	−0. 017	0. 034	−0. 030	−0. 097 **	−0. 065	−0. 042	0. 045	−0. 041	0. 058	−0. 080	0. 351 **	0. 284 **	0. 001	1	
Growth	0. 228 **	0. 126 **	0. 033	0. 007	−0. 019	0. 072 *	0. 093	−0. 070	−0. 031	−0. 142 **	−0. 109 *	−0. 067	0. 050	0. 013	−0. 168 **	−0. 057	1

注：*** 表示在 0. 01 的水平上显著；** 表示在 0. 05 的水平上显著；* 表示在 0. 1 的水平上显著。

创新能力在 0.05 的水平上显著正相关，与盈余管理程度在 0.1 的水平上显著负相关。私募股权投资特征与公司治理水平、技术创新能力分别在 0.05 和 0.1 的水平上显著正相关，与盈余管理程度分别在 0.05 和 0.1 的水平上显著负相关，支持了前面章节的假设，也为本章模型检验奠定了基础。

分析公司治理、技术创新和盈余管理三者之间的关系发现，公司治理与技术创新之间相关系数为正，在 0.1 的水平上显著，公司治理与盈余管理之间的相关系数为负，在 0.1 的水平上显著，技术创新与盈余管理之间的相关系数为负，相关性并不显著。说明公司治理与技术创新、盈余管理之间存在一定的影响关系，在检验单一路径中介效应的基础上，同时考虑多重路径下简单中介效应和多重中介效应将进一步提高研究结论的真实性。

16.3.2　模型检验结果与分析

1. PE 影响被投资企业价值的模型检验结果与分析

分析前述章节结论可知，PE 能对被投资企业价值产生直接影响，也可以通过公司治理、技术创新和盈余管理路径对被投资企业产生影响，因此利用本章构建的结构方程模型，可研究检测私募股权投资影响被投资企业价值的总效应、直接效应和间接效应。

基于委托代理理论和社会网络理论，综合考虑公司治理、技术创新和盈余管理三个关键路径，依据本章图 16 - 1 所构建的结构方程模型，拟合出 PE 对被投资企业价值影响的结构方程模型，具体如图 16 - 3 所示。结

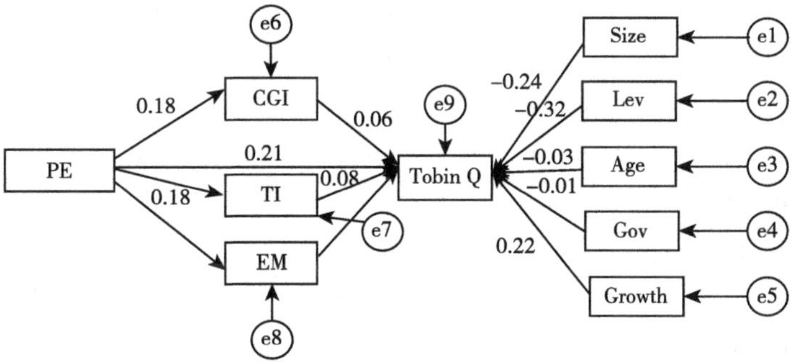

图 16 - 3　私募股权投资影响被投资企业价值结构方程模型运行结果

合各参数和误差变量的值，对模型做了修正，在此基础上检测拟合后的结果如图 16 –4 所示。

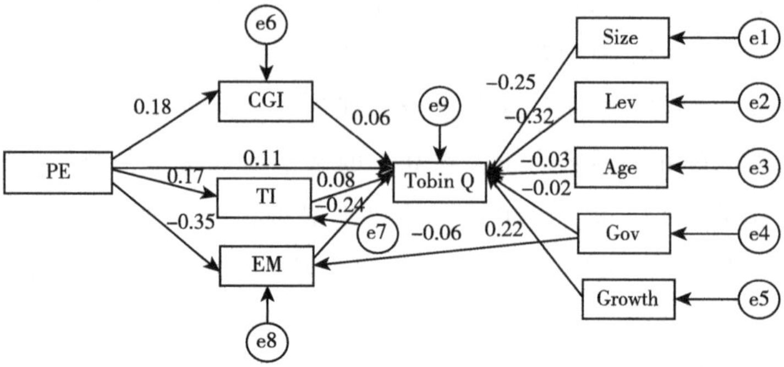

图 16 –4　私募股权投资影响被投资企业价值结构方程修正模型运行结果

本章以 Tobin Q 衡量企业价值，在综合考虑公司治理、技术创新和盈余管理三条关键路径的基础上，对私募股权投资、公司治理、技术创新、盈余管理和企业价值之间的关系进行检验分析，考察在考虑多重关键路径要素的情况下，私募股权投资对被投资企业价值的直接影响，以及通过公司治理、技术创新和盈余管理路径的单一路径的简单中介效应和多重路径的综合中介效应，利用样本企业数据，依据结构方程模型（见图 16 –1），运行并修正结构方程模型后，所得检验结果如表 16 –4 所示。

表 16 –4　私募股权投资影响被投资企业价值的模型检验结果

	Estimate	S. E.	C. R.	P
CGI←PE	11. 93	0. 901	13. 246	***
TI←PE	4. 798	0. 858	5. 594	***
EM←PE	-7. 872	1. 193	-6. 598	***
Tobin Q←CGI	0. 007	0. 003	2. 971	***
Tobin Q←TI	0. 003	0. 001	3. 655	***
Tobin Q←EM	-0. 003	0. 112	1. 944	0. 042
Tobin Q←PE	0. 611	0. 134	4. 578	***
Tobin Q←Size	-1. 179	0. 553	-2. 132	0. 033
Tobin Q←Lev	-3. 705	0. 394	-9. 412	***
Tobin Q←Age	-0. 01	0. 009	-1. 162	0. 245

续表

	Estimate	S. E.	C. R.	P
Tobin Q←Gov	0.036	0.13	0.274	0.784
Tobin Q←Growth	1.341	0.203	6.597	***

分析表 16－4 中所列检验结果发现，在同时考虑多重路径的情况下，私募股权投资对被投资企业价值的影响系数为 0.611，在 0.001 的水平上表现显著，说明在综合考虑公司治理、技术创新和盈余管理多重路径的情况下，私募股权投资对被投资企业价值存在直接影响，这一影响效果比较显著，验证了第 12 章中的假设 12－1。

在考察 PE 和企业价值关系的基础上，研究发现 PE 对被投资企业的公司治理水平、技术创新能力和盈余管理程度产生了不同程度的影响，分析表中数据发现其影响系数分别为 11.93、4.798 和 －7.872，P 值显示其影响都在 0.001 的水平上显著，表明私募股权投资通过担任董事会职务、参加董事会会议和参与被投资企业经营管理活动等方式，提高了被投资企业公司治理水平，增强了被投资企业技术创新能力，通过加强对盈余管理行为的监管降低了盈余管理程度，验证了前述章节的假设 13－1、假设 14－1 和假设 15－1。

分析不同路径对被投资企业价值的影响发现，被投资企业公司治理、技术创新和盈余管理关键路径要素对企业价值也存在不同程度的影响，其中被投资企业公司治理对企业价值的影响系数为 0.007，在 0.001 的水平上表现显著；被投资企业技术创新对企业价值的影响系数为 0.003，在 0.001 的水平上显著；被投资企业盈余管理对企业价值的影响系数为 －0.003，在 0.042 的水平上显著，验证了前述章节的假设 13－2、假设 14－2 和假设 15－2。

进一步研究发现，PE 不仅可以直接影响被投资企业价值，还可以通过公司治理、技术创新和盈余管理关键路径间接影响被投资企业价值。也就是说，在考虑多重路径情况下，私募股权投资同时通过公司治理、技术创新和盈余管理三条关键路径影响被投资企业价值，在私募股权投资影响被投资企业价值的过程中，公司治理、技术创新和盈余管理都起到了部分中介作用，验证了假设 13－3、假设 14－3 和假设 15－3。

综合分析上述研究成果，根据模型检验结果我们可以总结计算出上述直接影响和不同路径间接影响的具体系数，其中 PE 直接影响被投资企业价值的系数为 0.611，私募股权投资通过公司治理路径影响被投资企业价值的系数为 11.93 ×0.007 =0.0835；私募股权投资通过技术创新路径影响被投资企业价值的系数为 4.798 ×0.003 =0.0144；私募股权投资通过盈余管理路径影响被投资企业价值的系数为(-7.872) ×(-0.003) =0.0236；进一步分析可知，私募股权投资影响被投资企业价值的总效应为 0.7328，考虑多重路径下总的中介效应为 0.1218。比较公司治理、技术创新和盈余管理三条关键路径发现，PE 通过公司治理路径对被投资企业价值影响的效应最大，通过技术创新对被投资企业价值影响的效应最小，说明我国目前私募股权投资投入企业后更多关注企业内部规范制度的建立和监督机制的应用，帮助企业制定战略规划，促进企业技术研发活动开展等方面的投后管理还有待进一步加强。

2. PE 特征影响被投资企业价值的模型检验结果与分析

分析前述章节结论可知，PE 特征能对被投资企业价值产生直接影响，也可以通过公司治理、技术创新和盈余管理路径对被投资企业产生影响，而且不同特征私募股权投资对被投资企业价值的直接影响和通过不同路径产生的影响存在差异，因此利用本章构建的结构方程模型，可研究检测私募股权投资特征影响被投资企业价值的总效应、直接效应和间接效应。并可进一步分析不同特征之间的差异。

基于委托代理和社会网络理论，考虑多重路径的情况下，依据本章图 16 -2 所构建的结构方程模型，拟合出不同特征 PE 对被投资企业价值影响的结构方程模型检测结果，具体如图 16 -5 所示。结合模型参数和误差变量的值，对模型做了修正，在此基础上检测拟合后的结果如图 16 -6 所示。

在综合考察多重路径下 PE 和企业价值关系的基础上，对外资背景和私募声誉等私募股权投资特征、公司治理、技术创新、盈余管理和企业价值之间的关系进行检验分析，考察考虑多重路径时，不同特征 PE 对被投资企业价值的直接影响，以及通过公司治理、技术创新和盈余管理路径的单一路径的简单中介效应和多重路径的综合中介效应，利用样本企业数据，依据结构方程模型（图 16 -2），运行并修正结构方程模型后，所得检

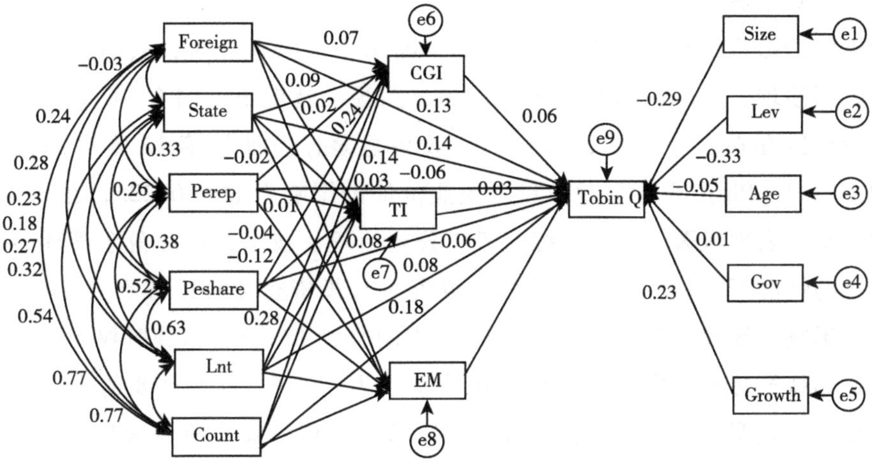

图 16-5　私募股权投资特征影响被投资企业价值结构方程模型运行结果

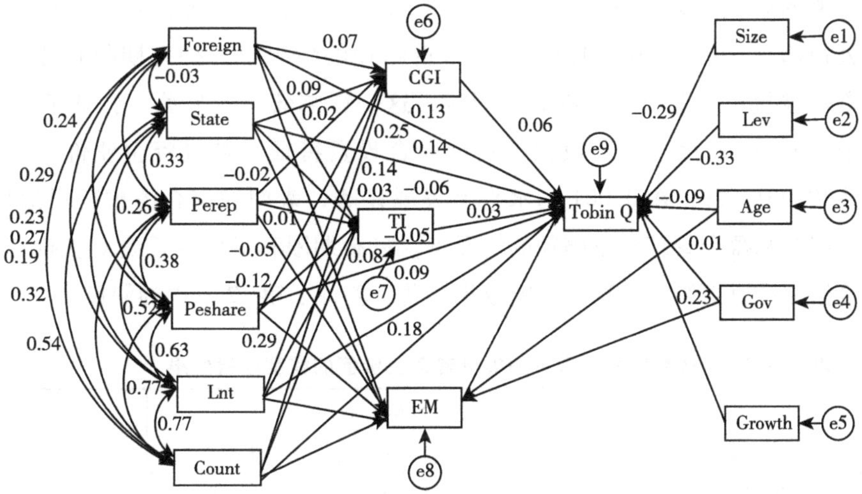

图 16-6　私募股权投资特征影响被投资企业价值修正模型运行结果

验结果如表 16-5 所示。

分析表 16-5 中所列检验结果发现，在同时考虑多重路径的情况下，不同特征私募股权投资对被投资企业价值的影响系数和显著水平均存在差别，其中外资背景 PE 对被投资企业价值的影响系数为 0.499，在 0.001 的水平上表现显著，表明在综合考虑公司治理、技术创新和盈余管理多重路径的情况下，外资背景私募股权投资对被投资企业价值存在直接影响，这一影响效果显著，验证了第 12 章中的假设 12 -2 -1。国有 PE 对被投资企业价值的影响系数为 0.324，在 0.001 的水平上表现显著，表明在综合考虑公司治理、技术创新和盈余管理多重路径的情况下，国有 PE 对被投资企业价值存在直接影响，这一影响效果显著，验证了第 12 章中的假设 12 -2 -2。PE 声誉特征对被投资企业价值的影响系数为 0.225，在 0.015 的水平上表现显著，表明在综合考虑公司治理、技术创新和盈余管理多重路径的情况下，私募声誉私募股权投资对被投资企业价值存在直接影响，这一影响效果较显著，验证了第 12 章中的假设 12 -3。私募股权投资的持股比例特征对被投资企业价值的影响系数为 0.276，在 0.038 的水平上表现显著，表明在综合考虑公司治理、技术创新和盈余管理多重路径的情况下，持股比例私募股权投资对被投资企业价值存在直接影响，这一影响效果较显著，验证了第 12 章中的假设 12 -4。PE 持有期限特征对被投资企业价值的影响系数为 0.181，在 0.019 的水平上表现显著，表明在综合考虑公司治理、技术创新和盈余管理多重路径的情况下，持有期限私募股权投资对被投资企业价值存在直接影响，这一影响效果较显著，验证了第 12 章中的假设 12 -5。私募股权投资的联合投资特征对被投资企业价值的影响系数为 0.188，在 0.001 的水平上表现显著，表明在综合考虑公司治理、技术创新和盈余管理多重路径的情况下，持有期限私募股权投资对被投资企业价值存在直接影响，这一影响效果显著，验证了第 12 章中的假设 12 -6。

表 16 -5　私募股权投资影响被投资企业价值的模型检验结果

	Estimate	S. E.	C. R.	P
CGI←Foreign	5. 595	2. 266	3. 469	***
TI←Foreign	13. 117	11. 711	4. 450	***
EM←Foreign	-2. 235	1. 135	-2. 970	***
CGI←State	5. 311	1. 512	3. 514	***
TI←State	12. 370	6. 873	3. 255	***
EM←State	-0. 459	0. 548	-2. 138	0. 021
CGI←Perep	0. 666	1. 401	2. 475	0. 035
TI←Perep	3. 057	2. 949	3. 536	***
EM←Perep	-0. 448	0. 484	-2. 925	0. 007

续表

	Estimate	S. E.	C. R.	P
CGI←Peshare	3. 703	10. 149	2. 265	0. 024
TI←Peshare	11. 09	48. 488	2. 179	0. 036
EM←Peshare	-2. 992	3. 563	-2. 480	0. 014
CGI←lnt	1. 075	0. 402	2. 187	0. 035
TI←lnt	2. 801	1. 062	3. 638	***
EM←lnt	-2. 647	0. 415	-6. 38	***
CGI←Count	1. 815	0. 549	2. 186	0. 037
TI←Count	8. 112	2. 694	3. 412	***
EM←Count	-1. 126	0. 232	-2. 141	0. 041
EM←Gov	-2. 272	1. 759	-1. 291	0. 197
EM←Age	0. 779	0. 244	3. 786	***
Tobin Q←Foreign	0. 499	0. 33	3. 829	***
Tobin Q←State	0. 324	0. 186	4. 429	***
Tobin Q←Perep	0. 225	0. 159	2. 413	0. 015
Tobin Q←Peshare	0. 276	1. 235	2. 152	0. 038
Tobin Q←lnt	0. 181	0. 062	2. 296	0. 019
Tobin Q←Count	0. 188	0. 076	3. 461	***
Tobin Q←CGI	0. 006	0. 003	3. 578	***
Tobin Q←TI	0. 001	0. 001	2. 342	0. 018
Tobin Q←EM	-0. 009	0. 016	-1. 758	0. 062
Tobin Q←Size	-1. 437	0. 681	-2. 11	0. 035
Tobin Q←Lev	-3. 905	0. 385	-10. 148	***
Tobin Q←Age	-0. 026	0. 015	-1. 737	0. 082
Tobin Q←Gov	0. 055	0. 146	0. 378	0. 075
Tobin Q←Growth	1. 438	0. 206	6. 978	***

分析 PE 特征对关键路径要素的影响发现，PE 特征对被投资企业公司治理水平、技术创新能力和盈余管理程度的影响效应存在差异，分析表中数据可知，其中外资背景私募股权投资对公司治理、技术创新和盈余管理三个关键路径要素的影响系数分别为 5. 595、13. 117 和 -2. 235，P 值显示其影响都在 0. 001 的水平上显著，验证了前述章节的假设 13 -1 -1、假设 14 -1 -1 和假设 15 -1 -1。国有 PE 对三个关键路径要素的影响系数分别

为 5.311、12.370 和 -0.459，P 值显示其影响分别在 0.001、0.001 和 0.021 的水平上显著，验证了前述章节的假设 13-1-2、假设 14-1-2 和假设 15-1-2。PE 声誉特征对三个关键路径要素的影响系数分别为 0.666、3.057 和 -0.448，P 值显示其影响分别在 0.035、0.001 和 0.007 的水平上显著，验证了前述章节的假设 13-1-3、假设 14-1-3 和假设 15-1-3。PE 持股比例特征对三个关键路径要素的影响系数分别为 3.703、11.09 和 -2.992，P 值显示其影响分别在 0.024、0.036 和 0.014 的水平上显著，验证了前述章节的假设 13-1-4、假设 14-1-4 和假设 15-1-4。PE 持有期限特征对三个关键路径要素的影响系数分别为 1.075、2.801 和 -2.647，P 值显示其影响分别在 0.035、0.001 和 0.001 的水平上显著，验证了前述章节的假设 13-1-5、假设 14-1-5 和假设 15-1-5。PE 联合投资特征对三个关键路径要素的影响系数分别为 1.815、8.112 和 -1.126，P 值显示其影响分别在 0.037、0.001 和 0.041 的水平上显著，验证了前述章节的假设 13-1-6、假设 14-1-6 和假设 15-1-6。

分析不同路径的影响发现，被投资企业公司治理、技术创新和盈余管理关键路径要素对企业价值也存在不同程度的影响，其中被投资企业公司治理对企业价值的影响系数为 0.006，在 0.001 的水平上表现显著；被投资企业技术创新对企业价值的影响系数为 0.001，在 0.018 的水平上显著；被投资企业盈余管理对企业价值的影响系数为 -0.009，在 0.062 的水平上显著，验证了前述章节的假设 13-2、假设 14-2 和假设 15-2。

进一步研究发现，PE 特征不仅可以直接影响被投资企业价值，还可以通过公司治理、技术创新和盈余管理关键路径间接影响被投资企业价值。也就是说，在考虑多重路径情况下，私募股权投资特征同时通过公司治理、技术创新和盈余管理三条关键路径影响被投资企业价值，在私募股权投资特征影响被投资企业价值的过程中，公司治理、技术创新和盈余管理都起到了部分中介作用，验证了假设 13-3、假设 14-3 和假设 15-3 的相关子假设。

综合分析上述研究成果可知，不同特征私募股权投资不仅可以直接影响被投资企业价值，还可以通过公司治理、技术创新和盈余管理这三条关键路径间接影响被投资企业价值，不同特征 PE 对被投资企业价值直接和间接影响效应存在差异。根据模型检验结果我们可以总结计算出不同特征私募股权投资对企业价值直接影响和不同路径下间接影响的具体系数，结果如表 16 - 6 所示。

表 16 - 6　　私募股权投资特征对被投资企业价值影响系数

	直接影响系数	公司治理路径影响系数	技术创新路径影响系数	盈余管理路径影响系数	多重路径综合影响系数
Foreign	0.499	0.034	0.013	0.020	0.566
State	0.324	0.032	0.012	0.004	0.372
Perep	0.225	0.004	0.003	0.004	0.236
Peshare	0.276	0.022	0.011	0.027	0.336
lnt	0.181	0.006	0.003	0.024	0.214
Count	0.188	0.011	0.008	0.010	0.217

从 PE 特征视角分析发现，不同特征 PE 对被投资企业价值的直接影响和综合影响存在差异。外资背景私募股权投资对被投资企业价值的直接和综合影响系数最高，国有背景和持股比例特征对被投资企业价值的直接和综合影响系数次之，私募声誉、持有期限和联合投资特征对被投资企业价值的直接和综合影响系数偏小。分析其原因，可能是因为外资背景私募股权投资具有更为成熟的运营模式，也拥有更为丰富的管理经验，因此对被投资企业价值的影响效果更为显著；国有背景 PE 规模较大，专业人才也较多，更有能力去提高被投资企业的价值；持股比例越高的 PE 拥有更多的话语权，能更深入地参与被投资企业的经营管理活动，对被投资企业的直接影响和综合影响也就更为显著；由于资本市场信息传导机制不完善和被投资企业成长周期比较长等原因，私募声誉、联合投资和持有期限特征对被投资企业价值的影响效应相对偏小，这需要政府、私募股权投资机构共同努力，完善企业内外部环境，以提高影响效率，提升企业价值。

从影响路径视角，分析不同路径下的影响系数发现：公司治理路径下，外资背景、国有背景和联合投资数量多的 PE 对企业价值的影响较为明显，说明具有上述特征的 PE 能更好地参与企业经营决策，加强对企业的监管，改善企业管理制度，进而实现有效的增值服务；盈余管理路径下，持股比例高和持有期限长的 PE 对企业价值的影响较为明显，说明持股比例越高，持有期限越长，对被投资企业的控制力度越大，能更好地约束企业盈余管理行为，有效改善企业盈余质量，降低融资成本，提高市场绩效，进而提升企业价值；技术创新路径下，外资背景、国有背景和联合投资数量多的 PE 对企业价值的影响较为明显，说明具有上述特征的 PE 能更好地掌握核心科技和前沿信息，有助于企业把握创新方向，提高核心竞争力，提升产品绩效，进而提升企业价值。

综合分析三条路径之间的关系发现，通过公司治理路径影响较大的 PE（外资背景、持股比例高和联合投资），其盈余管理路径的增值效果比较好，说明制度的完善有利于盈余管理行为的约束，公司治理路径和盈余管理路径之间影响存在一定的传递效应。通过公司治理路径影响较大的 PE（外资背景、国有背景和持股比例高），其技术创新路径的增值效果也相对较好，说明股权激励等制度的完善有利于吸引科技人才和开展技术创新，公司治理路径和技术创新路径之间影响存在一定的传递效应。比较盈余管理和技术创新路径的作用效果发现，两者之间没有明显的传递作用。

从私募特征视角和影响路径视角分析的基础上，结合私募股特征和影响路径进行更深层次的分析发现：外资背景 PE 通过公司治理路径对被投资企业价值影响的效应最大，通过技术创新对被投资企业价值影响的效应最小，说明外资背景 PE 参与企业后更多关注公司治理水平的提升，对于企业战略规划和技术创新推动方面参与较少；国有 PE 通过公司治理路径对被投资企业价值影响的效应最大，通过盈余管理对被投资企业价值影响的效应最小，说明与民营企业相比，国有背景改善被投资企业盈余管理的优势并不明显，还有待加强；PE 声誉特征通过三条关键路径产生的影响都比较小，说明由于我国资本市场声誉传导机制不完善，私募声誉在健全企业管理制度，提升企业技术创新能力方面促进作用不明显，有待进一步提高；私募股权投资持股比例特征通过盈余管理路径对被投资企业价值影响的效应最大，通过技术创新对被投资企业价值影响的效应偏小，说明持股比例高的私募股权投资参与企业后更多关注盈余管理行为的约束，企业战略规划和技术创新推动方面参与较少；PE 持有期限特征通过盈余管理路径对被投资企业价值影响的效应最大，通过公司治理和技术创新对被投资企业价值影响效应都较小，说明持有期限越长的 PE 对盈余管理行为的约束效果越好，对公司治理和技术创新水平方面的关注还需加强；PE 联合投资特征通过公司治理和盈余管理路径对被投资企业价值的影响效应比较均衡，通过技术创新对被投资企业价值影响的效应偏小，说明联合投资的 PE 更多关注企业管理水平的提高，对于企业推动研发投入和科技成果转化方面的参与较少。

16.3.3　稳健性检验

为了增加实证研究结论的可靠性，本章参照第 12 章和第 13 章中稳健性检验的方法做了一样的检验工作，对连续变量、企业价值变量 Tobin Q 和 ROE、PE 及其特征等变量都做了多角度的检验，实证研究结果与本章主要研究结论都一致。对于不同路径中涉及的公司治理水平、技术创新能力和盈余管理程度等关键变量也分别参照第 13 章、第 14 章和第 15 章中的做法，运用不同方法对上述指标进行衡量，重新检验以上结构方程模型，所得实证研究结果与本章主要结论一致。为了增加检验结果的可靠性，在实证过程中同时利用 Bootstrap 方法对上述模型进行检验，所得模型检验结果与本章主要结论一致。

16.4　研究结论与贡献

本章以委托代理、社会网络和公司治理等理论为基础，综合考虑公司治理、技术创新和盈余管理三条关键影响路径，分析多重路径下 PE 及其不同特征对被投资企业价值的直接和不同路径下的影响效应，分别构建了检验 PE 及其特征与企业公司治理水平、技术创新能力、盈余管理程度和企业价值之间关系的结构方程模型，以 2008—2021 年 A 股 IPO 上市企业为样本，基于多重路径分析检验了前述章节的假设和结论，进一步研究了 PE 及其特征对被投资企业价值影响的直接效应、不同路径下间接效应和总效应。在同时考虑多重路径的情况下，研究私募股权投资、关键路径与企业价值之间的关系发现：PE 对被投资企业价值存在直接影响，这一影响效果显著，验证了假设 12 - 1；PE 对被投资企业公司治理水平、技术创新能力和盈余管理程度产生了不同程度的影响，结果表示这一影响较显著，验证了前述章节的假设 13 - 1、假设 14 - 1 和假设 15 - 1；被投资企业公司治理水平、技术创新能力和盈余管理程度对被投资企业价值均存在不同程度的影响，且比较显著，验证了前述章节的假设 13 - 2、假设 14 - 2 和假设 15 - 2；PE 同时通过公司治理、技术创新和盈余管理三条关键路径影响被投资企业价值，在 PE 影响被投资企业价值的过程中，公司治理、技术创新和盈余管理都起到了部分中介作用，验证了假设 13 - 3、假设 14 - 3 和假设 15 - 3 的相关子假设；在此基础上比较 PE 通过三条关键路径的作用效果，发现 PE 通过公司治理路径对被投资企业价值影响效应最大，通过技术创新对被投资企业价值影响效应最小。

在同时考虑多重路径的情况下，研究 PE 特征、关键路径与企业价值之间关系发现：私募股权投资特征对被投资企业价值存在直接影响，不同特征对其影响存在差异，影响效果都比较显著，验证了假设 12 - 2 至假设 12 - 6 及相关子假设；不同特征 PE 对被投资企业公司治理水平、技术创新能力和盈余管理程度产生了不同程度的影响，检验结果显示影响均比较显著，验证了前述章节的假设 13 - 1、假设 14 - 1 和假设 15 - 1 的相关子假设；被投资企业公司治理水平、技术创新能力和盈余管理程度对被投资企业价值均存在不同程度的影响，且比较显著，验证了前述章节的假设 13 - 2、假设 14 - 2 和假设 15 - 2；PE 特征同时通过公司治理、技术创新和盈余管理三条关键路径影响被投资企业价值，在 PE 特征影响被投资企业价值的过程中，公司治理、技术创新和盈余管理都起到了部分中介作用，验证了假设 13 - 3、假设 14 - 3 和假设 15 - 3 的相关子假设；在此基础上从私募特征视角分析不同特征 PE 对被投资企业价值直接影响和综合影响的差别及原因；从影响路径视角出发，比较分析了不同特征 PE 通过公司治理、技术创新和盈余管理三条关键路径产生影响的大小差异及原因。

本章研究的贡献一方面在于发现了 PE 能直接影响被投资企业价值，同时也发现通过公司治理、技术创新和盈余管理三条关键路径能间接影响目标企业价值，并从多重路径角度解释了 PE 影响被投资企业价值的直接、间接和综合效应。现有研究中关于私募股权投资影响被投资企业价值路径研究的证据很少，从多重路径角度给予解释并进行不同路径间影响差异比较分析的更是凤毛麟角。我们研究发现不同路径下 PE 对被投资企业价值影响存在差异，其中公司治理路径影响效应最明显，技术创新路径影响偏小，这为 PE 和被投资企业协同合作科学运营和提高企业价值提供了理论依据和可行途径。本章研究的另一方面贡献在于通过研究私募股权投资特征、公司治理、技术创新、盈余管理和企业价值之间的相互关系，发现私募股权投资特征能同时通过三条关键路径实现企业价值的创造，验证了关键路径在 PE 特征与被投资企业价值的正相关关系中起到部分中介效应。进一步研究发现不同特征 PE 对被投资企业价值的直接影响和综合影响存在差异，不同特征 PE 通过不同路径对被投资企业价值产生的间接影响也存在差异，明确了多重路径下 PE 特征的增值路径，深化了 PE 特征提升被投资企业价值的作用机理，丰富了公司治理和价值创造等相关理论。

本章研究的结论对我国政府、PE 机构和被投资企业的管理者均有较大的现实意义。本研究发现私募股权投资能直接通过公司治理等关键路径间接影响企业价值，而且私募声誉等特征的间接影响效应偏低，因此建议我国政府应健全私募股权机构运营机制，引导私募股权机构多关注投后管理，提高企、事业单位管理水平，完善资本市场信息传导环境，提升 PE 影响力，实现社会资源有效配置。本研究发现不同特征私募股权机构影响被投资企业价值的直接效应和综合效应存在差异，其中外资背景私募机构影响效果更显著，私募声誉等特征影响效果偏低，因此建议我国私募股权投资机构应提高自身规模，加强自身宣传，扩大 PE 影响力，提升企业增值效果。而不同特征私募股权投资机构直接、间接和综合影响效应的差别，也为企业管理者结合企业实际情况，引入合适 PE 机构的科学决策提供了有力支撑。

16.5　本章小结

本章以委托代理、社会网络和公司治理等理论为基础，综合考虑多重路径的情况下，对 PE 及其不同特征 PE 对企业价值的影响进行了分析。首先，多重路径下将PE及其不同特征对投资企业价值的影响进行分析；其次，综合考虑多重路径，运用逻辑分析法对PE及其特征与公司治理、技术创新、盈余管理及企业价值之间作用机理进行分析，并利用AMOS软件分别针对PE及其特征构建结构方程模型；再次，以我国A股IPO上市公司数据为样本，运行结构方程模型对处理获得的数据进行分析检验。结果表明，PE能直接影响被投资企业价值，也可通过公司治理、技术创新和盈余管理路径间接影响被投资企业价值，不同特征PE对被投资企业价值也存在直接和间接影响，公司治理、技术创新和盈余管理在PE及其特征与被投资企业价值的正相关关系中都起到了部分中介效应。进一步研究发现，不同特征PE对被投资企业价值的直接影响、间接影响和综合影响都存在差异。最后，在得出本章的研究结论之后，总结理论与实际贡献。

本篇小结

随着国际资本市场的持续发展，私募股权投资作为全球资本市场的一股新鲜血液，在完善公司治理和提升企业价值方面发挥了极大的促进作用。随着我国资本市场的不断完善和法律制度的日趋健全，私募股权投资作为一种不可或缺的投融资方式，开始快速发展，并成为继银行借贷和IPO之后的第三大融资方式。据中投集团发布的创投报告显示，2008—2021年我国私募股权投资市场投资规模越来越大，平均单笔投资金额逐年增长，投资案例数也呈持续上升趋势。现有关于私募股权投资与企业价值的研究，多从成本理论视角研究私募股权投资对企业成本的影响，而缺乏从委托代理理论和社会网络理论视角关注私募股权投资特征对被投资企业价值的影响路径及作用机理。本书主要进行了四方面研究：一是将私募股权投资与企业价值关系中的私募特征、公司治理、技术创新等关键因素结合起来，依据私募股权投资运营流程进行路径分析，构建私募股权投资特征影响企业价值的理论分析框架；二是检验私募股权投资对被投资企业价值的影响是否存在，揭示不同特征私募股权投资对企业价值影响存在的差异；三是以私募股权投资特征影响企业价值的理论分析框架为基础，分别研究公司治理、技术创新和盈余管理在这三条关键路径下私募股权投资特征对被投资企业价值的影响机理和影响效应；四是将公司治理、技术创新和盈余管理同时纳入检验模型，揭示多重路径下私募股权投资特征对被投资企业价值的影响机理和影响效应。具体而言，本书的主要研究结论及创新点如下：

（1）通过私募股权投资特征影响企业价值理论分析框架的构建，揭示了私募股权投资特征影响被投资企业价值的作用路径和影响逻辑。国内外学者大多单一地从成本理论视角对私募股权投资特征影响企业价值的路径和机理进行研究，缺乏从委托代理理论和社会网络理论角度对私募股权投资特征影响企业价值的机理进行全面阐述与论证。本书运用委托代理理论、社会网络理论、公司治理理论、价值创造理论和信息不对称理论，以私募股权投资的运营流程为切入点，分析确认私募股权投资特征影响企业价值的关键路径，构建了基于私募特征视角的私募股权投资特征影响企业价值的理论分析框架，较为深刻地描述了私募股权投资特征影响企业价值的作用机理，丰富了公司治理理论，完善了价值创造理论与信息不对称理论，实现了对私募股权投资特征与企业价值相关研究的理论创新。

（2）验证了私募股权投资特征对被投资企业价值影响的存在性。国内外学者大多基于成本理论研究私募股权投资对企业价值的影响，较少考察由私募股权投资特征引起企业内外部环境改变而导致被投资企业价值的变化。私募股权投资的参与，不仅能降低被投资企业资本成本，也能有效改善被投资企业融资环境和管理水平，全面提升被投资企业核心竞争能力，实现企业价值最大化。本书以委托代理和社会网络理论为基础，构建私募股权投资特征影响企业价值的实证模型，运用比较分析法对私募股权投资特征影响企业价值的机理进行分析，提出研究假设，运用实证研究加以检验，研究表明有私募股权投资参与企业的企业价值表现更好，验证了私募股权投资的增值效应，进一步分析发现不同特征私募股权投资对企业价值的影响效应存在差异。

（3）从私募特征视角揭示了私募股权投资通过公司治理、技术创新和盈余管理等单一路径对被投资企业价值的影响机制。国内外学者大多直接考察私募股权投资对企业绩效或股价表现的影响效果，而关于私募股权投资路径影响方面的研究涉及较少。本书在理论分析框架的基础上，从公司治理、技术创新和盈余管理关键路径入手，运用逻辑推演和实证分析相结合的方法，对私募股权投资特征如何通过影响企业公司治理水平、技术创新能力和盈余管理程度进而影响企业价值的机理和效应进行研究，结果表明私募股权投资能提高被投资企业公司治理水平和技术创新能力，有效约束企业盈余管理行为，不同特征私募股权投资对被投资企业公司治理水平、技术创新能力和盈余管理程度的影响存在差异，进一步分析发现公司治理、技术创新和盈余管理在私募股权投资特征与被投资企业价值的正相关关系中都起到了部分中介效应的作用。

（4）从私募特征视角揭示了私募股权投资通过公司治理、技术创新和盈余管理等多重路径对被投资企业价值的影响机制。国内外学者关于私募股权投资影响路径方面的研究较少，基于多重路径方面的探索更是极少。本书在理论分析框架的基础上，运用AMOS路径分析证实了私募股权投资特征影响被投资企业价值的简单中介效应和多重中介效应。研究表明公司治理、技术创新和盈余管理在私募股权投资特征与企业价值关系中都起到了部分中介作用；进一步研究发现，私募股权投资特征同时通过三条关键路径对被投资企业价值产生影响，并且不同私募股权投资特征通过不同路径对被投资企业价值的作用效果存在明显的差异。

从理论上看，本研究可以为私募股权投资与被投资企业价值的进一步研究提供理论依据，有助于深化私募股权投资特征对被投资企业价值影响机理的研究；有助于丰富公司治理理论内涵；有助于完善企业价值创造理论体系；有助于充实和发展信息不对称理论。从实践上看，本研究有助于企业有效利用私募股权投资提升企业价值，从而更好地发挥私募股权投资的价值创造效应；有助于私募股权投资机构科学运营和自我提升，更好地为企业提供增值服务；有助于政府加强对私募股权投资的引导和监管，保护投资者利益，促进资本市场的健康稳定发展，实现社会资源的最佳配置。

第四篇

区块链技术驱动区域股权市场多要素融合研究

第17章　概　述

17.1　区域股权市场概念

区域性股权市场作为一种金融市场，承担着多方面的责任和功能。其主要目标是促进中小微企业的资金筹集，为它们提供多样化的融资渠道，以此来支持它们的资本需求和业务扩展。这种市场比传统银行贷款提供了更灵活、更高效的资金解决方案，因为中小微企业可以通过发行私募证券和股份来筹集资金。作为一个平台，区域性股权市场使地方政府能够制定和实施支持中小微企业的政策，这类企业通常被视为地方经济增长的关键动力。这个市场不仅提供资金支持，还协助政府执行政策，从而推动地方经济发展。通过与政府的合作，区域性股权市场可以为企业提供更多政策优惠，帮助它们更顺利地获得融资。此外，区域性股权市场是一个相对较新的市场，与成熟的证券交易所等市场相比，它在2017年才开始规范化发展，自此便一直在积极探索和发展新机制和规则，以适应不断变化的金融环境和中小微企业的需求。这个市场正在加强监管架构，提高透明度和合规性，以吸引更多投资者参与，为企业提供更稳定和可持续的资金来源。新的证券法律的实施为区域性股权市场提供了法律地位，表明了政府的重视，为其提供了更广阔的发展空间和机遇。随着政策的支持和市场规模的扩大，区域性股权市场预计将在未来发挥更加积极和重要的作用，推动中小微企业的发展和地方经济的繁荣。

区域性股权市场作为中国资本市场的重要组成部分，虽然在知名度上可能不如沪深交易所和新三板，但其重要性不能被低估。这个市场的地方特色和私募性质赋予了它灵活的融资方式和较低的门槛，极大地方便了中小微企业的融资需求。与传统银行贷款相比，它提供了更多样化的融资模式，如股权投资和股权债券，为这些企业提供了多元化的资金来源。这对刚起步或资源较少的企业尤其有利，帮助它们解决资金难题，促进其稳定发展。另外，作为一种制度创新，区域性股权市场能与其他市场板块相连，全面支持中小微企业。它通过与其他资本市场的联动，不仅为中小微企业引入更多资金和资源，促进项目融资和发展，还能通过与股票交易所等市场的连接，为企业提供更便捷的上市融资途径，提高它们的影响力和竞争力。同时，与创业板、科创板等市场的联通也为创新型企业开辟了优质的融资和投资渠道。综上所述，区域性股权市场不仅解决了中小微企业的融资难题，还为它们提供了更广阔的发展空间和合作机会，对促进经济发展和营造良好的投资环境发挥着不可替代的作用。因此，我们必须充分认识到区域性股权市场的价值，并持续助力其健康成长。

作为中国金融场所的一部分，区域股权市场为中小微企业提供了重要的金融服务。随着国务院发布《区域性股权市场监督管理办法》等政策和通知，区域股权市场的规范化发展得到了显著推进。在有效的风险控制和制度完善下，中小微企业可以充分发挥区域股权市场的功能，从而加强自身的能力和市场竞争力。习近平总书记强调了对金融风险的管控和防范，旨在保护投资者权益，同时促进区域股权市场的持续健康发展。区域股权市场通过重构多层次资本市场体系，更好地适应区域经济发展的需要。它为中小微企业的股权融资搭建了平台，不仅为这些企业服务，还促进了它们的转型和创新发展，进一步推动了所在区域的经济增长。图 17 - 1 为基于区块链技术的多要素有机融合思路。

毋庸置疑，我国区域性股权市场的法律法规和监管制度体系正不断完善，并且各地对区域性股权市场的重视程度也在提升。这一改善和提升的过程是长期而复杂的，是一个需要不断进行的过程。一些区域性股权市场初步展现出规模化的迹象，为中小微企业融资渠道的拓宽和发挥资本市场的“塔基”和“苗圃”作用作出了初步贡献。通过区域性股权市场，中小微企业可以通过发行股权融资，快速获得资金支持，提高企业的发展速度和竞争力。而股权市场也为投资者提供了多元化的投资机会，实现了投资和资金的有效配置。虽然区域性股权市场在促进中小微企业发展方面已取得了一些进展，但我们也必须认识到，其生态体系仍存在不足，面临着一

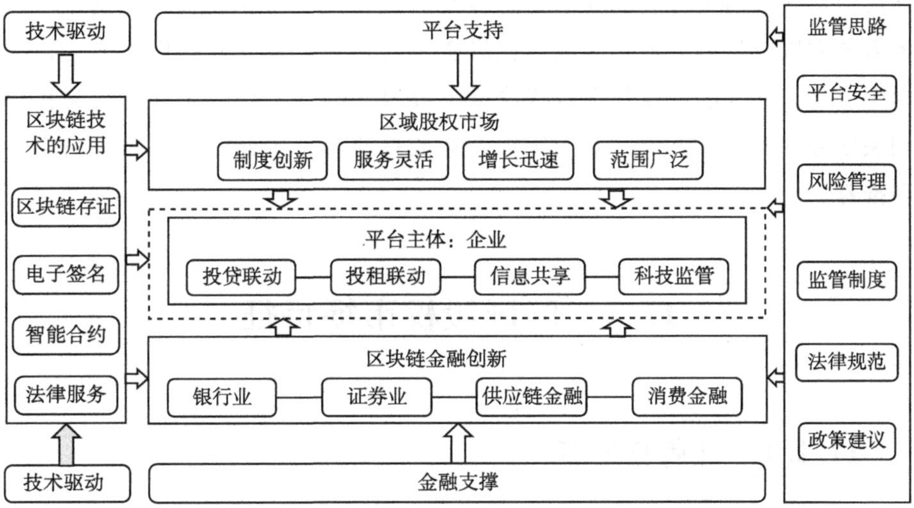

图 17－1　基于区块链技术的多要素有机融合思路

系列问题和挑战。目前，融资和转让业务尚未形成有效的闭环，市场对主体的吸引力有限，且中小微企业政策的综合效应并不明显。一个显著的问题是市场对中小微企业的认识不足，导致一些有潜力的企业难以吸引投资和资金支持。中小微企业的股权融资需求与资本市场的工具和机制之间的匹配也需要进一步优化。因此，亟需通过制度和业务创新来加强对中小微企业的支持，并寻找适合这些企业的发展模式。在制度创新方面，我们应进一步完善中小微企业股权融资的法律法规，保护投资者和企业权益，降低融资成本。同时，加强对中小微企业的宣传和培训，提升企业家和投资者的认知与理解，促进双方的合作与沟通。在业务创新方面，探索更灵活和多样的股权融资模式，如港股通、新三板等，以满足不同企业的融资需求，并助力企业快速成长。总而言之，区域性股权市场虽然已有所成就，但在制度和业务上仍面临挑战。只有通过不断地创新和改革，完善市场生态，加强对中小微企业的支持，才能更有效地提升区域性股权市场的影响力和作用，为中国经济的发展和中小微企业的健康成长贡献更多力量。

区域股权交易市场自 2012 年开始建立，目前已有超过数万家企业在全国范围内的三十多家区域股权交易中心进行挂牌展示。虽然不同区域的股权市场的规模和机制有差异，但其具有相似的定位和功能。包括监管部门在内的众多参与主体共同为维护融资平台的公平、公正和公开。资金和服务需求方以及供给方通过区域股权融资平台进行协调交易，供给方可以根据企业潜力和发展前景作出投资决策。股权交易平台作为中介为交易提供相关服务和监督，此外，对于优秀企业或投资者，中介平台可以进行牵头和推荐。

17.2 区域股权市场特征

17.2.1 挂牌标准低

在我国股票市场中，主板和创业板的上市要求对于中小微企业而言相对严格，使这些企业难以满足挂牌标准。鉴于中小微企业发展的资金需求巨大，区域股权市场因其更灵活和多元化的资金支持成为它们融资的理想选择。这不仅满足了中小企业的融资需求，也促进了它们的成长。随着我国政府对中小企业发展的日益重视，区域股权市场的发展也得到了显著加强。中小微企业的挂牌标准也逐渐放宽，这使更多具有潜力的科技型企业能够进入股权市场，享受更广泛的资金支持。这不仅促进了这些企业的创新，也为经济发展注入了新动力。

17.2.2 融资成本低

对中小企业而言，在区域性股权交易中心的特定板块挂牌有着显著优势。首先，与在传统交易所挂牌相比，中小企业在区域性股权市场的挂牌过程更加简洁高效，审批环节较少，仅需支付挂牌费用。这意味着中小企业能够更迅速地完成挂牌过程，极大地降低了倒闭风险。此外，许多地区的政府正在关注中小企业的成长，鼓励它们在股权交易中心挂牌，并为挂牌成功的企业提供奖励和补贴，这些措施为企业挂牌提供了重要动力。另一个重要优势是挂牌时间的显著缩短。在某些板块上，中小企业可能在不到一个月内就能成功挂牌，这对急需资金支持以扩大业务、加速发展或应对市场变化的企业至关重要。快速挂牌的机会使中小企业能够灵活应对市场需求和竞争挑战。加入区域性股权市场不仅加速了融资过程，还为中小企业开拓了更多机遇。它们可以在市场上与投资者交流，展示自己的潜力和价值，吸引更多投资和合作机会。此外，股权市场还提供了更多贷款融资机会，帮助解决资金难题。总体而言，对于中小企业来说，在区域性股权交易中心挂牌具有多重好处：费用低、审批简便、融资快速、政府支持及增加影响力和合作机会。因此，中小企业应积极探索并利用这些优势，以促进自身的成长和提升竞争力。

17.2.3　交易方式不同

在场内交易市场上市的企业通常是一些国有企业或发展规模较大的企业。这些企业经营成熟，拥有相对稳定的资金链。为了活跃市场并吸引更多的投资者参与交易，场内交易市场采用集合竞价交易制度。这种交易制度通过在指定时间段内集中报价和成交，从而提高了交易效率和市场流动性。然而，区域性股权交易市场通常是一些初创期的中小企业的主要交易场所。与主板和创业板上市企业相比，这些中小企业在规模、技术实力、市场影响力等方面存在较大差距。另外，区域性股权交易市场与场内交易市场在建设水平和交易制度方面也存在一定的差距。如果中小企业采用与场内市场相同的集合竞价交易制度，可能会面临巨大的风险，甚至可能失去上市的机会。因此，许多区域性股权交易市场选择了协议转让交易制度作为主要交易方式。在协议转让交易中，买卖双方可以根据自身需求自由协商交易价格和条件，从而实现更加灵活和个性化的交易。这种交易制度为中小企业提供了更多的交易选择和机会，但同时也可能严重阻碍市场流动性，因为交易需要时间和交易对手方之间的匹配才能实现。为了提高区域性股权交易市场的流动性，一些股权交易中心开始探索创新交易制度，尝试引入做市商交易制度。做市商是指专门承担交易流动性和风险管理的交易者，他们愿意以一定的价格和条件接受买卖双方的委托，保证市场的流动性和交易的顺利进行。通过引入做市商交易制度，中小企业可以更方便地进行交易，同时也增加了市场的流动性和交易的便利性。总的来说，区域性股权交易市场与场内交易市场存在着一定的差距。为了适应中小企业的特点和需求，许多区域性股权交易市场选择了协议转让交易制度，并尝试引入做市商交易制度以提高市场流动性。这些创新交易制度的应用旨在为中小企业提供更加灵活和个性化的交易选择，进一步促进区域性股权交易市场的发展和壮大。

17.3 区域股权市场发展现状

17.3.1 我国区域股权交易中心分布情况

中小微企业的发展往往受制于其资金缺乏问题，为了更好帮助其进行融资以满足其发展需要，2008 年以来我国各省逐步设立了区域股权交易中心来服务于中小微企业。2012 年以来响应国家号召，地方政府和相关部门通力合作下不断使区域股权市场得到完善和发展。让中小企业加入进来，从反方向促进了区域股权市场的发展。截至 2017 年 3 月，我国已经成立了 44 所区域股权市场，并且在这 44 所区域股权市场中大多都属于省级的股权交易中心。我国各省基本上都已经建立起相应的区域股权市场，并且有的省份还不止存在着一家股权交易市场，比如黑龙江省就有 3 家区域股权市场，还有两个省份共同合作创立一家区域股权市场，比如四川和西藏两个省份合作共同成立了成都股权交易中心，这就可以使成都股权交易中心同时对四川和西藏两个省份进行服务。

17.3.2 我国区域股权市场成立时间分布

回顾区域股权市场的成立时间，可以得知我国区域股权市场的起步还是比较晚的，在 2010 年之前全国只有 7 家区域股权市场，绝大多数省份都没有属于自己的区域股权交易市场，最早的区域股权市场是天津股权交易中心，天津股权交易中心于 2001 年 7 月成立。为了推动多层次资本发展需求以及推动我国金融服务业的建设，我们国家开始逐步地重视区域股权市场的建设，区域股权市场建设开始加速。其中在2013年我们国家设立了11家区域股权市场，2015年成立了8家。区域股权市场的建设不仅为中小企业提供了更多的融资机会，也为投资者提供了更多投资选择。通过区域股权市场的交易，投资者可以投资本地的企业，从而获得更好的投资回报和更多的收益。此外，区域股权市场还可以促进当地经济的发展，推动产业升级和创新，增加就业机会，提高当地人民的生活水平。

17.3.3 我国区域股权市场挂牌企业分布

通过分析各个股权交易中心的统计数据可以看到，在区域股权市场中，挂牌企业的数量分布呈现出一定的特点：约31.82%的区域股权市场挂牌企业数量在1000~2000家，这个数量段的企业在区域股权市场中占据了相当大的比例。同时，挂牌企业数量在2000~5000家的区域股权市场有5家，这些市场中的企业数量也相对较多。这些数据表明，在区域股权市场中，中小企业是主要的参与者和受益者。这些企业通过在区域股权市场挂牌，获得了融资支持和发展机会，进而得以扩大规模、提高效益。

17.3.4 我国区域股权市场融资情况

我们统计区域股权的融资情况，发现广州股权交易中心凭借着融资1959.428亿元的金额高居第一位，并且与其他的区域股权市场差距明显。武汉股权托管交易中心凭借着767.31亿元的融资额排名第二位，但和第一名广州股权交易中心有着巨大的差距。可以见得，区域股权市场为非上市的中小企业发展提供了强有力的资金支持，可以说为中小企业融资成长发展提供了巨大的帮助。

17.3.5 我国区域股权市场发展模式

产权交易机构在推动区域股权市场的稳定与健康发展方面起着关键作用。随着中国区域经济的增长和改革开放政策的深化，越来越多的地区设立了专业的股权交易中心，成为区域产权交易的核心机构。这些中心通常由多个金融机构共同组建，以提供必要的服务和支持。在区域股权市场的发展模式中，以国有企业为主导的模式成为一种普遍趋势。在某些区域股权市场，当地国有企业拥有控股权，通过成立公司形式的平台来进行股权交易和业务运作。这种模式不仅发挥了国有企业在经济中的领先地位和资源优势，也引入了市场化的运作机制，提升了交易效率和透明度。通过这种国有企业主导的模式，区域股权市场能有效利用国有企业的资源和品牌优势，促进企业的健康成长。同时，这也助推了国有企业的改革和转型，使它们更加适应市场经济的需求，提升了经营效益和市场竞争力。此外，国有企业作为市场的主体，为区域股权市场提供了稳定的资金来源和投资机会，吸引了更多投资者的加入，为地区经济的增长注入了新的活力。综上所述，由产权交易机构主导的区域性股权市场在中国逐渐成长，吸引了众多金融机构的积极参与。这些中心的建立不仅为本地非上市中小企业提供了便捷的股权交易和融资服务，还激发了这些企业的参与热情，进一步推动了区域经济的发展。

第18章　区域股权市场要素及作用机理分析

18.1　区域股权市场要素

区域性股权交易市场是我国多层次资本市场系统的基石之一，对于支持中小微企业的发展，推动科技创新和产业升级，促进资本市场高质量发展具有重要战略意义。该市场的存在为特定地区的企业提供了股权和债券的转让和融资服务。但是由于缺乏有效监管和存在金融创新滥用和交易操纵等问题，其发展进程一直比较缓慢。直到2011年，国家对该市场进行了整顿和清理，以解决其发展中存在的问题，并在支持多层次资本市场建设的背景下积极推动其发展。目前，除了主板市场、创业板市场和新三板市场，每个省份都建立了自己的地域股权交易市场。这些市场被称为"场外市场"或"四板市场"，是场外交易的市场交易模式。作为重要的融资渠道之一，它为中小微企业实现股份改造和完善企业结构管理提供了有力支持。

不同阶段的企业经营生命周期中都面临不同程度的融资需求，因此建立一个成熟且全面的资本市场体系对于满足这些需求至关重要。多层次的资本市场系统能够确保不同生命周期的企业都能够获得所需的资金支持，推动它们的经营发展。然而，我国现行金融市场系统主要依赖间接融资，金融脱媒水平相对较低。这使中小企业面临融资成本上升和融资困难等问题，制约了它们的正常经营和成长。因此，积极推动多层次资本市场融资系统的发展是非常必要的。建立一个完善的多层次资本市场将为企业提供更多的融资渠道和融资工具选择，降低融资门槛和成本，并提高融资效率。这种发展可以为中小企业提供更多的机会，促进创新和增强竞争力。在多层次资本市场中，各种市场和交易平台可以为不同规模和发展阶段的企业提供合适的融资机会。例如，创业板和中小板适合初创期和快速增长期企业的融资需求，而主板和地域股权市场则为更成熟的企业提供融资渠道。通过建设多层次资本市场体系，我们可以更好地支持中小企业的发展，促进经济持续增长。总之，为了解决中小企业面临的融资困境，积极推动多层次资本市场融资系统的发展至关重要。通过提供更多的融资渠道和降低融资成本，多层次资本市场系统能够更好地支持企业的正常经营和成长。

区域股权市场在我国的金融体系中具有独特的地位，它为中小微型企业提供了更多融资选择的机会，有助于减轻它们在资金方面的压力。除此之外，区域股权市场还发挥了促进企业改革的积极作用，帮助企业优化其管理结构、提高治理水平，从而更好地适应市场需求和竞争环境的变化。在建设区域股权市场的过程中，不仅为企业提供了更多融资渠道，还为投资者提供了更多的选择，促进了投资者的多元化和风险分散。这有助于提升市场的流动性和活跃度，吸引更多的资本进入，为中小微型企业提供更广泛的融资机会。此外，区域性股权托管交易市场还在支持科技进步和创新方面发挥了关键作用。它为初创企业和创新型企业提供了融资的窗口，鼓励他们加大研发投入，推动科技创新，从而提高了整个经济的竞争力。区域股权市场要素包含私募股权投资要素、企业主体要素、区块链技术要素和其他要素等。

18.2 私募股权投资要素

私募股权投资起源于20世纪40年代，已经发展了60多年，现在是全球金融领域中的重要创新工具。在私募股权投资的初期阶段，私募股权投资机构主要关注企业并购，并专注于企业资本运作和并购投资领域，这形成了早期私募股权投资的概念。近年来，随着我国中小企业的增长和资本市场的规范化，私募股权投资机构参与的企业范围越来越广泛，其管理规模也越来越大，管理私募基金的专业人员也在增加。截至2020年末，全国共有34家区域性股权市场，这些市场旨在为中小微企业提供融资机会。挂牌融资的小微企业数量明显增加，共有 3.47 万家企业挂牌，展示企业达到 12.93 万家，托管公司达到 5.24 万家；投资者户数为 44.71 万户。2020 年，有 5836 家小微企业通过区域性股权市场进行了挂牌融资，同比增长了 57.5%；融资金额达到 2884 亿元，同比增长了 24.7%；累计实现各类融资金额为 14196 亿元；累计转让成交额为 2140 亿元。随着私募股权投资行业的发展，私募股权机构在选择投资对象时考虑的因素更加全面，投资的时间也逐渐提前，从原来的成长期转变到初创期甚至培育期。

私募股权投资诞生于 20 世纪 40 年代的美国，根据投资阶段和资本特征的不同，可以分为创业资本、并购资本、Pre - IPO 资本和 PIPE 资本等类型。私募股权投资主要采用长期投资策略，支持和鼓励企业管理层专注于长期价值创造。它能够缓解企业的融资困境，改善企业的管理水平、公司治理水平和核心竞争力，进而提升企业的价值。研究表明，私募股权投资能够有效降低企业的代理成本和运营成本。在企业上市之前，私募股权投资积极参与企业的管理，协助提高公司治理水平，促进企业成功上市。在企业上市后，大部分私募股权投资机构选择继续持有股份，跟踪企业的管理，并加强监管，保持被投资企业的持续发展势头。随着全球资本市场的发展，私募股权投资作为一种新型资本，对完善公司治理和提升企业价值发挥了重要的促进作用。在我国，随着资本市场的不断完善和法律制度的进一步健全，尤其是中小企业板和创业板的设立，私募股权投资作为一种不可或缺的投融资方式开始快速发展，成为继银行借贷和 IPO 之后的第三大融资方式。数据显示，2008—2013 年，我国私募股权投资市场规模不断扩大，平均投资金额逐年增长，投资案例数也持续上升。2013 年新三板的扩容和 2014 年 IPO 市场的重启为私募股权投资提供了更多退出机会。2013 年 2 月，《私募证券投资基金业务管理暂行办法》的颁布标志着政府对私募股权投资的监管加强和行业环境净化，将推动私募股权投资进入快速发展的新时代。目前，私募股权投资领域的研究非常活跃，但对于不同特征的私募股权投资对被投资企业价值影响的研究较少。揭示不同特征的私募股权投资对企业价值的影响及其差异，对于推动私募股权投资与被投资企业的科学合作运营具有重要的现实意义。

区域性股权市场作为一条重要的私募股权投资渠道，为国内的中小企业和私募股权投资者搭建了一个有效的沟通与合作平台。中小企业往往因资金紧缺而难以充分发挥其发展潜力。私募股权投资则采用私募方式集资，其核心在于长期投资和价值增长，专注于对非上市公司的权益性投资。这种投资模式能与区域性股权市场上的中小企业紧密结合，不仅为它们提供资金支持，还提供战略指导，促进它们的迅速成长。通过与区域性股权市场的融合，私募股权投资能更有效地识别和投资有潜力的中小企业，为它们注入资本和资源，并在运营管理、市场扩展等多方面提供支持，共同实现发展目标。这种合作模式不仅推动了中小企业的成长，也为私募股权投资者提供了更多的投资机会和潜在回报。

18.3 企业主体要素

企业是市场经济中的主体，其扮演了产品的生产者、投资者或消费者的角色。此外，企业也可以被视为一种商品，在市场上进行交易。当企业部分或全部处于流通状态时（包括上市、并购、收购、改制、重组和破产等），其价值得以体现。区域股权市场为我国中小企业提供了交易平台，且不同于股票交易市场。区域股权市场主要服务于中小企业，旨在解决它们融资困难的问题。关于中小微企业融资困难的问题，证监会提出了要规范区域股权市场并打造多元平台来更好服务于中小微企业。2017 年国务院和证监会先后发布了相关通知和办法来规范区域股权市场。2019 年证监会进一步明确关于促进区域股权市场发展的建议。这些都为区域股权市场的发展提供了政策性支撑。

18.4 区块链技术要素

区块链技术的发展并不仅局限于比特币系统。随着对区块链技术的深入研究和应用探索，人们逐渐意识到其在各个领域的潜力和价值。除了金融和征信等传统领域，区块链技术还可以在供应链管理、物联网、医疗保健、知识产权保护等众多行业发挥重要作用。在供应链管理方面，区块链技术可以确保商品的溯源可追踪，保证货物的质量和真实性。通过区块链技术，每个参与方都可以记录和验证商品的交易信息，从而提高整个供应链的透明度和可信度。这将有助于减少供应链中不必要的中间环节和纠纷，提高交易效率和客户满意度。在物联网领域，区块链技术的去中心化和加密特性可以保证物联网设备的安全和隐私。通过将物联网设备的数据存储在区块链中，可以防止数据被篡改或删除，并确保设备之间的安全通信。此外，区块链技术还可以在物联网设备之间建立智能合约，实现自动化的交互和价值转移。在医疗保健领域，区块链技术的特点使得患者的健康数据能够安全地存储和共享，同时还能保护隐私。医疗机构、保险公司和患者可以通过区块链技术实现数据的即时更新和共享，以更好地协调和提供医疗服务。此外，区块链技术的智能合约功能还有助于加强医疗治疗的合作和管理，提高医疗保健系统的效率和准确性。在知识产权保护方面，区块链技术可以确保创意作品的权益和产权。通过将知识产权的信息存储在区块链中，并使用智能合约进行授权和交易，可以确保知识产权的真实性和不可篡改性。这将有助于提高知识产权保护的效力，并能鼓励创新和创意产业的发展。综上所述，区块链技术作为一种分布式、去中心化的数据管理和交易系统，具有广泛的应用前景。无论是在经济发展中的实体企业，还是在各个行业，区块链技术都将发挥重要的作用，推动社会的进步和发展。区块链技术与企业主体的融合将使企业能够更好地适应和应对不断变化的商业环境，实现更高效和可持续的发展。因此，值得关注区块链技术在区域股权市场和企业主体间的运用，并进一步研究其可能带来的影响和机遇。

18.5　其他要素

18.5.1　政府在区域股权市场中的作用

在区域股权市场当中政府部门扮演着重要的角色，其作用包括监管、推动、促进和支持，目的在于维护区域股权市场的稳定性、透明度，以及为中小型企业和初创企业提供更好的融资环境。

政府在区域股权市场的监管与监督方面有着重要的作用。第一，政府制定相关的法规和规章，以明确市场的运作规则和标准。政府制定的准则包括市场参与者的资格、信息披露要求、交易流程、监管机构的职责等。这可以确保市场的稳定性和合法性。第二，政府可以制定准入条件，以确保市场参与者具备必要的资格和能力。这包括要求企业满足一定的财务和法律要求，以及确保投资者有足够的信息和风险认识。第三，政府监管机构负责监督市场参与者的行为，以防范操纵市场、欺诈和其他不当行为。政府机构要严格进行审查、调查和处罚，以确保市场的公平竞争和透明度。第四，政府可以规定企业必须披露特定的信息，以便投资者能够作出明智的投资决策。这包括财务报表、风险因素、经营计划等，政府可以确保信息披露符合标准，并惩罚不履行信息披露义务的企业，可以避免信息不对称的情况发生。

政府可以制定政策和法规，以规范区域股权市场的运作，确保市场的合法性和透明度。首先，政府可以规定信息披露的标准和要求。这包括确定哪些信息必须披露、披露的时机和方式。信息披露政策有助于提高市场的透明度，减少不确定性，降低投资风险，帮助投资者做出更加稳健、高效的投资决策。其次，政府可以制定融资支持政策，为中小型企业提供融资支持。其中主要包括政府担保、融资补贴、创业基金的设立等。这些政策的实施有助于降低融资难度和融资成本，鼓励中小企业健康发展。最后，政府可以建立投资者保护机制，确保投资者的权益得到保护。包括建立有效的投诉渠道、制定法规以防范欺诈行为，切实保护投资者的合法权益。

18.5.2 银行在区域股权市场中的作用

银行作为投资者和企业之间的中介，在促进金融包容、减少信息不对称以及提高区域股权市场的整体运作方面发挥了关键作用。银行在区域股权市场中提供重要的咨询服务和专业知识。银行拥有专业的财务分析师和策略顾问，能够协助企业制定财务战略，银行可以帮助企业规划融资计划、估值和资本成本等关键财务参数。通过与银行的合作，企业能够更好地了解其融资需求，制定符合市场要求的财务战略。相比于企业，银行更加了解区域股权市场的监管要求，银行能够提供关于监管合规的建议，确保企业在发行或交易中遵守相关法规，这有助于降低法律风险，确保交易的合法性。除此之外，银行提供估值服务，可以协助企业确定其股票或证券的公允市场价值，这对于定价新发行或二级交易至关重要。估值专业知识有助于确保交易价格合理，使企业可以在区域股权市场当中得到更好的发展。在区域股权市场中，风险管理是至关重要的，银行可以合理地把控潜在的风险。银行帮助投资者和企业管理市场风险，这包括期权、期货和其他金融衍生品，以减轻市场波动对投资组合的影响。银行的市场风险管理专家协助客户设计风险对冲策略，确保投资组合的稳健性。对于发行企业来说，银行的信用评级有助于降低债务成本。银行协助企业制定操作风险管理策略，以减少与交易和结算过程相关的风险，这样可以确保交易流程的顺畅和安全，避免错误和不当行为的发生。最后，银行可以根据客户的需求和风险敞口，提供定制的风险管理解决方案，例如可以为特定交易或投资组合设计风险对冲策略，以满足客户的独特需求。

18.5.3　证券机构在区域股权市场中的作用

区域股权市场是中小型企业和初创企业获取资本的关键渠道。证券机构在这一过程中发挥着重要作用。区域股权市场通常是中小企业和初创企业获取资本的首选平台。这些企业往往难以获得传统银行贷款，因为它们缺乏足够的抵押物或信用记录。证券市场为这些企业提供了另一种融资途径，通过发行股票或债券来筹集所需的资本，证券机构协助企业制定融资战略，确定最适合其需求和情况的融资工具。除此之外，证券机构还可以提供有关股票或债券的市场定价建议。证券机构对企业进行合理估值，提供关于适合发行价格的建议，促使发行价格趋于合理，既能够吸引投资者，又能够筹集足够的资本。证券机构拥有着广泛的客户网络，有助于将潜在投资者吸引加入区域股权市场，扩大了市场的参与者群体。这不仅有助于提高融资成功的机会，还提高了市场的流动性。证券机构帮助企业确定最佳的融资时间和方式。这有助于初创企业和中小企业制定长期融资战略，以支持其增长和发展。

证券托管和结算服务是证券机构在区域股权市场中的关键职能，对市场的安全性、透明度和有效运作起着至关重要的作用。证券托管服务确保了股票和其他证券的安全保管。企业和投资者的资产被存放在专门的托管账户中，避免了股票或债券的丢失风险，提高了投资者的信心，使他们更愿意参与市场，从而提高了市场的流动性。证券结算服务可以确保区域股权市场中高效地结算和交割，可以确保证券所有权转移以及交易清算服务的正常进行，这可以有助于交易的顺利完成，防止交易失败现象的发生，从而提高区域股权市场的稳定程度。证券结算服务确保了交易的高效结算和交割。证券托管机构还协助企业处理股息和红利支付。主要任务是计算股东应得的分红金额，向他们支付分红，或将分红重新投资到股票中。这些服务确保了分红的公平和有效分配，同时提高了投资者满意程度。

18.6 区域股权市场各要素作用机理分析

区域股权市场的发展是由多个要素相互作用和共同推动的结果，包括区块链技术、私募股权投资、企业主体和政府机构等要素。这些要素相互配合，为区域股权市场的迅速发展提供了坚实的基础，推动区域股权市场的增长和可持续发展。

1. 区块链技术与私募股权投资的相互作用

区块链技术在私募股权投资领域扮演了重要角色，主要体现在它提供了一个高度安全和透明的交易环境，从而增加了私募股权投资的吸引力。区块链的分布式账本技术能够以不可更改的形式记录交易数据，大幅减少欺诈行为的发生，从而增强了投资者的信心。同时，智能合约的使用大大提高了交易效率。利用智能合约，私募股权投资机构和投资者能够自动化地执行交易条件，无需依赖第三方中介，这不仅加快了交易流程，还降低了交易成本。

2. 企业主体与私募股权投资的相互作用

私募股权投资机构为企业主体提供了资本支持和专业知识，这种合作关系推动了企业的发展。私募股权投资机构为企业注入资本，帮助初创企业和中小企业筹集所需的资金，从而扩大了它们的规模，推动中小企业创新和增长。中小企业在成立初期最缺乏的就是资金，因为中小企业缺少抵押物以及信用体系的不健全，拿到投资是比较困难的，私募股权投资就可以很好地解决这个问题。此外，私募股权投资机构通常具有丰富的经验和专业知识，可以为企业提供管理和战略支持，帮助企业更好地规划和实施增长战略。

3. 私募股权投资和政府机构的相互作用

政府机构在确保私募股权投资市场的公平性和正当性方面扮演着关键角色，同时保障投资者权益。政府通过制定和实施法规及法律框架，规范私募股权投资的操作流程，以保证市场的合规性。监管机构不仅负责审核和批准私募基金的成立，还确保私募基金的报告披露遵守相关合规性要求。在政府监管的框架下，市场秩序得到维护，促使更多资金流入市场。

政府还可以通过提供激励政策来促进私募股权投资市场的发展，包括税收优惠和资本市场支持措施。例如，政府可以为私募基金减轻税收负担，鼓励长期投资，或者提供税收刺激措施来吸引更多的投资者参与到初创企业的股权投资中。此外，政府通过设立风险投资基金，向初创企业提供资金支持，推动创新和企业成长，这些措施将有助于私募股权市场的增长。

在政策制定方面，政府机构也发挥着至关重要的作用。政府可以与私募股权行业的相关利益方合作，共同制定促进行业可持续发展的政策框架。政府可以成立专门的机构或委员会，与行业专家一起探讨政策问题，制定支持私募股权投资的战略性政策。同时，政府还可以提供科研和数据支持，帮助行业洞察市场趋势和把握投资机会，从而促进行业的发展和创新。

4. 政府机构与区块链技术的相互作用

政府机构可以利用区块链技术来提高监管透明度。传统金融市场的监管往往依赖于手动报告和数据披露，这可能容易受到错误的干扰。区块链技术允许实时记录和验证所有交易，这意味着政府可以更准确地监控市场活动。区块链提供的分布式账本可以防止数据篡改和欺诈行为，从而确保交易的真实性和合规性。政府可以访问区块链上的数据，了解市场的实际情况，有助于及时发现并应对潜在风险和违规行为。

政府机构在监管过程中需要处理大量企业数据，区块链技术提供了更安全的数据保护机制，有助于保护敏感信息。数据存储在分布式网络中，每个区块包含多个交易的信息，这些区块通过密码学技术链接在一起，形成一个不可篡改的账本。这意味着数据一旦被存储，就不容易被修改或删除。区块链技术强大的数据安全性保护有助于防止数据的滥用、篡改和泄露。数据存储在分布式网络上，被加密和验证，降低了数据泄露和滥用的风险。政府可以利用区块链来安全地存储和管理监管数据，同时遵守隐私法规，以保护个人隐私权。

综上所述，区域股权市场的发展是由包括区块链技术、私募股权投资、企业主体和政府机构等要素在内的多个要素相互作用和共同推动的结果（见图 18 -1）。这些要素相互配合，为区域股权市场的迅速发展提供了坚实的基础，推动区域股权市场的增长和可持续发展。区域股权市场内各要素之间的作用机理主要体现在以下几个方面。首先，区域股权市场的核心作用是提供信息传递机制，使资金供给方和需求方能够相互找到对方。这种信息传递不仅包括股权交易的基本信息，还包括公司的财务状况、经营状况、未来发展前景等信息，从而帮助投资者做出更准确的投资决策。其次。区域股权市场通过自由的交易机制，可以发现相关资产或证券的公允价值。这种价格发现机制有助于引导资源的合理配置，推动资本向更高效、更有潜力的企业流动。再次，区域股权市场为投资者提供了买卖证券的场所，从而提供了市场的流动性。这使投资者能够随时变现其投资，降低了投资的流动性风险。除此之外，区域股权市场为投资者提供了多样化的投资产品，使投资者可以根据自身的风险承受能力和投资目标选择合适的投资标的。这有助于降低投资者的风险，实现风险的有效管理。最后，区域股权市场通过公开交易信息、价格发现、流动性提供等机制，对公司形成了有效的激励和约束。这促使公司更加注重自身的经营管理和信息披露，提升公司的治理水平和经营绩效。

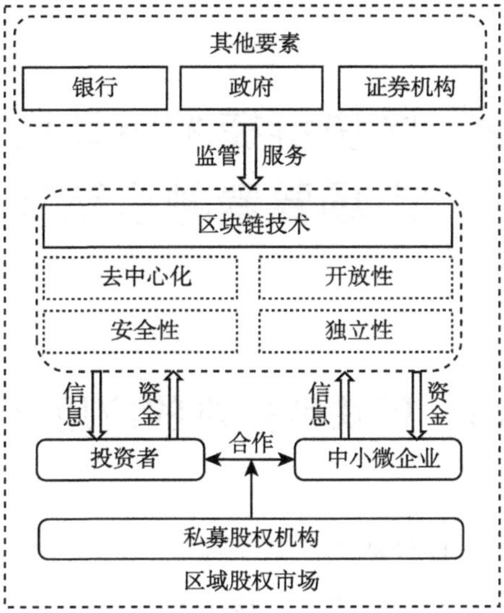

图 18－1 区域股权市场各要素机理分析

18.7 本章小结

本章首先界定了区域股权市场存在的各要素及其各要素之间的机理分析，包括区域股权市场要素、私募股权投资要素、企业主体要素、区块链技术要素、政府要素、银行要素以及证券机构要素等。区域股权市场在我国的金融体系中具有独特的地位，它为中小微型企业提供了更多融资选择的机会；私募股权投资，也称为私募股权投资基金，是指通过私募形式对私有企业，即非上市企业进行的权益性投资；企业是市场交易的主体；区块链技术在和区域股权市场、企业主体和私募股权投资中发挥着媒介平台作用。区域股权市场的发展是由多个要素相互作用和共同推动的结果，包括区块链技术、私募股权投资、企业主体和政府机构等要素。区块链技术可以提供高度安全和透明的交易机制，使私募股权投资更加具有吸引力，私募股权投资机构为企业主体提供了资本支持和专业知识，政府机构可以通过激励政策来支持私募股权投资市场的发展。

第19章　区块链技术驱动区域股权市场要素融合路径分析

19.1　区块链技术的应用路径

区块链技术作为一种分散式的数字账本技术，因其卓越的透明性、安全性和不可更改性而受到广泛关注。这项技术为解决现存问题提供了创新的途径。在我国，区块链在存证领域已经形成了多个开放的联盟，各方积极参与。这些联盟利用分布式存储和共识算法，创建了一种可靠的存储机制。通过区块链，基金的常规文件、交易数据和关键信息得以安全记录，确保了其不可篡改性和可验证性。对于基金行业而言，区块链技术在增强透明度方面展现出巨大的潜力。传统基金运作中的信息流动缺乏透明度，造成投资者对基金运作和资金流向的不确定感。然而，区块链技术使所有交易记录公开透明，每笔资金流动都可被追踪，使投资者能更精准地掌握基金运作状况。此外，区块链还提升了基金的时间效率和成本效益。与传统基金的报告和审计过程相比，区块链能自动完成交易确认和记录，减少了繁复的文书工作和人为错误。并且，由于区块链上的信息公开透明，基金的费用结构更加清晰，有效预防了不法和欺诈行为。综上所述，区块链技术在基金行业的应用不仅提升了透明度和安全性，也增加了运作效率。中国在区块链存证领域的领先地位展示了其在推广区块链技术应用上的成果。随着技术进步和监管体系的完善，区块链有望为基金行业带来更多创新和优化。

19.1.1　区块链存证

区块链技术在全流程电子化存证设计方面具有巨大潜力。该设计不仅可以简化操作流程，并提供时间戳和操作追溯功能，还能保证数据的完整性和安全性。举例来说，在 GP 发出出资请求后，区块链可以记录并确认 LP 是否及时获取请求。通过智能合约的应用，可以设定一个确定的最后期限，当 LP 未能及时取得请求时，智能合约将自动触发相应的通知和提醒，避免因信息延迟或丢失而产生不必要的争议。此外，区块链技术还能提供不可篡改的证据，如果需要进行追责，所有操作均可以被准确地追溯并提供给相关方。另一个值得关注的应用是利用区块链进行费用信息的存证。通过智能合约的设计和实施，每一次费用信息的存储都会被实时同步给相关方。这种设计可以确保费用信息的透明性和一致性，并且在区块链上的信息将永久记录，无法被篡改或删除。任何进行更改或删除操作的尝试都会留下可追溯的痕迹。当进行季度末和 ILPA 的汇总表对账操作时，区块链能够有效确保 GP 和 LP 在链上费用信息方面的一致性和透明性。通过实时同步和记录费用信息，区块链技术提高了数据的可靠性和准确性，并且可以在每一次对账时提供可信赖的证据，确保 LP 的权益得到最大限度的保护。总之，区块链的应用能够为私募基金等领域带来更高的透明性、可信度和运作效率。

19.1.2　金融支持

区块链技术可以为中小企业提供更加高效、便捷的融资服务。通过区块链技术，可以实现融资服务的智能化管理，降低融资成本和风险，提高融资效率。对于区域股权市场来说，区块链技术在融资服务方面的应用路径主要包括以下几个方面。区块链技术股权在登记和转让方面的应用，区块链技术可以保证股权登记和转让的透明度、真实性和安全性，同时实现去中心化的交易。通过智能合约，股权的转让操作可以自动完成，避免了中间环节的干扰，提高了交易的效率和安全性。另外，区块链技术可以用于股权众筹，基于区块链技术的股权众筹模式可以实现更加公正、透明的交易，通过智能合约规范投资者的行为，从而实现智能化的股权融资。这种模式可以降低信息不对称和风险，提高众筹融资的效率和成功率。在证券发行与交易方面，区块链技术还可以实现证券的智能化发行和交易，提高交易的效率和安全性。通过区块链技术，证券交易可以更加透明和可追溯，降低信息不对称和操作风险。在资产证券化方面，区块链技术可以用于资产证券化的智能化管理，提高资产证券化的效率和安全性，并可以实现资产证券化的可追溯性和透明性，降低信息不对称和操作风险。

19.1.3 风险管理

区块链技术可以应用于风险管理，建立智能化的风险评估和预警系统。通过区块链技术可以对市场风险、信用风险等进行实时监测和预警，提高风险管理的效率和准确性。首先，区块链技术能够提供不可篡改的数据记录，确保数据的真实性和完整性，有助于风险识别和评估。通过区块链技术的透明性，可以降低信息不对称所带来的风险，增强风险管理的效率和准确性。这有利于保障所提供的数据具有更高的真实性与完整性。其次，利用区块链技术的可追溯性，可以快速定位风险源头，有助于风险预警和应对。通过智能合约等技术，可以实现自动化的风险控制和管理，提高风险应对的效率和准确性。区块链技术还可以用于建立去中心化的信用评级系统，避免了传统信用评级系统中的人为操纵和信息漏洞等问题。通过区块链技术，可以对个人或企业的信用信息进行收集和存储，为金融机构提供可信的信用评级数据，降低信用风险。最后，区块链技术也可以用于金融监管和合规管理。通过区块链技术，可以实现监管信息的公开透明和可追溯性，加强市场监管和风险控制。

19.1.4 电子签名

区块链存证技术的接口与电子合同解决方案的结合为合同签署过程带来了更高的法律认可度和安全性。通过多层级实名认证服务体系，合同参与者的身份可以得到有效验证，确保签约过程的真实性和可靠性。而电子签名技术的应用则为在线签约提供了合法的电子签名形式，使得电子合同具备了与传统纸质合同等同的法律效力。对于私募股权领域涉及的各类合同和文件，如投资协议、对赌协议、有限合伙协议、利润分配协议书等，区块链存证技术将为其签署和存储过程提供全面的保障。通过在线签署的方式，协议内容的参与者可以实时同步，确保所有相关方在最短时间内能够了解和同意合同条款。另外，区块链存证技术为协议文件的存储和验证提供了不可篡改的保证。通过将协议文件的哈希值存储在区块链上，任何人都无法篡改文件内容，从而确保了电子数据的真实性和完整性。特别是对于涉及费用的协议规定，区块链存证技术可以给予明确的保障，防止任何篡改行为的发生。综上所述，区块链存证技术与电子合同解决方案的接口对接为合同签署过程带来了更高的法律认可性和安全性。通过多层级实名认证和电子签名技术的应用，合同参与者的身份和合同条款的有效性得到了保障。同时，区块链存证技术为协议文件的存储和验证提供了不可篡改的保证，确保了电子数据的真实性和完整性。这将大大提升私募股权领域合同签署的便捷性、安全性和可靠性，为相关方带来更好的签约体验和合作保障。

19.1.5　法律服务

区块链技术的应用在公证处和司法机构领域具有广阔的前景。通过成为区块链节点，公证处和司法鉴定中心能够借助区块链同步各种类型的信息，从而实现实时性的举证工作。这意味着，在涉及法律纠纷的情况下，举证将变得更加迅速和高效。区块链的开放性和去中介特性为更多的公证处和司法鉴定中心接入该技术提供了机会。传统的公证系统通常需要耗费大量的时间和资源来进行证明和认证，而区块链技术的引入能够简化这个过程。各方可以直接与区块链上的司法机构进行联系，通过公证处或司法鉴定中心来提供必要的证明支持。举例来说，当涉及基金利益分配或决策选择等方面的纠纷时，参与方可以直接在区块链上联系司法机构。通过这种方式，他们能够迅速寻求公证处或司法鉴定中心的支持，以进行必要的出证工作。无论是在知识产权保护、商业合同执行还是其他法律事务领域，区块链技术都有望为公证处和司法机构带来更便捷和高效的举证过程。区块链技术的引入不仅能够提高公证处和司法鉴定中心的工作效率，还能够增加透明度和可信性。由于区块链上的数据不可篡改且可追溯，所有参与方都能够审查和验证相关的证明材料，减少了篡改证据的可能性。这些特性有助于提高解决法律纠纷的公正性和可行性，从而为公证处等司法机构提供更加可靠和可信赖的工作环境。总之，区块链技术的应用为公证处和司法鉴定中心带来了许多机会和潜力。通过成为区块链节点，公证处和司法鉴定中心可以实现实时的举证工作，并与参与方直接联系，从而提供更高效、透明和可靠的证明服务。这些改进将为司法体系的运作带来巨大的积极影响，为公众提供更好的法律保护和纠纷解决机制。

19.2 区块链技术的应用场景

19.2.1 交易记录

2015 年 11 月，纳斯达克发布了一项名为 Nasdaq Linq 的重要项目，旨在利用区块链技术来管理私人公司的股权。这一项目在当时引起了广泛关注，并被认为是一个革命性的举措，将为私募投资者和私募公司股东提供更加安全和透明的股权管理解决方案。与传统的交易平台不同，Linq 并不是一个用于交易的系统，而是一个专门用于保存私募投资者和私募公司股东在融资过程中涉及的股权凭证和工作表的系统。通过这个平台，区块链技术能够提供更可靠和准确的解决方案，从而使各方建立强信任关系。参与者可以通过 Linq 平台从根本上改变他们与私募公司之间的互动方式，并且拥有保护自身利益的信心。Linq 项目的成功示范效应促使其他金融机构对于区块链存证架构的广泛重视。这种类似的区块链技术应用有望进一步推动金融行业的变革，并提供更加高效和透明的解决方案。区块链技术的引入将为私募股权市场带来革命性的改变。通过 Linq 或类似的平台，私募投资者和私募公司股东将能够以更加自信和安全的方式进行交互，并且获得更准确和可靠的股权数据。这一技术的成功应用将为金融行业带来深远的影响，推动交易和合规的发展。随着越来越多的机构对区块链技术的采用，我们有理由相信，未来私募股权的管理和交易将更加高效、透明和可靠。这将为私募投资者和私募公司股东带来更多的机会和安全。

19.2.2　尽职调查

除了提高基金透明度，区块链在私募股权领域有许多其他用途。其中，区块链可以提高尽调的效率。尽调是由于信息不对称而存在的。在私募股权交易中，创业公司在与投资人初步接触时，并不会披露过多的细节。这是因为在投资人没有明确表达出意向之前，过早披露信息可能存在风险。一般而言，投资人与创业公司之间会先就某些意向性条款达成一致，如投资金额、股权比例、优先权等，然后才会进行尽调。尽调是指投资人对目标公司的财务、商业模式、法律合规性等方面进行全面调查和评估，以更好地了解内部情况，并做出投资与否以及如何投资的决策。然而，尽调过程往往烦琐且耗时，导致交易周期延长，给双方带来不便。区块链将为解决尽调难题提供一种创新的解决方案。创业团队可以在区块链上存储尽调信息的密文证据，通过权限控制和智能合约，实现对信息的安全存储和访问控制。采用这种方式，创业公司可以在不同阶段解密信息，并向投资人披露适当的内容，以实现信息共享的精确控制。这样一来，投资人可以在更短的时间内获得所需的信息，并更全面地评估目标公司的潜力和风险，从而更准确地作出投资决策。此外，区块链的不可篡改性和可追溯性特点也可为尽调提供额外的保障。所有尽调信息都将被记录在区块链上，不可被篡改或删除。这意味着投资人可以更有信心地依赖尽调结果，减少信息造假和不实披露的风险。而且，如有需要，尽调过程中的每一步都可以被回溯，从而确保所有交易过程的透明度和合规性。总之，区块链技术在私募股权领域的应用不仅可以提高基金透明度，还可以优化尽调流程。通过区块链存储和共享尽调信息，实现信息共享的安全和精确控制，投资人可以更高效地获取所需信息，并更全面地评估目标公司的潜力和风险。同时，区块链的不可篡改性和可追溯性特点也增强了尽调的可信度和合规性，为私募股权交易提供了更稳健和可靠的基础。

首先，区块链可用于帮助投资人更好地了解创业团队。通过将信息上传到区块链，可以确保信息的可信度，因为这些信息将同步到征信与司法机构。同时，区块链的特性允许验证创业团队成员的学习经历、工作经历和无犯罪证明等信息，减少抄袭风险。此外，区块链还提供了合作历史的查看，以评估其合作能力，增加了透明度和信任度。其次，区块链对于进行财务尽调同样具有重要作用。它可以用来存证财务数据和财务流程，帮助投资人了解公司的历史业绩和财务流程。通过与电子签证机构的对接，可以解决财务流程中的问题，确保信息的可靠性和可追溯性。最后，区块链在法律尽调中也发挥了重要作用。法律尽调涉及大量的合同、协议和敏感信息，需要高度的保密性。区块链通过授权、权限控制和密码学设计，提供了零知识证明等安全机制，以确保保密信息的安全性。

19.2.3 指数编制

私募股权指数（PE Index）的研究日益成为机构投资人关注的焦点。机构投资人希望通过这些指数跑赢普通股权管理人，因为这些指数可以更准确地预测经济趋势。PE 指数整合了多种因素，包括不同行业、国家、客户类型和全球资金流动等，以提供有关投资机会的信息。目前，一些著名的私募股权指数由道富银行和 Cambridge Associates 编制。然而，指数的编制需要大量的客户数据，这引发人们对于数据隐私和安全性的顾虑。

区块链技术将为这一问题提供创新性解决方案。传统的方式需要获得客户许可后手动生成价格指数，这是一个“劳动密集型”的过程。但区块链将改变这一情况。通过区块链的加密设置，客户数据的隐私将得到保护，并且可以设计算法和数据模式。客户可以通过签名对机构的数据调取进行授权，而智能合约将为指数编制提供支持。此外，可以定制化设计，以确保机构无法查看数据内容，从而实现数据库的自动构建。在区块链模式下，数据本身仍然是安全的，而显示出来的趋势可以进行销售。每次机构对数据的调取都将在区块链上留下记录，客户可以通过查看记录要求机构进行分润。这一创新性的应用不仅提高了私募股权指数的可信度，还解决了客户数据隐私和安全性的问题，为私募股权领域带来了更高的透明度和可操作性。随着区块链技术的进一步发展，其在金融领域的应用前景将更加广阔。

19.3　区块链技术在区域股权市场的应用

19.3.1　区块链赋能区域股权市交易平台的建立

区域股权市场是中国金融体系的重要组成部分，但目前该市场面临一系列挑战，包括市场分散、缺乏透明度、不规范和信任缺失等问题，这些问题限制了其功能的充分发挥。为应对这些挑战，区块链技术的引入提供了一个更高效、便捷、透明和安全的解决路径。区块链的去中心化、分布式和不可篡改特性能有效解决股权交易中的信任和数据安全问题。采用“监管链 - 业务链”这样的双层区块链架构，并结合协同监管治理模型及动态可穿透式监管的隐私保护机制，使监管机构能够直接监控底层业务数据，解决了数据缺失、信息不对称、实时性不足和真实性难以保证等问题。这种技术使监管机构、政府服务机构、金融机构、中介机构和中小企业等各类市场参与者得以实现信息共享，不仅符合区域股权市场的分布式运营特征，还统一了市场基础设施，有效支持了区域股权市场的一体化发展和监管。此外，区块链技术的应用也为数字生态系统的构建提供了宝贵经验，并可作为其他行业在基础设施建设模式上的参考。这一创新性应用预计将为区域股权市场带来更大的透明度、效率和信任，同时也为整个金融领域的未来发展开辟了新的可能性。

区块链技术可以确保数据的安全性和透明性。通过加密技术和去中心化的特性，区块链可以防止数据被篡改或伪造，保证数据的真实性和可信度。这有助于提高股权交易的透明度，降低信息不对称的风险。区块链技术可以简化股权交易的流程。传统的股权交易需要经过多方验证和确认，流程烦琐，耗时较长。而区块链技术可以通过智能合约等技术实现自动化交易，降低交易成本，提高交易效率。区块链技术可以还帮助提高股权交易的风险管理能力。通过实时监测和预警，区块链可以及时发现潜在的风险点，采取相应的措施进行控制和应对。同时，区块链还可以通过智能合约等技术降低违约风险和操作风险。区块链技术可以实现信息共享，降低信息不对称。通过区块链，各个参与方可以实时获取到准确、完整的数据信息，提高决策效率和准确性。区块链技术可以帮助增强监管合规。通过区块链技术，可以实现监管信息的公开透明和可追溯性，加强市场监管和风险控制。同时，区块链技术还可以用于反欺诈和反洗钱等领域，提高金融交易的合规性和安全性。区块链技术可以为中小企业提供更加高效、便捷的融资服务。通过区块链技术，可以实现融资服务的智能化管理，降低融资成本和风险，提高融资效率。通过上述内容，区块链技术的赋能通过提升数据安全性与透明性、简化交易流程、提高风险管理能力、促进信息共享、增强监管合规以及优化融资服务等方面促进了股权交易平台的建立。

19.3.2 区块链赋能区域股权市场交易模式的创新

区块链在促进区域股权市场交易模式的创新方面发挥了重要作用。首先，去中心化不仅是区块链的一个重要特征，在区域股权市场交易模式创新方面，区块链技术可以实现去中心化的交易模式，使得交易不再依赖于传统的中介机构，降低了交易成本，提高了交易效率。同时，去中心化交易也增加了交易的透明度，减少了信息不对称的问题。其次，通过智能合约手段实现自动执行交易合同，减少了人为干预和操作风险。通过预设的规则和条件，智能合约可以自动化处理交易流程，提高了交易的效率和准确性。区块链技术还可以建立安全、可追溯的股权登记系统，实现股权信息的完整性和准确性。这有助于降低股权交易中的风险和操作成本，提高了股权交易的效率和安全性。区块链技术可以为股权融资提供更加高效的服务。通过区块链技术，可以实现股权的智能化发行和交易，降低信息不对称和风险，提高股权融资的效率和安全性。最后，区块链技术可以帮助实现监管信息的公开透明和可追溯性，加强市场监管和风险控制。同时，区块链技术还可以用于反欺诈和反洗钱等领域，提高金融交易的合规性和安全性。总的来说，区块链技术在区域股权市场交易模式的创新中发挥了重要作用，提高了交易的效率和安全性、优化股权登记和托管流程、加强风险管理、降低融资成本和风险、优化信息披露和监管流程等。未来，随着技术的不断发展和完善，区块链将继续促进区域股权市场交易模式的创新和发展。

19.3.3　区块链赋能区域股权市场监管机制的完善

区域股权市场是中小企业融资的重要渠道，然而，中小企业在这个市场上面临着信息披露和公司架构等一系列问题。与此同时，私募股权投资对企业内部信息披露有一定的要求标准，这也是中小企业面临的挑战之一。区块链技术的分布式账本特性使其在股权登记方面具有独特的优势。通过将股权信息记录在区块链上，可以实现实时更新，防止篡改和造假，提高了股权登记的质量和可靠性。这为中小企业提供了更加安全和可信的融资渠道。监管部门需要实时访问企业和私募股权投资的数据信息，以有效监管市场。区块链技术可以实现监管信息的共享，使监管部门能够实时获取数据，减少了监管滞后性，提高了市场的透明度和公信力。地方政府可以将区块链视为可信的公共基础设施，进一步增强市场的公信力。为了推动科技监管的新模式，可以采用“监管链 - 业务链”双层区块链架构。这种架构可以实现协同监管治理和动态可穿透式监管的隐私保护。监管链用于监管数据的存储和访问，而业务链用于中小企业和私募股权投资的交易和数据处理。这种双层架构有助于构建跨产品、跨机构和跨市场的协调监管体系。通过金融数据对象建模技术，监管链可以向地方业务提供赋能的链上服务，有助于实现监管与服务的融合，提高了监管效率，同时促进了区域股权市场的发展。

19.4　区块链技术在私募股权投资的应用

区块链本质上是一种通过去中心化的方式维护分布式数据库的技术方案，是一连串使用密码学方法产生相关联的数据块，每个数据块中包含着一段时间内全网交易的信息，用于验证信息的有效性和生成下一个数据块。这些数据块之间像链条一样互相连接，互享信息。通俗而言，区块链可以被视为一种分布式的网络记账技术。其共享、加密、不可篡改等技术特点使其能够提供加密且开放的记账业务，能够让参与者们得到准确的资金、财产或其他资产的账目记录。

19.4.1 私募股权交易应用区块链的优势

区块链技术作为一种去中心化的创新手段，不仅限于金融服务领域，其应用也扩展到了其他多个行业。这种技术以其分布式账本和存储机制，确保信息的透明性和不可更改性，有效地解决了传统金融领域中的欺诈和操纵风险。区块链的灵活编程特性还为金融服务带来了创新的空间。在私募股权交易领域，区块链技术相比传统方法拥有显著优势。传统的私募股权交易过程中存在的技术问题，如低交易频率、烦琐的文件处理、数据丢失风险和复杂的流程，都可以通过区块链技术得到有效解决，从而极大提升交易效率。利用区块链的分布式账本，私募股权交易的文件和数据可以得到实时的存储和访问，简化了交易流程。此外，区块链技术还有助于减少违规行为，提升交易的安全性和透明度。私募股权市场作为一种场外交易市场，与区块链的分布式记账功能高度契合。在私募股权交易中，由于其交易的特点，如实名交易、非担保交收清算、相对离散的交易和较低的实时性要求，使交易差错的纠正更加容易，对全局性风险的容忍度也较高。因此，将区块链技术应用于区域性股权交易市场、机构间市场、券商柜台市场等场外市场，可能实现重大突破，有利于优化私募股权交易平台的构建，推动股权市场的完善以及国内直接融资体系的改进。这不仅对提升金融体系的效率和稳定性至关重要，也为企业提供了更多融资机会，进而促进经济发展。因此，区块链技术在私募股权交易领域的应用具有深远的价值和重要意义。

19.4.2 私募股权交易平台应用区块链的具体分析

区块链技术在数据存储和管理方面提供了显著的优势。一方面，它能够建立去中心化的数据存储平台，实现数据交易的全程跟踪，确保交易数据的不可篡改性和来源的可靠性。这样有效地规避了中心化数据存储系统可能面临的攻击或管理不善导致的数据丢失或泄露风险。另一方面，区块链提供了可靠的数据管理方法。在区块链中，所有数据都带有时间戳并经过共识机制的验证，确保其不可更改和无法伪造。这使得股权资产的确权、授权和实时监控成为可能。通过记录用户的交易操作和金额等信息，区块链能有效防止交易中的错误信息。其去中心化的结构也使交易流程更加高效，通过智能合约和可编程功能实现自动化的清算和结算，降低了传统中心化清算系统的繁复性和成本。

区块链股权交易平台通常包括两个主要部分：底层是一个利用区块链技术创建用户账户和记录交易的点对点网络，该网络以去中心化的形式连接用户账户，形成分布式总账；顶层则用于存储用户的基本信息和数据，利用这些信息和数据实现平台的各项功能，如股权登记、购买和转让等。在这个平台上，每个用户通过私钥来保护自己的账户数据，未经授权无法访问。进行股权交易时，平台将调用底层区块链，通过智能合约记录交易信息到对方的区块链账户中，实现即时结算和迅速的交易记录。在整个交易过程中，从信息获取到登记、交易服务提供、指令下达、结算和交割等环节，都在区块链平台上进行，每一笔交易都被清晰且准确地记录在区块链上，可供所有节点查询。由于区块链网络中每个节点都持有一个区块链副本，即使某个节点出现问题，其他节点和整个网络仍能维持正常运行，确保了平台的安全性和稳定性。

19.4.3　私募股权交易平台应用区块链的实例

在过去的几年里，国外出现了众多成功案例，将区块链技术应用于私募股权交易。这些案例充分展示了区块链在金融领域的潜力和应用前景，并为我们提供了宝贵的经验和启示。其中最著名的案例之一是美国纳斯达克交易所与区块链科技公司 Chain 在 2015 年共同合作开发的私人股权交易平台 Linq。该平台基于比特币的区块链技术，利用区块链的不可篡改性来解决传统股权交易中可能出现的数据错误或人为篡改的问题。通过将交易数据记录在区块链上，从而确保数据的透明性和安全性。Linq 平台能够提高交易的效率和可靠性，为私募股权交易带来了革命性的变化。除了 Linq 平台，还有其他一些项目也致力于开发应用区块链技术于股权交易平台。例如，Overstock t ¢ 、Equibit、Bitshares 和 Hyper - ledger Fabric 等项目都已经进入市场或正在进行试运行。这些项目通过不同的技术和运营模式，都在探索如何通过区块链技术来改善股权交易的效率和可信度。此外，国外的证券交易所和金融机构也纷纷投入区块链技术应用于股权交易平台的研发与实验中。它们认识到区块链技术的潜力，并希望利用其特性来提高交易的效率、降低交易成本，并加强交易的透明度和安全性。这些机构不断尝试和探索，以期能够为私募股权交易领域带来真正的革命性变革。总的来说，国外的区块链股权交易平台案例不仅展示了区块链技术的潜力和应用价值，还为我们提供了宝贵的经验和启示。在国外的成功案例的基础上，我们应该更加重视区块链技术在私募股权交易领域的应用，不断探索和推动这一领域的发展，为私募股权交易带来更多的机遇和创新。

在国内，私募股权交易领域的探索与应用区块链技术的实践正逐渐增多，这标志着新的技术正在为该行业的发展带来新的可能性。其中，2016 年 6 月，太一云科技与北方工业股权交易中心合作开发了区块链股权登记系统 TERS，这一举措使得北方工业股权交易中心成为首家在新三板试验使用区块链技术的股权交易所。通过应用区块链技术，TERS 系统实现了股权信息的安全存储、快速传递和透明分布，提高了交易的效率和可信度。这一合作进一步推动了区块链技术在私募股权交易领域的应用。值得一提的是，2018 年 1 月推出的 ShareX 不仅获得了“潜力股区块链初创公司”的称号，还获得了知名企业如滴滴和蚂蚁金服的股权转让计划委托。作为区块链股权交易平台，ShareX 利用智能合约和去中心化的特点，提供了高效、安全、透明的股权转让服务。通过 ShareX，投资者可以实现更便捷的股权交易，并获得更多的选择和机会。除太一云科技和 ShareX 外，国内还有一些其他区块链初创公司也在积极研发区块链股权众筹和交易平台，并取得了一定的进展。例如，小蚁（NEO）致力于打造智能经济与数字资产平台，通过其区块链技术，为投资者提供了跨链智能合约和数字身份验证功能，进一步提升了股权交易的安全性和效率。布比（bubi）也在不断完善其区块链技术，通过与多个企业合作开发出了用于股权交易的区块链解决方案。金股链则专注于为中小企业提供股权众筹服务，通过区块链技术实现了更加公平、透明和高效的融资渠道。总的来说，私募股权交易领域的区块链技术应用正在蓬勃发展，为投资者和企业带来了更好的交易体验和更为高效的资本流动。随着技术的不断进步和市场的进一步发展，相信区块链技术将逐渐成为私募股权交易领域的重要支撑。

19.5　区块链技术在主体企业的应用

19.5.1　区块链技术在提升企业价值的应用

区块链技术已经在金融领域引起了巨大的关注和变革，其分布式账本和智能合约功能为企业和投资者提供了更高的透明度和安全性。与此同时，区域股权市场作为企业融资的一种途径，在支持中小企业发展方面发挥了关键作用。

区块链技术的应用与区域股权市场相结合，不仅对投资者和市场有积极影响，同时对企业价值提升也起到了巨大的作用。区块链技术的应用不仅使得企业降低了融资成本，还提供了更多融资渠道，使中小企业更容易获得所需的资金。传统融资通常依赖于银行和其他金融机构，伴随着高昂的利率和手续费。而区块链技术通过去除中介环节，使融资更加直接和高效。企业可以通过区域股权市场的方式来直接吸引投资者，降低了融资成本，提高了融资效率。这为企业提供了更多的灵活性，使它们能够更快速地应对资金需求，推动企业的扩张和增值。

区块链技术的应用可以加速企业进行技术创新，从而提高企业竞争力。企业探究如何应用区块链技术来改进其业务流程、提供更安全的产品和服务，甚至创造全新的商业模式。在区块链技术加持之下的企业创新不仅有助于企业实现内部效益，还可以满足市场需求，帮助企业进入新兴市场领域。企业通过不断改进和创新，能够更好地满足客户需求，提高企业价值。区块链技术的采用还可以帮助企业更好地跟踪和管理供应链，提高生产效率，进一步提高企业的竞争力。

区块链技术的应用提高了交易的透明度和数据的安全性，这有助于建立企业的声誉。投资者更容易获得关于企业的真实和可信信息，从而更愿意与企业合作。企业的声誉是其市值的一部分，信誉良好的企业在市场中更容易获得投资，吸引更多的合作伙伴，推动企业价值提升。投资者更愿意投资那些受信任的企业。此外，合作伙伴也更倾向于与受信任的企业合作，信任和声誉的积累对企业的价值产生了积极的影响，推动企业价值的增长。

19.5.2 区块链赋能中小企业发展

通过整合区块链、大数据以及其他数字技术，能够有效地实现资本市场和区域实体经济的紧密连接，构建区域性股权市场的区块链金融生态系统，旨在服务区域经济、鼓励开放协作，促进共赢。这一生态系统基于可扩展和可推广的跨链互通应用框架，支持各种链上、链外以及跨链的可插拔式应用服务。监管链的支持使不同区域能够实现互联互通，无论何时何地都可以通过单一接入点获得全国范围的跨链赋能服务。此体系提供了各种新型金融产品，如投贷联动、投租联动以及供应链金融等，这些产品旨在服务区域内的中小型企业，提升区域金融领域的服务质量和效率，助力实体经济积极推进数字化转型。

区块链技术在区域股权市场的应用能够提供更高效、便捷、透明和安全的解决方案。由于去中心化、分布式和不可篡改的特性，区块链技术能够有效解决股权交易中的信任和数据安全问题。借助区块链赋能，区域股权市场可以实现信息共享和价值流通，使小微企业的股权资产成为可流通和交易的资产。这将增加小微企业股东的流动性，提高财务灵活性，并增强投资者的信心，推动资本市场的发展。此外，区块链技术还能实现智能合约，自动执行和监控合约中的条件和条款，极大降低交易成本和中介机构制度成本，提升股权交易的安全性。总而言之，在区块链技术的赋能下，区域股权市场可以实现信息共享和价值流通，并降低交易成本和中介机构制度成本，促进资本市场的发展。

19.6　本章小结

本章内容主要对区块链技术驱动区域股权市场要素融合路径进行了系统性的分析。首先，通过相关研究和分析得出区块链技术结合其自身特征在区域股权市场的应用路径主要包括区块链存证、电子签名、对接司法、风险管理和融资服务几个方面，说明了区块链技术在区域股权市场中发挥的独特作用，在此基础上，又系统介绍了包括交易记录、尽职调查和指数编制在内的区块链技术应用场景。其次，本章从区块链赋能角度分析了其对区域股权市场的建立、交易模式的创新和监管机制的完善三个方面说明区块链技术在区域股权市场的应用。再次，分析了私募股权交易在运用区块链技术的优势以及对私募股权交易平台应用区块链的具体分析和实例进行了说明。最后，通过说明区块链技术在提升企业价值的应用和区块链赋能中小企业发展两个方面说明了区块链技术在主体企业的应用。通过上述内容分析得出，区块链技术主要是结合其自身去中心化、独立性、开放性和安全性等特征来对区域股权市场中的各要素产生作用，从而实现其要素的融合。

第20章　基于区块链技术的多要素融合框架构建与实施保障

20.1　基于区块链技术多要素融合框架的构建

区块链技术，或称分布式账本技术，通过点对点网络的分布式存储确保数据一致性，并提供应用服务。分布式账本是区块链的基础，它是一个由多个节点维护的去中心化数据库。每个节点都有完整的账本副本，确保数据的去中心化存储和共享。分布式账本的关键优势在于防止单点故障，从而形成不可篡改的链式结构。去中心化目的旨在减少单点故障，提高系统的稳定性。区块链技术在此框架中扮演核心角色，提供去中心化、安全、透明的数据管理和交易记录服务。通过区块链，各参与方可以建立信任关系，无须依赖第三方中介。此外，区块链的智能合约功能可以实现自动化交易和合同执行，大大提高交易效率。

区域性股权市场是服务于所在省级行政区域内中小微企业的私募股权市场，主要从事中小微企业私募证券和股权的融资与转让活动，也是地方政府扶持中小微企业政策措施的综合运用平台。股权发行与交易平台是区域股权市场的核心组成部分。这个平台提供了企业进行股权交易的基础设施，在该平台上，企业可以通过发行股票或其他金融工具来筹集资金，而投资者则可以在这里进行股权的买卖。结合区块链技术，利用区块链的不可篡改特性，可以确保区域股权市场中股权转让的真实性和合法性。此外，利用区块链的数据分析和智能合约功能，可以为客户提供个性化的投资建议和风险控制。通过区块链技术，政府监管部门可以监控市场交易，从而可以做到预防潜在风险。

私募股权投资起源于20世纪40年代，现在已经发展成为全球金融领域中的重要创新工具。私募股权投资是一种通过非公开市场进行的股权投资活动，涉及专业投资者和私募基金。与公开市场不同，私募股权投资的交易不在证券交易所上市，而是直接发生在投资者和非上市企业之间。私募股权投资涉及较高的风险，因此投资机构需要采取有效的风险管理措施，对市场和行业的具有深刻理解，才可能规避潜在的风险。区块链技术同样可以应用于私募股权投资，基于区块链的数据分析功能，投资者可以更准确地评估投资项目，从而获取超额的投资回报。通过区块链的数据完整性和可追溯性，投资者可以追溯欲投资项目的全部数据，进行严格缜密的数据分析，做出正确的投资决策，从而投资者可以更好地评估和管理投资风险。

企业是市场经济活动的主要参与者，是社会发展的产物，因社会分工的发展而成长壮大。企业的组织结构是指企业的内部管理和组织体系，高效的组织结构能够确保企业内部的协调和沟通，实现企业的战略目标。人力资源是企业最重要的资产之一，是企业实现成长的重要因素。企业需要专业知识和技能过硬的员工，并激发他们的积极性和创造力。区块链技术在企业当中的应用可以体现为利用区块链技术追溯产品来源和物流信息，提高供应链的透明度和效率。另外，区块链技术加持下的财务系统可以实现自动化、智能化的账务处理和审计跟踪，方便对于财务数据的查询和审核，提高财务数据的准确性和可靠性。

政府在多要素融合框架中扮演着引导者、监管者和协调者的角色。政府需要制定相关政策，引导各要素向正确的方向发展，此外，政府还需要对各要素进行监管，确保其合规发展。最后，政府还需要协调各要素之间的关系，促进其协同发展。区块链技术的核心特点是去中心化、不可篡改和透明化，政府应用区块链技术可以确保数据的安全性和可信度，避免数据被篡改或伪造，从而实现更高效、透明和可信的管理和服务。区块链技术可以打破信息闭塞的情况，促进政府各部门之间的数据共享和互操作。通过区块链平台，各部门可以实时获取准确数据，更好地协调工作，提高政府整体的工作效率。

区块链技术作为一个网络平台，可以吸引各要素参与其中，产生更多的互动和合作机会，从而增强整个框架的效用和价值。各要素之间存在资源依赖关系，通过跨要素协同，可以实现资源共享和优势互补，提升整体竞争力。在基于区块链技术的多要素融合框架中，跨要素协同是实现整个框架高效运作的关键。通过区块链技术，各要素可以打破信息孤岛，实现数据共享、互操作和协同工作。利用区块链的分布式特性，各要素可以实时共享数据，确保信息的准确性和一致性。在多要素融合框架中，各要素都有自己的优势和资源。通过跨要素协同，可以实现资源共享和优势互补，提升整体竞争力。例如，企业主体可以利用私募股权投资机构的资金和管理经验，加速自身发展；私募股权投资机构则可以利用企业主体的市场和产品优势，寻找更好的投资机会。区块链技术可以为各要素提供通用的数据交换和交易标准，让多要素融合框架使不同系统之间能够无缝对接。基于区块链的信任机制，各要素可以更加紧密地协同工作，实现业务流的自动化。

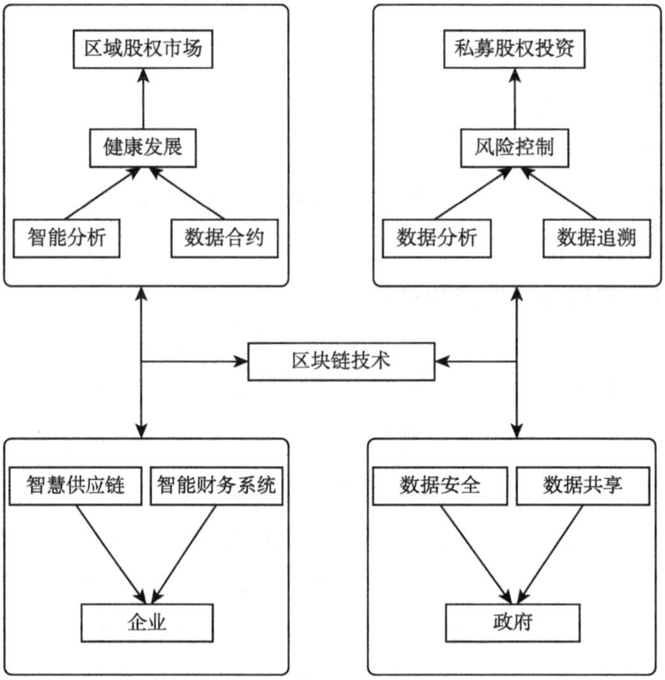

图 20－1　基于区块链技术的多要素融合框架

20.2　基于区块链技术多要素融合框架的功能定位

20.2.1　改善区域股权市场主体信息披露

信息披露对于企业在股权市场的交易是至关重要的，它涵盖了企业向投资者和其他利益相关方披露与其经营活动相关的重要信息。然而，在当前的股权市场中，信息披露主要是为了满足融资和交易的需求，往往不适用于中小企业和初创企业，因为它们的股权融资能力较弱且交易需求较少。以上海股权交易所的情况为例，其 2019 年的披露率不到 60%，这表明区域性股权市场在信息披露方面的不足。为了解决这个问题，区域性股权市场可以借助区块链技术，建立起企业诚信档案，逐步累积形成企业经营成长的数据库，以更好地服务私募股权融资活动和交易所的发行审核。

首先，区块链技术可以通过全生命周期的综合服务，将企业经营成长中的财务、税务、法律、人力资源、知识产权、股权变更、历史融资等多个方面的全过程原始信息记录在区块链上。这一做法不仅可以为投资者提供更全面、真实的数据信息，还能提高信息的可信度和准确性。其次，需要争取地方政府的支持，通过联盟链的方式打造区域生态，将政府各部门掌握的工商、司法、税务、海关、社保、水电等各类涉企数据导入区块链中，不断丰富数据维度，提高数据质量。这种做法可以实现数据的共享和整合，让投资者和其他利益相关方能够更加便捷地获取企业的相关信息。为了保护企业和数据提供方的安全和隐私，可以通过区块链技术给企业和数据提供方授权节点，并设定数据使用范围，确保数据的合法合规使用。这种授权机制可以有效地保障数据的隐私和完整性，使其不受未经授权的访问和篡改。最后，建议在一些发展优势突出的地区，如江苏省，将上市公司上市前的公开信息披露时间延长至 1—2 年，从而提升上市公司在上市辅导期到上市期间信息披露的连续性。这样可以进一步提高信息披露的质量和透明度，增加投资者对企业的信任度。通过充分利用区块链技术的特点和优势，区域性股权市场可以提升信息披露的效率和质量，为相关各方提供更准确、全面、及时的企业信息，促进投融资活动和交易的顺利进行。这样可以满足中小企业的需求，提高信息披露的可行性和实用性，推动区域性股权市场的可持续发展。

20.2.2 提升区域股权市场主体信息共享

托管登记作为区域性股权市场的基础业务和职能之一，在支持运营机构的经营发展方面起到了重要的作用。然而，目前的登记结算机制存在一些问题。首先，区域性股权市场的登记结算是由运营机构自行办理的，缺乏统一的标准和规范，导致登记质量和可信度难以保障。此外，登记托管职能在证监会制定的《监管办法》中仅作了明确，缺乏法律效力，并且与中国结算、市场监管部门之间缺乏有效的协作机制，这不利于区域性股权市场融入多层次资本市场体系。为了解决这些问题，可以考虑借助区块链技术来提高登记的质量和可靠性。区块链技术以去中心化、不可篡改、可追溯等特点，可以为股权登记提供更加安全和可信赖的解决方案。通过将登记信息存储在区块链上，可以实现不可篡改的登记记录，确保登记信息的可靠性。同时，区块链技术还可以实现实时采集和共享信息的功能，将各主体与证监会的监管部门连接起来，实现信息的同步共享和监管的实时性。这样一来，监管部门可以直接获取服务企业的信息，地方政府可以将区块链作为可信的公共基础设施，与市场监管部门、公证、法院等单位实现信息的同步共享，从而提高市场的公信力。借助区块链技术提高登记托管服务的能力和水平，可以有效提高确权的质量，并扩大服务的覆盖面。通过提供可信的登记托管服务，区域性股权市场可以赢得各方的信任和市场的认可，为政府部门的日常监管提供有力支持。此外，区块链技术还可以提高登记的效率，减少人为操作的错误和干预，为市场的健康发展提供良好的基础。综上所述，借助区块链技术来提高区域性股权市场的股权登记是一种具有潜力的解决方案。通过区块链的应用，可以提升登记的质量和可靠性，促进多层次资本市场体系的融合发展，为区域性股权市场的健康发展提供良好的条件。

20.2.3　完善区域股权市场综合金融服务

中小微企业，尤其是科创型中小微企业，由于规模小、资产规模轻、成长性不确定以及风险溢价较高等特点，其融资需求往往无法完全被单一的股权、债券、信贷等融资手段满足。因此，为了解决这一问题，区域性股权市场可以借助区块链技术，与政策性融资担保、融资租赁等机构进行深度合作。通过与这些机构的合作，区域性股权市场能够更好地满足中小微企业的多样化融资需求。一方面，借助区块链技术，可以提高信息透明度和信任度，降低交易成本，为中小微企业提供更便捷、高效的融资渠道。另一方面，结合政策性融资担保、融资租赁等机构的专业经验和优势资源，区域性股权市场能够为中小微企业提供更全面、更个性化的金融服务。除了与政策性机构的合作，区域性股权市场还可以联合私募基金、银行、保险、小贷、商业保理等机构，通过综合运用股权、债券、信贷以及地方金融工具等各种融资手段，并根据中小微企业的特点和需求，为其量身定制多样化的投融资产品。通过深度了解企业情况，建立企业画像，并结合市场经济的运行规律和风险控制原则，区域性股权市场能够为中小微企业打造有差异化的投融资产品体系，提供更全面、更高质量的综合金融服务。总之，区域性股权市场通过借助区块链技术和与各类金融机构的合作，能够深度满足中小微企业的多样化融资需求。通过提供更便捷、高效的融资渠道和个性化的金融产品，区域性股权市场为中小微企业的发展创造更有利的金融环境，促进其健康、可持续的成长。

20.2.4　推动多层次资本市场融合发展

区域性股权市场作为多层次资本市场的组成部分，具有重要意义和作用。通过建立区域性股权市场和新三板的对接机制，可以促进各层次市场之间的协同发展，为企业提供更加便捷的升级通道。其中，基于区块链记录的企业全生命周期可信数据的应用，能够为区域性股权市场在上市培育企业方面提供特殊的审查和准入条件豁免，从而提高新三板挂牌公司的质量。除了简化审查和准入流程，区域性股权市场还可以采用注册制和吻合指数等画像工具，帮助企业评估上市路线。通过这些工具，企业可以更加清晰地了解自身的发展阶段和市场定位，为未来的上市做好准备。同时，通过探索跨板块数据标准、接口和规则的互通，可以进一步推动多层次资本市场的构建，实现能上能下的目标。这些举措不仅为企业提供了更多选择和机会，也有助于提升市场的活力和竞争力，促进资源的优化配置。区域性股权市场作为多层次资本市场发展的重要组成部分，将引领我国资本市场的改革与发展，为经济的高质量增长提供有力支持。因此，建立区域性股权市场和新三板的对接机制以及深化市场的互联互通，将是未来资本市场发展的重要方向之一。

20.3　基于区块链技术多要素融合框架的实施保障

20.3.1　健全区域股权市场监管机制

区块链技术在私募股权交易领域的广泛应用以及金融区块链技术的快速发展预示着未来区块链股权交易平台将经历强劲的发展，市场规模将进一步扩大。因此，相关法律法规和监管部门的介入就显得更加必要。区块链技术的特性使其在一定程度上追求去中心化，减少对外部干预的需求。然而，这也引发了一些重要问题，特别是在涉及股权登记、交易合规等方面。区块链股权交易平台的典型特性之一是在股权登记方面提供公开且不可篡改的股权变动信息，这使企业可以选择将股东名册信息放在该平台上，而无须依赖传统的工商部门登记。虽然这减少了对工商部门的依赖，但并不代表监管者对其无法介入。尽管从市场规模和技术成熟度来看，尚不需要对基于区块链技术加持之下的私募股权交易进行专门监管，但这并不意味着监管机构无法介入。事实上，随着区块链股权交易应用的不断发展，未来在某些特定情况下，可能仍需要司法机关或相关监管机构的介入。因此，尽管区块链股权交易平台的固有特征减少了法律监管或干预的必要性，但在确保合规性、隐私保护和信息完整性方面，监管部门的介入仍然是必要的。未来的监管框架需要平衡区块链技术的创新和市场发展这架天平，同时确保投资者和企业的权益受到妥善保护。这就需要监管机构与区块链行业密切合作，切实制定适当的法律法规，推动技术的合规应用，确保市场的公平和透明。虽然国内外还缺乏对区块链股权交易平台的详细监管实践，但结合最近的国内外研究，本书认为未来的法律监管可以通过以下三个方面进行探索。

20.3.2 维护区域股权市场运营安全

随着区块链技术在区域股权市场的广泛应用，区域性股权市场采用双层链架构，建设数字化基础设施，实现了分布式运营和信息共享。这一技术连接了监管机构、政府服务机构、金融机构、中介机构和中小企业等各类股权市场主体，为实现中央智能监管提供了支持。这一举措也为其他行业在基础设施建设模式上提供了借鉴经验，加速区域实体经济的发展。然而，区块链股权交易平台的安全性和可靠性问题引起了广泛关注。硬件缺陷、软件漏洞、网络攻击、用户数据泄露等问题可能导致系统性错误，甚至平台崩溃。这对于股权交易平台的用户和整个市场都构成了重大威胁。一旦平台出现问题，所有在平台上的交易都会受到影响，尤其在平台规模扩大的情况下，涉及的金额和纠纷将更加庞大。例如，2016 年 6 月，美国著名的区块链项目以太坊的 The DAO 遭受黑客攻击，用户损失超过 5000 万美元，而由此产生的许多纠纷至今未能完全解决。因此，有必要建立紧急应对措施来解决股权交易平台的安全性问题。例如，如何应对系统崩溃或遭受攻击的应急措施，如何采取暂停交易、回滚交易或取消交易等。同时，还需要法律法规明确如何调整平台提供者、网络服务商和用户之间的利益和风险分配关系。此外，平台之间的竞争平台运营的安全性产生影响。健全的法律法规可以提供参考，确保平台在安全性问题突发情况下具备适应能力，以避免或减少整体风险。

20.3.3 规避平台智能合约潜在风险

在区块链股权交易平台上获取可配置资产主要是通过智能合约的方式

进行的，区块链的代码和算法会按照智能合约进行强制执行，这不仅极大提高了股权交易的安全性，也提高了股权交易的效率。例如，当交易过程中因为违约或其他情况导致合同的实施受到中止，那么股权交易的智能合约会根据合同的相关条款对违约或存在过错一方的违约成本进行计算并自动执行还款等其他强制措施。

智能合约带来高效率和高安全性的同时，其自身也存在一定的缺陷。智能合约的内容具有高灵活性，但是其实施后的执行过程就缺失了灵活的特征。智能合约一旦确立实施后，其将会严格按照智能合约中所陈列的内容或条款执行，即使交易过程存在合理中止情况也不能改变其运行方向，并且其结果无法纠正。比如说交易双方建立合约之后，发生自然灾害或战争等不可抗拒因素而影响合约义务的履行时，如果是在人工执行合同时是可以采取相关的应急措施加以中止，合同双方可以规避不必要的损失。但是在智能合约方式下，其会按合约的程序严格执行直至该项合约终止，这就可能使合同双方承受着不必要的损失。目前，由于在风险管控方面的相关技术手段和免责手段还有空白区，这使智能合约的广泛运用受到了很大影响。另外，通过 The DAO 事件可知其潜在的漏洞也是不法分子破坏正常交易的途径。

虽然逐渐完善的编程和技术手段可以优化智能合约，并使其在应对特殊情况时更加灵活，但在未明确其法律地位的情况下，动态变化的问题尤其是主观性强的问题就难以用这种静态设计的手段解决。所以，相关法律法规有必要对其法律效力和性质加以明确，对特殊情况进行特殊规定，并结合非智能化的人工处理来解决部分特殊情况。将司法监管机构和公证处设置为区块链的某个节点，当交易存在问题或纠纷时，通过这些相关部门或机构的介入进行处理，从而降低智能合约在执行过程中因缺失灵活性而带来的风险。

20.3.4 加强区域股权市场金融治理

股权交易平台同其他金融平台一样可能存在非法集资、洗钱或操纵市场的金融犯罪或证券违法活动。因此，对股权交易平台设置“监管账户”

进行监管并对相关的交易信息和数据进行审查并追踪是有必要的。

根据相关学者建议，可以在区块链平台中成立一个特殊的监管账户，授予该账户可以对所有区块内容进行查阅的权力，监管机构可以利用该账户对不同时间标签的数据进行筛查，从而对存在风险或存在疑点的交易进行有效审查和追踪。可以将从事监管的主体设置在区块链的某些特殊节点，并对相关信息进行同步，并支持司法监管部门或行政监管部门对账户审查或强制执行等特殊操作，而这些特殊操作是由监管账户进行触发。因此，区块链可以适当融入中心化机制，并进行支持相关监管部门的特殊操作要求的设计，从而使监管流程更加简化，监管成本更加低廉，监管效率更加高效。

20.3.5　健全区域股权市场法规建设

基于上述三点平台监管思路，结合国外监管经验，笔者认为未来可以从三方面着手推进对区块链私募股权交易平台或区块链应用于金融市场的监管立法或政策制定。

1. 修改或制定现有相关法律法规

区块链金融监管的首要任务是修改或制定相关法律规定，以适应区块链金融发展的需求。这一任务涉及多个领域的法律修改和补充，以确保法律法规能够适用于区块链金融领域的特殊情况。在修改合同法方面，需要明确智能合约的法律属性。智能合约是区块链技术的核心应用之一，它利用代码来自动执行合约条款，消除了传统合同执行中的许多不确定性。因此，合同法需要明确智能合约的性质、构成要素和参与主体的权利义务。例如，智能合约是否应该视为法律上的合同，以及如何确定智能合约的有效性等。另外，修改物权法是必要的，以明确数据和信息的所有权确认、虚拟财产的用益物权和担保物权的设立、变更或消除等。区块链技术的应用使得数据和信息的所有权确认变得更为复杂，因为数据和信息可以被多个参与者共享和修改。因此，需要明确在区块链上数据和信息的所有权是如何确认和维护的，以及相关的用益物权和担保物权是如何建立和变更的。此外，修改公司法也是必要的，以确认区块链平台上的股权变更登记、记录公司股东会、董事会选举和决议等行为的有效性。区块链技术具有高透明度和可追溯性，而这些属性对于公司治理和股权交易非常重要。因此，公司法需要考虑如何适应区块链技术对公司管理和治理的影响，并明确相关规定。除了合同法、物权法和公司法，其他金融法律如证券法、商业银行法、票据法等也需要相应的修改。区块链技术的应用给金融行业带来了新的挑战和机遇，因此需要相应的法律规定来适应和规范这些新的金融模式和业务。与修改法律法规一样，还需要制定特定的监管规则来具体应对区块链股权交易平台的运营安全性、智能合约潜在风险以及“监管账户”等方面的问题。这些规则将有针对性地监管和规范区块链股权交易平台的运作，同时作为对法律修订的补充措施。监管规则的制定需要考虑到区块链技术的特点和潜在的风险，以保护投资者的利益和市场的稳定运行。总而言之，区块链金融监管在修改和制定法律规定的同时，还需要制定具体的监管规则来应对区块链金融领域的特殊情况。这些措施将为区块链金融的发展提供稳定和可持续的法律环境，同时保护投资者的权益和市场的健康发展。

2. 制定和实施区块链股权交易应用的统一标准

通过相关的研究可知，如果要对跨区域的区块链金融进行监管，那么就需要制定并实施一个统一的标准。将区块链金融的相关标准进行统一，才能够使其监管进行全行业覆盖并能够得到有效实施。目前国外的银行巨头正致力于构建一个统一的关于区块链在银行业应用的标准，例如 2015 年组成的 R3 区块链联盟。当然，该领域在国内也有所发展，在中国分布式总账基础协议联盟（China Ledger）牵头下，开源区块链协议的工作于 2016 年 5 月开始进行创建，并制定跨行业标准以确保监管合规。

通过上述内容，笔者建议我国的相关金融机构和股权市场可以合作制定一个统一的区块链股权交易应用的标准，在此基础上针对智能合约中可能存在的潜在风险和保障平台的安全性等相关问题制定一个特殊的规则或标准，从而有效监管私募股权市场和区块链股权交易平台。

3. 采取“监管沙盒”方式监管区块链平台创新项目

监管沙盒（Regulatory Sandbox）是一种当前盛行的监管机制，它为金融创新提供了一种可以平衡创新过程中风险与发展的途径。在监管沙盒中，监管机构与金融机构合作，监管机构允许金融机构在一定范围内测试新的金融项目。监管沙盒这一机制的核心特点在于，在测试过程中，监管机构可以适当放宽项目的准入门槛，以便金融机构能够更灵活地尝试新的理念和技术。如果项目成功地通过了测试，获得了监管机构的授权，那么它可以在更广泛的范围内进行推广和实施。这为金融科技领域的初创公司和创新者提供了一个相对安全的环境，鼓励他们尝试新的商业模式和金融产品。这有助于推动金融科技领域的不断创新和发展。然而，监管沙盒也并不是一味放松监管的机制。如果一个项目未能通过测试，监管机构可以要求项目停止，以确保金融系统的稳定性。监管沙盒的实施可以防范金融风险的扩散，同时也为金融科技领域提供了更多机会。它在全球范围内受到越来越多国家和地区的采用，成为促进金融科技创新的有效方式。监管机构、金融机构和监管沙盒中的项目方可以共同合作，推动金融领域的发展，同时保持金融系统的健康和稳定。

上述监管模式同样可以应用于区块链私募股权交易平台。对于相关申报的项目，可以将其在相对封闭的私募股权市场内进行运行。在该运行期间，对其市场表现进行谨慎观察，并对可能存在的风险进行把控。如果其在测试中表现良好，监管机构可以对这一测试过程进行公示并赋予其合法地位，从而使其更好服务于市场。监管沙盒可以为监管机构所利用，促使区块链股权交易平台的创新与发展，另外，还可以帮助其进一步强化对风险的特征和金融本质，以及相关操作手法的认识，从而积累相关的经验来更好制定相关政策对风险进行防范。此外，当项目处于试行阶段时候，监管者在测试的缓冲期内可以根据得到的相关信息来构建监管框架，这就能更好地制定相关政策或制度来服务即将问世的新项目或新产品。

20.4　本章小结

本章内容主要是基于区块链技术的多要素融合框架构建与实施保障的分析，通过对前文区块链技术在区域股权市场的应用的研究进行分析，以及探索区域股权市场多要素的深度融合，从而构建出基于区块链技术的多要素融合框架，并基于此明确区块链技术可以改善区域股权市场的主体信息披露、提升区域股权市场的主体信息共享程度、完善区域股权市场的综合金融服务以及推动多层次资本市场融合发展的框架目标，在此基础上再进一步提出包括健全区域股权市场监管的机制、维护区域股权市场的运营安全、规避平台智能合约潜在风险、加强区域股权市场的金融治理以及健全区域股权市场的法治建设在内的保障措施。这有利于优化市场运行机制，提高市场效率和公信力。同时，为监管机构提供有效的监管工具和手段，加强市场风险防控和预警。这一分析有助于推动区域股权市场的创新发展，提升市场服务水平和竞争力，为地方经济的持续发展提供有力支持。

本篇小结

近年来，随着科技的飞速发展，区块链技术已经逐渐从比特币的底层技术演变为金融、物流、医疗等多个领域的新兴技术。其中，区块链技术在股权市场中的应用受到了广泛关注。区域股权市场作为我国多层次资本市场的重要组成部分，其发展一直受到各级政府和监管机构的关注和推动。而区块链技术的多方协作性、透明度、防篡改等特点使得其在区域股权市场中具有广泛的应用前景。目前，我国区域股权市场仍然存在诸多问题。首先，市场活跃度较低，交易量小，这使得许多企业难以通过股权融资实现快速发展。其次，信息不对称问题较为严重，投资者难以对企业的真实情况作出准确判断，增加了投资风险。此外，监管难度大、交易成本高等问题也制约了区域股权市场的健康发展。为了解决这些问题，本书提出了基于区块链技术的区域股权市场多要素融合研究。该研究旨在通过区块链技术实现区域股权市场的数字化、智能化、透明化，推动市场要素的深度融合，提高市场活跃度和交易量，降低投资风险和交易成本，为企业的快速发展提供有力支持。

本篇主要进行了四方面的研究：一是对区域股权市场的相关文献分析研究，并对其概念进行了界定，以及对区域股权市场的特征和发展现状进行了概括和总结；二是区域股权市场要素及作用机理分析，阐述在区域股权市场中的各种要素所发挥的作用，以及对要素间的作用机理作用进行系统性分析；三是区块链技术驱动区域股权市场要素融合路径分析，在对区块链技术的应用路径和应用场景的梳理和分析后，进一步对区块链技术在区域股权市场、私募股权投资和主体企业中的应用进行了分析和总结；四是基于区块链技术的多要素融合框架构建与实施保障，探讨基于区块链技术多要素融合框架的构建，并说明其目标和实施保障措施，旨在厘清区域股权市场各要素间的作用关系，并为其提供一个良好的市场环境。

具体而言，本篇的主要研究内容及创新点如下：

区域股权市场的概念、特征和发展现状的概述。区域股权市场，又称区域性股权交易市场，是为特定区域内的企业提供股权、债券转让和融资服务的私募市场。它是公司规范治理、进入资本市场的孵化器，也为股份公司股权转让提供交易场所。区域股权市场是由地方政府管理的、非公开发行证券的场所，是资本市场服务小微企业的一种新的组织形式和业态，也是多层次资本市场体系的组成部分。相较于场内交易而言，区域股权市场具有挂牌标准低和融资成本低的特征，其交易方式是协议转让交易制度也不同于场内交易的交易方式。在区域股权市场的发展模式中，以国有企业为主导的模式成为一种普遍趋势，区域股权市场的发展呈现一种规模不断扩大，数量不断增长的趋势。

区域股权市场要素及作用机理分析。区域股权市场的要素及各要素之间的作用机理分析，主要包括区域股权市场要素、私募股权投资要素、企业主体要素、区块链技术要素、政府要素、银行要素以及证券机构要素等，区块链技术可以为区域股权市场的发展提供交易平台，确保交易安全，政府机构可以利用区块链技术来提高监管透明度。基于区块链技术要素，区域股权市场内企业主体要素同私募股权投资等要素之间产生相互作用，政府、银行和证券机构要素可以为其提供服务和监管，从而使区域股权市场下的交易更具安全性。

区块链技术驱动区域股权市场要素融合路径分析。区块链技术的应用路径可以从区块链存证、金融支持、风险管理、电子签名和法律服务角度落地，其常用于交易记录、尽职调查和指数编制的应用场景。区块链技术在区域股权市场中的应用通过赋能区域股权市场交易平台建立、推动区域股权市场交易模式创新以及促进区域股权市场监管机制的完善，区块链实现了自动清算和结算，避免了传统中心化清算制度烦琐的程序和高昂的成本，以此来促进私募股权投资的应用，通过整合区块链、大数据以及其他数字技术，能够有效地实现资本市场和区域实体经济的紧密连接，构建区域性股权市场的区块链金融生态系统，促使区块链技术赋能企业价值提升和赋能中小企业的发展。

基于区块链技术的多要素融合框架构建与实施保障。区块链多要素融合框架包括区块链技术改善区域股权市场的主体信息披露、提升区域股权市场的主体信息共享程度、完善区域股权市场的综合金融服务以及推动多层次资本市场融合发展，基于区块链技术的实施保障包括健全区域股权市场监管的机制、维护区域股权市场的运营安全、规避平台智能合约潜在风险、加强区域股权市场的金融治理以及健全区域股权市场的法治建设，区块链技术为区域股权市场的发展提供了新的机遇和可能性。区块链技术和区域股权市场的发展需要继续投入研发力量，同时完善相关法律法规，以促进区块链技术和区域股权市场的健康、可持续发展。

区块链技术驱动区域股权市场多要素融合研究，不仅有助于提升市场交易的透明度和效率，降低交易成本，还能加强市场监管和风险控制，保障投资者的合法权益。同时，通过多要素融合，可以优化市场结构，促进金融创新和服务升级，为区域经济的发展注入新的活力。这一研究对于推动区域股权市场的数字化转型、提升市场竞争力、促进市场健康发展具有重要的现实意义和战略价值。

参考文献

[1] Shahab S, Allam Z, Rickman D, et al. Reducing transaction costs of tradable permit schemes using Blockchain smart contracts [J]. Growth and Change, 2020, 51 (1).

[2] Zhang Y, Zhang P, Tao F, et al. Consensus aware manufacturing service collaboration optimization under blockchain based Industrial Internet platform [J]. Computers & Industrial Engineering, 2019, 135 (SEP.): 1025 – 1035.

[3] Sheel A, Nath V. Effect of blockchain technology adoption on supply chain adaptability, agility, alignment and performance [J]. Management Research Review, 2019, 42 (12): 1353 – 1374. DOI: 10.1108/MRR – 12 – 2018 – 0490.

[4] 张长贵，张岩峰，李晓华等．区块链新技术综述：图型区块链和分区型区块链 [J]. 计算机科学，2020，47 (10)：8.

[5] 何蒲，于戈，张岩峰等．区块链技术与应用前瞻综述 [J]. 计算机科学，2017，44 (4)：8.

[6] 于博. 上市还是并购：信息不对称视角下的风投退出方式研究 [J]. 经济学家，2013 (7)：17 – 23.

[7] 高正平，张兴巍. 私募股权投资基金中国化制度构建——BMW 假说及拓展 [J]. 北京工商大学学报（社会科学版），2010 (5)：27 – 32.

[8] Gompers, P. Grandstanding in the Venture Capital Industry [J]. Journal of Financial Economics, 1996, 42 (1): 133 – 156.

[9] Tykvova T, Mannheim Z. Venture capital, earnings management and the performance of initial public offerings on the Neuer markt [J]. Journal of Private Equity, 2005, 13 (1): 62 – 72.

[10] Kortum S, Lerner J. Assessing the contribution of venture capital to

innovation [J]. Journal of Economics, 2000, 31 (4): 674 -692.

[11] Fama E F, Jensen M C. Separation of ownership and control [J]. Journal of Law and Economics, 1983, 25 (3): 301 -325.

[12] Jensen M C, Kaplan S, Ferenbach C, et al. Morgan Stanley roundtable on private equity and its import for public companies [J]. Journal of Applied Corporate Finance, 2006, 18 (3): 8 -37.

[13] Tykvova T, Mannheim Z. Venture capital, earnings management and the performance of initial public offerings on the Neuer markt [J]. Journal of Private Equity, 2005, 13 (1): 62 -72.

[14] Barry C, Muscarella C, Peavy J, Vetsuypens M. The role of venture capital in the creation of public companies: evidence from the going - public process [J]. Journal of Financial Economics, 1990, 27 (3): 447 -472.

[15] Bloom N, Reenen J V. Patente real options dan firm performance [J]. The Economical Journal, 2002, 112: 97 -116.

[16] 李九斤，王福胜，徐畅．私募股权投资特征对被投资企业价值的影响——基于2008 -2012年IPO企业经验数据的研究 [J]. 南开管理评论，2015，18 (5): 151 -160.

[17] 张云峰，周耀亮．区域性股权市场引入区块链技术探索数字化转型之路 [J]. 清华金融评论，2022 (12): 75 -79.

[18] 张欢，徐育红．区块链技术应用能提升企业价值吗——来自主板制造业的经验 [J]. 会计之友，2023 (18): 155 -161.

[19] 吴培钦．区块链技术推动市场监管“链式”治理研究 [J]. 价格理论与实践，2021 (5): 169 -172.

[20] 李九斤，陈梦雨，徐玉德．区块链技术在金融领域应用的研究综述 [J]. 会计之友，2021 (22): 137 -142.

[21] 安立．区块链在私募股权交易领域的应用 [J]. 上海立信会计金融学院学报，2017 (2): 47 -51.

[22] 陈志斌，潘好强，戚珺．基于区块链技术的企业风险管理体系构建 [J]. 财务研究，2022 (3): 35 -43.

[23] 张夏恒．基于区块链的供应链管理模式优化 [J]. 中国流通经

济，2018，32（8）：42 - 50.

［24］梁洪，张晓玫．区块链与银行的融合能否破解中小企业融资困境？［J］．当代经济管理，2020，42（5）：91 - 97.

［25］张欢，徐育红．区块链技术应用能提升企业价值吗——来自主板制造业的经验［J］．会计之友，2023（18）：155 - 161.

［26］SARA S，MAHTAB K，JOSEPH S，et al. Blockchain technology and its relationships to sustainable supply chain management［J］．International Journal of Production Research，2019（7）：2117 - 2135.

［27］万滢霖，陈欣．企业区块链应用、信息化投入与内部资本市场效率［J］．投资研究，2021，40（3）：79 - 94.

［28］林心怡，吴东．区块链技术与企业绩效：公司治理结构的调节作用［J］．管理评论，2021，33（11）：341 - 352.

［29］Bloom N，Reenen J V. Patente real options dan firm performance［J］．The Economical Journal，2002，112：97 - 116.

［30］Serkan Kurt. Investigation of the Relationship Between Brand Value and R&D Activities：Fortune 500 Companies Analysis［J］．Procedia Computer Science，2019，158：1019 - 1024.

［31］李维安，李滨．机构投资者介入公司治理效果的实证研究——基于 CCGI（NK）的经验研究［J］．南开管理评论，2008（1）：4 - 14.

［32］刘银国，朱龙．公司治理与企业价值的实证研究［J］．管理评论，2011，23（2）：45 - 52.

［33］吴维锭．区块链技术与公司治理的融合——价值、路径和法律因应［J］．证券市场导报，2021（6）：2 - 12，32.

［34］李奕苇．多层级视角下区块链技术发展的专利情报实证分析［J］．科技管理研究，2022，42（7）：171 - 180.

［35］Fama E F，Jensen M C. Separation of ownership and control［J］．Journal of Law and Economics，1983，25（3）：301 - 325.

［36］Rui W，Zhangxi L，Hang L. Blockchain，Bank Credit and SME Financing［J］．Quality & Quantity，2018，53（3）：1127 - 1140.

［37］Fran Casino，Thomas K.，Dasaklis，Constantinos Patsakis. A systematicLiterature Review of Blockchain - based Applications: Curent Status, Classification and Open Issues [J]. Telematics and Informatics, 2019, 36: 55 - 81.

[38] 王会娟，张然．私募股权投资与被投资企业高管薪酬契约——基于公司治理视角的研究 [J]．管理世界，2012 (9): 156 - 167.

[39] Khwaja, A. I. , Mian, A. . Do Lenders Favor Politically Connected Firms? Rent Seeking in an Emerging Financial Market [J] . Quarterly Journal of Economics, 2005, 120 (4): 1371 - 1411.

[40] See David Yermack: Corporate Governance and Blockchains, Review of Finance, 2017, 7 - 31.

[41] See Fiammetta S. Piazza: Bitcoin and the Blockchain as Possible Corporate Governance Tools: Strengths and Weaknesses, 9 Bocconi Legal Papers 125, 2017.

[42] Rui W, Zhangxi L, Hang L. Blockchain, Bank Credit and SME Financing [J] . Quality & Quantity, 2018, 53 (3): 1127 - 1140.

[43] Hugo Hoffmann Christian. Blockchain Use Cases Revisited: Micro - Lending Solutionsfor Retail Banking and Financial Inclusion [J] . Journal of Systems Science and Information, 2021, 9 (1): 1 - 15.

[44] Acharya V, Hahn M, Kehoe C. Corporate Governance and Value Creation: Evidence from [J] . Private Equity, 2010, 19 (5): 251 - 268.

[45] Zhang Y, Zhang P, Tao F, et al. Consensus aware manufacturing service collaboration optimization under blockchain based Industrial Internet platform [J] . Computers & Industrial Engineering, 2019, 135 (SEP.): 1025 - 1035. DOI: 10. 1016/j. cie. 2019. 05. 039.

[46] Sheel A, Nath V. Effect of blockchain technology adoption on supply chain adaptability, agility, alignment and performance [J] . Management Research Review, 2019, 42 (12): 1353 - 1374.

[47] 王会娟，张然，胡诗阳．私募股权投资与现金股利政策．会计研究，2014 (10): 51 - 58.

[48] 贺玮．私募股权投资与企业技术创新行为——来自中国创业板市场的证据．求索，2015 (7): 106 - 109.

［49］徐子尧，张雪兰，赵绍阳．私募股权投资下的应计盈余管理与真实盈余管理——基于 PIPE 投资的经验研究［J］．四川大学学报（哲学社会科学版），2016（5）：120－133.

［50］王静．私募股权投资与企业技术创新——来自创业板制造业的经验证据［J］．科技管理研究，2017，37（14）：173－179.

［51］汪剑锋，张然．私募股权投资特征会影响其减持行为吗［J］．当代财经，2018（3）：68－78.

［52］张永明，潘攀，邓超．私募股权投资进入对上市公司 IPO 当年业绩的影响研究［J］．管理科学，2018，31（1）：149－160.

［53］王会娟，林成伟，汪剑锋．私募股权投资与盈余管理［J］．金融论坛，2019，24（8）：55－66.

［54］潘攀，许志勇，粟立钟．私募股权投资对创业板上市公司现金股利政策研究［J］．中国软科学，2019（6）：168－175.

［55］许军．私募股权投资基金对中小企业成长性的影响——基于新三板企业 2011—2016 年的数据［J］．北京工商大学学报（社会科学版），2019，34（3）：74－83.

［56］王爱群，贺子聪．私募股权投资对创业板上市公司企业价值的影响［J］．大连理工大学学报（社会科学版），2019，40（2）：27－35.

［57］谢漾，洪正．私募股权投资能缓解中小企业非效率投资吗——来自中小板、创业板上市公司的经验证据［J］．广东财经大学学报，2020，35（4）：58－71.

［58］徐成凯，金宇，富钰媛．私募股权投资与企业研发操纵：监督还是合谋——基于高技术企业的实证分析［J］．山西财经大学学报，2020，42（8）：114－125.

［59］张晓玫，罗祺璐，孟凡祥．货币政策对资本市场的非线性效应——基于自私募股权投资经验证据的分析［J］．商业研究，2020（3）：66－73.

［60］王晶晶，刘沛．私募股权投资、制度环境与股价崩盘风险［J］．管理评论，2020，32（2）：63－75.

［61］罗进辉，巫奕龙．数字化运营水平与真实盈余管理［J］．管理科学，2021，34（4）：3－18.

[62] 刘冠辰，李元祯，李萌．私募股权投资、高管激励与企业创新绩效——基于专利异质性视角的考察 [J]．经济管理，2022，44 (8)：116－134.

[63] 王丹，高维敏，陈德球．上市公司设立私募股权基金与分析师盈余预测 [J]．金融论坛，2022，27 (8)：71－80.

[64] 肖宇．私募股权投资对中国三次产业创新增长的影响研究 [J]．数量经济技术经济研究，2022，39 (8)：119－139.

[65] 郑勇，崔海涛，张延良．私募股权投资对被投公司市值管理的影响——基于创业板 IPO 公司的证据 [J]．经济与管理评论，2022，38 (3)：149－160.

[66] 刘萧玮，张艳，田嘉莉．上市公司定向增发能否改善信息披露质量——基于信息监管的视角 [J]．金融监管研究，2022 (1)：39－57.

[67] 王彩，李晓慧．同行自愿披露对企业盈余管理的影响——来自自愿性业绩预告的证据 [J]．经济管理，2022，44 (6)：172－189.

[68] 彭雅哲，汪昌云．资本市场开放与企业真实盈余管理——基于“陆港通”的经验证据 [J]．经济管理，2022，44 (1)：176－191.

[69] 赵琼．ESG 视角下私募股权投资对中小企业价值的影响研究 [J]．经济问题，2023 (11)：40－47.

[70] 孙睿，闫晶晶，何大义等．基于区块链技术的林业碳汇项目开发风险的演化博弈研究 [J]．软科学，2024 (1)：1－19.

[71] 南江霞，吴小勇，张茂军．区块链赋能的低碳市场制造商产量竞争与碳减排技术合作 [J]．中国管理科学，2024 (1)：1－15.

[72] 王玉燕，高俊宏．基于政府动态补贴区块链技术的闭环供应链决策与协调研究 [J]．系统工程理论与实践，2024 (1)：1－23.

[73] 赵晓峰，张绍华，卢暾等．面向私募股权的区块链服务系统设计 [J]．计算机应用与软件，2021，38 (10)：33－38，91.

[74] 余瑞玉：推进区域股权交易市场改革助力中小企业发展 [J]．财务与会计，2020 (12)：9－10.

[75] 潘越．区域股权市场转板至新三板公司的融资效率研究——基于齐鲁股权交易中心 20 家转板公司的分析 [J]．证券市场导报，2018

(9)：4-10，20.

[76] 冯文婷．区域股权市场私募债发行创新与规范——基于互联网金融平台的视角［J］．证券市场导报，2015（12）：1.

[77] 赵会会，孙国强，王莉．区块链+企业网络：交互融合前因探源——基于扎根理论和FCM方法［J］．经济问题，2024（1）：84-91.

[78] 韩普，顾亮，叶东宇等．奖惩视域下区块链政务数据共享演化博弈研究［J］．管理工程学报，2024（1）：1-11.

[79] 项锐．区块链信任模型的双重理论依托及其限度［J］．科学技术哲学研究，2023，40（6）：119-124.

[80] 刘艳珍．区域性股权交易市场融资研究［J］．金融理论与实践，2014（6）：103-106.

[81] 张玉珂，陈云贤．区块链与金融市场稳定：真实行动还是概念炒作？［J］．北京工商大学学报（社会科学版），2023，38（3）：39-52.

[82] 雷莹莹，廖小琴．区块链技术的价值审思与实践路径探究［J］．大连理工大学学报（社会科学版），2024（1）：1-7.

[83] 孙国强，谢雨菲．区块链技术、供应链网络与数据共享：基于演化博弈视角［J］．中国管理科学，2023，31（12）：149-162.

[84] 宋冬林，孙尚斌．区块链视域下"中心—去中心化"的理论探源与逻辑建构：一个政治经济学框架［J］．经济纵横，2023（11）：1-16.

[85] 周冲，袁经发．风险投资对中小企业融资成本的影响机制研究［J］．山东社会科学，2023（9）：151-158.

[86] 王振山，刘艳，赵灵燕．我国中小企业生命周期与融资成本——基于年龄-时期-队列模型［J］．上海金融，2020（7）：12-22.

[87] 葛伟军，方懿．区块链智能合约下加密数字藏品的法律属性与内生风险［J］．上海大学学报（社会科学版），2023，40（2）：20-35.

[88] 李少凡，刘金福，张盈谦等．基于区块链的统计数据共享模型研究［J］．统计与决策，2022，38（22）：10-14.

[89] 张严．数字经济区块链通证交易的法律问题研究［J］．科学决策，2023（10）：242-252.